教育部　财政部职业院校教师素质提高计划成果系列丛书
教育部　财政部职业院校教师素质提高计划职教师资开发项目
"财务管理"专业职教师资培养资源开发（VTNE075）（负责人：贾圣武）

财务报表分析

卢亚君　赵　瑞　主　编

李国红　周晓娜　副主编

科学出版社

北　京

内 容 简 介

本书共十章,第一章财务报表分析概论,第二章财务报表分析的信息资料,第三章资产负债表分析,第四章利润表分析,第五章现金流量表分析,第六章企业偿债能力分析,第七章企业营运能力分析,第八章企业营利能力分析,第九章企业发展能力分析,第十章企业财务综合分析。本书将财务报表分析内容与现行《企业会计准则》的概念体系和财务报表体系紧密结合。每一章(第六章至第十章除外)开始之前有案例引读,结束之后配有本章小结和复习思考题,同时做到质量分析与指标分析并重,利用财务报表提供的资料,分析和发掘更多企业信息。

本书既适合作为财务管理、财务会计、金融等专业教学用书,也可作为从事相关专业工作人员的参考用书。

图书在版编目(CIP)数据

财务报表分析 / 卢亚君,赵瑞主编. —北京:科学出版社,2018.4
ISBN 978-7-03-056702-4

Ⅰ. ①财… Ⅱ. ①卢… ②赵… Ⅲ. ①会计报表–会计分析
Ⅳ. ①F231.5

中国版本图书馆 CIP 数据核字(2018)第 043638 号

责任编辑:王丹妮 方小丽 / 责任校对:贾娜娜
责任印制:霍 兵 / 封面设计:蓝正设计

科 学 出 版 社 出版
北京东黄城根北街 16 号
邮政编码:100717
http://www.sciencep.com

石家庄继文印刷有限公司 印刷
科学出版社发行 各地新华书店经销

*

2018 年 4 月第 一 版 开本:787×1092 1/16
2018 年 4 月第一次印刷 印张:17 3/4
字数:421 000

定价:45.00 元
(如有印装质量问题,我社负责调换)

教育部　财政部职业院校教师素质提高计划
职教师资培养资源开发项目专家指导委员会

主　任： 刘来泉

副主任： 王宪成　郭春鸣

成　员：（按姓氏笔画排列）

刁哲军	王乐夫	王继平	邓泽民	石伟平	卢双盈	刘正安
刘君义	汤生玲	米　靖	李仲阳	李栋学	李梦卿	吴全全
沈　希	张元利	张建荣	周泽扬	孟庆国	姜大源	夏金星
徐　流	徐　朔	郭杰忠	曹　晔	崔世钢	韩亚兰	

出 版 说 明

　　《国家中长期教育改革和发展规划纲要（2010—2020 年）》颁布实施以来，我国职业教育进入加快构建现代职业教育体系、全面提高技能型人才培养质量的新阶段。加快发展现代职业教育，实现职业教育改革发展新跨越，对职业学校"双师型"教师队伍建设提出了更高的要求。为此，教育部明确提出，要以推动教师专业化为引领，以加强"双师型"教师队伍建设为重点，以创新制度和机制为动力，以完善培养培训体系为保障，以实施素质提高计划为抓手，统筹规划，突出重点，改革创新，狠抓落实，切实提升职业院校教师队伍整体素质和建设水平，加快建成一支师德高尚、素质优良、技艺精湛、结构合理、专兼结合的高素质专业化的"双师型"教师队伍，为建设具有中国特色、世界水平的现代职业教育体系提供强有力的师资保障。

　　目前，我国共有 60 余所高校正在开展职教师资培养，但由于教师培养标准的缺失和培养课程资源的匮乏，制约了"双师型"教师培养质量的提高。为完善教师培养标准和课程体系，教育部、财政部在"职业院校教师素质提高计划"框架内专门设置了职教师资培养资源开发项目，中央财政划拨 1.5 亿元，系统开发用于本科专业职教师资培养标准、培养方案、核心课程和特色教材等系列资源。其中，包括 88 个专业项目，12 个资格考试制度开发等公共项目。该项目由 42 家开设职业技术师范专业的高等学校牵头，组织近千家科研院所、职业学校、行业企业共同研发，一大批专家学者、优秀校长、一线教师、企业工程技术人员参与其中。

　　经过三年的努力，培养资源开发项目取得了丰硕成果。一是开发了中等职业学校 88 个专业（类）职教师资本科培养资源项目，内容包括专业教师标准、专业教师培养标准、评价方案，以及一系列专业课程大纲、主干课程教材及数字化资源；二是取得了 6 项公共基础研究成果，内容包括职教师资培养模式、国际职教师资培养、教育理论课程、质量保障体系、教学资源中心建设和学习平台开发等；三是完成了 18 个专业大类职教师资资格标准及认证考试标准开发。上述成果，共计 800 多本正式出版物。总体来说，培养资源开发项目实现了高效益：形成了一大批资源，填补了相关标准和资源的空白；凝聚了一支研发队伍，强化了教师培养的"校—企—校"协同；引领了一批高校的教学改革，带动了"双师型"教师的专业化培养。职教师资培养资源开发项目是支撑专业化培养的一项系统化、基础性工程，是加强职教教师培养培训一体化建设的关键环节，也是对职教师资培养培训基地教师专业化培养实践、教师教育研究能力的系统检阅。

自 2013 年项目立项开题以来，各项目承担单位、项目负责人及全体开发人员做了大量深入细致的工作，结合职教教师培养实践，研发出很多填补空白、体现科学性和前瞻性的成果，有力推进了"双师型"教师专门化培养向更深层次发展。同时，专家指导委员会的各位专家以及项目管理办公室的各位同志，克服了许多困难，按照两部对项目开发工作的总体要求，为实施项目管理、研发、检查等投入了大量时间和心血，也为各个项目提供了专业的咨询和指导，有力地保障了项目实施和成果质量。在此，我们一并表示衷心的感谢。

教育部　财政部职业院校教师素质
提高计划成果系列丛书编写委员会
2016 年 3 月

前　言

在前期大量的文献调研、实地调研（包括企业调研和学校调研）、问卷调研、会议研讨、专家现场咨询指导等工作基础上，《财务报表分析》确定作为职教师资财务管理本科专业特色教材开发项目，随后编者又进一步对市场上财务报表分析教材进行了调研，最后形成了本书的体系结构及知识内容。

目前财务报表分析教材的名称存在差异，有财务报表分析、会计报表分析和上市财务报表分析等多种提法，但这些名称的本质是相同的。我们选择了 2004~2014 年出版的17 部具有一定影响力的国内教材，包括"十一五""十二五"国家级规划教材，21 世纪会计学（或经济管理类）系列规划或精品教材，以及中国人民大学出版社、东北财经大学出版社、高等教育出版社、经济科学出版社、上海财经大学出版社和立信会计出版社等出版的优秀教材，同时选择了 5 部西方财务报表分析教材，作为编写本书的主要文献参考资料。

基于上述参考教材形成了本书的框架体系及内容。本书共分三部分：第一部分是总论，包括第一章财务报表分析概论和第二章财务报表分析的信息资料；第二部分是财务报表项目质量分析，包括第三章资产负债表（balance sheet）分析、第四章利润表（income statement 或 profit and loss account）分析、第五章现金流量表（statement of cash flows 或 cash flow statement）分析；第三部分是财务比率分析，包括第六章企业偿债能力分析、第七章企业营运能力分析、第八章企业营利能力分析、第九章企业发展能力分析及第十章企业财务综合分析。

本书的特色与创新如下。

一是将财务报表分析内容与现行《企业会计准则》的概念体系和报表体系紧密结合。本书对每个项目进行质量分析之前，首先根据《企业会计准则》从会计科目及财务报表角度进行概述，其次展开质量分析，内容全面、具体，尽量做到深入浅出、通俗易懂。这样既有严谨的现实依据，又能进行知识的扩展性传授，使分析具有全面性、系统性等特点，能够在一定程度上克服传统比率分析的局限和缺陷，从而更加具有实用价值。

二是每一章（第六章至第十章除外）开始之前有案例引读，结束之后配有本章小结和复习思考题。开始之前的案例引读，在提出问题的同时，将读者引入具体的学习内容。教师既可以对教材内容进行详细讲解，也可以有选择地对教材内容进行精炼讲解，同时还可以选择对案例进行详细解读，便于因材施教。每一章结束之后配有本章小结和复习思考题，之后的小结对该章知识结构进行整理和归纳。如果与其他章节知识联系紧密，在归纳出该章节知识结构的基础上还能体现与其他章节知识的联系，可以从总体上对知识进行把握，对最重要的知识加以回顾、掌握。复习思考题可以使学生巩固新授知识，形成技能技巧，培养良好的思维品质，是发展学生智力的重要途径，是课堂教学过程中不可或缺的一个环节。其可以检查学生的学习效果，加深学生对知识的理解和记忆，提高学生思维能力。

三是质量分析与指标分析并重。充分利用财务报表提供的数据资料，可以分析和发掘更多的企业信息。既然是《财务报表分析》，就应从财务报表本身出发，分析企业经营管理和财务状况等信息。因此，本书比较认可张新民老师的理念，即根据三大财务报表及相关财务报表资料，充分分析资产、负债、权益、收入、成本及现金流量各项目的质量状况。同时，本书根据财务管理专业教学与学习需要，又详细介绍了四大能力的指标分析。单纯的指标分析尽管无法达到财务报表分析的目的，却是分析中不可或缺的部分，同时它也能满足其他课程学习的需要。

四是具体分析的数据基本贯穿全书。通过调研，我们选取了一个企业连续三年的财务报表资料（包括资产负债表、利润表、现金流量表）。除个别情况外，书中的内容凡是涉及数据计算分析的，基本都从相应财务报表中选取。这样，教与学都体现了财务分析的可操作性和真实性，同时也验证了分析方法和分析理论的现实性。

本书既适合作为财务管理、财务会计、金融等专业教学用书，也可作为从事相关专业工作人员的参考用书。本书主编卢亚君、赵瑞，副主编李国红、周晓娜，参编王亦明、许文静、孟丽。同时，本书在编写过程中也得到了河北科技师范学院财经学院各位同仁的支持与帮助，在这里深深表示感谢！由于编者水平有限，教材中可能有些不妥之处，恳请大家批评指正！

目　　录

第一章 财务报表分析概论

学习目标：

了解财务报表分析的起源和发展；掌握财务报表分析的概念和内容，明确财务报表分析的学科定位；熟悉财务报表分析的目的与作用；了解财务报表分析的原则、步骤和方法；认识财务报表分析与财务会计、财务管理的异同之处。

关键词：

财务报表分析；起源及发展；原则；步骤

【案例引读】

为什么要进行财务报表分析？

"蓝田事件"是中国证券市场一系列欺诈案之一。被称为"老牌绩优"的蓝田的巨大泡沫的破碎，是继银广夏之后中国股市上演的又一出丑剧，成为 2002 年中国经济界一个重大事件。

蓝田股份曾经创造了中国股市长盛不衰的绩优神话。这家以养殖、旅游和饮料为主要经营业务的上市公司一亮相就颠覆了行业规律和市场法则，1996 年发行上市以后，在财务数字上一直保持着神奇的增长速度：总资产规模从上市前的 2.66 亿元发展到 2000 年末的 28.38 亿元，增长了 9 倍多，历年年报的业绩都在每股 0.60 元以上，最高达到 1.15 元。即使遭遇了 1998 年特大洪灾后，每股收益也达到了不可思议的 0.81 元，5 年间股本扩张了 360%，创造了中国农业企业罕见的"蓝田神话"。

最先发现破绽的是一个叫刘姝威的学者。刘姝威当时是中央财经大学财经研究所的研究员，她在偶然的情况下卷入了后来震惊全国的"蓝田事件"，并为此获得了由中央电视台评选的"2002 中国经济年度人物"，被称为"中国股市的良心"。2001 年 10 月，她以一篇 600 字的文章对"蓝田神话"直接提出了质疑。这篇 600 字的短文是刘姝威写给《金融内参》的，文章的标题是"应立即停止对蓝田股份发放贷款"。文章在对蓝田股份的资产结构、现金流向情况和偿债能力做了详尽分析后，得出的结论是蓝田股份的业绩有虚假成分，而业绩神话完全依靠银行贷款，20 亿元贷款蓝田股份根本无力偿还。

这篇文章好似一根银针扎在了蓝田股份这个巨大的肥皂泡上，一幕股市丑剧由此开始被揭开，蓝田股份的贷款黑洞被公布于众。此后不久，国家有关银行相继停止对蓝田股份发放新的贷款。由此，蓝田股份赖以生存的资金链条断裂。最早在公开场合提出蓝田资金链断裂的是中国蓝田股份的"掌门人"瞿兆玉。2001 年 11 月底，蓝田股份召开临时股东大会，瞿兆玉承认由于银行不再给蓝田股份发放贷款，蓝田股份陷入困境。2002年1月21日、22日及23日上午，蓝田股份被强制停牌。

资料来源：百度文库，http://wenku.baidu.com/，2015-05-15

第一节　财务报表分析的起源和发展

从整个世界范围来看，财务报表的产生需要从复式簿记谈起。但在我国，一般认为商周时代为中式会计的奠基时期和萌芽时期；西汉时代的"上计簿"是我国中式会计报告的早期形态；唐宋时期，会计报告得到进一步的发展和完善。清朝乾隆至嘉庆年间，财务报告在编制方面取得了进步，被称为"结册"和"红账"。

一般认为，财务报表分析起源于19世纪末20世纪初的美国，最早的财务报表分析主要是为银行的信用分析服务的。我国财务分析思想出现较早，但真正开展财务分析工作是在20世纪初。然而，在西方发达国家，由于认识到财务报表及其分析的重要性，财务报表分析理论和技术进步很快，已成为一门相对独立的应用科学。

一、财务报表分析的起源

财务报表分析是美国工业发展的产物。在美国工业大发展之前，企业规模较小，银行根据个人信用贷款。然而随着经济的发展，企业的业务日益扩大、组织日趋庞大与复杂，所需资金日益增加，向银行贷款的数额也相对增加，仅仅依据个人信用贷款已经不能满足美国银行业的需求。例如，在1883年的经济危机中，企业用假账向银行贷款，造成贷款无法收回，企业破产倒闭，同时也连累贷款银行。于是，银行家们就更加关注企业的财务状况，特别是企业是否具有偿债能力。1898年2月，美国纽约州银行协会的经理委员会提出议案："要求所有的借款人必须提交由借款人签字的资产负债报表，以衡量企业的信用和偿债能力。"1900年美国纽约州银行协会发布了申请贷款应提交的标准表格，包括部分资产负债表。此后，银行开始根据企业资产和负债的数量对比来判断企业对借款的偿还能力和还款保障程度，并且提出了诸如流动比率、速动比率等一系列的比率分析指标作为判断的依据。例如，美国学者亚历山大·沃尔（Alexander Wall）建议使用财务比率法来评价企业的信用，以降低贷款的违约风险。1923年，美国学者白利斯（James Bliss）在《管理中的财务和经营比率》一书中首次提出并建立了各行业平均的标准比率，自此人们开始普遍使用标准比率进行横向财务比较。现在标准比率和比率分析存在严重的缺陷是众所周知的，20世纪20年代吉尔曼（Gilman）就看到了这一点。1924年吉尔曼出版了《财务报表分析》一书，书中认为由于财务比率和资产负债表之间的关系难以明确，比率分析的作用是有限的，同时他还主张趋势分析法的必要性。鉴于此，许多学者承认财务报表分析起源于19世纪末至20世纪初期的美国。在这种背景之下，产生了通过分析、比较财务报表中的数据以了解企业信用的财务报表分析。

1. 信息分析与财务报表

财务报表分析本质上是对财务报表数据的利用和再加工，是信息分析在会计领域的应用。20 世纪 80 年代末，美国著名信息学家德邦思（A. Debons）等提出，"人类的认识过程可以表述为：事件→符号→数据→信息→知识→智慧"。这个连续的统一体中的任一组成部分，都产生于它的前一过程。如果财务报表是通过再确认把以一定的记账规则记录下来的经济数据转换成财务报表信息，那么财务报表分析就是对这些信息进行分析和利用从而形成的有用的知识。其实，对经济活动的信息分析早已有之。在人类历史上，产品出现剩余并产生了交换需求之后，对劳动和实物的计量与分析就已经存在。另外，财务报表分析的信息载体——财务报表，也不是直到 19 世纪末才在美国出现的。例如，随着企业规模的不断扩大，越来越多的利益相关者开始关注并参与企业的经营活动，但是这些利益相关者又无法直接接近企业的总账，于是就产生了单独编制财务报表的需求。17 世纪股份企业的出现，使利益相关者对财务报表的需求更加强烈。财务报表最初是为了从算术上验证总账余额的正确性而加以编制的，到了 19 世纪初叶，由向债权人报告又发展为主要向股东报告，并且政府也开始对公布的财务报表加以管理。

2. 英国财务报表与财务报表分析的起源

现代财务报表的主要形式源自于 19 世纪的英国。在南海泡沫 100 多年后的 1844 年，英国颁布了《合股企业法》，要求企业必须向股东公布已审计的资产负债表。而这种标准格式的资产负债表不仅仅是总账余额的简单罗列，"而是有分析地对资料加以排列……报表首先要将出售股票带来的永久性资本和收入产生的永久性资本区分开来"。此外，"这种报表又根据英国古典经济学家的思想将流动资产（current assets）和流动负债与固定资产和固定负债区分开来"。南海泡沫使英国政府禁止设立股份企业发行股票整整一个世纪，当股份企业再次在英国出现，这种经审计的资产负债表首先要解决的问题就是防止欺骗投资者，稳定资本市场。财务报表使用者阅读和分析财务报表的首要目的就是避免陷入金融诈骗。而这种资产负债表的内容和格式就清晰地说明了 19 世纪英国股东（或英国政府为了保护投资者）对财务报表的需求以及所使用的分析方法。

3. 美国财务报表与财务报表分析的起源

在美国，资产负债表同样也是早期最主要的财务报表，但是，产生的原因与英国的资产负债表却不相同。英国的资产负债表是向股东报告管理责任而发展起来的，对财务报告的分析也主要是由股东来完成的。19 世纪美国的股份企业大多数是小型的，大部分资本不是通过发行股票而是依靠银行的短期借款筹集的。资产负债表主要以银行家为直接对象，银行对资产负债表的格式要求和财务报表分析成为美国财务报表分析的起源。这个时期美国的银行家们认为债务人在贷款到期时的偿还能力与收益能力无关，而是与存货变现能力有着密切的关系，因此财务报表分析只重视流动性，而不重视营利性。在这样的背景下产生了以流动比率指标为代表的信用分析，其中，美国著名的银行家亚历山大·沃尔创立了比率分析体系。但是，几乎与美国信用分析的产生同步，伍德·罗克（Thomas Wood Lock）在 1990 年的《铁路财务报表分析》一书中将财务报表分析引入了投资领域。该书使用了诸如经营费用与毛利比率、固定费用与净收益比率等现代财务分析方法来评价当时的铁路行业经营状况。由此可以看出,美国财务报表分析不仅仅起源于银行业的信用分析,与铁路业的投资分析也密不可分。

通过上述分析可以得出:财务报表分析并不是起源于 19 世纪末至 20 世纪初的美国,也并不仅仅始于银行业对贷款企业的信用分析,而是始于不同国家经济环境和财务报表信息需求的不同导致财务报表分析的重心不同。财务报表分析的起源几乎与财务报表的产生是同步的。当财务报表第一次出现时,必然需要以某种方式对其进行解读,将财务报表信息转化成有用的知识,于是就产生了财务报表分析。但是只有形成了一定的财务报表信息的解读方法之后,财务报表分析这门学科才得以形成。

二、财务报表分析的发展

不同的学者对财务报表分析发展的阶段看法不一。徐光华认为财务报表分析产生于 19 世纪末 20 世纪初,至今已有 100 多年的历史。在不同的时期,财务报表分析的重心有所不同,从最初的信用分析、投资分析发展到后来的内部分析。王治安将财务报表分析发展划分为三个阶段:①20 世纪中期及以前——以比率分析为主体的财务报表分析阶段;②20 世纪中期至 20 世纪后期——以财务预测分析为主体的财务报表分析阶段;③20 世纪后期及以后——以资本市场为主体的财务报表分析阶段。

本书从财务报表分析目标演进的角度分析其发展。在不同发展阶段及不同的经济环境下,利益相关者或财务报表的阅读者对财务信息的需求不同,使财务报表分析产生新的目标或者利用已有旧的目标重新进入人们的视野,进而推动着财务报表本身和财务报表分析的发展变化。在不同的信息需求下,为了实现不同的财务报表分析目标,财务报表分析理论和方法体系不断完善,进而形成了如今丰富的财务报表分析体系。

1. 以了解企业基本财务状况为目标的信用分析

自余额账户逐渐演变为资产负债表,财务报表分析便伴随着资产负债表的形成而产生了。从 15 世纪末至 20 世纪初,财务报表漫长的发展过程也是财务报表分析的萌芽阶段。这个阶段并没有科学系统的财务报表分析理论和方法,然而贷款人、股东、政府等利益相关者却对财务报表信息有着迫切的需求,人们以自己的经验和方法对总账或资产负债表进行解读。

随着世界经济中心转移,财务报表和财务报表分析的主要突破与发展也转移到了美国。到了 19 世纪末 20 世纪初,美国企业在财务报表分析技术方面出现了许多重大的突破,尤其是在以银行业为代表的信用分析和以铁路企业为代表的铁路建设投资分析方面。系统分析方法的出现和一些学者的研究使财务报表分析方法从一般经验中逐步显现出来形成一门学科。例如,在信用分析方面,出现了沃尔的信用分析指标;卡诺(Cannon)在 1906 年出版的《比较财务报表》中对是否把"速动比率大致应为 2.50∶1.00"作为银行业放贷标准进行了探讨;等等。在投资分析方面,穆迪(John Moody)著有《华尔街投资的方法》一书,查柏林(Lawrence Chamberlain)于 1911 年出版了《证券投资原理》一书。查柏林在该书中采用了伍德·罗克(Wood Lock)的营业比率、毛利比率、营业费用比率等财务比率,这些比率在当时被称为经营效能比率。同时,他又提出了经营收入与各项收入的比率以及经营支出与各项成本费用的比率,以表示损益表各科目之间的构成关系。由于银行是主要的资金来源，所以这段时期的财务报表分析的重心在信用分析，其中资产负债表是最主要的财务报表。到了 20 世纪中期，财务分析家们发现，在利用财务比率进行分析时需要一些比较的标准，因此，有些学者开始研究比率的统计分布，并且开始考虑是否应该为不同类型的企业建立不同的比率标准，于是在信用分析领域逐步形成了财务报表分析的实用比率学派。

2. 以了解企业营利能力为目标的投资分析

美国银行家的"流动性主义"（liquidity doctrine）在 1920~1921 年商品萧条时期，经受了严峻的考验。那时，银行家们认为债务人在贷款到期时的偿还能力与收益能力无关，而与存货的变现有密切的关系。而在商品萧条时期美国的商品批发价格减少到 40%，存货收缩到 10 亿美元，盘存商品的变现价值大大低于实际成本，现金流量减少，偿还贷款也变得困难起来。随着信用的丧失，银行家们看到了仅仅以流动性为基础的贷款政策的局限性，借款企业也认识到仅仅依靠银行的短期贷款会使自己的资本实力在衰退时期变得薄弱。所以，大量发行股票就成为一般企业扩大规模的资金源泉。当股票发行成为外部资金的主要来源，股东成为财务报表的主要使用者时，财务分析的重心就从信用分析扩展到了投资分析，主要是营利能力的分析，同时损益表也就成为更为重要的财务报表。

需要注意的是，由以信用分析为重心转变为以投资分析为重心，并非是后者对前者的否定，而是资本市场的发展和企业融资来源构成的变化使这一时期的财务报表分析是以后者为重心且两者并存的状况。从财务报表分析的起源我们也可以看到财务报表分析向来就是随着财务报表使用者对信息需求的变化而变化的。但是，由于营利能力（投资分析的主要方面）的稳定性是企业经营稳定性和财务稳健性的重要方面，企业的流动性很大程度上取决于营利能力，同时资产的变相能力与营利能力也有间接的联系，因此随着人们对财务分析的深入理解，信用分析或财务稳健性分析自然也包括了营利能力分析。这时的偿债能力分析不仅仅局限于资产负债之间的对比，而是把资产负债表和利润表结合起来分析。例如，所有者权益净利率，就是典型的将利润表与资产负债表结合在一起的比率指标。

3. 以预测财务失败为目标的财务预警分析

20 世纪 30 年代，以美国为代表的西方资本主义国家发生的经济危机使大量的企业破产倒闭，关于财务失败的预测成为研究的热门话题。以预测财务失败为目标的研究者将财务报表分析的重心从对历史结果的分析转向对未来的预测——这被称为财务失败预测学派。该学派认为对未来事项的预测是财务报表分析的主要功能。经过长期的实证检验，偿债能力、营利能力、营运能力、资本结构和发展能力等财务比率能够对企业破产、财务失败、经营失败起到预警作用。

1968 年 10 月，威廉·比弗（Beaver）在著名的《会计评论》上提出了单一比率模型，首次开始研究财务危机预警模型。他认为单一的财务比率能够预测企业未来的财务状况或财务成败。他提出最为有效的比率包括：现金流量总额与企业的负债总额之比、净收益与企业资产总额的比较——资产；利润率或资产收益率、债务总额与企业资产总额的比较——资产负债率。20 世纪 60 年代主要是威廉·比弗和阿特曼（Altman）分别采用单变量判别分析和多变量判别分析进行财务危机预测研究。20 世纪中后期，由于单一比率信息含量过少，人们则更加倾向于将单一的财务比率组合成为单一的预测评价指标，由美国财务学家爱德华·阿尔曼创立的"Z 计分法"成为这一时期的重要代表。"Z 计分法"通过五项财务比率加权平均得到的指数对企业的财务成败进行预测。20 世纪 80 年代开始，随着人工智能和机器学习技术的发展，学者们开始将相关的技术引入财务危机预警领域。例如，Ohlson 首次将 Logistic 模型应用于财务预警领域。Coats和 Fant 利用 47 家财务危机企业和 47 家健康企业，采用神经网络模型预测财务危机，模型准确率达 91%。Frydman 等将决策树引入财务预警研究。近来物联网、移动互联网、云计算技术的发展促使了信息的爆炸式增长，大数据概念也进入了人们的视野。人们把财务数据作为大数据的一部分，开始尝试使用数据挖掘等技术进行财务危机预警研究。

4. 以改善经营管理为目标的内部分析

起初，银行家们通过分析企业的财务报表来决定是否发放贷款，通过财务报表分析来考察贷款的安全性成为银行从业者的基本技能。后来，企业在接受银行的分析与咨询过程中，逐渐认识到了财务报表分析的重要性，开始由被动地接受分析逐步转变为主动地进行自我分析，分析的结果一方面用于应对银行家们的责难，另一方面用于企业的经营管理。尤其是在第二次世界大战以后，企业规模不断扩大，特别是企业制的企业组织形式出现后，经营活动日趋复杂。商业环境的变化促使财务报表分析重心由外部转向企业内部。自 20 世纪 80 年代全球经济进入一体化与知识化阶段以来，企业越来越明显地感受到来自国内外的双重压力，市场环境变幻莫测，经营条件日趋复杂，所有企业都面临着一个难题：如何在激烈的市场竞争中求得生存并力争获胜。于是，专注于企业经营管理的内部分析不断扩大和深化，成为财务报表分析的重心。此外，内部财务分析目标更加多元化，资料的可获得性也优于外部分析，这就为扩大分析领域、增强分析效果、提高分析技术提供了前提条件。内部分析的最终目标是服务于企业战略，一个好的战略是好的设想与好的分析结合的结果。运用价值分析进行投资和管理称为基于价值的管理。首席财务官的基本任务之一就是协调各种分析并用于管理，他的责任就是做出最好的价值分析。因此内部分析的关键也落在了对价值的评估之上，这与资本市场分析有颇多的相似之处。

5. 以企业价值评估和证券定价为目标的资本市场分析

现代会计是资本市场发展的产物，现代财务报表也是更多地为服务资本市场而建立起来的。资本市场的发展渗透到了社会经济生活的各个方面，理财学也将其研究的重点转向资本市场。"有效市场假说"（efficient market hypothesis，EMH）和"资本资产定价模型"（capital asset pricing model，CAPM）是在资本市场中研究财务报表分析的两个最重要假说。尽管利用财务报表分析的手段不能解决企业投资价值评估的全部问题，但西方国家的实践证明，财务报表分析的确是现代投资者和证券分析师等评估企业投资价值的一种基本手段。财务报表分析是证券定价基础分析的重要组成部分，正如斯蒂芬·佩因曼在其《财务报表分析与证券定价》一书中所说的那样："财务报表是反映商业活动的透镜，财务报表分析便是通过透镜的校准使商业活动信息汇聚到一个焦点。"在资本市场日益发达的今天，以企业价值评估和证券估价为目的进行的财务报表分析逐步成为财务报表分析的主要内容。

财务报表分析产生于资产负债表分析，形成于美国 20 世纪初的信用分析。财务报表分析方法是在财务报表分析目标的不断变化中发展起来的。现代财务报表分析体系是一个多目标的分析体系，动态地看，从起初的对资产负债表状况的信用分析和一般投资分析到重视利润表的营利能力分析，从资产负债表、利润表和现金流量表结合全面系统的筹资分析、投资分析、内部经营管理分析再到企业价值评估、证券分析、并购与重组分析等，财务报表分析不断扩大分析的目标和内容。有趣的是，财务报表分析起源于对资产负债表基本状况的一般了解，然而随着资本市场的发展和"现金流量""公允价值"等概念的日益重要，如今财务报表分析的重点和难点又回归到了资产和负债，只不过要解决的是估价、战略分析等问题，如资产定价、企业价值评估等。

【案例分析】

南海泡沫事件

"南海泡沫事件"（South Sea bubble）是英国在 1720 年春天到秋天发生的一次经济泡沫，它与"密西西比泡沫事件"及"郁金香狂热"并称欧洲早期的三大经济泡沫，经济泡沫一语即源于南海泡沫事件。

背景

早在南海企业成立以前，英国作家丹尼尔·笛福已与爱德华·哈利（1664—1735 年）讨论一个构想，让国家向某些企业授予权力垄断某地区的贸易，然后再从那些企业获取部分利润，以便让政府偿还因参与西班牙王位继承战争而欠下的大笔债务。这个构思很快就引起爱德华·哈利的兄长，即时任财务大臣罗伯特·哈利（后为牛津伯爵）的兴趣。在他的倡议下，南海企业遂于 1711 年通过国会法案成立，并从政府获得权力垄断英国对南美洲及太平洋群岛地区的贸易，而这两个地区在当时被坊间视为商机无限。因此哈利对企业的期望很高，甚至夸耀地称之为"牛津伯爵的杰作"（the Earl of Oxford's masterpiece）。

除罗伯特·哈利外，南海企业主要由一些富有的商人组成。为了吸引这批商人加入企业，政府游说他们若购买为数达 1 000 万英镑的国债，政府就会向他们提供六厘年利率，再额外每年提供 8 000 英镑作为回报。由于涉及开支庞大，政府当时更要求国会将酒、醋及烟草等货品的部分税收收益预留，用于支付每年高达 600 000 英镑的利息。企业成立后，总部位于伦敦针线街的南海府（South Sea House），董事局总裁由牛津伯爵出任，其他董事包括金融家约翰·布伦特爵士（Sir John Blunt, 1665—1733 年）等。

在 1713 年，英国、西班牙签订《乌得勒支和约》，标志西班牙王位继承战争步向终结。在和约中，西班牙准许英国垄断对西班牙美洲地区的奴隶贸易，而专营权自然落在南海企业手上。奴隶贸易在当时被视为很赚钱的行业，南海企业的前景亦被看好。有关和约的签订被当时托利党政府视为一大胜利，因为南海企业成功为政府有效融资，并与由辉格党控制的英格兰银行抗衡。在 1716 年，南海企业进一步从奴隶贸易中取得优惠待遇，到 1717 年更向政府额外购买了 200 万英镑的公债。但好景不长，西班牙在 1718 年与英国等交恶，并爆发四国同盟战争，南海企业的前景一度暗淡下来。可是，该企业却仍然强调前景明朗，并在 1718 年邀请英皇乔治一世加入董事局成为总裁。

诱发原因

1719 年，英国政府允许中奖债券与南海企业股票进行转换。同年年底，南美贸易障碍扫除，加上公众对股价上扬的预期，促进了债券向股票的转换，进而带动股价上升。1720 年，南海企业承诺接收全部国债，作为交易条件，政府要逐年向该企业偿还，企业允许客户以分期付款的方式（第一年仅需支付 10% 的价款）来购买南海企业的新股票。2 月 2 日，英国下议院接受了南海企业的交易，南海企业的股票立即从 129 英镑跳升到 160 英镑；当上议院也通过议案时，股票价格已上涨至 390 英镑。

投资者络绎不绝，其中包括半数以上的参众议员，就连国王也禁不住诱惑，认购了价值 10 万英镑的股票。由于购买踊跃，股票供不应求，企业股票价格狂飙。从 1 月的每股 128 英镑上升到 7 月份的每股 1 000 英镑以上，6 个月涨幅高达 700%。

在南海企业股票示范效应的带动下，全英所有股份企业的股票都成了投机对象。社会各界人士，包括军人和家庭妇女，甚至物理学家牛顿都被卷入了漩涡。人们完全丧失了理智，他们不在乎这些企业的经营范围、经营状况和发展前景，只相信发起人说他们的企业如何能获取巨大利润，人们唯恐错过大捞一把的机会。一时之间，股票价格暴涨，平均涨幅超过 500%。牛顿曾因而叹谓："我能算准天体的运行，却无法预测人类的疯狂"（I can calculate the motions of heavenly bodies, but not the madness of people）。

政府应对

1720 年 6 月，为了制止各类"泡沫企业"的膨胀，英国国会通过了《泡沫法案》。自此，许多企业被解散，公众开始清醒过来，他们对一些企业的怀疑逐渐扩展到南海企业身上。从 7 月份开始，首先是外国投资者抛售南海股票，国内投资者纷纷跟进，南海股价很快一落千丈，9 月份直跌至每股 175 英镑，12 月份跌到 124 英镑。"南海泡沫"就此破灭。

1720 年 12 月 8 日，国会召开并随即就南海泡沫事件展开调查，其中下议院更成立了一个秘密委员会专责调查。为了阻止局势恶化，下议院的罗伯特·沃波尔曾建议英格兰银行及东印度企业各购入 900 万英镑的南海股票，虽然这个建议得到了国会支持，但最后没有落实。到 1721 年 1 月，国会通过法案禁止南海企业董事离开英国，并着令他们如实交代所拥有的资产价值。下议院的秘密委员会随后在 1721 年 2 月发表调查报告，指出南海企业进行了非常严重的诈骗及贪污活动，又伪造企业账目，此外部分董事又与官员私相授受，其中更有董事通过不法投机活动赚取可观利润。

在下议院的报告中，受牵连的官员包括曾受贿的财政大臣约翰·艾思拉比、邮政总局局长老詹姆士·克拉格斯、南方大臣小詹姆士·克拉格斯，甚至内阁掌权人斯坦厄普勋爵及巽得兰勋爵等。其中，艾思拉比在 1721 年 1 月被迫辞任财政大臣，其后更被起诉犯下"最声名狼藉、危险和罪大恶极的贪污罪"，3 月被下议院裁定罪成，除了被逐出下议院外，更被判监禁在伦敦塔内；至于克拉格斯父子两人在举国痛骂下分别于 3 月和 2 月去世。此外，在沃波尔的维护下，斯坦厄普勋爵、巽得兰勋爵及部分人士最终被判无罪，但值得一提的是，下议院认为斯坦厄普勋爵无罪的票数仅仅比有罪的票数多三票。

随后国会通过法案，南海企业董事们的财产被充公，总值 2 014 123 英镑，不过其中 354 600 英镑退还给南海企业董事们，作为他们基本营生所用。以主席约翰·布伦特爵士为例，原本拥有 18.3 万英镑身家的他财产被充公后只剩下 5 000 英镑；至于余款则用于救助南海泡沫事件中的受害人。经调查后，委员会得出南海企业的股本在 1720 年尾时共价值 3 700 万英镑，其中只有 2 400 万英镑股本分配给了持股人，其余诈骗得来的 1 300 万英镑股本仍由该企业持有。在这笔款项中，最后有 800 万英镑被瓜分为股息，每股派息作价 33 英镑 6 先令 8 便士，作为对南海股票持有人的补偿。

1720 年底，政府对南海企业的资产进行清理，发现其实际资本已所剩无几，那些高价买进南海股票的投资者遭受巨大损失。许多财主、富商损失惨重，有的竟一贫如洗。此后较长的一段时间，民众对于新兴股份企业闻之色变，对股票交易也心存疑虑。历经一个世纪之后，英国股票市场才走出"南海泡沫"的阴影。"南海泡沫"告诉人们：金融市场是非均衡性的市场，只要有足够多的资金，就可以把任何资产炒出天价，导致泡沫急剧膨胀。正如凯恩斯所说，股票市场是一场选美比赛，在那里，人们根据其他人的评判来评判参赛的姑娘。毫无疑问，这个时候政府的监管是不可或缺的。

泡沫影响

南海泡沫事件与 1720 年的法国密西西比企业及 1637 年的荷兰郁金香狂热，是西方历史上早期爆发的三大泡沫经济事件。其中南海泡沫事件中的南海股价如泡沫快上快落的情况，更被后人发展出"泡沫经济"一词，用来形容经济因过热而收缩的现象。南海泡沫事件给英国带来很大震荡，而在事件中制定的《泡沫法案》一直到 1825 年才予以废除，这反映出国民经过很长时间才慢慢对股份企业重拾信心。著名物理学家牛顿爵士在南海泡沫事件中也是受害者之一，他在第一次进场买入南海股票时曾小赚 7 000 英镑，但第二次买进时已是股价高峰，结果大蚀 2 万英镑离场。在调查南海泡沫事件中，国会秘密委员会委任了查尔斯·斯奈尔（Charles Snell）为南海查账，这是国会历史上首次委托民间第三方独立会计师进行核数调查，结果成功查得南海企业犯下严重的诈骗及做假账等舞弊行为。委任第三方专业会计师查账的做法在后来被加以采纳，这成功降低了企业舞弊的风险，且在日后大大促进了特许会计师及核数行业的长足发展。在政治方面，南海泡沫事件使国民对托利党及乔治一世大失信心，政府诚信破产。相反，辉格党的罗伯特·沃波尔却因为在事件中成功收拾残局，声望日隆，继而成功于 1721 年起成为英国历史上首位首相（虽然当时未有首相一职，但沃波尔却有首相之实），主持政局。此后，辉格党政府持续主持政坛至 1770 年，期间只有托利党的标得伯爵在 1762~1763 年短暂出任首相，其余时间皆由辉格党人出任首相。

资料来源：360 百科，http://baike.so.com/doc/5957533-6170477.html，2013-06-15

第二节　财务报表分析的概念、目的与作用及内容

一、财务报表分析的概念

在美国财务分析形成初期，财务分析的主要对象是财务报表，真正意义的财务报告还没有形成，财务分析相关著作通常采用财务报表分析这一名称。例如，1928 年亚历山大·沃尔与邓宁（Dunning）合著的《财务报表比率分析》，以及沃尔 1930 年出版的《财务报表分析》和 1936 年出版的《如何评价财务报表》等。虽然 20 世纪 70 年代，财务报表拓展为财务报告，但由于历史传统和使用习惯，美国学者近些年也经常使用财务报表分析或财务报告分析这一名称，如戴维·F. 霍金斯（David F. Hawkins）的《企业财务报告与分析》（2000 年），利奥波德·A. 伯恩斯坦（Leopold A. Bernstein）的《财务报表分析》（2001 年）；而在日本，有关财务分析的著作大多采用"经营分析"的名称，这主要是由于历史上受德国传统影响比较大；苏联则经常采用"经济活动分析"的概念；中华人民共和国成立之后，我国实行计划经济体制，在许多方面照搬苏联模式，财务分析也受苏联的影响较大，院校开设相关课程也常使用"经济活动分析"这一说法。20 世纪 90 年代以后，我国开始实行市场经济，大规模引进和学习美国财务分析的理论和方法，转而接受美国传统的影响，更多地使用"财务报表分析"，同时其他概念也并存使用。

纵观国外和国内，关于财务报表分析的定义至今尚未统一。比较具有代表性的观点有：美国纽约城市大学教授利奥波德·A. 伯恩斯坦在所著的《财务报表分析》一书中认为："财务报表分析主要是通过对企业过去、现在财务状况、经营成果的评估，从而实现对企业未来的良好预测，其本质是一种判断过程。"王化成在第七版《财务报表分析》一书中认为："财务报表分析是以企业财务报表及相关资料为基础、以分析主体的信息需求为目标，运用特定的分析工具和方法对企业的经营状况进行判断，以帮助财务信息使用者进行科学决策的过程。"

财务报表分析之所以有不同的定义，是基于不同的角度。

1. 会计学中的财务报表分析与基于会计学的财务分析

1）会计学中的财务报表分析

会计学中的财务报表分析往往具有以下特点：第一，主要介绍财务报表分析的基本方法，如水平分析法、垂直分析法和趋势分析法，对更进一步的会计分析（包括会计政策变更等对财务报表的影响分析）介绍得较少；第二，主要介绍几个重要的财务比率，没有对财务比率的体系进行论证与分析，也不进行财务比率的因素分析；第三，会计学中的财务报表分析不研究财务比率分析的应用。

2）基于会计学的财务分析

基于会计学的财务分析通常具有以下特点：第一，基于会计学的财务分析是一门独立的课程，拥有完整的理论体系、方法论体系和内容体系；第二，基于会计学的财务分析以会计报告信息分析为出发点，以影响会计报告信息的因素（特别是会计假设、会计政策、会计估计等因素）变动为分析重点；第三，基于会计学的财务分析往往将营利能力分析、营运能力分析、偿债能力分析等作为会计信息在财务分析中的应用；第四，基于会计学的财务分析在处理财务分析与财务管理的关系上，往往强调财务效率。

2. 财务管理中的财务分析与基于财务管理的财务分析

1）财务管理中的财务分析

财务管理中的财务分析往往具有以下特点：第一，将财务分析作为财务管理的职能，与财务预测、财务预算、财务控制、财务评价与激励等并列；第二，将财务分析（或财务报告与分析）作为财务管理的基础，对财务管理中筹资活动、投资活动与分配活动的决策提供有用的信息；第三，将财务分析定义为财务比率分析，往往以营利能力分析、营运能力分析和偿债能力分析为分析体系和主要内容。

2）基于财务管理的财务分析

基于财务管理的财务分析内容广泛，通常具有以下特点：第一，基于财务管理的财务分析是一门独立的课程，拥有完整的理论体系、方法论体系和内容体系；第二，基于财务学的财务分析以财务学的领域为导向，以价值分析与量化分析技术为基础，以企业财务比率或能力分析、证券市场分析等为主要内容；第三，基于财务学的财务分析应用领域较为广泛，包括证券估价、业绩评价、风险管理、企业重组等；第四，基于财务学的财务分析在处理财务分析与会计学的关系时，往往将财务报告作为分析的基础信息。

3）财务报表分析与财务管理

财务报表分析与财务管理都将财务问题作为研究的对象，但是两者的职能与方法不同。首先，财务报表分析的职能与方法的着眼点在于分析，财务管理的职能与方法的着眼点在于管理。其次，两者研究财务问题的侧重点不同。财务报表分析侧重于对财务活动状况和结果的研究，财务管理侧重于对财务活动全过程的研究。再次，两者分析结果的确定性不同。财务报表分析结果具有确定性，财务管理的结果通常是不确定的。最后，两者的服务对象不同。财务报表分析服务的对象包括投资者、债权人、经营者等所有有关人员，财务管理的服务对象主要是企业内部的经营者和所有者。

3. 财务报表分析的学科定位

关于财务报表分析的学科定位问题一直存在较大争议，有人将其划为会计学，有人将其划为财务管理，还有人将其划为金融学、统计学等。财务报表分析之所以定位较难是因为它是一门与上述学科都相关的边缘性学科，这从另一个方面也说明财务报表分析应该独立于上述学科而存在。

财务报表分析学实际上是在会计信息供给（会计学）与会计信息需求（财务学、经济学、管理学等）之间架起的一座桥梁。因为在会计学与经济学、管理学和财务学等学科的关系中，都涉及会计学的发展如何满足相关学科发展的信息需求、其他学科的发展如何有效利用会计信息的问题。在会计学与相关学科关系的信息转换中，财务报表分析起着至关重要的作用。

财务报表分析是指根据相关学科或人们对会计信息的需求，将标准的会计信息分析转换为决策与管理所需要的信息；同时，又将相关学科理论与实务所需求的信息分析转换为会计应该提供的信息。从财务报表分析在会计学与相关学科关系中的地位与作用看，随着会计学科地位的提升和相关学科对会计学信息需求范围、数量与质量要求的提高，财务报表分析将在分析主体、分析对象、分析内容和学科地位上有进一步的扩展与提升。财务报表分析不仅要满足投资者、债权人等外部信息需求者的需要，还要满足管理者、员工等内部信息需求者的需要；不仅要满足管理学理论与实务发展的需要，而且要满足经济学理论与实务发展的需要。财务报表分析不仅是一门独立的边缘性学科，而且将成为一个独立于会计学和财务管理等学科的学科专业。

要正确理解财务报表分析的基本内涵，需要清楚以下几点。

（1）财务报表分析是一门综合性、边缘性学科。

（2）财务报表分析有完整的理论体系。

（3）财务报表分析有健全的方法论体系。

（4）财务报表分析有系统的、客观的资料依据。

（5）财务报表分析有明确的目的和作用。

因此，"财务分析""财务报告分析""财务报表分析"是一组很难区分的概念。没有财务报表所提供的数据，就不可能有下一步的分析。如果所有分析都只是源于财务报表数据，显然很难满足财务信息的需求者。故本书将不再对这些术语加以区分。

综上所述，财务报表分析的概念有广义和狭义之分。狭义的财务报表分析是指以企业财务报表为主要依据，有侧重、有针对性地对有关项目及其质量加以分析和考量。对企业的财务状况、经营成果和现金流量进行评价和判断（剖析），以反映企业在运营过程中的利弊得失及发展趋势，为财务报表使用者的经济决策提供重要的信息支持。广义的财务报表分析在此基础上还包括企业概况分析、企业优势劣势（地域、资源、政策、行业、人才、文化等）分析、企业战略实施情况分析、企业治理透视及投资价值分析。

二、财务报表分析的目的与作用

财务报表分析的目的是通过对财务报告以及其他企业相关信息进行综合分析，得出简洁明了的分析结论，从而帮助企业相关利益人进行决策和评价。财务报表分析的具体作用如下所述。

1. 财务报表分析可正确评价企业过去

正确评价过去，是说明现在和揭示未来的基础。通过对实际会计报表等资料的分析，财务报表分析能够准确地说明企业过去的业绩状况，指出企业存在的问题及问题产生的原因，如是主观原因还是客观原因等。这不仅对正确评价企业过去的经营业绩十分有益，而且会对企业投资者和债权人的行为产生积极的影响。

2. 财务报表分析可全面反映企业现状

财务报表分析根据不同分析主体的分析目的，采用不同的分析手段和方法，可得出反映企业某方面现状的指标。这种分析对于全面反映和评价企业的现状有重要作用。

3. 财务报表分析可用于估价企业未来

财务报表分析对企业未来的估价主要体现在以下几点。

第一，财务报表分析可为企业未来的财务预测、财务决策和财务预算指明方向。

第二，可准确评估企业的价值及价值创造，这对企业进行经营者绩效评价、资本经营和产权交易都是十分有益的。

三、财务报表分析的内容

一般而言，与企业有经济利害关系的有关方面可以分为企业所有者、企业债权人、企业管理者、商品或劳务供应商、顾客、企业雇员、政府管理机构、社会公众和竞争对手等，这些方面构成了企业财务报表的使用者。由于与企业经济关系的性质不同，上述诸方面对企业财务状况关注的侧重点也就不同。

1. 企业所有者

企业所有者是企业的投资者或购买企业股票的人。一般来说，他们要做的决策往往关于是否向某一企业进行投资或是否保留其在某一企业的投资。为了做出这类决策，他们高度关注企业的获利能力以及投资风险，还会关心持有的企业股票的市场价值，以及股息、红利的发放水平等。但是，有控制权或重大影响的企业所有者，由于可以直接或间接影响企业重要岗位上的人事安排、投资决策、经营决策及股利分配政策等，他们往往关心与企业战略性发展有关的财务信息，如企业资产的基本结构和质量、企业资本结构、市场占有率、企业长期获取质量较高利润的前景等。

2. 企业债权人

企业债权人为企业提供了资金的使用权，但不能参与企业剩余收益的分配。因此，他们必须关注贷款的安全性。在进行财务报表分析时，他们最关心的是企业是否有足够的支付能力与意愿，以保证其本金和利息到期得以及时、足额的偿还，从而确认自己债权的风险程度，并决定是否马上收回债权或要求企业提供担保等。短期贷款者提供的贷款期限在 12 个月以内，他们一般关心企业资产的流动性和现金充足程度。长期贷款者提供的贷款期限在 12 个月以上，他们更关心的是企业的整体负债水平、获利能力及企业的发展前景。

3. 企业管理者

企业管理者受企业业主或股东的委托，负责企业业主或股东投入企业的资本的保值和增值，同时负责企业的日常经营活动，确保企业支付给股东与风险相适应的收益、及时偿还各种到期债务，并使企业的各种经济资源得到有效利用。因此，企业管理者在编制完财务报表后，一定会先于其他报表使用者做财务报表分析。也就是说，企业管理者在把企业的财务状况报告给股东、债权人等之前，一定会做一个权衡：这段时间企业赚钱了没有？欠的债多不多？利息还清没有，能不能还清？下一步的经营有没有新的打算？企业资金能不能周转过来？需不需要再投资……诸如此类问题，必须静心思考，做到心中有数，以便股东、债权人等问起时能够顺利应对。

总之，通过财务报表分析，企业管理者可以确认企业的偿债能力、营运能力、营利能力、现金流量以及社会贡献能力等全面状况，以便及时发现问题，采取对策，规划和调整经营战略，并促进管理水平的提高，为经济效益的持续稳定增长奠定基础。

4. 商品或劳务供应商

商品或劳务供应商与企业的贷款提供者情况类似，他们在向企业提供商品或劳务后即成为企业的债权人。因而他们必须判断企业能否支付所需商品或劳务的价款。从这一点来说，一方面大多数商品或劳务供应商对企业的短期偿债能力感兴趣。另一方面，某些供应商可能与企业存在着较为持久、稳固的经济联系，在这种情况下，他们又对企业的长期偿债能力感兴趣。

5. 顾客

在许多情况下，企业可能成为某个顾客的重要商品或劳务供应商。此时，顾客关心的是企业连续提供商品或劳务的能力。因此，顾客关心企业的长期发展前景及有助于对此做出估计的获利能力指标与财务杠杆指标等。

6. 企业雇员

企业的雇员通常与企业存在长久、持续的关系。他们关心工作岗位的稳定性、工作环境的安全性以及获取报酬的前景。因而，他们对企业的获利能力和偿债能力感兴趣。

7. 政府管理机构

统计机构通过对整个国民经济的财务数据进行统计和分析，可以有效地了解目前经济的发展趋势。财政、税收等机构据此有针对性地调整货币政策和税收政策等，并监督和促进企业按照《企业会计准则》及相关法律法规编制财务报表。政府对国有企业除关注投资资产产生的社会效益外，必然考虑投资的经济效益，同时，通过财务报表分析，检查企业是否存在违法违纪、浪费国家资产的问题，并对企业的发展后劲及其对社会的贡献程度进行分析和考核。

8. 社会公众

社会公众对特定企业的关心也是多方面的。一般而言，他们关心企业的就业政策、环境政策、产品政策及履行社会责任的情况等方面。对这些方面的分析往往可以借助于获利能力的分析。

9. 竞争对手

竞争对手希望获取关于企业财务状况的会计信息及其他信息，借以判断企业间的相对效率、竞争的优势与劣势，同时，还可为未来可能出现的企业兼并寻找信息。竞争对手可能把企业作为接管目标，因而他们对企业财务状况的各个方面均感兴趣。

尽管不同的利益主体在进行财务报表分析时侧重点不同，我们还是可以得出以下结论：财务报表分析者所要求的信息大部分是为了面向未来；不同信息使用者的分析目的不同，即使对同一对象进行分析，从中所要求得到的信息也不同，所需的信息深度和广度更不同；企业财务报表中并不包括使用者需要的所有信息。

第三节　财务报表分析的原则、步骤和方法

一、财务报表分析的原则

1. 目的明确原则

该原则要求财务报表阅读者在对财务报表进行分析之前，必须明白分析的目的是什么，要用财务报表提供的信息解决什么问题。分析的目的决定了所需要的资料、分析的步骤、程序和技术方法及需要的结果。分析的深度和质量在很大程度上依赖对所需解决问题的认识、问题的相对重要性、所掌握的与特定问题有关的信息类别以及可靠性。

2. 实事求是原则

实事求是原则是指财务报表分析人员在分析时应从实际出发，坚持实事求是，不能主观臆断。财务报表分析人员，尤其是专业分析人员，不能为达到既定目的而利用数据拼凑理由。分析结论应产生于分析之后，而不是分析之前。

3. 谨慎性原则

该原则要求在进行财务报表分析时，对企业的营利能力、偿债能力、营运能力等采取保守估计，宁可高估而不得低估企业的财务和经营风险。按照谨慎性原则进行财务报表分析，基本要求有两点：一是会计处理上的谨慎。在《企业会计准则》许可的范围内，企业可选择采用计提资产减值准备、存货的成本与市价孰低法及固定资产折旧的快速折旧法等体现谨慎性原则要求的会计处理方法，使企业在不影响合理选择的前提下，尽可能选择使用不虚增利润和夸大股东权益的会计处理方法和程序，从而合理核算可能发生的损失和费用，真实反映企业的经营状况。二是财务指标计算上的谨慎。一种财务指标有时会有多种计算方法，以速动比率为例，可以用流动资产减去存货的余额与流动负债相比计算，也可以用现金及银行存款、可上市证券和短期应收账款净额三者之总额与流动负债相比，企业如果从谨慎性原则出发，就应该选择后者。值得注意的是，首先，谨慎性是以不违背科学性为前提，企业不得为了低估偿债能力和获利能力而任意改变指标方法；其次，谨慎性原则也不意味着企业可以任意歪曲事实真相或者隐瞒利润。

4. 统一性原则

统一性原则又称可比性原则，是指会计核算应当按照现行的会计处理方法进行，会计指标元素口径一致，提供相互可比的会计信息。这里的可比是指不同的企业，尤其是同一行业的不同企业之间的可比，因为许多因素会影响指标比较的合理性，诸如行业差异、企业规模、技术结构、会计政策及财务指标本身的计算方法等。因此，财务报表使用者应当注意寻找共同的具有可比性的计算基础，注意财务指标以外的其他情况，使分析评价结果更有意义，不能单纯信任比较指标的结果。可比性原则的内涵还应包括，财务报表使用者在选择指标的标准值或标准比率时，一定要从企业的实际情况出发，既不

能单凭经验，也不能盲目地信奉书本上的建议。如果机械地将一个企业的实际指标与书本上的所谓标准比率数值进行比较，可能会导致错误结论的产生。

5. 全面分析原则

该原则是指在分析财务报表时要坚持全面看问题，坚持一分为二，反对片面地看问题。财务报表分析人员在分析评价时，既要考虑财务指标，又要考虑非财务指标；既要考虑有利因素，又要考虑不利因素；既要考虑主观因素，又要考虑客观因素；既要考虑内部问题，又要考虑外部问题。只有全面分析，才能客观评价企业的经营状况。

6. 系统分析原则

该原则是指在分析财务报表时要注意各项目之间的直接或间接的联系，把各个问题结合起来分析，防止孤立、片面地分析问题。财务报表分析人员在分析财务报表时，一方面要注意局部与全局的关系、报酬与风险的关系、偿债能力与营利能力的关系等，从总体上把握企业的状况；另一方面要有层次地展开分析，逐步深入，不能仅仅根据某一个指标的高低做出不正确的结论。

7. 动态分析原则

该原则要求以运动、发展的观点分析财务报表，不要静止地看问题。企业的生产经营活动是一个动态的发展过程。而财务报表提供的数据信息都是历史上某一时期企业的财务状况，当前阶段企业的经营活动和财务状况已经或多或少地发生了变化，在新的形势下，同样的投入，可能会有不同的产出。因此，要时刻注意数值的时间性，在弄清过去情况的基础上，分析在当前情况下的可能结果，使财务报表分析能够评价企业过去的经营业绩、衡量目前的财务状况和预测未来的发展趋势。

8. 定量分析与定性分析相结合的原则

定性分析是基础和前提，没有定性分析就弄不清本质、趋势和与其他事物的联系；定量是工具和手段，没有定量分析就弄不清数量界限、阶段性和特殊性。任何事物都是质与量的统一，因此，财务分析也要定性分析与定量分析相结合。企业面临复杂而多变的外部环境，而这些外部环境有时很难定量，但环境的变化却对企业生产的发展、投资目标的实现及企业的销售情况产生着重要的影响，因此做定量分析的同时也要做出定性判断，在定性判断的基础上，再进一步进行定量分析与判断。定性分析是基础和前提，定量分析是工具和手段。财务报表分析要透过数字看本质，无法定性的数据是得不出正确结论的。

二、财务报表分析的一般步骤

财务报表分析是一项技术性很强的工作，必须按照科学的程序进行，一般来讲要经过以下几个步骤。

1. 明确分析目标

分析目标是财务报表分析的出发点，它决定着分析范围的确定、资料收集的详细程度、分析标准和方法的选择等整个分析过程。财务信息有很多需求者，如股权投资者、债权投资者、企业管理部门、企业职工、行政机关、企业的供应商、企业的顾客等。不同的需求者对信息的需求有所不同，而且各个主体的决策有时是面向全局的问题，有时是面向局部的问题，有时是监督，有时是评价。只有弄清了财务报表分析的目标，财务分析人员才能有的放矢地开展工作，才能保证财务报表分析工作的效率和效果。

2. 确定分析范围

分析范围取决于分析目标，它可以是企业经营活动的某一个方面，也可以是经营活动的全过程。根据成本效益原则，并不是一定要对企业的经营和财务状况的方方面面进行分析，一般都是根据自身需要有选择地进行分析，非重点内容只起参考作用。这样不但省去了许多步骤，而且可以降低分析成本，提高分析效率。通过确定分析范围，可以做到有的放矢，将有限的时间和精力集中在重点要解决的问题上。

3. 确定分析标准

财务报表分析工作是需要判断、需要比较的，判断就要有标准，标准是否合适直接决定着判断结果的正误。财务报表分析判断的标准很多，可以是行业中标杆企业的指标值，可以是竞争对手的数据，还可以是来自企业所在行业的平均值、企业的历史指标值、企业的计划指标值等，有时甚至可以是分析人员自己认定的经验值。分析的目标不同，分析人员对评价标准的选择也会不同，合适的、有利于分析的标准就是最好的。

4. 收集相关信息资料

分析目标和分析方案确定以后，便可根据分析工作的需要收集所需资料。资料的收集要与本次会计报表分析工作具有较高的相关性，否则既影响会计报表分析的效率，又影响财务报表分析的效果。在进行财务报表分析之前，我们应该准备好以下资料：完整的财务报表，包括资产负债表、利润表、现金流量表、股东权益变动表、财务报表附注，注册会计师出具的审计报告，公司前几年的财务报表或比较财务报表。对一般的投资者来说，这些资料已经足够了，但要进行深入分析，还需要准备同类公司的有关资料，相关行业的政策动态及数据资料，企业内部供产销各方面的信息，企业外部宏观经济形势以及国家有关的政策和法规（如影响企业经营的宏观经济、法律等环境），企业所在行业的发展状况、行业特点，竞争对手的状况，企业管理层的倾向，企业的文化、历史、发展战略等资料。分析人员获取财务资料的渠道也很多，有的财务资料直接来自企业对外披露的资料，有的来自行业协会，有的来自统计部门及其公布的资料，有的来自新闻媒体，有的来自中介机构，有的来自企业的往来部门机构。总之，不管哪种途径，资料信息收集得越多，越有利于分析。收集资料的工作完成后，还应对所收集的资料进行整理和筛选，去粗取精，去伪存真，使分析建立在可靠的基础之上。

5. 选择分析方法

在充分收集资料的基础上，分析人员便可着手进行分析计算。财务报表的分析方法很多，常见的有审阅分析法、比率分析法、比较分析法、结构分析法、趋势分析法等，这些分析方法各有优缺点，分析人员可根据分析目的和范围选用。可以选择其中的一种方法，也可以综合运用几种方法，对企业做出全面、客观的评价。

6. 得出分析结论，撰写分析报告

财务报表分析的最终目的是对分析对象做出评价，为经济决策提供依据，因此，在对经济指标进行计算比较后，还需把各项经济指标综合起来加以分析、比较和考察，运用专业知识和职业判断能力，对数字所揭示的问题进行解释和描述，得出分析结论并写成书面报告。财务报表分析报告应包括企业背景资料、分析证据、分析假设、关键因素、分析结论等内容。

三、财务报表分析的基本方法

对于财务报表分析来讲，其基本的功能是将大量的财务报表数据转化为对特定决策有用的信息，减少原始信息的单一性和专业性。不同的相关利益主体（或财务报表分析主体）进行财务分析的目的是不同的。例如，企业的投资者比较关注企业的资产质量以及营利能力，以便为其投资决策提供参考；债权人则比较注重企业的偿债能力以便制定相应的信贷决策；企业的经营者则比较关注综合全面的分析以便促进企业的发展；等等。在财务报表分析过程中，只有采取不同的分析方法，才能达到不同的分析目的。因此根据不同相关利益主体对财务报表信息需求内容的不同，采取不同的分析方法，从不同的角度为决策者提供决策信息。

1. 比较分析法

比较分析法是通过经济指标在数量上的比较，来揭示经济指标的数量关系和数量差异的一种方法，是财务报表分析中最常用的一种方法。这种分析方法主要说明财务信息、数量关系和数量差异三个重要问题。通过不同数据之间的对比，总结规律并找出其与不同标准之间的差异，可以发现所分析数据或指标的问题所在、揭示企业经营活动中的优势和劣势，进而为相关决策提供服务。

当然，比较的标准有经验标准、行业标准、历史标准和目标标准；比较的形式可以是绝对数比较，也可以是相对数比较；比较分析方法可采用横向比较法，也可采用纵向比较法。例如，将资产总额指标与历史标准进行比较，通过差异说明企业经营规模的变化，从整体上评价企业的发展。

2. 比率分析法

比率是两个数据相比所得的值。比率分析法是将财务报表中某些彼此存在关联的项目加以对比并计算出比率，据此确定经济活动变动程度的分析方法，这种方法是财务分析中使用最普遍的分析方法。运用比率分析可以评价企业的资产、经营成果和现金流量的构成，分析其质量的好坏；评价企业的营利能力、偿债能力、营运能力和发展能力等内容。根据分析目的和要求的不同，比率分析法可以分为以下三种。

（1）构成比率，也称结构比率，通过某项经济指标的一个或几个组成部分占总体的比重，来反映部分与整体之间的相互关系，并进一步反映相应比率指标的构成内容及变化。例如，计算利润表中各个项目占营业收入的比重，并将其同历史标准进行对比，可以分析企业利润的质量以及利润发生变动的原因，为以后的生产经营指明方向。

（2）相关比率，通过将某个项目与相互关联但性质有所不同的项目加以对比，以深入反映某方面的经济活动。例如，用流动资产与流动负债进行对比，通过计算流动资产对流动负债的保障程度，反映企业的短期偿债能力。

（3）效率比率，是某项经济活动中所费与所得的比率，它反映投入与产出的关系。效率指标可以反映企业运用单位资源获得收入利润的能力，从而对企业的经营成果和经营效益进行评价。例如，将营业利润与营业成本进行对比，可以反映企业营业成本产生营业利润的能力，从而评价企业经营效益的好坏。

3. 趋势分析法

根据企业连续数期的财务报告，以第一年或另外选择的某一年份为基期，计算每一期各项目对基期同一项目的趋势百分比，或趋势比率及指数，形成一系列具有可比性的百分数或指数，从而揭示当期财务状况和经营成果的增减变化及其发展趋势。趋势分析可以采用统计图表，以目测指标变动趋势，也可采用比较法。例如，根据企业营业收入项目连续五年的数据，以第一年为基期，通过五年的增减变动，可以判断分析企业收入的变动情况及未来的发展动向。

4. 因素分析法

因素分析法是从数量上确定一个综合经济指标所包含的各项因素的变动对该指标影响程度的一种分析方法。因素分析法可以说明分析对象（综合指标）受何种因素的影响，以及各个因素对其影响程度如何，以便抓住主要矛盾，发现问题、解决问题。例如，企业原材料成本发生变动，其影响因素有产量、产品单位消耗量、材料单价，利用因素分析法可以计算分析出这三个影响因素对原材料成本的影响利弊，及其影响程度的大小。

5. 项目质量分析法

项目质量分析法主要是通过对组成财务报表的各项目金额、性质及状态的分析，找出重大项目和异动项目，还原企业对应的实际经营活动和财务活动，并根据各项目自身特征和管理要求，在结合企业具体经营环境和经营战略的基础上，对各项目的具体质量进行评价，进而对企业整体财务状况质量作出判断的一种分析方法。在这种方法中，财务报表分析包括资产质量分析、负债和所有者权益质量分析、利润质量分析及现金流量质量分析，该方法最终进行财务状况整体质量分析。

总体上来说，前四种分析方法基本属于传统的财务报表分析方法，发展至今已经比较成熟。这些方法以传统的财务比率分析为主，侧重于对企业营利能力、偿债能力及营运能力等方面做出分析与评价。然而，每种分析方法都有相应的局限性。

比率分析法以财务报表数据为依据，若报表数据不真实，则计算结果很容易误导分析者，而且没有一个标准来判断比率是高还是低，即使计算出各个指标的值，也很难找到一个可以与之相比较的标准。趋势分析法一般对连续几年的财务报表资料进行分析，显然这比分析单一年份的财务报表资料能获得更多信息，特别是关于企业发展趋势的信息。但由于用来分析的财务报表资料所属会计期间不同，并且数据没有经过任何处理，一旦会计核算方法改变或者受到通货膨胀等因素的影响，数据之间就会失去可比性。因素分析法，即分析几个相关因素对某个财务指标的影响。影响某个财务指标的因素有哪些，以及各因素的影响程度难以界定，是因素分析法应用中存在的基本问题。比较分析法在实际操作时，比较对象之间必须具备可比性才有意义，然而数据是否可比受到很多条件的限制，如计算方法、计算标准、时间跨度等。在进行同行业比较时，要使相关数据具有可比性，至少应满足同行业业务性质相同或相似、经营规模接近、经营方式相同或相近等条件。这些条件限制了比较分析法的应用范围。

因此，在应用财务报表分析方法时，应该多种方法有机整合，并不断加以完善和创新，在充分利用财务数据的基础上更多地结合其他相关信息，最大限度地挖掘财务比率背后的企业财务状况的实际质量。只有这样，才能为财务信息使用者提供更为科学、更为有效的决策依据。本书根据国内外学者的研究成果和资料，以项目质量分析方法为主线，结合其他分析方法，试图分析财务报表各项目的具体质量，以达到判断企业财务状况整体质量的目的。

本 章 小 结

通过本章的学习，我们了解了财务报表分析的起源与发展，这可以帮助我们理解概念框架，并指导我们更加聪明地利用信息。我们还掌握了财务报表分析的概念和内容，充分明确了财务报表分析的学科定位：财务报表分析不仅是一门独立的边缘性学科，而且将成为一个独立于会计学和财务管理的学科专业。我们知道了财务报表分析的内容可归纳为偿债能力分析、营运能力分析和营利能力分析三个主要方面；熟悉了财务报表分析的作用与目的；了解了财务报表分析的原则、步骤和方法；认识了财务报表分析与财务会计、财务管理的异同之处，并为具体的财务报表分析做好了准备。

复习思考题

1. 简述财务报表分析的起源与发展。
2. 什么是财务报表分析？财务报表分析具体的内容有哪些？
3. 如何对财务报表分析进行学科定位？
4. 财务报表分析的作用有哪些？
5. 简述财务报表分析的原则、步骤和方法。
6. 如何认识财务报表分析与财务会计、财务管理的异同之处？

【案例分析】

刘姝威经典文章《蓝田之谜》

我运用国际通用的分析方法，分析了从蓝田股份的招股说明书到 2001 年中期报告的全部财务报告以及其他公开资料。根据对蓝田股份会计报表的研究推理，我写了一篇600 多字的研究推理短文《应立即停止对蓝田股份发放贷款》发给《金融内参》。

现在，我公开发表蓝田股份会计报表的研究推理摘要。我将非常感谢大家评论我的研究推理。

一、我研究推理"应立即停止对蓝田股份发放贷款"的依据

在对借款企业发放贷款前和发放贷款后，银行必须分析借款企业的财务报告。如果财务分析结果显示企业的风险度超过银行的风险承受能力，那么，银行可以立即停止向企业发放贷款。

1. 蓝田股份的偿债能力分析

2000 年蓝田股份的流动比率是 0.77。这说明蓝田股份短期可转换成现金的流动资产不足以偿还到期流动负债，偿还短期债务能力弱。

2000 年蓝田股份的速动比率是 0.35。这说明，扣除存货后，蓝田股份的流动资产只能偿还 35% 的到期流动负债。

2000 年蓝田股份的净营运资金是 − 1.3 亿元。这说明蓝田股份将不能按时偿还 1.3 亿元的到期流动负债。

1997—2000 年蓝田股份的固定资产周转率和流动比率逐年下降，到 2000 年二者均小于 1。这说明蓝田股份的偿还短期债务能力越来越弱。

2000 年蓝田股份的主营产品是农副水产品和饮料。2000 年蓝田股份"货币资金"和"现金及现金等价物净增加额"，以及流动比率、速动比率、净营运资金和现金流动负债比率均位于"A07 渔业"上市公司的同业最低水平，其中，流动比率和速动比率分别低于"A07 渔业"上市公司的同业平均值大约 5 倍和 11 倍[①]。这说明，在"A07 渔业"上市公司中，蓝田股份的现金流量是最短缺的，短期偿债能力是最低的。

2000 年蓝田股份的流动比率、速动比率和现金流动负债比率均处于"C0 食品、饮料"上市公司的同业最低水平，分别低于同业平均值的 2 倍、5 倍和 3 倍[②]。这说明，在"C0 食品、饮料"行业上市公司中，蓝田股份的现金流量是最短缺的，偿还短期债务能力是最低的。

2. 蓝田股份的农副水产品销售收入分析

2000 年蓝田股份的农副水产品收入占主营业务收入的 69%，饮料收入占主营业务收入的 29%，二者合计占主营业务收入的 98%。

2001 年 8 月 29 日蓝田股份发布公告称：由于公司基地地处洪湖市瞿家湾镇，占公司产品 70% 的水产品在养殖基地现场成交，上门提货的客户中个体比重大，因此"钱货两清"成为惯例，应收款占主营业务收入比重较低。

2000 年蓝田股份的水产品收入位于"A07 渔业"上市公司的同业最高水平，高于同业平均值 3 倍。

2000 年蓝田股份的应收款回收期位于"A07 渔业"上市公司的同业最低水平，低于同业平均值大约 31 倍。这说明，在"A07 渔业"上市公司中，蓝田股份给予买主的赊销期是最短的、销售条件是最严格的。

作为海洋渔业生产企业，华龙集团以应收款回收期 7 天（相当于给予客户 7 天赊销

---

① 作者原文如此，未作改动。规范的说法应为"流动比率和速动比率分别是'A07 渔业'上市公司的同业平均值的 1/5 和 1/11"。

② 作者原文如此，未作改动。规范的说法应为"分别为同业平均值的 1/2、1/5 和 1/3"。

期）的销售方式，只销售价值相当于蓝田股份水产品收入 5%的水产品；中水渔业以应收款回收期 187 天（相当于给予客户 187 天赊销期，比蓝田股份"钱货两清"销售方式更优惠、对客户更有吸引力）的销售方式，只销售价值相当于蓝田股份水产品收入 26%的水产品。

蓝田股份的农副水产品生产基地位于湖北洪湖市,公司生产区是一个几十万亩(1 亩≈666.66 平方米）的天然水产种养场。武昌鱼公司位于湖北鄂州市，距洪湖的直线距离 200 千米左右，其主营业务是淡水鱼类及其他水产品养殖，其应收款回收期是 577 天，比蓝田股份应收款回收期长 95 倍；但是其水产品收入只是蓝田股份水产品收入的 8%。洞庭水殖位于湖南常德市，距洪湖的直线距离 200 千米左右，其主营产品是淡水鱼及特种水产品，其产销量在湖南省位于前列，其应收款回收期是 178 天，比蓝田股份应收款回收期长 30 倍，这相当于给予客户 178 天赊销期；但是其水产品收入只是蓝田股份的 4%。在方圆 200 千米以内，武昌鱼和洞庭水殖与蓝田股份的淡水产品收入出现了巨大的差距。

武昌鱼和洞庭水殖与蓝田股份都生产淡水产品，产品的差异性很小，人们不会只喜欢洪湖里的鱼，而不喜欢武昌鱼或洞庭湖里的鱼。蓝田股份采取"钱货两清"和客户上门提货的销售方式，这与过去渔民在湖边卖鱼的传统销售方式是相同的。蓝田股份的传统销售方式不能支持其水产品收入异常高于同业企业。除非蓝田股份大幅度降低产品价格，巨大的价格差异才能对客户产生特殊的吸引力。但是，蓝田股份与武昌鱼和洞庭水殖位于同一地区，自然地理和人文条件相同，生产成本不会存在巨大的差异，若蓝田股份大幅度降低产品价格，它将面临亏损。

根据以上分析，我研究推理：蓝田股份不可能以"钱货两清"和客户上门提货的销售方式，一年销售 12.7 亿元水产品。

3. 蓝田股份的现金流量分析

2000 年蓝田股份的"销售商品、提供劳务收到的现金"超过了"主营业务收入"，但是其短期偿债能力却位于同业最低水平。这种矛盾来源于"购建固定资产、无形资产和其他长期资产所支付的现金"是"经营活动产生的现金流量净额"的 92%。2000 年蓝田股份的在建工程增加投资 7.1 亿元，其中"生态基地"、"鱼塘升级改造"和"大湖开发项目"三个项目占 75%，在建工程增加投资的资金来源是自有资金。这意味着 2000 年蓝田股份经营活动产生的净现金流量大部分转化成在建工程本期增加投资。

根据 2001 年 8 月 29 日蓝田股份发布的公告，2000 年蓝田股份的农副水产品收入 12.7 亿元应该是现金收入。

我从事商业银行研究，了解我国的商业银行。如果蓝田股份水产品基地瞿家湾每年有 12.7 亿元销售水产品收到的现金，各家银行会争先恐后地在瞿家湾设立分支机构，会为争取这"12.7 亿元销售水产品收到的现金"业务而展开激烈的竞争。银行会专门为方便个体户到瞿家湾购买水产品而设计银行业务和工具，促进个体户与蓝田股份的水产品交易。银行会采取各种措施，绝不会让"12.7 亿元销售水产品收到的现金"游离于银行系统之外。与发达国家的银行相比，我国商业银行确实存在差距，但是，我国的商业银行还没有迟钝到明知"瞿家湾每年有 12.7 亿元销售水产品收到的现金"而无动于衷的地步。

根据以上分析，我研究推理：2000 年蓝田股份的农副水产品收入 12.7 亿元的数据是虚假的。

4. 蓝田股份的资产结构分析

蓝田股份的流动资产逐年下降，应收款逐年下降，到 2000 年流动资产主要由存货和货币资金构成，到 2000 年在产品占存货的 82%；蓝田股份的资产逐年上升主要由于固定资产逐年上升，到 2000 年资产主要由固定资产构成。

2000 年蓝田股份的流动资产占资产百分比位于"A07 渔业"上市公司的同业最低水平，低于同业平均值约 3 倍；而存货占流动资产百分比位于"A07 渔业"上市公司的同业最高水平，高于同业平均值约 3 倍。

2000 年蓝田股份的固定资产占资产百分比位于"A07 渔业"上市公司的同业最高水平，高于同业平均值 1 倍多。

2000 年蓝田股份的在产品占存货百分比位于"A07 渔业"上市公司的同业最高水平，高于同业平均值 1 倍；在产品绝对值位于同业最高水平，高于同业平均值 3 倍。

2000 年蓝田股份的存货占流动资产百分比位于"C0 食品、饮料"上市公司的同业最高水平，高于同业平均值 1 倍。

2000 年蓝田股份的在产品占存货百分比位于"C0 食品、饮料"上市公司的同业最高水平，高于同业平均值约 3 倍。

根据以上分析，我研究推理：蓝田股份的在产品占存货百分比和固定资产占资产百分比异常高于同业平均水平，蓝田股份的在产品和固定资产的数据是虚假的。

5. 我的研究推理

根据以上分析，我研究推理：蓝田股份的偿债能力越来越恶化；扣除各项成本和费用后，蓝田股份没有净收入来源；蓝田股份不能创造足够的现金流量以便维持正常经营活动和保证按时偿还银行贷款的本金和利息；银行应该立即停止对蓝田股份发放贷款。

二、我研究推理"蓝田股份已经成为中国蓝田总公司的提款机"的依据

1. 蓝田股份的关联方关系

根据蓝田股份 2000 年会计报表附注"（八）关联方关系及交易"，蓝田股份的母公司是洪湖蓝田经济技术开发有限公司，注册地址是洪湖市瞿家湾镇。蓝田股份合并会计报表的子公司有两家：沈阳蓝田房屋开发有限公司（注册地址是沈阳市）和湖北洪湖蓝田水产品开发有限公司（注册地址是洪湖市瞿家弯镇）。2000 年沈阳蓝田房屋开发有限公司亏损。2000 年蓝田股份的利润主要来自于湖北洪湖蓝田水产品开发有限公司。

根据蓝田股份 2000 年会计报表附注"（八）关联方关系及交易"，中国蓝田总公司与蓝田股份不存在控制关系，二者之间的关系是公司高级管理人员兼职。蓝田股份委托中国蓝田总公司为代销商，2000 年中国蓝田总公司代销额占当期蓝田股份销售额的 1.9%。中国蓝田总公司长期为蓝田股份的产品进行广告宣传。

中国蓝田总公司所属的金农网（产品）"中国蓝田总公司简介"称："1996 年 5 月，其核心企业沈阳蓝田股份有限公司由中国农业部推荐为首家 A 股股票上市公司。"

金农网（简介）"中国蓝田（集团）总公司简介"称："湖北蓝田股份有限公司是

总公司的核心企业, 1996 年 5 月由国家批准 A 股上市, 被誉为'中国农业第一股'。上市以来, 业绩连年高速增长, 2000 年, 主营业务收入 18.41 亿元, 利润总额 5.02 亿元。"

蓝田股份称: 中国蓝田总公司与蓝田股份不存在控制关系, 二者之间的关系是公司高级管理人员兼职。中国蓝田总公司和中国蓝田(集团)总公司称: 蓝田股份是其核心企业。哪个是真的?

2. 中国蓝田(集团)总公司的收入来源分析

金农网(简介)"中国蓝田(集团)总公司简介"称: 中国蓝田总公司在全国建立了六大生产基地, 即湖北洪湖 30 万亩水产品种植、养殖和绿色食品加工基地, 湖北随州 10 万亩银杏和 200 吨黄酮、500 千克葰内酯生产加工基地, 湖南临湘 10 万亩黄姜及 500 吨皂素生产基地, 湖南常德奶牛、乳制品生产加工基地, 广东珠海优化农业试验基地, 北京昌平国际高科技农业基地。

1) 北京昌平国际高科技农业基地

2001 年 10 月 26 日湖北蓝田股份有限公司董事会发布关联交易公告称: "本公司以 2 320 万元的价格将所持蓝田园(即北京昌平国际高科技农业基地)80% 的股权出售给中国蓝田总公司……蓝田园公司成立时间较短, 到目前为止未有营利。"

2) 广东珠海优化农业试验基地

金农网(简介)"中国蓝田(集团)总公司简介"称: 中国蓝田集团广东公司在广东省发展计划委员会立项, 投资 1.9 亿元, 于广东省珠海市建设"广东蓝田优化农业试验基地"。

广东省发展计划委员会网站(建设项目计划表)列示: 珠三角地区十大农业示范基地项目, 建设起止年限: 2000~2005 年, 总投资 40 亿元, 到 2000 年完成投资 15 亿元, 2001 年计划投资 2 亿元。假设"广东蓝田优化农业试验基地"是"珠三角十大农业示范基地"之一, 那么, 该基地最早是 2000 年开始投资建设的。

3) 湖北随州 10 万亩银杏和 200 吨黄酮、500 千克葰内酯生产加工基地

金农网(简介)"中国蓝田(集团)总公司简介"称: 中国蓝田集团随州公司开发管理的 10 万亩银杏基地坐落在湖北省随州市。基地以洛阳镇为重点, 以该镇珠宝山第七个村为中心, 辐射洛阳镇 230 平方千米的 32 个行政村。

"随州信息港"网站: 湖北省随州市曾都区洛阳镇位于大洪山东麓, 全镇辖 32 个村(居)委会, 34 500 人, 总面积 230 平方千米, 其中耕地 3.3 万亩, 山场 25 万亩, 水面 2.2 万亩。全镇有果用型银杏树 570 多万株, 其中百年以上 1.7 万株, 千年以上 308 株; 叶用型银杏园 5 300 余亩, 银杏苗圃 100 多亩, 每年产银杏 500 余吨、银杏叶 1 500 余吨, 可出圃各规格银杏苗 500 万株。

三九健康网 2001 年 9 月 24 日报道, 6 月 26 日, 我国最大的银杏深加工基地正式落户随州。省委常委、中国工程院院士周济与中国蓝田集团总裁瞿兆玉共同为这座占地 500 亩的"湖北蓝田银杏高科技产业园"奠基。

4) 湖南临湘 10 万亩黄姜及 500 吨皂素生产基地

蓝田金农网没有介绍湖南临湘 10 万亩黄姜及 500 吨皂素生产基地。

在湖南省临湘市政府网站没有有关湖南临湘 10 万亩黄姜及 500 吨皂素生产基地的

任何信息。

5）湖南常德奶牛、乳制品生产加工基地

蓝田金农网没有介绍湖南常德奶牛、乳制品生产加工基地。在湖南省常德市政府网站没有有关湖南常德奶牛、乳制品生产加工基地的任何信息。

6）洪湖30万亩水产品种植、养殖和绿色食品加工基地

金农网（简介）"中国蓝田（集团）总公司简介"介绍了中国蓝田（集团）总公司的洪湖生态养殖基地（位于洪湖）、果蔬种植基地、畜禽养殖基地（位于洪湖市）和绿色食品加工中心（位于洪湖瞿家湾镇）。

1997~2000年蓝田股份累计投资3亿元的洪湖菜篮子工程与中国蓝田（集团）总公司的果蔬种植基地、畜禽养殖基地和绿色食品加工中心位于同一地点。

1997~2000年蓝田股份累计投资约16亿元的生态基地、大湖开发项目和渔塘升级项目与中国蓝田（集团）总公司的洪湖生态养殖基地位于同一地点。

3. 我的研究推理

根据以上分析，我研究推理：中国蓝田（集团）总公司的湖北洪湖30万亩水产品种植、养殖和绿色食品加工基地就是蓝田股份的生产基地；中国蓝田（集团）总公司的其他五个生产基地不能为其提供净收入和现金流量；中国蓝田总公司没有净收入来源，不能创造充足的现金流量以便维持正常的经营活动和保证按时偿还银行贷款的本金和利息；蓝田股份的现金流量流向中国蓝田（集团）总公司；蓝田股份已经成为中国蓝田总公司的提款机。

三、我研究推理"蓝田股份依靠银行贷款维持运转"的依据

根据以上分析，我没有发现蓝田股份足以维持其正常经营和按时偿还银行贷款本息的现金流量来源。所以，我研究推理：蓝田股份依靠银行的贷款维持运转，而且用拆西墙补东墙的办法，支付银行利息。

从《金融内参》2001年10月26日发表《应立即停止对蓝田股份发放贷款》到2001年11月20日瞿兆玉找我，间隔25天。瞿兆玉博士说："所有银行停发贷款，资金链断了，业务无法进行了，快死了。"一家健康的企业不会出现如此强烈的反应，在银行停发贷款的短时间内，业务已经无法进行了。

四、结束语

任何一家银行不可能单凭一篇文章和不进行调查研究而立即停发一家企业的贷款。

在《应立即停止对蓝田股份发放贷款》中，我提示银行检查"蓝田股份和中国蓝田总公司及其各地子公司的银行户现金流动情况"。

如果银行对蓝田进行调查研究后，根据银行的调查研究结果，停发蓝田贷款，那么，银行停发蓝田贷款一定有其理由。

资料来源：刘姝威. 蓝田之谜. http://wenku.baidu.com/view/aebaqbf804a1b0717fdd88.html?from=search，2012-06-23

试分析：刘姝威分别从哪几方面分析蓝田集团？都发现了哪些问题？是如何发现的？

第二章 财务报表分析的信息资料

学习目标：

熟悉财务报表的分类，掌握基本财务报表包括的内容；掌握基本财务报表之间的钩稽关系，并能适当进行分析；掌握财务报表分析背景资料的相关内容，并能适当进行分析；熟知财务报表编制的基本会计假设和法规体系，并能理解它们对财务报表分析的影响。

关键词：

资产负债表；利润表；现金流量表；背景资料；基本会计假设

【案例引读】

财务信息违规披露的后果——青鸟华光 2015

潍坊北大青鸟华光科技股份有限公司于 2013 年 3 月 20 日收到中国证券监督管理委员会（以下简称中国证监会）《调查通知书》（鲁证调查通字〔2013〕1351 号）。因该公司涉嫌未按规定披露信息，根据《中华人民共和国证券法》的有关规定，中国证监会决定对该公司进行立案调查。2015 年 4 月 17 日，潍坊北大青鸟华光科技股份有限公司收到中国证监会《行政处罚决定书》（〔2015〕7 号）。接到《行政处罚决定书》后，该公司立即成立以董事长、总经理为组长的问题整改小组，逐条分析问题的产生原因，并逐条落实问题整改措施。现将相关整改情况报告如下。

（1）青鸟华光在 2007~2012 年的各年度报告中未按规定披露实际控制人及其控制关系。

潍坊北大青鸟华光科技股份有限公司于 2013 年 8 月 15 日收到了中国证监会山东监管局下发的《关于要求潍坊北大青鸟华光科技股份有限公司公开说明有关事项的监管函》（鲁证监函〔2013〕116 号）、《关于对潍坊北大青鸟华光科技股份有限公司采取责令改正措施的决定》（〔2013〕6 号）。该公司根据《关于对潍坊北大青鸟华光科技股份有限公司采取责令改正措施的决定》的要求，于 2013 年 9 月 14 日，对关于公司实际控制人的相关情况进行了详细说明，并披露了《关于公司实际控制人相关情况的说明暨整改报告的公告》和《关于公司实际控制人信息披露情况的更正公告》（公告编号临 2013-021）。

整改责任人：董事长、总经理、董事会秘书。

整改完成时间：已经完成整改，今后杜绝类似情况再次发生。

（2）青鸟华光在 2012 年年报中未按规定披露相关关联方关系及关联交易，导致公司 2012 年度利润总额虚增。

2012 年 11 月潍坊北大青鸟华光科技股份有限公司将子公司北京青鸟华光科技有限公司股权转让给新疆盛世新天股权投资有限公司，成交价格为 1 920 万元，该事项形成股权转让收益 43 139 116.90 元。潍坊北大青鸟华光科技股份有限公司于 2013 年 3 月 20 日接到中国证监会山东证监局下发的《调查通知书》，对公司立案调查，该事项是涉及调查的重点之一。鉴于立案调查正在进行之中，考虑到对广大投资者的风险提示需求，该公司于 2014 年 4 月 28 日召开的董事会上审议通过了《关于公司前期会计差错更正的议案》，根据谨慎性原则，对该项交易形成的股权转让收益暂计入资本公积，对 2012 年度财务报表中净利润、利润总额等相关数据进行更正，待中国证监会对公司调查的最终结论出具后，公司将根据中国证监会的结论意见进行最终调整和披露。2015 年 4 月 17 日，该公司收到中国证监会下发的《行政处罚决定书》（〔2015〕7 号），认定上述股权转让为关联交易，导致公司 2012 年度利润总额虚增 4 122.19 万元。鉴于上述原因，该公司已于 2015 年 4 月 24 日召开的第八届董事会第七次会议上对前述会计差错更正并予以正式确认。

整改责任人：财务总监、董事会秘书。

整改完成时间：已经完成整改，今后杜绝类似情况再次发生。

（3）青鸟华光在 2012 年通过关联方配合控股子公司实施无商业实质的购销交易，虚增年度营业收入。

潍坊北大青鸟华光科技股份有限公司控股子公司潍坊北大青鸟华光通信技术有限公司 2012 年度向客户北京恒业世纪科技股份有限公司和北京华成时代科技有限公司实现销售收入 6 105 763.10 元。2015 年 4 月 17 日，该公司收到中国证监会下发的《行政处罚决定书》（〔2015〕7 号），认定上述销售收入为公司通过关联方配合控股子公司实施无商业实质的购销交易，虚增年度营业收入。根据中国证监会《行政处罚决定书》的要求，该公司于 2015 年 4 月 24 日召开第八届董事会第七次会议审议通过了《关于公司前期会计差错更正的议案》，对被认定为虚增的 2012 年度营业收入进行会计差错更正，调整了公司 2012 年度报告中营业收入、营业成本、营业税金及附加、利润总额、净利润、未分配利润、少数股东权益等相关数据。2015 年 4 月 25 日，其在中国证券报、上海证券报及上海证券交易所网站披露了《前期会计差错更正公告》。

整改责任人：财务总监、董事会秘书。

整改完成时间：已经完成整改，今后杜绝类似情况再次发生。

公司及相关当事人诚恳地向全体投资者致歉，公司及公司董事、监事、高级管理人员将以此为戒，不断提高规范运作意识，强化内部控制体系建设，严格按照《中华人民共和国公司法》《中华人民共和国证券法》《上海证券交易所股票上市规则》《上市公司信息披露管理办法》等法律法规的要求规范运作，真实、准确、完整、及时地履行信息披露义务。公司会把本次整改视为促进公司规范运作的良机，认真吸取教训、提高认识、加强学习，切实落实整改措施，并积极配合山东证监局对整改情况的跟踪监管。

特此公告

资料来源：中国证券监督管理委员会. http://www.csrc.gov.cn/pub/beijing/xxfw/pfxc/201507/t20150729_281764.htm，2015-07-08

　　财务报表分析信息是财务分析的基础和不可分割的组成部分。它对保证财务分析工作的顺利进行、提高财务分析的质量与效果都有着重要的作用。第一，财务报表分析信息是财务分析的根本依据。第二，搜集和整理财务报表分析信息是财务分析的重要步骤和方法之一。第三，财务报表分析信息的数量和质量，决定着财务分析的质量与效果。

　　从不同角度看，财务报表分析信息的种类是不同的。

　　（1）按照是否由会计系统提供，可分为会计信息和非会计信息。

　　会计信息包括外部报送信息和内部报送信息。外部报送信息是以财务报告为主，而财务报告是财务分析最重要的依据和最主要的财务信息来源。企业应当定期向外部相关利益人报送的有资产负债表、利润表、现金流量表、所有者权益变动表和会计报表附注。内部报送信息是指企业成本计算数据和流程、期间费用的构成、企业预算、企业投融资决策信息及企业内部业绩评价方法和结果等。

　　非会计信息包括：①审计报告。审计报告本身并不产生任何关于企业财务状况和经营成果的信息，但是可以增加财务信息的可信性。②市场信息。通过市场信息可以更加明确地分析和预测企业未来市场状况、行业发展前景和企业成长能力。③公司治理信息。公司治理信息有助于判断企业的前景，有助于判定历史信息预测未来的效力。④宏观经济信息。它一般包括影响整体国民经济运行的一些因素，如宏观经济政策、通货膨胀率、增长水平、固定资产投资增长率、基本利率水平等。

　　（2）按照信息来源进行可分为外部信息和内部信息。

　　一般而言，来自企业外部的信息都是公开信息，来自企业内部的信息部分是公开的，部分是非公开的，其中非公开信息包括企业成本数据的构成、企业预算等。对于大多数财务报表分析主体来说，财务报表分析应当立足于外部信息和企业内部公开披露的信息。

第一节　基本财务报表

　　本书要讨论的财务报表是一个广义概念，与通常所说的财务报告是一致的。财务报表是以《企业会计准则》为规范编制的，向所有者、债权人、政府及其他有关各方和社会公众等外部反映会计主体财务状况和经营的会计报表。财务报表包括资产负债表、损益表、现金流量表或财务状况变动表、附表和附注。

　　财务报表按不同标准，可以分为以下不同类别。

　　（1）按所反映的经济内容，财务报表可分为财务状况报表和经营成果报表。

　　财务状况报表是用来反映企业财务状况及资金运用、变动情况的报表，主要包括资产负债表和现金流量表。资产负债表是总括反映企业在某一特定日期全部资产、负债和所有者权益数额及其结构情况的报表；现金流量表是反映企业在一定会计期间内的现金流入和流出情况的财务报表。经营成果报表主要是指利润表，利润表是总括反映企业在一定期间的经营成果的财务报表。

　　（2）按编制和报送的时间，财务报表可分为中期财务报表和年度财务报表。

　　中期财务报表是以中期为基础编制的财务报告。"中期"是指短于一个完整的会计年度（自公历 1 月 1 日起至 12 月 31 日止）的报告期间，可以是一个月、一个季度或者半年。中期财务报告至少应当包括资产负债表、利润表、现金流量表及附注。中期资产负债表、利润表和现金流量表的格式和内容，应当与年度财务报表相一致。中期财务报告中的附注相对于年度财务报告中的附注，可以适当简化。年度财务报表是全面反映企业整个会计年度的经营成果、现金流量情况及年末财务状况的财务报表。企业每年底必须编制并报送年度财务报表。

（3）按报送对象，财务报表可分为内部财务报表和外部财务报表。

内部财务报表是指企业根据内部经营管理的需要，自行设计财务报表内容及格式，不对外报送，仅向内部经营管理者报送的财务报表，如费用明细表、成本报表等；外部财务报表是指企业根据《企业会计准则》的规定必须定期编制并向外报送的财务报表，如资产负债表、利润表、现金流量表、所有者权益变动表等。

（4）按财务报表反映资金运动的状态，财务报表可分为静态报表和动态报表。

静态报表是反映企业在某一时点上的资金情况的报表，如资产负债；动态报表是反映企业在某一时期资金运动变化情况的报表，如利润表、现金流量表、所有者权益变动表。

（5）按编报的会计主体不同，财务报表分为个别财务报表和合并财务报表。

个别财务报表是指在以母公司和子公司组成的具有控股关系的企业集团中，由母公司和子公司各自为主体分别单独编制的财务报表，用以分别反映母公司和子公司本身各自的财务状况和经营成果；合并财务报表是以母公司和子公司组成的企业集团为会计主体，以母公司和子公司单独编制的个别财务报表为基础，由母公司编制的综合反映企业集团经营成果、财务状况及其资金变动情况的财务报表。

一般而言，基本财务报表是由公司会计部门提供的反映公司某一时期或时点财务状况与经营成果的书面文件。从基本财务报表的发展、演变过程来看世界各国的财务报表体系在形式上逐渐趋于一致（尽管其概念内涵、指标口径等在各国间有不同程度的差异）。本节所说的资产负债表、利润表及现金流量表三个财务报表，按照我国《企业会计准则》以及有关会计制度的规定，属于公司的基本财务报表。正是由于公司的会计报表揭示了财务状况与经营成果，公司现在和潜在的投资者（业主）、贷款提供者及其他与公司有经济利害关系的信息使用者才能了解公司的财务状况，在分析的基础上做出有关经济决策。

一、基本财务报表的内容

基本财务报表的构成如图 2-1 所示。

1. 资产负债表

资产负债表是基本财务报表之一，它是以"负债+所有者权益=资产"为平衡关系，反映公司在某一特定日期财务状况的财务报表。其中，资产是公司因过去的交易或事项而拥有或控制的、预期会给企业带来经济利益的经济资源，包括财产、债权和其他权利。资产具有如下特征。

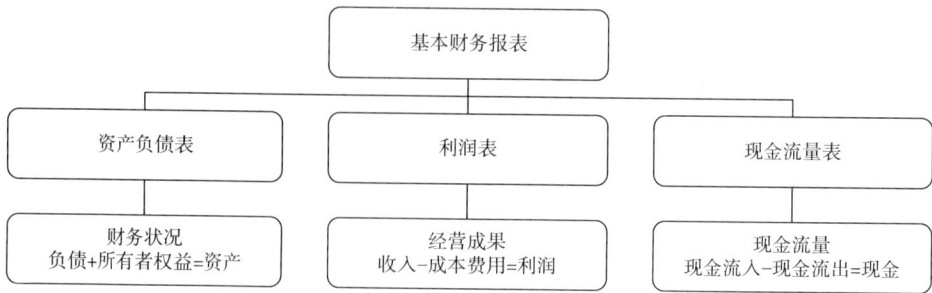

图 2-1　基本财务报表

（1）资产是由过去的交易获得的。公司能利用的经济资源能否列为资产，其区分标志之一就是是否由已发生的交易引起。

（2）资产应能为公司实际拥有或控制。在这里拥有是指公司拥有资产的所有权；控制则是指公司虽然没有某些资产的所有权，但实际上可以对其进行自由支配和使用，如融资租入固定资产。

（3）资产必须能以货币计量。这就是说，会计报表上列示的资产并不是公司的所有资源，只有能用货币计量的资源才在财务报表中列示。而对公司的某些资源，如人力资源等，由于无法用货币计量，目前的会计实务并不在会计系统中对其进行处理。

（4）资产应能为公司带来未来经济利益。所谓"未来经济利益"是指直接或间接地为未来的现金净流入做出贡献的能力。这种贡献可以是直接增加未来的现金流入，也可以是因耗用（如材料存货）或提供经济效用（如对各种非流动资产的使用）而节约的未来的现金流出。

在我国目前的有关制度中，把资产分为流动资产、长期投资、固定资产、无形资产、递延资产和其他资产。关于各项资产的具体含义与所包含的内容，我们将在以后对资产负债表的详细讨论中予以介绍。

负债是指公司由于过去的交易或事项而引起的，在现在承担的将在未来向其他经济组织或个人交付资产或提供劳务的责任。负债具有如下基本特征。

（1）与资产一样，负债应由公司过去的交易引起。

（2）负债必须在未来某个时点（且通常有确切的收款人和偿付日期）通过转让资产或提供劳务来清偿。

（3）负债应是能用货币进行计量的债务责任。一般而言，负债按偿还期的长短，分为流动负债和非流动负债。至于负债的具体内容，我们也留待以后介绍。

所有者权益是指公司的投资者对公司净资产的所有权，包括公司投资者对公司的投入资本以及形成的资本公积、盈余公积和未分配利润等。

2. 利润表

利润表是反映公司某一会计期间财务成果的财务报表。它可以提供公司在月度、季度或年度内净利润或亏损的形成情况。

利润表各项目间的关系可用"收入-成本费用=利润"来概括。其中，收入是公司通过销售商品或提供劳务等经营活动而实现的营业收入，包括主营业务收入和其他业务收入。费用是指公司在生产经营过程中发生的各种耗费。不同类型的公司，其费用构成不尽相同。对工业公司而言，按照是否构成产品成本可将费用划分为制造费用和期间费用。制造费用是指与生产产品有关的各种费用，包括直接材料、直接人工和间接制造费用。一般而言，在制造过程中发生的上述费用应通过有关成本计算方法，归集、分配到各成本计算对象。各成本计算对象的成本将从有关产品的销售收入中得到补偿。期间费用是指那些与产品的生产无直接关系、与某一时期相联系的费用。对工业公司而言，包括管理费用、销售费用和财务费用等。此外，在公司的费用中，还有一项所得税费用。在会计利润与应税利润没有差异的条件下，所得税费用是指公司按照当期应税利润与适用税率确定的应交纳的所得税支出。我国会计理论与实务界长期遵循"所得税是利润分配的结果"的认识，将所得税支出作为利润分配的内容。随着会计制度改革的深入和认识的不断深化，我国已将所得税支出从原来的"利润分配表"移至"利润表"，这实际上是接受了将所得税支出作为一项费用处理（尽管在表中只出现"所得税"而不是"所得税费用"）的观念。上述收入与费用的具体构成及利润表的格式，我们将在"利润表分析"一章中讨论。

3. 现金流量表

现金流量表是反映公司在一定会计期间现金流入与现金流出情况的财务报表。需要说明的是，现金流量表中的"现金"概念，指的是货币资金（包括库存现金、银行存款、其他货币资金等）和现金等价物（一般包括短期投资等变现能力极强的资产项目）。

二、基本财务报表的钩稽关系及其分析

在完美市场中，资产负债表是一张最关键的会计报表，当投资者拥有了一张资产负债表时便可以推知自己未来各年收益，即收益是无风险的。此时，利润表和现金流量表的会计信息含量有限，不能给投资者带来更多新的会计信息，故从节约财务报表编制成本的角度看，最优决策应该是只编制一张资产负债表，而利润表和现金流量表基本上是多余的。然而现实是不完美的，于是利润表和现金流量表的会计信息便凸现了存在价值。利润表可以帮助投资者详细地了解企业营利的过程，从中找出企业未来营利的发展趋势；而现金流量表则为投资者提供了评价企业利润的潜在风险方面的信息，倘若企业利润的现金含量太低，则对企业未来的投资决策会有一定的影响。因此，在现实世界中就形成了三张财务报表相互依存、互为补充的关系。所以，分析三张财务报表的内在关系是很重要的。

1. 基本财务报表的钩稽关系

1）表内钩稽关系

资产负债表，主要告诉我们企业的实力与底子，即在出财务报表的那一时刻这个公司的资产负债情况，是穷还是富，穷的话，穷到什么地步，富的话，富到什么地步。所以，这张财务报表，关键一点是出表时间，时点对这张财务报表的影响很大。因为昨天穷不一定今天就穷，今天富不一定明天也会富，不会总是一个状况。这张财务报表最重要的一个"钩稽关系"就是资产等于负债加上权益。如何理解呢？就是现在拥有的一切不外乎来源于两个方面：一个是本来就是自己的，另一个就是借来的。在会计上，目前拥有的一切就叫资产，借来的钱就是负债，而自己拥有的就叫权益。这就是资产负债表最重要的内部"钩稽关系"。

利润表或损益表反映企业的能力，主要告诉我们，在一段时间里这个公司利润实现过程以及损益情况如何，就是说在一段时间里是赚了还是赔了，如是赚了，赚多少，如是赔了，赔多少。所以，这张财务报表关键一点就是看这段时间的长短，一般是一个月、一个季度或一年。在这张表里，最重要的一个"钩稽关系"就是收入减去费用等于利润。

现金流量表反映企业的活力，主要告诉我们，在一段时间里，这个公司收进了多少现金，付出了多少现金，还余下多少现金在银行里。这张财务报表的关键也是要看这段时间有多长，这一点同利益表或损益表一样。在这张表里，最重要的一个"钩稽关系"就是流入的现金减去流出的现金等于余下的现金。

2）表间钩稽关系

一是资产负债表与利润表钩稽关系。资产负债表同损益表的表间关系主要是资产负债表中未分配利润的期末数减去期初数，应该等于损益表的未分配利润项。资产负债表是一个时点财务报表，而损益表是一个时期财务报表，两个不同时点之间就是一段时期，这两个时点上的未分配利润的差额，应该等于这段时期内未分配利润的增量。之所以比较未分配利润，是因为未分配利润就是企业取得收入支付成本费用，然后交了税金、付完利息后，将余下的利润分给股东后，最后余下的钱。企业所有活动产生的经济效果，到最后都需要未分配利润来做了结。而其他的项目之间的关系，主要表现在表内的关系上，而不是通过表间关系体现的。

二是资产负债表与现金流量表钩稽关系。资产负债表同现金流量表之间的关系，主要是资产负债表的货币资金项目的期末数减去期初数，应该等于现金流量表最后的现金及现金等价物净流量。资产负债表是一个时点财务报表，现金流量表是一个时期财务报表，表间关系的原理同上。值得解释的是现金及现金等价物：现金包括库存现金和银行存款，是广义上的现金；而现金等价物是可以被当成现金来看待的，在企业里主要包括短期投资，以及可以马上变现的长期投资等。现金等价物可以随时变成现金，可以马上在交易市场上卖了换回现金，同现金没有太大的差异。除了可以从交易市场上换回现金外，现金等价物还可以直接作为支付手段支付给客户。因此，在现实运作中，可以看成与现金一样的这些东西，在会计上就叫现金等价物。

三是净利润与经营性现金净流量的关系。净利润是采用权责发生制会计原则计算的企业经营成果，经营性现金净流量是采用收付实现制计算的企业经营成果；收入费用发生与现金收支之间产生了一个重要的时间差，净利润只是潜在的现金，而经营性现金净流量是企业经营活动中实际发生的现金净流入或者净流出。两者关系可表示为：经营性现金净流量=净利润+折旧摊销等非现金支出−存货增加−应收款项的增加+应付款项的增加+财务费用。

会计报告显示公司本年实现净利润为正，会计师说公司的经营现金流量为负数，出现了现金短缺。原因可能是企业的产品发生积压，因客户财务困难导致企业的应收账款增加、不能利用商业信用延长付款期限等。现金的短缺要求公司必须尽快找到其他的融资渠道，来补充经营所需要的流动资金。

2. 基于财务报表钩稽关系进行财务报表分析

一方面，多样化且复杂化的经济业务需要在财务报表中得到反映；另一方面，企业的盈余管理手段也在不断革新。这些因素使财务报表越来越复杂，同时也使财务报表分析演变为更专业化的工作。计算几个简单的财务比率已经无法实现财务报表分析的目的、满足现实的需要。分析者只有具备较多的财务会计知识才能够准确地理解越发复杂的财务报表，对于那些关注财务报表细节、试图了解企业财务报表中是否存在问题的分析者（如股票交易所的财务分析人员、证券公司的财务分析师、审计人员等）来说更是如此。因此我们认为，分析者应该基于财务报表钩稽关系进行财务报表分析。

所谓基于财务报表钩稽关系的财务报表分析是分析者以财务报表中各个项目之间的钩稽关系作为主要分析工具，通过考察财务报表中某项目的金额及相关项目的金额来分析企业的会计政策选择、账务处理思路以及财务报表数字背后的交易或事项，并从财务报表及其附注中来证实或证伪自己的假设，进而对企业的财务状况、经营成果和现金流量状况做出判断的一种财务报表分析方法。这一方法要求分析者熟悉不同会计政策和会计处理方式对三张表的影响，能够把握财务报表项目之间的钩稽关系。

在财务报表中，有些钩稽关系是精确的，即各个项目之间可以构成等式，如资产=负债+所有者权益，利润=收入-费用。在同一张财务报表中的关系，我们称之为表内关系，相对于表间关系而言，表内关系是简单的。例如，资产负债表中"未分配利润"年初数、年末数分别与利润分配表中"年初未分配利润""年末未分配利润"相等即表间关系。这些钩稽关系是基本的钩稽关系，也是财务报表编制者判断财务报表编制是否准确的最基本的衡量标准。

不过，对于财务报表分析而言，更重要的是另一种不太精确的钩稽关系，即财务报表中某些项目之间存在的钩稽关系，只有在某些假设前提和条件下可以构成等式。例如，现金流量表中的"现金及现金等价物净增加额"与资产负债表"货币资金"年末数、年初数之差相等的前提是企业不存在现金等价物。同理，现金流量表中的"期初现金及现金等价物余额""期末现金及现金等价物余额"就分别等于资产负债表中的"货币资金"的年初余额、期末余额。

再如，利润表中的"营业收入"、现金流量表中的"销售商品、提供劳务收到的现金"、资产负债表中的"应收账款"等项目之间存在钩稽关系（可以简单估算：营业收入-应收账款=销售商品、提供劳务收到的现金。当然，还要考虑应交税费中有关税金的变动数）；利润表中的"主营业务成本"、现金流量表中的"购买商品、接受劳务支付的现金"、资产负债表中的"应付账款"等项目之间存在的钩稽关系。财务报表分析者需要掌握，在何种情况下这些项目之间会构成等式，在何种情况下这些项目之间无法构成等式，在何种情况下这些项目之间的钩稽关系会被破坏（这种破坏，是可以修复的，可以根据具体经济业务具体分析）。分析者应该考察财务报表中这些相关项目之间的关系，并从财务报表及财务报表附注中发现相关证据，进而形成对分析对象的判断。

下面，我们通过一个例子来说明何谓基于财务报表钩稽关系的财务报表分析。

一位股票投资者在阅读上市公司年报中发现了一个有趣的问题：在某上市公司2014年的年报中，利润表中2014年主营业务收入为6.52亿元，现金流量表中2014年销售商品、提供劳务收到的现金为5.23亿元，收入与现金流相差1亿多元；同时在资产负债表中，该公司2014年末的应收票据、应收账款合计只有近0.14亿元。这使这位分析者产生了疑惑，近1亿元的收入为什么在现金流量表与资产负债表中未能体现出来，究竟是该公司的财务报表存在问题，还是其他什么原因？

这位分析者注意到了三张表之间的钩稽关系。他的基本思路是：对于利润表中所实现的"主营业务收入"，企业要么收到现金，反映于现金流量表中的"销售商品、提供劳务收到的现金"，要么形成应收款项，反映于资产负债表中的"应收账款"和"应收票据"。

但是，正如前面所指出的那样，这种钩稽关系的成立依赖于某些前提条件。导致上述情形出现的常见原因有以下几类。

第一类是企业在确认主营业务收入时，既没有收到现金流，也没有确认应收账款或应收票据。例如，企业在确认主营业务收入时冲减了"应付账款"；企业在确认主营业务收入时冲减了以前年度的"预收账款"；企业在补偿贸易方式下确认主营业务收入时冲减了"长期应付款"；企业以货易货方式进行交易，但不符合非货币性交易的标准（补价高于25%）；等等。

第二类是企业在确认主营业务收入时，同时确认了应收账款或应收票据，但是其后应收账款或应收票据的余额减少时，企业并非全部收到现金（注意财务报表中"应收账款"项目是应收账款余额扣除坏账准备后的应收账款账面价值）。例如，对应收账款计提了坏账准备；企业对应收账款进行债务重组，对方以非现金资产抵偿债务或者以低于债务面值的现金抵偿债务；企业年内发生清产核资，将债务人所欠债务予以核销；企业利用应收账款进行对外投资；企业将应收账款出售，售价低于面值；企业将应收票据贴现，贴现所获金额低于面值；企业给予客户现金折扣，收到货款时折扣部分计入了财务费用；企业委托代销产品，按照应支付的代销手续费，借记"营业费用"，同时冲减了应收账款；等等。

第三类是企业合并财务报表范围发生了变化。例如，企业在年中将年初纳入合并财务报表的子公司出售（或降低持股比例至合并要求之下），则在年末编制合并利润表时将子公司出售前的利润表纳入合并范围，但没有纳入资产负债表，故使钩稽关系不成立。

分析者可以通过阅读财务报表及相关附注证实或证伪上述三类原因的存在。如果没有发现上述原因及其他特殊原因存在的证据，那么很有可能是该公司的财务报表存在问题，则分析者需要重点关注该公司的收入确认、应收账款与其他应收款、现金流量的归类等。

通过对上述案例的分析，我们可以看到，基于财务报表钩稽关系的财务报表分析是一种更注重对财务报表结构、财务报表各项间关系的理解的财务分析思路，它更强调从财务报表来看企业发生的经济业务，更注重识别企业财务报表是否存在粉饰和错误。在我国现阶段，由于现实中存在着相当一部分的虚假会计信息，财务报表粉饰行为盛行，所以应该强调基于财务报表钩稽关系的财务报表分析。

第二节　财务报表分析的背景资料

　　财务报表分析的基本依据，除了财务报表揭示的信息外，还包括与财务报表相关的其他背景资料。面对财务报表上一系列的项目和大堆的数字，只有了解了相关的背景资料，才能透视数字后面的真实含义。相关的背景资料主要包括财务报表附注、审计报告、合并财务报表等。

一、财务报表附注

　　附注是对财务报表中列示项目的文字描述或其明细资料，以及对未能在财务报表中列示的项目的说明。它是对会计报表本身无法或难以充分表达的内容和项目所做的补充说明与详细解释，是财务报表的重要组成部分，可以使财务报表充分披露。附注是为帮助财务报表使用者理解会计报表的内容而对会计报表的编制基础、编制依据、编制原则和编制方法及主要项目等所做的解释。有人称目前的财务报表已进入"注释时代"是有道理的。

　　1. 财务报表附注的作用

　　（1）提高财务报表内信息的可比性。《企业会计准则》规定多种会计处理方法，允许公司选择使用。附注能明确公司所采用的处理方法。会计程序、方法与原则不得随意变更，但不是绝对不能变更。因此，在财务报表中，通过注释的方式说明公司采用的会计方法及其变更对公司经营成果的影响，有助于提高财务报表的可比性。

　　（2）增进财务报表内信息的可理解性。对财务报表内的数据进行更详细的解释，有助于财务报表的使用者理解财务报表的信息。财务会计报告的使用者包括投资者、债权人、政府及其有关部门和社会公众等广泛的群体，并不是每一个使用者都具备相关的专业知识，而会计报表的内容具有一定的专业性，不具备会计专业知识的人不能准确地理解会计报表信息。财务报表附注不同于以数字为主的会计报表，它以文字资料为主，结合相关的数字来传达信息。例如，资产负债表中的应收账款项目在附注中会注释按种类披露的信息，详细说明按账龄分析法计提的坏账准备，明示企业应收账款金额靠前单位的情况。财务报表附注的解释和说明，不但使专业人士能够深刻理解会计报表信息，而且使非专业人士能够看懂会计报表。

　　（3）突出财务报表的重要性。通过注释，可将财务报表中重要的数据进一步予以分解、说明，引起读者注意和重视。

　　（4）提供更详细的会计信息。作为表外信息披露的重要组成部分，财务报表附注是对财务报表本身内容以及未包括的项目所做的补充说明和详细解释。许多重要且可以公开的会计信息由于受到会计报表形式的制约无法反映，附注用相对灵活的形式弥补了这一缺陷，在附注中，可以用表格数据和文字相结合的方法对基本会计报表中的相关项目做补充说明。例如，对于资产负债表中的货币资金项目，在附注中可以看到其各组成项目构成和币种构成情况，利润表中的营业收入和营业成本项目也会在附注中分行业、分产品、分地区进行披露。这就使财务报告使用者通过附注充分了解企业的财务状况、经营成果和现金流量等会计信息，从而获得更多全面有效的信息。

2. 财务报表附注的内容

虽然每个公司的财务报表附注的具体内容、格式都不尽相同，但总体来看，附注的主要内容是相同的，主要包括以下几项。

（1）企业基本情况。其包括：①企业注册地、组织形式和总部地址；②企业的业务性质和主要经营活动；③母公司以及集团最终母公司的名称。

（2）重要会计政策的说明。其包括财务报表项目的计量基础和会计政策的确定依据等。财务报表项目以权责发生制为记账基础，一般采用历史成本法，计账本位币一般是人民币；会计政策是指企业进行会计核算和编制会计报表时所采用的原则、方法和程序。例如，对资产以市价计价还是以历史成本计价就属于资产计价的具体工作原则，而在以市价计价的情况下，重置成本、可变现净值等就属于具体会计处理方法。常见的会计政策有发出存货成本的计价、长期股权投资的后续计量、固定资产的初始计量、无形资产的确认等。

（3）重要会计估计的说明。会计估计是指企业对其结果不确定的交易或事项以最近可利用的信息为基础所做的判断。重要会计估计的说明包括下一会计期间内很可能导致资产、负债等账面价值重大调整中所采用的关键假设和不确定因素的确定依据等。在会计实务中，常见的需要进行会计估计的事项主要有：坏账是否会发生以及坏账的数额；存货的毁损和过时损失；固定资产的使用年限和净残值大小；无形资产的受益期；或有损失和或有收益的发生以及发生的数额；等等。

（4）会计政策和会计估计变更以及差错更正的说明。

（5）对已在资产负债表、利润表、现金流量表和所有者权益变动表中列示的重要项目的进一步说明，包括终止经营税后利润的金额及其构成情况等。需要进一步说明的重要事项如下所述。

第一，资产负债表附注信息：①货币资金的构成；②应收账款账龄分析、种类分析、坏账准备变动等；③存货项目构成及金额、存货跌价准备情况、存货各项目净值；④长期股权投资（成本法核算的投资明细项目、权益法核算的投资明细项目、长期投资减值准备）；⑤固定资产及累计折旧；⑥无形资产各项目原值、累计摊销额、减值准备；⑦应付账款的详细情况；⑧应付职工薪酬的详细情况；⑨应交税金的详细情况；⑩预计负债、股本情况、资本公积的详细内容等。

第二，利润表附注信息：①营业税金及附加；②财务费用；③分部报告情况等。

第三，现金流量表附注信息：①收到的其他与经营活动有关的现金；②支付的其他与经营活动有关的现金。

（6）或有和承诺事项、资产负债表日后非调整事项、关联方关系及其交易等需要说明的事项。

第一，或有和承诺事项，主要披露预计负债、未决诉讼等。

第二，资产负债表日后调整事项，是指资产负债表日至财务报表批准报出日之间发生的有利或不利事项，包括资产负债表日后调整事项和资产负债表日后非调整事项两种类型。

第三，关联方关系及其交易。在存在控制关系的情况下，关联方如为企业，不论他们之间有无交易，都应当在会计报表附注中披露如下事项：①企业经济性质或类型、名称、法定代表人、注册地、注册资本及其变化；②企业的主营业务；③所持股份或权益及其变化。

在企业与关联方发生交易的情况下，企业应当在会计报表附注中披露关联方关系的性质、交易类型及其交易要素，这些要素一般包括：①交易的金额或相应比例；②未结算项目的金额或相应比例；③定价政策（包括没有金额或只有象征性金额的交易）。

关联方交易应当分别对关联方以及交易类型予以披露，类型相同的关联方交易，在不影响会计报表阅读者正确理解的情况下可以合并披露。

另外，企业应当在附注中披露在资产负债表日后、财务报告批准报出日前提议或宣布发放的股利总额和每股股利金额（或向投资者分配的利润总额）。

3. 财务报表附注重点项目分析

1）折旧政策变更、权益性金融资产归类及合并政策的分析

（1）折旧政策变更。《中华人民共和国会计法》（以下简称《会计法》）第十八条规定，各单位采用的会计处理方法，前后各期应当一致，不得随意变更；确有必要变更的，应当按照国家统一的会计制度的规定变更，并将变更的原因、情况及影响在财务会计报告中说明。因此，企业不能随意变更会计政策，除非存在特殊条件：一是法律或《企业会计准则》等行政法规、规章的要求，主要是指当前的《企业会计准则》、会计制度等相关法规对企业现行的会计政策做出新的调整要求之后，企业应当完全按照有关法规来执行新的会计政策。二是变更会计政策以后，能够使所提供的有关企业财务状况、经营成果和现金流量的信息更可靠、更相关。

会计报表附注中对企业会计政策的变更主要说明以下内容：①会计政策变更的内容和理由；②由于会计政策的变更对以前经营成果核算资料的影响；③如果对以前经营成果核算资料的影响不能合理确定，要说明其理由；④企业会计政策变更对当期经营成果核算的影响。

合理的会计政策、会计估计变更往往会挤去经营成果中存在的水分，使会计信息的质量更为可靠和真实。但企业可能会出于盈余管理的目的，随意变更会计政策和会计估计。下面通过几个例子说明运用会计政策变更操纵利润的具体情况。

【例 2-1】会计政策变更：从 2014 年起，N 公司固定资产折旧由加速折旧法改为直线法，折旧方法变更后，年折旧率综合下降 3%，税前利润增加了约 896 万元。该公司主营业务是电冰箱制造，注册会计师的保留意见称 2014 年退回 2 400 万元销售收入未在当年入账，虚增销售利润 364 万元。公司当年利润总额 1 213 万元。

分析：以上两项虚增利润共计 1 260 万元，比当年利润高出 47 万元。也就是说，若该公司不变更折旧方法，并且将退回销售额按会计制度规定入账的话，2014 年已经亏损。

【例 2-2】会计估计变更：从 2014 年起，N 公司将房屋建筑物的折旧年限由 20 年改为 40 年，机器设备的折旧年限由 10 年改为 20 年，运输工具的折旧年限由 5 年改为 10 年。该年该公司进行配股筹资。注册会计师的保留意见称该公司会计估计变更使当年利润增加了 1 067 万元，公司当期利润总额为 10 247 万元，虚增利润占利润总额的 10.4%，

该公司 2014 年度报告中净资产收益率为 10.7%。

分析:若剔除固定资产使用年限变更而增加的利润,该公司资产收益率将下降到 10% 以下,失去配股资格。很显然,该公司变更固定资产使用年限是为了提高业绩,以享有配股资格。

（2）权益性金融资产归类的改变。《企业会计准则第 22 号——金融工具确认和计量》第十六条规定,企业应当根据其管理金融资产的业务模式和金融资产的合同现金流量特征,将金融资产划分为以下三类:（一）以摊余成本计量的金融资产。（二）以公允价值计量且其变动计入其他综合收益的金融资产。（三）以公允价值计量且其变动计入当期损益的金融资产。不同类别的金融资产在初始计量、后续计量及金融资产减值等方面的会计处理方法不同,因此金融资产的不同归类将会对企业利润产生不同的影响。根据相关规定,金融资产在某些情况下需要重新归类。

【例 2-3】A 公司于 2015 年 11 月 5 日从证券市场上购入 B 公司发行在外的股票 200 万股,每股支付价款 5 元,另支付相关费用 20 万元,2015 年 12 月 31 日,这部分股票的公允价值为 1 050 万元。假设 A 公司该金融资产暂时尚未进行归类,具体分析如下所述。

从金融资产初始计量方面分析:如果 A 公司将该项股权投资作为以公允价值计量且其变动计入当期损益的金融资产,那么 A 公司支付的 20 万元交易费用将按照冲减投资收益来处理,A 公司当期将减少 20 万元的利润;如果 A 公司将该项股权投资划分为可供出售金融资产,那么 A 公司支付的 20 万元的交易费用将作为可供出售金融资产的成本来处理,增加了 A 公司当期的资产,但不会影响 A 公司的当期利润,A 公司当期利润比上一种划分方法增加了 20 万元。这给 A 公司利用金融资产归类调节利润提供了空间。

从金融资产后续计量方面分析:如果 A 公司将该项股权投资作为以公允价值计量且其变动计入当期损益的金融资产,那么在资产负债表日,即 2015 年 12 月 31 日,A 公司将把该项股权投资的公允价值变动 50 万元（1 050-1 000=50）作为公允价值变动损益计入 A 公司当期利润,A 公司当期利润将增加 50 万元;如果 A 公司将该项股权投资划分为可供出售金融资产,那么在资产负债表日,即 2015 年 12 月 31 日,A 公司将把该项股权投资的公允价值变动 30 万元（1 050-1 020=30）作为资本公积计入所有者权益,增加 A 公司当期的所有者权益,但是对公司的当期利润没有影响。A 公司的当期利润比上一种划分方法减少了 50 万元。

综上所述,不同类别的金融资产会计处理方法有很大的差异,金融资产的不同归类对企业利润产生不同的影响,也给企业利用金融资产归类调节利润提供了空间。

（3）合并政策的改变,最重要的是对合并范围的确定进行分析。《企业会计准则第 33 号——合并财务报表》第七条规定,合并财务报表的合并范围应当以控制为基础予以确定。控制,是指投资方拥有对被投资方的权力,通过参与被投资方的相关活动而享有可变回报,并且有能力运用对被投资方的权力影响其回报金额。本准则所称相关活动,是指对被投资方的回报产生重大影响的活动。被投资方的相关活动应当根据具体情况进行判断,通常包括商品或劳务的销售和购买、金融资产的管理、资产的购买和处置、研究与开发活动以及融资活动等。第八条规定，投资方应当在综合考虑所有相关事实和情况的基础上对是否控制被投资方进行判断。一旦相关事实和情况的变化导致对控制定义所涉及的相关要素发生变化的，投资方应当进行重新评估。相关事实和情况主要包括：（一）被投资方的设立目的。（二）被投资方的相关活动以及如何对相关活动作出决策。（三）投资方享有的权利是否使其目前有能力主导被投资方的相关活动。（四）投资方是否通过参与被投资方的相关活动而享有可变回报。（五）投资方是否有能力运用对被投资方的权力影响其回报金额。（六）投资方与其他方的关系。第九条规定，投资方享有现时权利使其目前有能力主导被投资方的相关活动，而不论其是否实际行使该权利，视为投资方拥有对被投资方的权力。第十条规定，两个或两个以上投资方分别享有能够单方面主导被投资方不同相关活动的现时权利的，能够主导对被投资方回报产生最重大影响的活动的一方拥有对被投资方的权力。第十一条规定，投资方在判断是否拥有对被投资方的权力时，应当仅考虑与被投资方相关的实质性权利，包括自身所享有的实质性权利以及其他方所享有的实质性权利。实质性权利，是指持有人在对相关活动进行决策时有实际能力行使的可执行权利。判断一项权利是否为实质性权利，应当综合考虑所有相关因素，包括权利持有人行使该项权利是否存在财务、价格、条款、机制、信息、运营、法律法规等方面的障碍；当权利由多方持有或者行权需要多方同意时，是否存在实际可行的机制使得这些权利持有人在其愿意的情况下能够一致行权；权利持有人能否从行权中获利等。某些情况下，其他方享有的实质性权利有可能会阻止投资方对被投资方的控制。这种实质性权利既包括提出议案以供决策的主动性权利，也包括对已提出议案作出决策的被动性权利。第十二条规定，仅享有保护性权利的投资方不拥有对被投资方的权力。保护性权利，是指仅为了保护权利持有人利益却没有赋予持有人对相关活动决策权的一项权利。保护性权利通常只能在被投资方发生根本性改变或某些例外情况发生时才能够行使，它既没有赋予其持有人对被投资方拥有权力，也不能阻止其他方对被投资方拥有权力。第十三条规定，除非有确凿证据表明其不能主导被投资方相关活动，下列情况，表明投资方对被投资方拥有权力：（一）投资方持有被投资方半数以上的表决权的。（二）投资方持有被投资方半数或以下的表决权，但通过与其他表决权持有人之间的协议能够控制半数以上表决权的。第十四条规定，投资方持有被投资方半数或以下的表决权，但综合考虑下列事实和情况后，判断投资方持有的表决权足以使其目前有能力主导被投资方相关活动的，视为投资方对被投资方拥有权力：（一）投资方持有的表决权相对于其他投资方持有的表决权份额的大小，以及其他投资方持有表决权的分散程度。（二）投资方和其他投资方持有的被投资方的潜在表决权，如可转换公司债券、可执行认股权证等。（三）其他合同安排产生的权利。（四）被投资方以往的表决权行使情况等其他相关事实和情况。第十五条规定，当表决权不能对被投资方的回报产生重大影响时，如仅与被投资方的日常行政管理活动有关，并且被投资方的相关活动由合同安排所决定，投资方需要评估这些合同安排，以评价其享有的权利是否足够使其拥有对被投资方的权力。第十六条规定，某些情况下，投资方可能难以判断其享有的权利是否足以使其拥有对被投资方的权力。在这种情况下，投资方应当考虑其具有实际能力以单方面主导被投资方相关活动的证据，从而判断其是否拥有对被投资方的权力。投资方应考虑的因素包括但不限于下列事项：（一）投资方能否任命或批准被投资方的关键管理人员。（二）投资方能否出于其自身利益决定或否决被投资方的重大交易。（三）投资方能否掌控被投资方董事会等类似权力机构成员的任命程序，或者从其他表决权持有人手中获得代理权。（四）投资方与被投资方的关键管理人员或董事会等类似权力机构中的多数成员是否存在关联方关系。投资方与被投资方之间存在某种特殊关系的，在评价投资方是否拥有对被投资方的权力时，应当适当考虑这种特殊关系的影响。特殊关系通常包括：被投资方的关键管理人员是投资方的现任或前任职工、被投资方的经营依赖于投资方、被投资方活动的重大部分有投资方参与其中或者是以投资方的名义进行、投资方自被投资方承担可变回报的风险或享有可变回报的收益远超过其持有的表决权或其他类似权利的比例等。第十七条规定，投资方自被投资方取得的回报可能会随着被投资方业绩而变动的，视为享有可变回报。投资方应当基于合同安排的实质而非回报的法律形式对回报的可变性进行评价。第十八条规定，投资方在判断是否控制被投资方时，应当确定其自身是以主要责任人还是代理人的身份行使决策权，在其他方拥有决策权的情况下，还需要确定其他方是否以其代理人的身份代为行使决策权。代理人仅代表主要责任人行使决策权，不控制被投资方。投资方将被投资方相关活动的决策权委托给代理人的，应当将该决策权视为自身直接持有。第十九条规定，在确定决策者是否为代理人时，应当综合考虑该决策者与被投资方以及其他投资方之间的关系。（一）存在单独一方拥有实质性权利可以无条件罢免决策者的，该决策者为代理人。（二）除（一）以外的情况下，应当综合考虑决策者对被投资方的决策权范围、其他方享有的实质性权利、决策者的薪酬水平、决策者因持有被投资方中的其他权益所承担可变回报的风险等相关因素进行判断。第二十条规定，投资方通常应当对是否控制被投资方整体进行判断。但极个别情况下，有确凿证据表明同时满足下列条件并且符合相关法律法规规定的，投资方应当将被投资方的一部分（以下简称"该部分"）视为被投资方可分割的部分（单独主体），进而判断是否控制该部分（单独主体）。（一）该部分的资产是偿付该部分负债或该部分其他权益的唯一来源，不能用于偿还该部分以外的被投资方的其他负债；（二）除与该部分相关的各方外，其他方不享有与该部分资产相关的权利，也不享有与该部分资产剩余现金流量相关的权利。第二十一条规定，母公司应当将其全部子公司（包括母公司所控制的单独主体）纳入合并财务报表的合并范围。如果母公司是投资性主体，则母公司应当仅将为其投资活动提供相关服务的子公司（如有）纳入合并范围并编制合并财务报表；其他子公司不应当予以合并，母公司对其他子公司的投资应当按照公允价值计量且其变动计入当期损益。第二十二条规定，当母公司同时满足下列条件时，该母公司属于投资性主体：（一）该公司是以向投资者提供投资管理服务为目的，从一个或多个投资者处获取资金；（二）该公司的唯一经营目的，是通过资本增值、投资收益或两者兼有而让投资者获得回报；（三）该公司按照公允价值对几乎所有投资的业绩进行考量和评价。第二十三条规定，母公司属于投资性主体的，通常情况下应当符合下列所有特征：（一）拥有一个以上投资；（二）拥有一个以上投资者；（三）投资者不是该主体的关联方；（四）其所有者权益以股权或类似权益方式存在。第二十四条规定，投资性主体的母公司本身不是投资性主体，则应当将其控制的全部主体，包括那些通过投资性主体所间接控制的主体，纳入合并财务报表范围。第二十五条规定，当母公司由非投资性主体转变为投资性主体时，除仅将为其投资活动提供相关服务的子公司纳入合并财务报表范围编制合并财务报表外，企业自转变日起对其他子公司不再予以合并，并参照本准则第四十九条的规定，按照视同在转变日处置子公司但保留剩余股权的原则进行会计处理。当母公司由投资性主体转变为非投资性主体时，应将原未纳入合并财务报表范围的子公司于转变日纳入合并财务报表范围，原未纳入合并财务报表范围的子公司在转变日的公允价值视同为购买的交易对价。

2）关联方交易的分析

关联方交易是指关联方之间发生转移资源、劳务或义务的行为，而不论是否收取价款。

（1）关联方关系的界定。《企业会计准则第 36 号——关联方披露（2006）》第一条规定，为了规范关联方及其交易的信息披露，根据《企业会计准则——基本准则》，制定本准则。第二条规定，企业财务报表中应当披露所有关联方关系及其交易的相关信息。对外提供合并财务报表的，对于已经包括在合并范围内各企业之间的交易不予披露，但应当披露与合并范围外各关联方的关系及其交易。第三条规定，一方控制、共同控制另一方或对另一方施加重大影响，以及两方或两方以上同受一方控制、共同控制或重大影响的，构成关联方。控制，是指有权决定一个企业的财务和经营政策，并能据以从该企业的经营活动中获取利益。共同控制，是指按照合同约定对某项经济活动所共有的控制，仅在与该项经济活动相关的重要财务和经营决策需要分享控制权的投资方一致同意时存在。重大影响，是指对一个企业的财务和经营政策有参与决策的权力，但并不能够控制或者与其他方一起共同控制这些政策的制定。第四条规定，下列各方构成企业的关联方：（一）该企业的母公司。（二）该企业的子公司。（三）与该企业受同一母公司控制的其他企业。（四）对该企业实施共同控制的投资方。（五）对该企业施加重大影响的投资方。（六）该企业的合营企业。（七）该企业的联营企业。（八）该企业的主要投资者个人及与其关系密切的家庭成员。主要投资者个人，是指能够控制、共同控制一个企业或者对一个企业施加重大影响的个人投资者。（九）该企业或其母公司的关键管理人员及与其关系密切的家庭成员。关键管理人员，是指有权力并负责计划、指挥和控制企业活动的人员。与主要投资者个人或关键管理人员关系密切的家庭成员，是指在处理与企业的交易时可能影响该个人或受该个人影响的家庭成员。（十）该企业主要投资者个人、关键管理人员或与其关系密切的家庭成员控制、共同控制或施加重大影响的其他企业。第六条规定，仅与企业存在下列关系的各方，不构成企业的关联方：（一）与该企业发生日常往来的资金提供者、公用事业部门、政府部门和机构。（二）与该企业发生大量交易而存在经济依存关系的单个客户、供应商、特许商、经销商或代理商。（三）与该企业共同控制合营企业的合营者。第六条　仅仅同受国家控制而不存在其他关联方关系的企业，不构成关联方。第七条规定，关联方交易，是指关联方之间转移资源、劳务或义务的行为，而不论是否收取价款。第八条规定，关联方交易的类型通常包括下列各项：（一）购买或销售商品。（二）购买或销售商品以外的其他资产。（三）提供或接受劳务。（四）担保。（五）提供资金（贷款或股权投资）。（六）租赁。（七）代理。（八）研究与开发项目的转移。（九）许可协议。（十）代表企业或由企业代表另一方进行债务结算。（十一）关键管理人员薪酬。

（2）关联方交易的类型。根据《企业会计准则第 36 号——关联方披露》第八条规定，关联方交易的类型通常包括下列各项：①购买或销售商品；②购买或销售商品以外的其他资产；③提供或接受劳务；④担保；⑤提供资金（贷款或股权投资）；⑥租赁；⑦代理；⑧研究与开发项目的转移；⑨许可协议；⑩代表企业或由企业代表另一方进行债务结算；⑪关键管理人员薪酬。

（3）关联方交易的目的。我国上市公司关联交易普遍存在，特别是国有企业改制而来的上市公司。关联交易与会计报表粉饰并不存在必然联系。如果是公允价格定价，则不会操纵利润。如果是非公允价格，则很可能操纵利润。关联方交易操纵利润的主要目的是利润转移、包装上市公司和避税。

这里以三九集团为例进行分析。2010~2013 年三九集团关联交易事项的披露均在该公司年度报告的重要事项内，以下是对该公司这几年关于关联方交易事项内容披露的对比分析，具体内容见表 2-1。

表 2-1　关联方交易事项披露

项目	购销商品、提供劳务	收购及出售资产	债券、债务、担保	其他
2010 年	具体见附注，另外阐述了交易的必要性和持续性	披露了两项交易出售股权和转让产权及转让价格	以表格形式披露了关联方、相关方提供资金、关联方向公司提供资金、无担保	无相关内容
2011 年	具体见附注，另外阐述了交易的必要性和持续性	一项收购业务并披露转让价款	以表格形式披露了关联方、相关方提供资金、关联方向公司提供资金、无担保	无相关内容
2012 年	关联方、交易类型、关联关系、定价原则、交易金额、占同类交易金额比例	无相关内容	关联方、关联关系、类型、期初额、发生额、期末额、是否存在非经营性资金占用；没有对担保情况进行说明	票据业务存款业务
2013 年	关联方、交易类型、关联关系、定价原则、交易金额、占同类交易金额比例	无相关内容	关联方、关联关系、类型、期初额、发生额、期末额、是否存在非经营性资金占用；没有对担保情况进行说明	增加存款限额、收购股权

资料来源：金融界网站三九集团 2010~2013 年的年度报告

三九集团关联方交易信息披露避重就轻。按照我国现行相关制度的规定，上市公司应在年度报告中对于本年发生的关联方交易进行披露，当所发生的关联交易超过一定的金额和比例时，要出具临时报告。三九集团 2010 年在报告期内重大合同及履行情况事项中披露了重大担保情况，2011 年在此处披露了未新增对外担保事宜，2012 年显示不存在对外担保情况，2013 年在此处没有披露重大担保事宜。2010 年和 2011 年在交易事项内披露无担保情况，但是在 2012 年和 2013 年的年度报告中三九集团对于关联方发生的担保情况没有任何说明，关于此方面的信息只字未提。

按《企业会计准则》规定，对财务报表使用者几乎没有影响的关联方交易可以不披露，除此之外其他确认为关联方交易的业务都应在财务报表附注中列示。类型相似的关联方交易，在不影响财务报表使用者正确理解关联方交易对财务报表影响的情况下，可以合并披露。但是目前很多上市公司并没有按照《企业会计准则》要求如实披露，很多上市公司对于关联方交易信息的披露都采用避重就轻的原则。三九集团的信息披露就存在避重就轻的问题，对于一般的关联方交易虽然能够做到如实披露，但是一旦涉及对本集团的财务状况有重大影响的关联方交易就采取避重就轻、含糊其辞的表述。

　　定价策略反映了一个公司信息披露的可比性，而且定价策略是必须披露的关联方交易要素。三九集团 2010~2013 年关于定价策略的披露如表 2-2 所示。

表 2-2　定价策略的披露

项目	接受劳务、购销商品	购销商品以外 其他资产	资产租入	收购、出售 资产	债券、债务、 担保
2010 年	无	无	租赁合同协议定价	无	无
2011 年	双方协议定价	无	双方协议定价	协议定价	无
2012 年	双方协议定价、招标定价	无	无	无	无
2013 年	市场价格、招标定价	无	无	无	无

资料来源：金融界网站三九集团 2010~2013 年的年度报告

　　三九集团关联交易的相关要素披露不完整。在近几年上市公司年报的关联方交易信息披露方面，很多上市公司没有按照准则规定全面披露交易要素，只是选择其中的一两项进行披露，甚至有些公司不披露定价策略和交易金额。定价策略和交易金额都是十分重要的交易要素，因为定价策略可以说明交易的公正性和合法性，交易金额可以显示出交易的重要性。上市公司的这种行为使关联方交易信息披露的透明度降低。分析三九集团近几年的年度报告发现该公司不全面披露关联方交易的相关要素主要表现在以下两点：第一，对于接受劳务、采购货物、销售商品定价策略一概表述为双方协议定价、招标定价或者市场价格。对定价策略的原因以及依据等内容并没有进行详细的阐述。第二，销售、购买商品以外的其他资产，如债券、债务、担保这些关联方交易完全没有披露定价策略方面的内容。

　　我国上市公司在关联方交易披露上存在的问题很多，关联方交易是上市公司进行利润操纵最常用也是最有效的手段。

　　（4）关联方交易进行利润操纵的手法。

　　第一，关联购销。上市公司与关联企业之间普遍存在着大比例的购销往来，多为上市公司从关联方低价购进，再高价售出。而这种违背市场规律的行为多数是"纸上富贵"，应收账款高额挂起，没有实实在在的现金流入。上市公司向关联方销售产品，提供劳务或其他服务形成的关联销售交易成为上市公司主营业务收入的重要来源。例如，美尔雅曾通过与控股公司签订产品销售协议，从每套西服的销售中获得的毛利达千元以上，而在同期与日本三泰衣料株式会社的销售协议中，每套西服美尔雅只得到 800 日元（53.23元人民币）的加工费，相比之下，这笔关联交易的定价明显违背了市场原则，导致了美尔雅收入和利润的虚增。

　　第二，资产重组。由于我国缺乏对资产价值评估的相应的理论体系及操作规范，公司并购的法律和财务规范不够完善，主观上亦有地方政府、国有资产管理部门的间接参与，上市公司常以集团公司及其下属子公司为依托进行一系列资产重组，实现各自的操作目的——改观业绩状况、转移利润或者从二级市场炒作获得关注等。这在目前的证券市场上已成为一种普遍现象。特别是每年末，各上市公司在年报包装的压力下，纷纷出台一系列资产重组方案。资产重组的方式多种多样，既包括资产转让、置换和股权收购转让，还有极具中国特色的母子公司间资产无偿划拨等形式。例如，在我国较为常见的是将不良的长期投资转卖给集团公司，特别是在按照市价难以收回投资的情况下，为提升上市公司的业绩，按协议价格与关联公司进行交易。这样上市公司不仅可以收回投资成本，甚至还可能因买卖差价获得一定数额的投资收益。

第三，费用分担。股份公司改制上市时，一般都将企业中社会性的非生产性资产剥离出去，但股份公司上市后仍需要关联公司提供有关方面的服务。因此上市前各方都会签订有关费用支付和分摊标准的协议。这些项目引起的资金往来是我国上市公司关联方交易的重要内容之一。这些项目涵盖面广，包括医疗、饮食、托儿所、职工住房、广告费用、离退休人员的费用等。各项服务收费的具体数量和摊销原则因外界无法准确判断是否合理，而操作弹性较大。目前通常的做法是，当上市公司经营不理想时，调低上市公司应当交纳的费用标准，或者不承担上市公司的相关费用，甚至将以前年度已交纳的费用退回，从而达到转移费用、增加利润的目的。

第四，资产租赁与委托经营。目前，多数上市公司利用租赁实现短期经营目标；或者将不良资产委托关联公司经营，定额收取回报，使上市公司既避免了不良资产的亏损反映，又获取了一部分利润；或者上市公司将部分资产转让给关联公司，在获取一笔资产转让收益的同时签订资产承包合同，以低额资金将资产租回；或者关联公司将获利能力高的资产以低收益的形式交由上市公司受托经营，只收取较低的费用，而把大部分的营利转入上市公司。

第五，资金往来与资金占用。上市公司为了解决资金周转的困难或出于其他目的，往往会与其关联方之间进行大量非业务因素的资金往来，同时关联交易的大量存在，使许多应收账款、应付账款高额挂账，这实质上是一种资金占用行为，相当于无息贷款。例如，上市公司一般将资金划给母公司或非控股的关联公司，这样无须合并会计报表，资金使用费收入也不会抵消。关联资金往来的资金使用费可以按协议利率、定额利率和同期银行利率收取。由于这方面出台的规范较少，上市公司可以方便地利用资金使用费调节利润。

财务分析的价值主要体现在其完整性与真实性，而财务分析的完整性、真实性又取决于使用者对财务报表附注的使用和理解。无论使用者是谁，财务报表附注始终是财务报表最可靠的补充，通过仔细研读财务报表附注，我们可以更加了解一个企业的财务状况及其风险水平。在财务分析中，仅仅依靠财务报表提供的事项进行分析是不够全面的，甚至有可能得出错误的结论。所以必须重视财务报表附注，只有认真研读附注的内容，将其与财务报表系统相结合，经过深入地理解和分析，才有可能得出正确的结论，从而准确地评价企业的各项能力，并找出相应的问题，进而做出正确的决策。

3）资产负债表日后事项及分析

资产负债表日后事项，是指资产负债表日至财务报表批准报出日之间发生的有利或不利事项。财务报表批准报出日，是指董事会或类似机构批准财务报表报出的日期。资产负债表日后事项表明持续经营假设不再适用时，企业不应当在持续经营基础上编制财务报表。资产负债表日后事项包括资产负债表日后调整事项和资产负债表日后非调整事项两种类型。

（1）资产负债表日后调整事项。资产负债表日后调整事项，是指对资产负债表日已经存在的情况提供新的或进一步证据的事项。企业发生了资产负债表日后调整事项，应当调整资产负债表日的财务报表。资产负债表日后调整事项，通常包括下列事项。

第一，资产负债表日后诉讼案件结案，法院判决证实了企业在资产负债表日已经存在现时义务，需要调整原先确认的与该诉讼案件相关的预计负债，或确认一项新负债。

第二，资产负债表日后取得确凿证据，表明某项资产在资产负债表日发生了减值或者需要调整该项资产原先确认的减值金额。

第三，资产负债表日后进一步确定了资产负债表日前购入资产的成本或售出资产的收入。

第四，资产负债表日后发现了财务报表舞弊或差错。

（2）资产负债表日后非调整事项。资产负债表日后非调整事项，是指表明资产负债表日后发生的情况的事项。企业发生了资产负债表日后非调整事项，不应当调整资产负债表日的财务报表。企业发生的资产负债表日后非调整事项，通常包括下列事项：①资产负债表日后发生重大诉讼、仲裁、承诺；②资产负债表日后资产价格、税收政策、外汇汇率发生重大变化；③资产负债表日后因自然灾害导致资产发生重大损失；④资产负债表日后发行股票和债券以及其他巨额举债；⑤资产负债表日后资本公积转增资本；⑥资产负债表日后发生巨额亏损；⑦资产负债表日后发生重大会计政策变更；⑧资产负债表日后发生企业合并或处置子公司。

（3）资产负债表日后事项披露。

第一，资产负债表日后，企业利润分配方案中拟分配的以及经审议批准宣告发放的股利或利润，不确认为资产负债表日负债，但应当在附注中单独披露。

第二，企业应当在附注中披露与资产负债表日后事项有关的下列信息：一是财务报表的批准报出者和财务报表批准报出日。按照有关法律、行政法规等规定企业所有者或其他方面有权对报出的财务报表进行修改的，应当披露这一情况。二是每项重要的资产负债表日后非调整事项的性质、内容，及其对财务状况和经营成果的影响。无法做出估计的，应当说明原因。

第三，企业在资产负债表日后取得了影响资产负债表日存在情况的新证据，应当调整与之相关的披露信息。

（4）资产负债表日后事项的分析。

资产负债表日后事项分析的核心内容是判断资产负债表日后事项是调整项目还是非调整项目。对于调整项目，必须进行相关的处理，并调整资产负债表、利润表等有关的项目。而对于非调整事项，因其对报表使用者有重大影响，需要在会计报表附注中进行披露。例如，债权人公司在 12 月 31 日或之前已据有关资料判断债务人有破产可能计提 10%的坏账准备。在资产负债表日后，债务人宣布破产，无法收回全部债权，要补提坏账准备至 80%，此时因债务人破产而使应收账款发生损失则要作为调整事项。又如，债务人在财务报表日之前，财务状况良好，计提 2%的坏账准备，资产负债表日后，发生火灾导致债权人损失重大，应收账款有可能收不回来，因为火灾在财务报表日不存在，所以不做调整。不调整也要作为非调整事项在会计报表附注中进行披露。事项存在和发生的日期是判断调整与否的关键。

二、审计报告

审计报告是指注册会计师根据独立审计准则的要求，在完成必要的审计程序以后而出具的对被审计单位财务报表表示意见的具有法定证明效力的书面文件。注册会计师对公司财务报表进行检查，并对财务报表的合法性、公允性和一贯性做出独立鉴证，以增强会计报表的可信性。

1. 审计报告的基本内容

（1）标题。统一规范为"审计报告"。

（2）收件人。按照业务约定书的要求送致审计报告的对象，通常为被审计单位的股东或管理层，如 ABC 股份有限公司全体股东。

（3）引言。引言指明被审计单位财务报表的名称、日期或涵盖的期间及重要会计政策概要和其他解释性信息。

（4）管理层对财务报表的责任段。管理层的责任段指明编制财务报表是管理层的责任。如果结合财务报表审计对内部控制的有效性发表意见，注册会计师应当删除责任段中"但目的并非对内部控制的有效性发表意见"的措辞。

（5）注册会计师的责任段。

（6）审计意见段。审计意见段表明财务报表是否在所有重大方面按照财务报告编制基础编制并实现公允反映发表审计意见。如果存在法律法规要求在审计报告中报告的事项，在审计报告增加"其他报告"的段落。

（7）注册会计师的签名和盖章。审计报告采用双签制：①合伙会计师事务所，应当由一名对审计项目负最终复核责任的合伙人和一名负责该项目的注册会计师签名盖章；②有限责任会计师事务所，应当由会计师事务所主任会计师或其授权的副主任会计师和一名负责该项目的注册会计师签名盖章。

（8）会计师事务所的名称、地址及盖章。标明会计师事务所所在城市即可。

（9）报告日期。审计报告日期不应早于管理层签署财务报表的日期，也不应早于管理层签署书面声明的日期。签署审计报告的日期通常与管理层签署财务报表的日期为同一天，或晚于管理层签署已审财务报表的日期。注册会计师在确定审计报告日期时，应当确信已获取下列审计证据：构成整套财务报表的所有财务报表已编制完成；被审计单位的董事会、管理层或类似机构已经认可其对财务报表负责。

具体格式与内容见下例。

审 计 报 告

ABC 股份有限公司全体股东：

一、对财务报表出具的审计报告

我们审计了后附的 ABC 股份有限公司（以下简称 ABC 公司）财务报表，包括 2014年 12 月 31 日的资产负债表，2014 年度的利润表、股东权益变动表和现金流量表以及财务报表附注。

（一）管理层对财务报表的责任

编制和公允列报财务报表是 ABC 公司管理层的责任，这种责任包括：①按照《企业会计准则》的规定编制财务报表，并使其实现公允反映；②设计、执行和维护必要的内部控制，以使财务报表不存在由于舞弊或错误导致的重大错报。

（二）注册会计师的责任

我们的责任是在执行审计工作的基础上对财务报表发表审计意见。我们按照中国注册会计师审计准则的规定执行了审计工作。中国注册会计师审计准则要求我们遵守职业道德守则，计划和实施审计工作以对财务报表是否存在重大错报获取合理保证。

审计工作涉及实施审计程序，以获取有关财务报表金额和披露的审计证据。选择的审计程序取决于注册会计师的判断，包括对舞弊或错误导致的财务报表重大错报风险的评估。在进行风险评估时，注册会计师考虑与财务报表编制和公允列报相关的内部控制，以设计恰当的审计程序，但目的并非对内部控制的有效性发表意见。审计工作还包括评价管理层选用会计政策的恰当性和做出会计估计的合理性，以及评价财务报表的总体列报。

我们相信，我们获取的审计证据是充分、适当的，为发表审计意见提供了基础。

（三）审计意见

我们认为，ABC 公司财务报表在所有重大方面按照《企业会计准则》的规定编制，公允反映了 ABC 公司 2014 年 12 月 31 日的财务状况以及 2014 年度的经营成果和现金流量。

二、按照相关法律法规的要求报告的事项

　　　　××会计师事务所　　　　　中国注册会计师：×××（签名并盖章）
　　　　　　（盖章）　　　　　　中国注册会计师：×××（签名并盖章）
　　中国××市　　　　　　　　　二〇一四年三月十五日

2. 审计报告的类型及分析

会计师事务所对上市公司的某一年财务报表出具的"审计报告类型"只能是图 2-2 的某一种，即（A）、（B）、（C）、（D）或（E）。

1）审计报告的类型

（1）标准审计报告。标准审计报告是指不含有说明段、强调事项段、其他事项段或其他任何修饰性用语的无保留意见的审计报告。无保留意见审计报告是指注册会计师对上市公司的会计报表进行全面审计后，发表肯定性意见的一种审计报告。无保留意见意味着注册会计师认为上市公司的会计报表和有关会计记录在所有重大方面符合我国《企业会计准则》和《企业会计制度》的规定，合法、公允和一致性地反映了上市公司在某一时点上的财务状况和某一时期内的经营成果及现金流量情况。

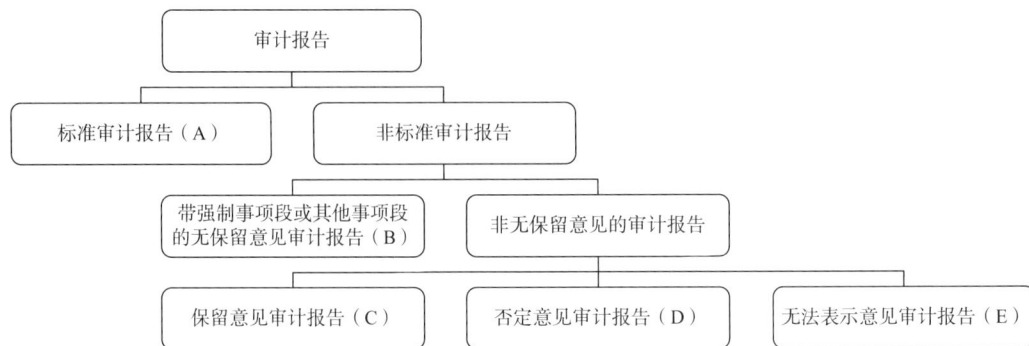

图 2-2　审计报告的类型

（2）非标准审计报告。非标准审计报告，是指带强调事项段或其他事项段的无保留意见的审计报告和非无保留意见的审计报告。

（3）非无保留意见的审计报告。非无保留意见的审计报告包括保留意见的审计报告、否定意见的审计报告和无法表示意见的审计报告。

保留意见的审计报告是注册会计师对上市公司的会计报表进行全面审计后，发表的在整体上对公司的会计报表予以肯定，但因个别方面存在重要错误或问题而给予的一种大部分肯定、局部否定或不表态的评价意见。有保留意见的情形包括：①个别事项或项目不符合《企业会计准则》；②审计范围受到重要的局部限制，无法取证；③个别会计处理方法的选用不符合一贯性原则；④存在影响会计报表的个别重大或有损失、未确定事项。对有保留意见的情形进行调整后的会计信息才是真实客观的，应由上市公司自行调整。财务报表使用者进行分析时，应调整相关数据。

否定意见的审计报告是注册会计师对上市公司的会计报表进行全面审计后，发表的全盘否定公司会计报表的审计报告。出具有否定意见情况有：①会计处理方法严重违反《企业会计准则》和国家其他有关财务会计法规的规定，被审计单位拒绝进行调整；②会计报表严重歪曲了被审计单位的财务状况、经营成果和现金流量情况，被审计单位拒绝进行调整。否定意见的审计报告的提出会使上市公司陷入窘境，财务报表使用者也就不能用正常的思维方式和方法对其财务报表中的内容进行阅读和分析。

无法表示意见的审计报告是注册会计师对上市公司的会计报表进行全面审计后出具的既不发表肯定和保留意见，也不发表否定意见的报告。在审计过程中，由于审计范围受到委托人、被审计单位或客观环境的严重限制，不能获取必要的审计证据，以致无法对会计报表整体反映发表审计意见时，应当出具拒绝表示意见的审计报告。典型的审计范围限制有以下几种情况：①未能对存货进行监盘；②未能对应收账款进行函证；③未能取得被投资公司的会计报表；④被审计公司内部控制极度混乱，账面记录缺乏系统性、完整性。这些范围限制可能是客户强加的，也可能是环境造成的。审计人员应根据具体情况判断受范围限制的严重程度，从而确定发表保留意见或拒绝表示意见。

2）审计报告的分析

（1）审计报告的强调事项段。审计报告的强调事项段是指审计报告中含有的一个段落，该段落提及已在财务报表中恰当列报或披露的事项，根据注册会计师的职业判断，该事项对财务报表使用者理解财务报表至关重要。

（2）审计报告的其他事项段。审计报告的其他事项段是指审计报告中含有的一个段落，该段落提及未在财务报表中列报或披露的事项，根据注册会计师的职业判断，该事项与财务报表使用者理解审计工作、注册会计师的责任或审计报告相关。

3. 审计报告的局限性

从被审计企业角度来看，企业可能存在舞弊行为，因而有较大的未能查出相关问题的风险。从注册会计师角度看，由于成本限制、时间限制、专业判断偏差，以及审计方法、审计过程局限性等因素，审计报告不能作为一种绝对的评价意见，也不能被认为是对被审计企业持续经营、获利能力和偿债能力的一种保证。审计报告的使用者应按约定的要求、范围使用审计报告。

三、合并财务报表

合并财务报表又称合并会计报表，是以母公司和子公司组成的企业集团为会计主体，以母公司和子公司单独编制的个别会计报表为基础，抵消内部会计事项对个别会计报表的影响，由母公司编制的综合反映企业集团经营成果、财务状况及其现金流量的会计报表。合并财务报表主要包括合并资产负债表、合并利润表、合并所有者权益变动表（或合并股东权益变动表）和合并现金流量表。合并财务报表最早出现于美国，第一份合并财务报表在1886年由美国科顿石油托拉斯公司编制。

合并财务报表由母公司编制，它可以为有关方面提供有关决策的会计信息，弥补母公司个别财务报表的不足。一般来说，编制合并财务报表是为了满足母公司的投资者和债权人等有关方面对会计信息的需要。合并财务报表的作用体现在以下两个方面：一是合并财务报表能够对外提供反映由母子公司组成的企业集团整体经营情况的会计信息，以满足各利益相关者的信息需求；二是合并财务报表有利于避免发生一些企业集团利用内部控股关系，通过内部转移价格等手段人为粉饰财务报表的情况。

1. 合并财务报表和个别财务报表的区别

（1）合并财务报表反映的是母公司和子公司所组成的企业集团整体的财务状况和经营成果，反映的对象是由若干个法人组成的会计主体，是经济意义上的会计主体，而不是法律意义上的主体。个别财务报表反映的则是单个企业法人的财务状况和经营成果，反映的对象是企业法人。对于由母公司和若干个子公司组成的企业集团来说，母公司和子公司编制的个别财务报表分别反映母公司本身和子公司本身各自的财务状况和经营成果，而合并财务报表则反映母公司和子公司组成的集团这一会计主体综合的财务状况和经营成果。

（2）合并财务报表是由企业集团中对其他公司有控制权的控股公司或母公司编制。也就是说，并不是企业集团中所有企业都必须编制合并财务报表，更不是社会上所有企业都需要编制合并财务报表。与此不同，个别财务报表是由独立的法人企业编制，所有企业都需要编制个别财务报表。

（3）合并财务报表以个别财务报表为基础进行编制。企业编制个别企业财务报表，从设置账簿、审核凭证、编制凭证、登记会计账簿到编制财务报表，都有一套完整的会计核算方法体系。而合并财务报表不同，它是以纳入合并范围的企业的个别财务报表为基础，根据其他有关资料，抵销有关会计事项，对个别财务报表的影响编制的，它并不需要在现行会计核算方法体系之外，单独设置一套账簿体系。

（4）合并财务报表的编制有其独特的方法。个别财务报表的编制有其自身固有的一套编制方法和程序。合并财务报表是在对纳入合并范围的个别财务报表的数据进行加工的基础上，通过调整，将企业集团内部的经济业务对个别财务报表的影响予以抵销，然后合并个别财务报表各项目的数额而编制的。因此，编制合并财务报表时，需要运用一些特殊的方法，如编制抵销分录、运用合并工作底稿等。

2. 合并财务报表的合并理论依据

（1）母公司理论。母公司理论是一种站在母公司股东的角度，来看待母公司与其子公司之间的控股合并关系的合并理论。这种理论强调母公司股东的利益，它不将子公司当作独立的法人看待，而是将其视为母公司的附属机构。依据这一理论编制的合并财务报表，要反映母公司股东在母公司本身的利益，以及他们在母公司所属子公司的净资产中的利益。当母公司并不拥有子公司 100%的股权时，要将子公司的并数股东视为集团外的利益群体，将这部母公司理论编有的权益（并数股权）视为整个集团的负债。

依据母公司理论编制合并财务报表，实际上是在母公司个别财务报表的基础上扩大其编制范围。合并资产负债表实际上是在母公司个别资产负债表的基础上，用所有子公司的资产、负债来代替母公司个别资产负债表上的"对子公司股权投资"项目，合并主体的所有者权益只反映母公司的所有者权益，而不包括子公司的所有者权益。与此类似，合并利润表实际上是在母公司个别利润表的基础上，用子公司的各收入、费用项目代替母公司个别利润表上的"投资收益——对子公司投资收益"项目。合并净利润中不包括子公司并数股东所持有的子公司净利润的份额，而将其视为企业集团的一项费用。

（2）实体理论。实体理论是一种站在由母公司及其子公司组成的统一实体的角度，来看待母子公司间的控股合并关系的合并理论。它强调单一管理机构对一个经济实体的控制。依据这一理论，编制合并财务报表的目的在于，提供由不同法律实体组成的企业集团作为一个统一合并主体进行经营的信息。因此，母公司及其子公司的资产、负债、收入与费用，也就是合并主体的资产、负债、收入与费用。依据实体理论编制合并财务报表时，如果母公司未能持有子公司 100% 的股权，则要将子公司净资产（资产减负债后的净额）区分为控股权益与并数股权。尽管并数股权只与并数股东持有股份的子公司有关，但在依据实体理论编制合并财务报表时，并数股权与控股权益一样，也属于合并主体的所有者权益的一部分。合并利润表上的合并净利润，包括子公司并数股东所持有的子公司净利润的份额。

（3）所有权理论。所有权理论也称业主权理论，它是一种属于母公司在子公司所持有的所有权的合并理论。依据这一理论，编制合并财务报表时，对于子公司的资产与负债，只按母公司所持有股权的份额计入合并资产负债表；对子公司的收入、费用与利润，也只按母公司持有股权的份额计入合并利润表。

应当指出，母公司在实际编制合并财务报表时，往往不是单纯运用上述合并理论中的某一种，而是综合运用不同的合并理论。

3. 合并财务报表范围

（1）母公司拥有半数以上表决权的被投资单位应当纳入合并财务报表的合并范围的具体情况如下：①母公司直接拥有被投资单位半数以上表决权；②母公司间接拥有被投资单位半数以上表决权，即母公司通过子公司而对子公司的子公司拥有半数以上表决权，如甲持有乙90%股份，乙持有丙80%股份，则甲间接拥有丙80%股份；③母公司直接和间接方式合计拥有被投资单位半数以上表决权，如甲拥有乙60%股份，并拥有丙40%股份，而乙拥有丙30%股份，则甲通过乙间接拥有丙30%股份，甲直接和间接拥有丙70%的表决权。

（2）母公司拥有半数以下表决权的被投资单位纳入合并财务报表合并范围的具体情况如下：①母公司通过与被投资单位其他投资者之间的协议，持有被投资单位半数以上表决权；②母公司根据公司章程或协议，有权决定被投资单位的财务和经营政策；③母公司有权任免被投资单位的董事会或类似机构的多数成员；④母公司在被投资单位董事会或类似机构占多数表决权。

【例2-4】Y上市公司拥有江苏X公司45%的股份，另一投资者A拥有江苏X公司7%的股份。A和Y上市公司经磋商达成委托协议，Y上市公司通过协议控制A所拥有的江苏X公司7%的股份。

判断：Y上市公司是否应将江苏X公司纳入合并范围？

分析：加上原有的45%，Y上市公司实质上已拥有江苏X公司50%以上的股份。这种情况下，Y上市公司对江苏X公司的经营管理拥有了控制权，使江苏X公司成为事实上的子公司。因此，在会计处理上，Y上市公司股权计量应采用权益法，编制合并报表时应将江苏X公司纳入合并的范围。

因此，判断一家企业是否应该纳入合并范围，持股比例不是绝对唯一标准。在持股比例不足50%的情况下，投资企业往往通过与其他投资者达成协议，受托管理和控制被投资企业，从而最终拥有被投资企业50%以上的权益性资本。

【例2-5】M上市公司是上海F公司的第二大股东，对上海F公司没有绝对控股权，而N上市公司是上海F公司的第一大股东，对上海F公司拥有绝对控股权。但根据公司章程及董事会有关决议，M上市公司对上海F公司拥有经营管理权，并负责委派和推荐高级管理人员和财务负责人。

判断：M上市公司是否应将上海F公司纳入合并范围？

分析：这种情况下，M上市公司取得了上海F公司财务和经营政策的控制权，使上海F公司成为事实上的子公司。因此，会计处理上，M上市公司股权计量应采用权益法，编制合并财务报表时，应将上海F公司纳入合并的范围。

上述例题表明，现实中实质控制权可能不是掌握在第一大股东手中。如果根据章程或协议，有权控制子公司的财务和经营决策，有权决定其未来发展方向，则即使是第二大股东，也实质上拥有了对该子公司的控制权。这种情况下，应将该子公司纳入其合并财务报表的编报范围。

（3）所有的子公司都应纳入合并财务报表的范围。不论子公司规模大小、向母公司转移资金能力是否受到严格限制，也不论其业务性质与母公司或企业集团内其他子公司是否有显著差别，都应当纳入合并财务报表的合并范围。

（4）不纳入合并的公司、企业或单位：①已宣告被清理整顿的原子公司；②已宣告破产的原子公司；③母公司不能控制的其他被投资单位，是指母公司不能控制的除上述两种情形以外的其他被投资单位，如联营企业、合营企业。

【例 2-6】X 上市公司的控股子公司外国 Y 公司为收购 Z 业务，从外国几家银行取得十几亿元人民币的银团借款。根据相关协议，外国 Y 公司在贷款本息全额偿还之前必须维持一定的财务比率，除日常经营用资产以外不得进行其他重大资产收购，如业务收购、股权收购等。同时在贷款本息全额偿还之前，外国 Y 公司不得宣告或分派股利，并不得发生除债权人特别允许以外的其他债务。X 上市公司对外国 Y 公司的股权证已交由外国 A 银行托管，在外国 Y 公司全额偿还借款本息之前，X 上市公司对其控股权不得低于 51%。由于股利分配或股权转让等情形而产生的股份或财产将交由外国 A 银行托管。

判断：X 上市公司是否应将外国 Y 公司纳入合并范围？

分析：在外国 Y 公司全额偿还借款本息之前，外国 Y 公司资金调度受到限制。在这种情况下，X 上市公司股权计量不应采用权益法。编制合并财务报表时，X 上市公司也不应将外国 Y 公司纳入合并的范围。

由此可以看出，在某些情况下母公司虽然形式上拥有一些被投资企业半数以上权益性资本，但由于一些特殊原因，母公司并不能有效地对其实施控制，或者对其的控制权受到限制，为避免会计信息使用者产生误解，依据实质重于形式原则，母公司可以不将其纳入合并会计报表的范围。这些情况主要体现在以下几个方面：①境外子公司受所在国外汇管制及其他管制，资金调度受到限制；②母公司购入子公司时股权转让手续不符合法律、行政法规规定；③子公司为联合控制主体（合营企业）。

【例 2-7】X 上市公司的控股子公司香港 Y 公司 2014 年收购了 C 公司持有的深圳 Z 公司 37.5% 的股份，成为深圳 Z 公司的第一大股东。股权转让款在 2014 年已经付清，深圳 Z 公司的主要管理人员由 X 上市公司委派。但是，深圳 Z 公司是中外合资经营企业，根据《中华人民共和国中外合资经营企业法》的有关规定，股权转让手续和修改合营合同、章程应报政府有关主管部门审批。由于深圳 Z 公司的第二大股东持反对意见，并拒绝在修改合营协议、合同、章程上签名盖章，截至 2014 年 12 月 31 日，有关股权转让手续尚未获得政府有关主管部门的审批。

判断：X 上市公司是否应将深圳 Z 公司纳入合并范围？

分析：《中华人民共和国合同法》第四十四条规定："依法成立的合同，自成立时生效。法律、行政法规规定应当办理批准、登记等手续生效的，依照其规定。"深圳 Z 公司的修改合营合同没有依法审批，是无效合同。《中华人民共和国中外合资经营企业法》第二条规定："中国政府依法保护外国合营者按照经中国政府批准的协议、合同、章程在合营企业的投资、应分得的利润和其它合法权益。"根据《中华人民共和国外汇管理条例》的有关规定，深圳 Z 公司不能够向 Y 公司汇出 Y 公司应分得的利润。在这种情况下，即使 X 上市公司为深圳 Z 公司的第一大股东并对深圳 Z 公司的经营管理拥有了控制权，但由于深圳 Z 公司向境外资金调度在一定程度上受到我国的控制，X 上市公司在股权计量上，不应采用权益法，编制合并财务报表时，也不应将深圳 Z 公司纳入合并的范围。值得注意的是，中外合资经营企业经济性质特殊，对其有约束力的法律、行政法规较多，如投资、利润分配、外汇业务等方面。在这种情况下，应慎用实质重于形式原则，不能违反法律行政法规的规定。

4. 合并财务报表的局限性

（1）合并财务报表不能满足债权人的信息要求。

（2）合并财务报表不能满足股东的信息要求。

（3）合并财务报表对其他外部信息使用者不具有决策依据性。

（4）合并财务报表不能真实反映拥有境外子公司的企业集团的经济信息。

（5）合并财务报表会使计算所得的财务比率失去实际意义。

5. 合并财务报表重点项目分析

（1）关注合并财务报表的会计主体。会计主体是母公司与子公司所组成的企业集团，不是独立法人，而是观念上的会计主体。

（2）关注合并财务报表的编制方法。合并财务报表的正确性不再体现为财务报表的"可验证性"，而是体现为财务报表编制过程逻辑关系的正确性。

（3）关注合并财务报表的合并范围。在一定条件下，母公司可能出于某种考虑，而故意把某些子公司排除在合并范围以外，这一点应引起财务报表使用者的注意，如突然事件。

（4）关注合并财务报表所揭示的信息含量。其作用包括以下几点。

第一，可以揭示内部关联交易的程度。关联交易在编制合并财务报表时，均被剔除。应收款项、存货、长期投资、应付款项、营业收入、营业成本、投资收益等项目越合并越少，则企业集团内部关联交易越大。

第二，可以展示以上市公司为母公司所形成的纳入合并财务报表编制范围的企业集团存在的资源规模及其结构。

第三，可以通过比较相关资源的相对利用效率来揭示企业集团内部管理的薄弱环节。

第三节 基本会计假设和法规体系

一、基本会计假设

公司的会计部门从事财务会计活动，编制财务报表，要遵循一定的原则。而会计原则又是建立在一些基本的会计假设基础之上的。会计的基本假设，也是制约公司财务报表编制的基本假设。一般认为，会计假设是指会计机构和会计人员对那些未经确认或无法正面论证的经济业务或会计事项，根据客观的正常情况或变化趋势所作出的合乎情理的判断。长期以来，我国会计界对会计假设的概念一直存有疑义，认为从"会计假设"一词所包含的内容与会计工作的实际两方面看，称为"假设"有些名不符实。因而，"会计假设"一词从概念到内容只是出现在某些教科书或学术论文中，在我国的会计法规中并没有明确、具体的规定。

1. 基本会计假设的内容

1）会计主体假设

会计主体假设的基本含义是每个公司的经济业务必须与公司的所有者及其他经济组织分开。会计主体假设规定了会计处理与财务报告的空间范围，也限定了公司的会计活动范围。有了会计主体假设，会计处理的经济业务和财务报告才可以按特定的主体来识别。会计核算应当以公司发生的各项经济业务为对象，记录和反映公司本身的各项生产经营活动。

需要说明的是，公司会计主体并不一定是作为法律主体的法人。作为法律主体的法人是指在政府部门注册登记、有独立的财产、能够承担民事责任的法律实体，它强调公司与各方面的经济法律关系。而会计主体则强调公司会计活动的空间范围，是按照正确处理所有者等其他经济组织与公司本身的经济关系的要求而设立的。从会计实践上看，会计主体与作为法律主体的法人经常存在差异。例如，在我国公司集团内部，独立核算的母子公司均是法律主体，但从公司集团整体来讲，母子公司本身并不是法律实体。从会计的角度来看，为了全面反映公司集团的经营活动和财务成果，就应将公司集团作为一个会计主体来对待，编制合并财务报表。又如，在西方，独资公司和合伙公司不是法人，但从会计的角度仍可将独资公司和合伙公司作为会计主体并组织会计活动。此外，我国公司实行的内部银行及内部承包制，可将公司内部划分的各"责任单位"均作为会计主体来看待，这些单位可能就不是法人。

会计主体假设除了限定公司会计活动的空间范围以外，其对会计概念、会计行为、会计法规建设及财务报表编制等方面还有重大影响。例如，其对会计概念的影响，要求基本的会计概念具有鲜明的会计主体性。又如，会计中的资产概念，指的是特定公司可以支配的经济资源。离开了一定的会计主体，就不可能谈论会计概念。这是会计学概念与其主体的立场而不是公司以外的立场。按照会计主体假设的要求，公司会计行为只对公司管理层负责，而不对公司以外的其他利益集团负责。再如，对财务报表编制的影响，要求特定会计主体的财务报表只能反映某特定主体的财务状况与经营成果等。明确会计主体假设对制定会计政策、评价公司会计行为等方面具有重要意义。

2）持续经营假设

持续经营假设的基本含义是，公司会计方法的选择应以公司在可预见的未来将以它现实的形式并按既定的目标持续不断地经营下去为假设。通俗地讲，就是公司在可预见的将来不会面临破产、清算。对此，《企业会计制度》第六条规定："会计核算应当以企业持续、正常的生产经营活动为前提。"在这里，公司在可预见的将来保持持续经营并不意味着公司会永久存在，而是指公司能存在足够长的时间，按其既定的目标开展其经营活动、按已有的承诺去偿清其债务。

持续经营假设为公司在编制财务报表时会计方法的选择奠定了基础，主要表现在以下几点：一是在一般情况下，资产以其取得时的历史成本计价，而不按其立即进入解散、清算状态的现行市价计价；二是对长期资产摊销，如固定资产折旧、无形资产摊销等问题的处理，均以公司在折旧年限或摊销期内会持续经营为假设；三是公司偿债能力的评价与分析也是基于公司在会计报告期后仍能持续经营的假设；四是由于考虑到持续经营假设，才有了会计上除固定资产折旧与无形资产摊销以外其他权责发生制方法的选择，如坏账处理的备抵法、销售收入的确认等。

不仅如此，持续经营假设还要求当传统方法可能危及公司的"持续经营"时公司的会计活动能够选择对公司"持续经营"有利的方法。例如，在市场上存在通货膨胀的条件下，当简单的价值补偿已不能维持其实物替换的"持续经营"时，就需要研究通货膨胀对持续经营的不利影响，并力求在会计方法上对其予以消除。

3）会计分期假设

会计分期假设的含义是，公司在持续经营过程中所发生的各种经济业务可以归属于人为划分的各个期间。这种因会计的需要而划分的期间称为会计期间，会计期间通常是按月、季和年来划分的。会计分期假设是持续经营假设的必然结果。由于我们假设公司会在可预见的将来保持其持续经营状态，这就存在着在持续经营的过程中，什么时候向与公司有利害关系的各方提供财务报告的问题。在会计实践上，绝不可能等到公司的全部经营活动完结以后才向外界提供财务报告。为了使财务报告的使用者能定期、及时地了解公司的财务状况和经营成果，会计就把其持续经营的经济活动人为地进行划分，使其归属于各不相同的会计期间，并进行会计处理及财务报告的编制。

以年度划分的会计期间，称为会计年度。会计年度既可与日历年度一致，又可与日历年度不一致。我国规定以日历年度作为公司的会计年度，即以公历 1 月 1 日起至 12 月 31 日止为一个会计年度。在以季度和月份作为会计期间时，其起讫日期也采用公历日期。

会计期间的确定，实际上决定了公司对外报送财务报表的时间间隔以及公司财务报表的时间跨度。从会计信息本身应当反映的经济内容以及财务报表信息使用者所希望了解的内容来看，会计期间的划分应当体现较为完整的生产经营过程。在公司连续、大批、大量生产和经营产品且季节性对其影响较小的前提下，会计期间的划分不会对信息披露以及信息使用者对公司财务状况的分析产生较大影响。但是，在公司季节性生产的前提下，整齐划一地以日历年度为会计年度，将有可能因财务信息代表性较差而使公司所披露的部分信息（如资产负债表信息）难以反映公司财务状况，从而误导信息使用者。另外，在公司的年度报告越来越多地要求注册会计师进行审计的情况下，整齐划一地以日历年度作为会计年度，也将使审计人员在每年的第四季度和次年的第一季度空前地繁忙。在"时间紧、任务重"的压力下，审计人员的审计质量难免会降低。这就是说，会计期间的划分，对会计信息的质量、审计工作的质量影响重大。会计分期假设除了为公司进行会计处理计算损益和编制财务报告限定时间区域、对会计信息质量有重要影响外，对会计的概念也有一定的影响。由于受会计分期假设的影响，许多会计概念具有鲜明的"时期"特性，如利润总额、收入、费用等均带有鲜明的时期特性。此外，会计分期假设与持续经营假设一起，构成了权责发生制原则的理论基础。

4）货币计量假设

货币计量假设的基本含义是，只有能用货币反映的经济活动，才能纳入会计系统中来。这意味着：第一，会计所计量和反映的只是公司能用货币计量的方面；第二，不同实物形态的资产需用货币作为统一计量单位，才能进行会计处理，揭示公司的财务状况。货币计量假设使公司对大量复杂的经济业务进行统一汇总、计量成为可能。

　　2. 会计假设的影响

　　现行的四条基本会计假设——会计主体、持续经营、会计分期、货币计量——最终形成于 20 世纪 60 年代，是与当时工业时代的会计环境相适应的。随着科技的迅猛发展，人类社会也步入了后工业经济时期并大步向知识经济时期迈进，会计赖以生存的经济环境发生了极大的变化，传统的会计假设与经济现实的差距越来越大，主要表现为以下几点。

　　（1）公司形式的多样化发展使公司概念的外延越来越难以界定，这给会计主体假设带来了挑战。一般来说，一个公司便是一个会计主体，但在信息技术发展浪潮的推动下，公司的生产经营方式和组织方式都发生了巨大变化。最典型的例子就是虚拟公司（Visual Corporation）的诞生。虚拟公司是由众多的公司，特别是中小公司，通过现代信息技术相互结合而成的，它打破了普通联合公司的时间间隔和空间距离。一旦市场存在需要，众多公司甚至个人能充分利用各自的资源优势和信息优势，通过网络迅速联合成一个新公司，以最小的成本使资源得到最充分的利用。对待这种形式的公司，若依据传统的会计主体假设则很难真实、公允地计量它们的资产、负债和所有者权益，由此产生的会计信息也就缺乏足够的相关性。

　　（2）竞争激烈的市场经济环境使持续经营假设关于会计主体前途稳定性的设想不断受到冲击。持续经营假设认为，在正常的情况下，会计主体的生产经营活动将按照既定的目标不断地进行下去，在可以预见的将来不会面临清算或兼并。持续经营是每个公司得以生存的必要条件，是每个公司的目标。但在现实的经济环境下，伴随着不断加大的经营风险和财务风险，公司随时都有可能被清算、被兼并，从而被迫终止经营活动。而上述的虚拟公司，它的经营活动建立在短期合作的基础之上，一旦预期的任务完成，新公司的经营也就宣告结束，更谈不上"持续经营"。

　　（3）会计分期假设的缺陷日益暴露。从某种意义上说，会计分期假设是与持续经营假设联系在一起的。因为只有假定一个会计主体能够持续经营，才有必要和可能进行会计分期。由于人为地把持续不断的公司生产经营活动划分为较短的经营期间，为了分清各期间的经营责任和业绩，在会计处理上就需要运用"应计""应付""预提""待摊"和"摊销"等特殊的会计处理程序来确认收入和费用的归属。因此，也可以说会计分期假设是权责发生制产生的理论基础。而在权责发生制下，会计要素的确认和计量受到人们主观认识的影响，且应计、应付的收入或费用等项目往往与实际的现金流量不一致，这些都不同程度地降低了会计信息的可靠性与相关性。

　　（4）世界范围内的通货膨胀和信息使用者对非货币性信息需求的不断增大，使货币计量假设与现代经济的发展越来越不相适应。货币计量假设暗含着两个假设前提：一是币值稳定，这显然与世界范围内的通货膨胀现状相去甚远，物价变动会计的出现就是明证。二是会计信息应理解为基本上是可按货币定量或带有财务性的。这样做的结果是把大量的诸如公司声誉、人力资源等重要的非货币性信息排斥在会计信息系统之外，使会计信息外部使用者无法真正全面地了解公司的面貌。

二、财务报表依据的法规体系

公司财务报表的编制，如果没有一定的强制性、约束性法规的制约，将会给财务报表信息使用者的使用带来极大障碍。从世界各国的实际情况来看，各国大都针对公司财务报表的编制与报告内容制定了一些法规，使财务报表信息的提供者——公司在编制财务报表时操纵财务报表信息的可能性受到了限制。在我国，公司编制财务报表的法规体系包括会计制度体系以及约束公司信息披露的法规体系。

1. 《会计法》

会计法是调整我国经济活动中会计关系的法律总规范，是会计法律规范体系的最高层次，是制定其他会计法规的基本依据，也是指导会计工作的最高准则。《会计法》由全国人民代表大会常务委员会制定发布。中华人民共和国成立后的第一部《会计法》是于 1985 年 1 月 21 日在第六届会国人民代表大会常务委会员第九次会议通过，从 1985 年 5 月 1 日开始实施的。为适应社会主义市场经济发展的需要，1993 年 12 月 29 日第八届全国人民代表大会常务委员会第五次会议通过了《关于修改〈中华人民共和国会计法〉的决定》，并以中华人民共和国主席令的形式予以公布，自公布之日起施行。此后，《中华人民共和国会计法》进行了多次修订，最后一次是 2017 年 11 月 4 日全国人民代表大会常务委员会进行的修订，并于 2018 年 1 月 1 日开始实施。除此之外，我国还有《中华人民共和国注册会计师法》《总会计师条例》《企业会计准则》等法律法规。

《会计法》的立法宗旨是规范会计行为，保证会计资料真实、完整，加强经济管理和财务管理，提高经济效益，维护社会主义市场经济秩序。同时，它提出了一系列旨在规范会计行为、提高会计信息（即会计资料，下同）质量的具体规范和要求，包括单位负责人和会计人员的责任、会计核算规则、公司和企业会计核算的特别规定、会计监督的基本要求、会计从业人员的基本要求、法律责任等。

《会计法》明确了单位负责人的会计责任，从根本上突破会计人员在实施会计监督中面临的困境，即从过去会计人员为责任主体转变为单位负责人为责任主体。鉴于实际工作中单位负责人对会计工作有着至关重要的影响以及会计人员面临的两难处境，《会计法》加强了单位负责人对会计工作的责任，包括：明确单位负责人必须对本单位的会计工作和会计资料的真实性、完整性负责；规定单位负责人必须在对外提供的财务会计报告上签名并盖章，承担相应法律责任；规定单位负责人必须保证会计机构、会计人员依法履行职责；对各单位会计工作中的违法行为，除追究直接责任人员的法律责任外，还要追究单位负责人的责任。与此相适应，《会计法》第二十八条在明确会计人员承担一定职责的同时，赋予会计人员一定的职权，即对违反该法和国家统一的会计制度规定的会计事项，"有权"拒绝办理或者"按照职责"予以纠正。这里的"有权"和"按照职责"只是一种权利，从根本上解决了会计人员多年来扮演"双重身份"和承担"无限责任"的问题。

《会计法》强化了内部控制制度在经济活动中的突出地位和作用，并在提出加强会计人员业务培训的同时，要求"会计人员应当遵守职业道德"。

2. 《企业会计准则》

《企业会计准则》是有关财务会计核算的规范，是公司的会计部门从事诸如价值确认、计量、记录和报告等会计活动所应遵循的标准。我国《企业会计准则》分为基本会计准则和具体会计准则。

（1）基本会计准则。我国的基本会计准则于 1992 年 11 月 30 日发布，并于 1993 年 7 月 1 日实施。该基本会计准则对会计核算的一般要求以及会计核算的主要方面做出了原则性的规定。2006 年 2 月 15 日财政部令第 33 号公布，颁布了修订后的《企业会计准则——基本准则》，该准则分总则、会计信息质量要求、资产、负债、所有者权益、收入、费用、利润、会计计量、财务会计报告、附则，共 11 章 50 条，自 2007 年 1 月 1 日起施行。值得强调的是该会计准则体系第一次出现会计计量属性概念。2014 年 7 月 23 日财政部令第 76 号公布关于修改《企业会计准则——基本准则》的决定，并自发布之日起施行。修改的主要内容是将《企业会计准则——基本准则》第四十二条第五项修改为："（五）公允价值。在公允价值计量下，资产和负债按照市场参与者在计量日发生的有序交易中，出售资产所能收到或者转移负债所需支付的价格计量。"

虽然基本会计准则不具备实务操作性，但它是制定和指导具体会计准则的前提条件。同时，基本会计准则也为具体会计准则以及会计制度的制定提供了基本框架。在会计准则体系中起着统驭作用。

（2）具体会计准则。具体会计准则是根据基本会计准则的要求而制定的。具体准则涉及会计核算的具体业务，它只有体现基本准则的要求才能保证各具体准则之间的协调性、严密性及科学性。其特点是操作性强，可以根据其直接组织该项业务的核算。到 2000 年 8 月，我国已颁布 10 项具体会计准则。2001 年 1 月 18 日，财政部又发布了无形资产、借款费用、租赁等 3 项具体会计准则。同时，还对以前发布的债务重组、现金流量表、投资、非货币性交易和会计政策变更等 5 项具体会计准则做了修订。2006 年 2 月 25 日我国颁布了制定的《企业会计准则第 1 号——存货》等 38 项具体准则的通知，要求自 2007 年 1 月 1 日起在上市公司范围内施行，并鼓励其他企业执行该 38 项具体准则。执行该 38 项具体准则的企业不再执行现行准则、《企业会计制度》和《金融企业会计制度》。

具体准则规范以下三类业务或会计事项的业务处理。

第一，一般业务处理准则，主要规范各类企业普遍适用的一般经济业务的确认与计量。它包括存货核算、投资性房地产、长期股权投资、固定资产、无形资产、资产减值、租赁、非货币资产交换、债务重组、外币折算、职工薪酬、政府补助、借款费用、建造合同、所得税、或有事项、企业年金基金、股份支付、收入、每股收益、会计政策、会计估计变更和差错更正、资产负债表日后事项等。

第二，特殊行业和特殊业务准则，包括石油天然气开采、生物资产、金融工具确认和计量、金融资产转移、套期保值、原保险合同、再保险合同等。

第三，报告准则，包括财务报表列报、现金流量表、合并财务报表、中期财务报告、分部报告、关联方披露、金融工具列报、首次执行会计准则等。

（3）会计准则应用指南和解释公告。《企业会计准则——应用指南》（以下简称

《应用指南》）由财政部发布于 2006 年 10 月 30 日，文号为财会〔2006〕18 号，属财政部规范性文件，自 2007 年 1 月 1 日起在上市公司范围内施行，鼓励其他企业执行。《应用指南》是根据基本准则和具体准则制定的用于指导会计实务操作的细则，是企业会计准则体系的重要组成部分。其主要解决在运用会计准则处理业务时涉及的会计科目、账务处理、财务报表及其格式、编制说明等问题，类似于以前的会计制度。《应用指南》进一步诠释准则的含义与概念，对相关难点进行讲解，详细解释了新的会计科目等，提高了会计信息质量，有助于会计人员准确理解和掌握准则，有利于内部控制的建设和公司治理结构的完善。

我国制约财务报表编制的会计准则体系包括以下层次，如图 2-3 所示。

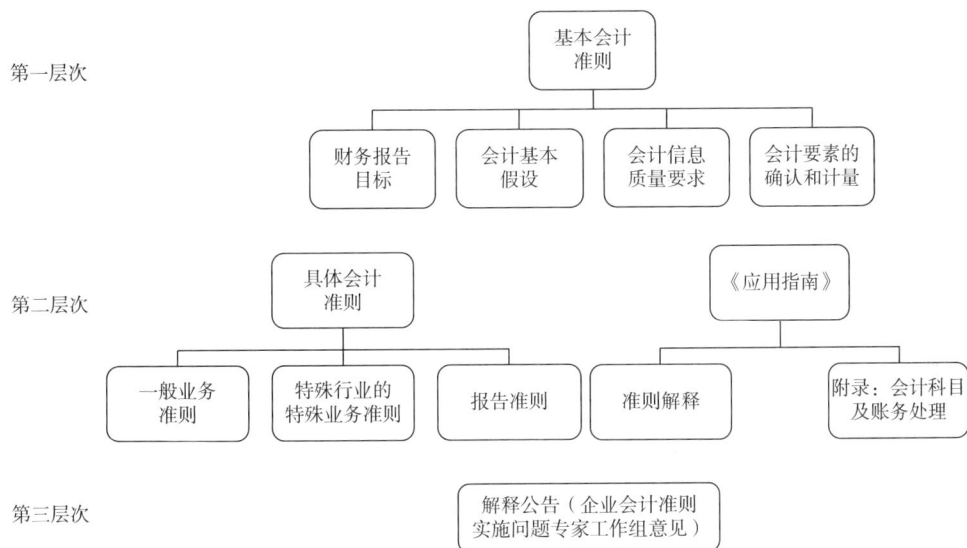

图 2-3　基本会计准则层次

我国会计准则体系层次与国际会计准则体系层次相同，即分三个层次：第一层次是基本会计准则；第二层次包括具体会计准则和《应用指南》；第三层次是解释报告，即专家工作组意见。与国际准则不同的是，我国会计准则属于法律体系。

值得注意的是，我国制约财务报表编制的会计法规体系一直处于不断完善、不断变化中，今后也是如此。

本 章 小 结

通过本章学习，大家熟悉了财务报表的分类，掌握了基本财务报表包括的内容以及相互之间的钩稽关系，进行了相关内容的分析；也掌握了财务报表分析背景资料的相关内容，同时进行了相关分析；熟知了制约财务报表编制的基本会计假设和法规体系，理解了它们对财务报表分析的影响。

复习思考题

1. 财务报表是如何分类的?

2. 基本财务报表包括哪些? 每个基本财务报表的基本内容包括哪些? 基本格式是什么?

3. 基本财务报表之间的钩稽关系有哪些? 如何进行分析?

4. 财务报表分析的背景资料包括哪些? 每种背景资料又包括哪些内容? 如何进行分析?

5. 制约财务报表编制的基本会计假设和法规体系有哪些? 它们是如何影响财务报表分析的?

第三章　资产负债表分析

学习目标：

了解企业资产负债表的作用、结构及会计准则对资产负债表的披露要求；掌握资产质量特征及资产按质量分类的理论，熟悉资产质量分析的基本方法；熟悉流动资产的概念、构成及特点；熟悉货币资金的概念、构成、特点及规定，掌握货币资金质量分析的重点；掌握金融资产的概念、判定及计量属性，掌握金融资产质量分析的方法；熟悉应收票据、应收账款概念的相关规定，掌握其质量分析方法；掌握存货的概念、构成、计价方法的选择，掌握存货质量分析方法；掌握长期股权投资的概念、范围界定、财务报表披露惯例，掌握其质量分析方法；掌握固定资产的概念、计价、会计处理及质量分析方法；熟悉无形资产的概念、构成、会计处理难点及质量分析方法；掌握负债的含义及基本特征；掌握流动负债的构成及质量分析；熟悉非流动负债项目的构成及质量分析；熟悉负债总括分析；熟悉所有者权益基本特征；掌握所有者权益各项目质量分析；熟悉所有者权益总括分析。

关键词：

资产负债表；项目；质量分析

【案例引读】

在资产负债表中，我们能看到什么？

——汉王科技 4.6 亿元存货创新高，跌价准备零计提遭疑

顶着"高成长"光环的汉王科技，上市一年便出现巨额亏损。公司股价自 2010 年 5 月的最高价 87.5 元（前复权价，下同）下跌到 5 月 12 日的 23.89 元，跌幅高达 72.7%。但坏消息还没有结束，记者发现汉王科技的存货计提存在重大隐患，已经出现大幅减值的原材料和产成品，汉王科技竟然没有计提一分钱的跌价准备。数据显示，2010 年底该公司的存货余额已高达 4.6 亿元，而其主打产品电纸书在 2011 年一季度的价格同比大幅下降 32%。

1. 存货创新高，跌价计提为零

汉王科技 2011 年一季度亏损 4 600 多万元，公司方面给出的理由是：电纸书销量和均价双降，其同比降幅分别高达 54% 和 32%。而汉王科技 2010 年年报显示，公司 2010 年 75.6% 的收入来自电纸书。

汉王 2010 年年报也显示，电纸书的毛利率降为 36.99%，原因是"2010 年度电纸书产品价格降低，以及低端电纸书和较低毛利率的平板电脑产品的推出，拉低了公司的综合毛利率"。

尽管产品售价大跌导致利润率下降，但公司一季度存货余额却创出了4.69亿元的新高。为了解存货余额高的原因，《每日经济新闻》记者查阅汉王科技2010年首次公开募股（initial public offerings，IPO）的招股说明书、经审计的半年报、年报后，发现了一个更令人不解的现象：公司竟然未对存货进行跌价准备计提。对于没有计提的原因，公司相同的表述，"本期无需要计提跌价准备的存货项目"反复出现三次。事实果真如此吗？

财政部颁布的《企业会计制度》规定，当企业存货出现市价持续下跌，并且在可预见的未来无回升的希望，或提供的商品、劳务的需求发生变化，导致市场价格逐渐下跌等情况时，应当计提存货跌价准备。结合汉王科技相关产品的价格走势，其存货完全符合计提跌价准备的条件。

除产品大幅跌价外，公司原材料存货价值也面临缩水的风险。

记者采访了一位国内大型电纸书生产企业高管，他表示，电纸书的主要元器件是电子纸，供货商主要是中国台湾元太和韩国LG两家，还有广东一些生产商，汉王科技采用的是元太的元器件。"从去年初至今，电子纸价格一直在持续下跌，我了解的报价从60美元下滑至最新的38美元。"该人士表示。

汉王科技2010年年报显示，在期末4.64亿元的存货中，原材料为2.5亿元，产品和产成品为2.11亿元。虽然这些原材料的市场价格也出现了大幅下跌，但汉王科技未对其计提任何跌价准备。

2. 同类企业均计提跌价准备

为了搞清楚汉王科技是否应该计提跌价准备，记者咨询多位行业研究员，了解到汉王科技主营电纸书和手写产品，属于电子设备制造业，在A股上市公司中，与其最相似的是计算机硬件设备制造商，那么这些同行业的公司又是如何计提存货跌价准备的？

2010年年报显示，计算机硬件公司都大额计提了存货跌价准备：长城电脑计提3.12亿元，七喜控股计提0.50亿元，同方股份计提2.45亿元，方正科技计提0.27亿元。

从存货跌价计提占存货总额的比例来看，七喜最高，为20.92%；同方股份为5.30%；方正科技为3.90%；长城电脑为3.36%。

"由于计算机硬件设备价格持续下跌的规律，业内上市公司均对存货计提跌价准备，这也是业内的普遍现象，汉王科技零计提的特立独行，让人感觉到怪异和无法理解。"一位大型券商的行业研究员这样告诉记者。

此外，《每日经济新闻》记者还查询了生产电子纸的龙头企业——中国台湾元太的财务报告，其2009年年报显示43%的营业收入来自电子纸。值得注意的是，相较于汉王科技一直存货准备零计提的会计处理，作为汉王科技的主要原材料供应商，中国台湾元太在可查阅的财报中进行了大量的存货跌价准备计提。

摘取元太公开的财报数据显示，2010年9月30日存货约64.1亿元新台币，其中制成品约20.7亿元新台币，存货跌价损失金额为5.3亿元新台币。

3. 业内人士：已违反会计准则

对于汉王科技的存货跌价零计提，一位注册会计师表示：对于公司的期末存货，如果预计到销售情况出现重大影响，存在减值情况，就应该进行跌价计提。而原材料部分如果只能够做成固定的产品，也同样应该计提相应损失金额。她还表示，汉王科技年报中存货跌价计提金额为零已经违反了企业会计准则。

她同时向记者表示，2010 年年报是 2011 年 3 月中旬公布的，仅仅一个月后的一季报就爆出了严重亏损的重大问题。中国注册会计师审计准则规定公司在资产负债表日（2010 年 12 月 31 日）到财务报表报出日之间，有责任提示是否出现对公司财务造成重大影响的事项，并在报告中予以充分披露，但汉王科技没有任何相关提示，这也是信息披露的错漏。（每日经济新闻 李智）

资料来源：http://guba.eastmoney.com/news.002362.38219411.html，2011-05-13

第一节 资产负债表分析基础

一、资产负债表的概念

资产负债表是反映企业在某一特定日期（月末、季末、半年末、年末）财务状况的会计报表。它是根据资产、负债和所有权益之间的相互关系，按照一定的分类标准和一定的顺序，把企业在一定日期的资产、负债、所有者权益各项目予以适当排列，并对日常工作中形成的大量数据进行高度浓缩整理后编制而成的。它表明企业在某一特定日期所拥有或可控制的、预期能为企业带来利益的经济资源、所承担的现有义务和所有者对净资产的要求权。

1. 资产负债表可以提供的信息

（1）企业在某一时点上所拥有的经济资源及这些经济资源的分布和构成情况。

（2）企业资金来源的构成情况，包括企业所承担的债务及所有者权益各个项目的状况。

（3）企业所负担的债务以及企业的偿债能力（包括短期和长期的偿债能力）。

（4）企业未来财务状况变动趋势。

2. 资产负债表的作用

根据资产负债表所反映的信息可以归纳资产负债表的作用如下所述。

（1）资产负债表可以提供某一日期资产的总额及其结构，表明企业拥有或控制的资源及其分布情况，使用者可以一目了然地从资产负债表上了解企业在某一特定日期所拥有的资产总量及其结构。

（2）资产负债表可以提供某一日期的负债总额及其结构，表明企业未来需要用多少资产或劳务、多长时间清偿债务。

（3）资产负债表可以反映所有者所拥有的权益，据以判断资本保值、增值的情况及对负债的保障程度。

3. 资产负债表的局限性

（1）资产负债表不能全面反映资产、负债和所有者权益的现行市场价值。

（2）资产负债表难免遗漏许多无法用货币计量的重要经济资源和义务的信息。

（3）资产负债表的财务报表信息包含了许多估计数。

二、资产负债表分析的意义

资产负债表分析，是指基于资产负债表而进行的财务分析。资产负债表反映了企业在特定时点的财务状况，是企业的经营管理活动结果的集中体现。通过分析企业的资产负债表，财务报表使用者可以了解企业资产、资源的基本构成，分析偿债能力、企业经营稳健与否或经营风险的大小，从而判断各项目的质量，以及企业经营管理总体水平的高低，等等。

1. 揭示资产负债表及相关项目的内涵

（1）分析企业在某一日期所拥有的经济资源及其分布情况。资产代表企业的经济资源，是企业经营的基础，资产总量的高低一定程度上可以说明企业的经营规模和盈利基础的大小。企业的资产结构反映其生产经营过程的特点，这有利于财务报表使用者进一步分析企业生产经营的稳定性。

（2）分析企业目前及未来需要支付的债务数额。负债的总额表示企业承担债务的多少，负债结构反映了企业偿还负债的紧迫性和偿债压力的大小，通过资产负债表可以了解企业负债的基本信息。

（3）了解企业现有的投资者在企业资产总额中所占的份额。实收资本（或股本）和留存收益是分析所有者权益的重要内容，反映了企业投资者对企业的初始投入和资本积累的多少，也反映了企业的资本结构和财务实力，有助于财务报表使用者分析、预测企业生产经营的安全程度和抗风险能力。

2. 了解企业财务状况的变动情况

企业在经营过程中，其资产规模和各项资产不断发生变动，与之相关联的资金来源也会发生变动。资产负债表中的数字有"年初数"和"期末数"两栏，这样的好处是便于比较、了解变动情况。通过对比可以知道企业的资产、负债及所有者权益在经过一段时间后发生了怎样的变动，变动的原因是什么，并在此基础上对企业财务状况的变动及变动原因做出合理的解释和评价。通过对资产负债表变动情况的分析，财务报表使用者可以掌握变动规律、研究变动趋势（中国证监会关于年度报告的准则要求对变动幅度在30%以上的财务报表项目进行说明，这个变动幅度就是通过资产负债表项目的年初数和期末数对比计算而来的），掌握企业目前的财务状况，预测未来发展趋势，以便进行相关决策。

3. 评价企业的短期偿债能力

短期偿债能力是指企业偿还短期债务的能力。短期偿债能力主要表现为企业资产和负债的流动性。资产的流动性是指资产的变现能力，即资产转化为现金的能力，包括流动资产、固定资产及其他资产。企业的流动资产除货币资金可随时偿还负债外，其余流动资产变现越快，其流动性就越强，偿债能力也越强。负债的流动性是指债务到期时间的长短。企业是否有足够的资产及时转化为现金，以清偿到期债务，对于债权人至关重要。分析资产负债表中流动资产和流动负债的信息，有助于财务报表使用者分析和评价企业的短期偿债能力。

4. 了解企业的资本结构，评价企业的长期偿债能力

长期偿债能力是指企业偿还全部债务本金和利息的能力。企业资产越多，负债越少，其长期偿债能力越强。反之，若资不抵债，则企业缺乏长期偿债能力，甚至会将企业拖入破产困境。资不抵债往往是由企业长期亏损、侵蚀资产引起，也可能是举债过多所致。长期偿债能力取决于企业的资本结构和营利能力。资本结构是指企业权益总额中负债与所有者权益的相对比例。负债的相对比例越大，企业的偿债压力越大，长期偿债能力也就越弱。资产负债表可以为分析和评价企业的资本结构和长期偿债能力提供信息。

偿债能力的具体指标计算与分析，将在后面的指标分析中详细讲解。

5. 评价企业的财务弹性

财务弹性是指企业迎接各种环境挑战、抓住经营机遇的适应能力，包括进攻性适应能力和防御性适应能力。所谓进攻性适应能力，是指企业有财力抓住经营中所出现的稍纵即逝的获利机会及时进行投资的能力。所谓防御性适应能力，是指企业能在客观环境极为不利或某一决策失误使其陷入困境时转危为安的生存能力。

财务弹性大的企业具有较强的调剂资金能力：当企业遇到有利的投资机会时，可以随时筹集到资金，使企业抓住机会，得到充分的发展；当企业急需资金偿还债务时，可以随时筹集到资金，使企业渡过财务难关，摆脱财务困境；当企业进入使用资金淡季时，还可以及时将存量资金调出，以减少资金积压，降低资金成本。

企业的财务弹性主要来自于这些方面：①资产的流动性或变现能力；②企业经营活动中产生现金流入的能力；③从企业外部筹集和调度资金能力，如向债权人借款或吸收投资人投资等；④在不影响正常经营的前提下变卖非流动资产，以获取现金的能力；⑤调剂货币资金存量的能力。

虽然资产负债表本身并不能直接提供有关企业财务弹性的信息，但是它所列示的资产分布和对这些资产要求权的信息，以及企业资产、负债流动性、资本结构等信息，并借助利润表及附注、附表的信息，可间接地解释、评价和预测企业的财务弹性，并为管理部门增强企业在市场经济中的适应能力提供指导。

6. 评价企业的会计政策

企业的会计核算必须在《企业会计准则》指导下进行，企业在不同会计期间应当采用前后一致的会计处理程序和方法，但企业在进行会计政策选择和会计处理方法时却有相当的灵活性，如存货计价方法、固定资产折旧政策等。不同的会计政策和会计处理方法，将对资产负债表的结果产生较大影响。某种会计选择往往代表着企业的会计政策和会计目的。通过分析资产负债表及相关项目的变动，可以了解企业会计政策选择的动机，

揭示企业的财务倾向，减少会计报表外部使用者对企业会计信息的疑惑。

三、资产负债表的内容与格式

资产负债表一般有表首、正表两部分。其中，表首概括地说明财务报表名称、编制单位、编制日期、财务报表编号、货币名称、计量单位等。正表是资产负债表的主体，列举了用以说明企业财务状况的各个项目。资产负债表的项目包括资产、负债、所有者权益三个方面。资产项目按其流动性强弱分项列示，流动性强者列于前。负债项目按偿还期限的长短列举，先列举流动负债，后列举长期负债。所有者权益项目则按稳定程度的高低列举，即按照实收资本（或股本）、资本公积、盈余公积、未分配利润的顺序列示。

资产负债表根据"资产=负债+所有者权益"这一会计等式编制和填列。按照资产、负债和所有者权益项目排列方式和顺序的不同，资产负债表有三种格式。

1. 报告式资产负债表

报告式资产负债表是上下结构，垂直列示资产、负债和所有者权益，如表 3-1 所示。其具体排列形式又有两种：一是按"资产=负债+所有者权益"的原理排列；二是按"资产-负债=所有者权益"的原理排列。报告式便于编制比较资产负债表，可在一张表中平行列示连续的若干期资产负债表，其缺点是资产和权益的恒等关系不明显。

表 3-1　报告式资产负债表

资产=负债+所有者权益	资产-负债=所有者权益
资产	资产
……	……
资产合计	资产合计
负债	减：负债
……	……
负债合计	所有者权益
所有者权益	……
……	所有者权益合计
所有者权益合计	权益总计

2. 账户式资产负债表

根据《企业会计准则第 30 号——财务报表列报》的规定，我国资产负债表采用账户式的格式，即左侧列报资产项目，按资产的流动性强弱排列，右侧列报负债和所有者权益项目，负债按要求清偿时间的先后顺序排列，所有者权益按稳定程度排列，如表 3-2 所示。账户式资产负债表中的资产各项目的合计等于负债和所有者权益各项目的合计，即资产负债表左方和右方平衡。因此，通过账户式资产负债表，可以反映资产、负债、所有者权益之间的内在关系，即"资产=负债+所有者权益"。

表 3-2 账户式资产负债表

单位：某企业　　　　　　　　　　　　　　　20××年×月×日　　　　　　　　　　　　　　　单位：元

资产	年初余额	期末余额	负债和所有者权益（股东权益）	年初余额	期末余额
流动资产：			流动负债：		
货币资金			短期借款		
交易性金融资产					
应收票据			应付账款		
……			……		
流动资产合计			流动负债合计		
非流动资产：			非流动负债：		
可供出售金融资产			长期借款		
……			……		
固定资产			其他非流动负债：		
在建工程			……		
……			非流动负债合计		
其他非流动资产：			负债合计		
非流动资产合计			所有者权益（或股东权益）		
……			实收资本（或股本）		
			……		
			所有者权益（或股东权益）合计		
资产合计			负债和所有者权益（或股东权益）总计		

3. 财务状况式资产负债表

财务状况式资产负债表是在表中列出营运资本项目，然后再加减其他项目，最后列示所有者权益，如表 3-3 所示，即按以下两个等式编制而成：营运资本=流动资产-流动负债；营运资本+非流动资产-非流动负债=所有者权益。

表 3-3　财务状况式资产负债表

流动资产
减：流动负债
营运资本
加：非流动资产
减：非流动负债
所有者权益

财务状况式资产负债表直接列示了营运资本信息，突出了其重要性，方便财务报表使用者判断企业资产的流动性及清偿流动债务能力，但在实务中很少使用。

第二节　资产质量分析

【案例引读】

从上海超日太阳能 2012 年度审计报告看资产质量及后续发展

2013 年 4 月 24 日，大信会计师事务所对上海超日太阳能科技股份有限公司（以下简称超日太阳能）2012 年度报告出具了保留意见的审计报告。报告中导致保留意见的事项如下所述。

（1）截至 2012 年 12 月 31 日，超日太阳能对境外客户应收账款余额 239 650 万元，已计提坏账准备 48 619 万元。受国际市场环境及欧美"双反"的影响，光伏行业整体经营困难，超日太阳能境外应收账款客户多数还款困难，我们无法判断该款项能否收回及坏账准备计提的合理性。此外，超日太阳能因本部及洛阳、九江、上海等多条生产线处于停产或待工状态，部分境外电站运营受当地政策影响等因素，本期计提固定资产及在建工程减值准备 24 562 万元。由于超日太阳能生产经营正常化存在重大不确定性，我们无法判断固定资产及在建工程减值准备计提是否充分。

（2）超日太阳能纳入合并范围的境外子公司南意大利公司（South Italy Solar 1 S.r.l），截至 2012 年 12 月 31 日资产总额 69 326 万元，净资产 6 043 万元，2012 年度实现营业收入 1 971 万元，净利润-655 万元。我们未能获取满意的审计证据，以证实该组成部分的财务状况及经营成果是否公允反映。

（3）截至 2012 年 12 月 31 日，超日太阳能资产总额 757 575 万元、负债总额 637 942 万元，营运资金-94 576 万元，2011 年度、2012 年度连续出现大额亏损，累计未分配利润-147 833 万元。受光伏行业整体低迷影响，超日太阳能生产经营严重萎缩，主要银行账户及资产已被冻结、质押、抵押或查封，财务状况面临极大的流动性风险。截至财务报告批准日，银行逾期借款 37 948 万元，欠付供应商货款及其他债务不能按时清偿，多家银行及供应商等债权人起诉超日太阳能要求偿还债务，涉及金额 181 473 万元。尽管超日太阳能已在财务会计报告"附注十二、其他重大事项"中披露了持续经营能力的改善措施，但我们认为上述情况仍然可能导致超日太阳能持续经营能力存在重大不确定性，可能无法在正常经营过程中变现资产、清偿债务。

资料来源：http://max.book118.com/html/2016/0731/49801617.shtm，2016-07-31

下面是新浪财经 2015 年 3 月 8 日对超日太阳能的相关报道：

因公司 2011 年、2012 年、2013 年连续三个会计年度经审计的净利润为负值，根据《深圳证券交易所股票上市规则》的相关规定，上海超日太阳能科技股份有限公司（以下简称超日太阳或公司）股票于 2014 年 5 月 28 日起暂停上市。

……

2014 年 6 月 26 日，上海市第一中级人民法院（以下简称"上海一中院"）做出（2014）沪一中民四（商）破字第 1-1 号《民事裁定书》及《决定书》，裁定受理申请人上海毅华金属材料有限公司对公司的重整申请，并指定北京市金杜律师事务所上海分所、毕马威华振会计师事务所（特殊普通合伙）上海分所担任管理。

……

2015 年 2 月 28 日，公司发布了《关于完成工商变更登记的公告》（公告编号：2015-021），鉴于公司重整计划已执行完毕，公司总股本、控股股东等情况已发生变更，公司现已完成相关工商变更登记手续并于近日取得了上海市工商行政管理局换发的《营业执照》，变更后的公司名称为协鑫集成科技股份有限公司，注册资本为 252 352 万元，法定代表人为舒桦，其余信息未做变更。

资料来源：http://news.163.com/15/0205/00/AHLBPSVG00014AED.html，2015-02-05

上述资料中，多项涉及资产质量问题。究竟应当如何看待企业资产质量问题呢？根据所学的知识和前面的介绍，我们对资产的认知便是：资产按照变现能力可分为流动资产和非流动资产。但是这种分类无法进一步揭示资产的质量。长期以来，企业尤其是上市企业屡屡出现一种不正常现象：在收入和利润持续增长情况下，企业突然陷入了财务危机。其中的原因是多方面的，如业绩评价本身问题、会计法律法规不合理、市场体系不完善等。但从财务报表分析角度来看，就是企业在追求"良好"的财务业绩同时，又制造着大量的不良资产，致使资产质量日趋恶化，并最终陷入财务危机而无法脱身。

资产质量是特定资产在企业管理过程中满足企业对其期望的质量，具体表现为变现质量、单独增值质量、被利用质量、与其他资产组合增值的质量等。资产质量的分析要强调资产的相对有用性。企业所处时期不同、环境不同，资产的质量就不同。因此，有必要对资产按照质量加以分类，进一步揭示资产的实质。

一、资产按质量分类

1. 按照账面价值等金额实现的资产

按照账面价值等金额实现的资产，主要包括企业的货币资金，这是因为作为充当一般等价物的特殊商品，企业的货币资金会自动地与任一时点的货币购买力相等。因此，可以认为，企业在任一时点的货币资产，均会按照账面等金额实现其价值。

2. 按照低于账面价值的金额贬值实现的资产

按照低于账面价值的金额贬值实现的资产，是指那些变现价值量或被进一步利用的潜在价值量低于账面价值的资产，这类资产主要涉及以下几种。

（1）短期债权。这里的短期债权，包括应收票据、应收账款和其他应收款等。由于存在发生坏账的风险，短期债权可能要以低于账面的价值量回收。企业计提的坏账准备虽然在一定程度上考虑了短期债权的贬值因素，但是，由于大多数企业采用应收账款余额百分比法（较为详细的企业则采用账龄分析法）或销售收入百分比法，因此这种分析仍然难以恰当地反映债权资产的质量。受各种因素的制约，企业对坏账准备计提百分比的确定不一定能够反映债权的贬值程度，一个或若干个整齐划一的坏账计提百分比可能会忽略决定债权质量的首要方面，即特定债务人的偿债能力。我们这种认识，并不是要否认企业对外披露债权时计提坏账准备对信息使用者判断企业债权质量的积极作用，而是要说明，对债权质量的分析，仅仅靠坏账准备披露的数字是不够的，必须结合企业债务人的情况（如地区构成、所有制构成等）进一步分析。

（2）部分存货。企业保有存货，主要目的是使其增值。但是，从企业管理的实践来看，由于各种原因，企业的部分存货会以低于其账面价值的金额变现。存货期末计价遵循成本与可变现净值孰低原则，可变现净值低于存货成本时，要计提存货跌价准备，并将这部分损失计入当期损益。可以说，存货跌价准备反映了企业对存货贬值程度的认识水平和企业可接受的贬值水平。因而，并不排除企业为了保持当期获利水平而低估存货跌价准备的可能性。如此，企业存货的实际回收价值就会低于账面价值。

（3）部分股权投资。对股权投资而言，在企业采取有限责任制的条件下，投资方的股权投资，一般不能从被投资方撤出。投资方如果期望将手中持有的股权投资变现，就只能转让其股权，而转让投资不仅取决于转出方的意志，还取决于转入方（购买转出方投资的企业）的意愿与双方的讨价还价。这就使投资方在股权转让中的损益难以预料。在投资收益的取得方面，股权投资方获取股权投资收益的条件有：一是被投资企业有可供分配的利润；二是被投资企业有用于利润分配的现金，即企业有足够的现金支付股利。显然，上述两个方面的因素只有同时满足，投资方才能获得投资收益。

在按照权益法确认投资收益时，企业所确认的投资收益，常常会大于企业收回的股利。这样，企业（投资方）在利润分配与投资收益相对应的规模超过其收回的股利时，就会出现利润分配的规模所需货币数量大于收回货币数量的情况。这也是使其贬值的因素。

（4）部分固定资产。固定资产体现了企业的技术装备水平。在持续经营的条件下，企业一般不会将其正在使用的固定资产对外出售。因此，企业固定资产的质量主要体现在被企业进一步利用的质量上。但是，在历史成本原则下，持续经营企业的资产负债表通常将提供固定资产的原值、累计折旧及固定资产净值。受企业折旧政策的制约，企业披露的固定资产净值不可能反映在资产负债表日相应的固定资产对企业的实际"价值"。企业有相当一部分固定资产正在快速贬值，如技术含量较高、技术进步较快的高科技资产。

（5）纯摊销性的"资产"。纯摊销性的"资产"，是指那些出于应计制原则的要求而暂作"资产"处理的有关项目，如长期待摊费用等项目。

除个别项目有可能包含对企业未来有利的资产性质的内容外，上述项目的主体并不能为企业的未来提供实质性帮助，没有实际利用价值。因此，上述各项"资产"的实际价值趋近于零。

3. 按照高于账面价值的金额增值实现的资产

按照高于账面价值的金额增值实现的资产，是指那些账面价值量较低，而其变现价值量或被进一步利用的潜在价值量（可以用资产的可变现净值或公允价值来计量）较高的资产，这类资产主要包括以下几种。

（1）大部分存货。对于以商品经营为主的制造业企业和商品流通企业，其主要经营与销售的商品就是企业的存货。因此，企业的大部分存货应该按照高于账面价值的金额增值实现。

（2）部分持有至到期投资和长期股权投资。从总体上来说，企业的此类投资性资产可以通过转让或者收回投资、持有并获得股利或利息等方式来实现增值，增值程度取决于营利性的大小。但正常情况下，至少可以按照账面价值收回。

（3）部分固定资产和生产性生物资产。这类资产通过持有和运用等方式可以实现增值，增值程度取决于其营利性、稀缺程度、自身属性等诸多因素。根据财务会计的历史成本原则与稳健原则，增值不能反映在账面价值上，因而变现有可能按照高于账面价值的金额实现增值。

（4）账面上未体现价值，但可以实现增值的表外资产。账面上未体现价值，但可以实现增值的表外资产，是指那些因会计处理原因或计量手段的限制而未能在资产负债表中体现价值，但可以为企业在未来做出贡献的资产项目，主要包括如下几个方面。

第一，已经提足折旧，但企业仍然继续使用的固定资产。已经提足折旧，但企业仍然继续使用的固定资产，由于在资产负债表上其历史成本与累计折旧相等而未能体现出净值。企业的建筑物以及设备、生产线等有可能出现这种情况。这类资产由于对企业有未来利用价值，因而是企业实实在在的资产。

第二，企业正在使用，但已经作为低值易耗品一次摊销到费用中去，资产负债表上未体现价值的资产。与已经提足折旧，但企业仍然继续使用的固定资产一样，企业正在使用但已经作为低值易耗品一次摊销到费用中去，资产负债表上未体现价值的资产，由于其对企业有未来利用价值，因而也是企业的资产。

第三，已经成功的研究和开发项目的成果。按照一般的会计处理惯例，企业的研究和开发支出，一般作为支出当期的费用处理，只有成功的开发支出才作为资产负债表上的资产处理。这样，已经成功的研究和部分已经列入费用的开发项目的成果，虽然游离于财务报表之外，但是却能够预期给企业带来经济效益。这种情况经常出现于重视研究和开发、历史悠久的企业。

第四，人力资源。企业的人力资源是企业最重要的一项无形资产。美国的会计准则业已将人力资源列入无形资产。遗憾的是，目前财务会计还难以将人力资源作为一项资产来纳入企业的资产负债表。了解、分析企业人力资源的质量应该成为企业整体资源分析的重要内容。

上述分析表明，要实现对企业资产质量的整体把握，就应当结合表内因素与表外因素综合分析。

二、资产质量的分析方法

1. 资产结构分析法

资产分为流动资产、长期投资、固定资产、其他资产（含无形资产、递延资产）四个部分，每一部分资产又可进一步分成若干项目和明细。因此，分析这些资产以及各项目所占比重，能较直观地反映出资产结构是否合理、是否有效。例如，分析总资产中流动资产同固定资产所占比重，如果固定资产比重偏高，则会削弱营运资金的作用；如果固定资产比重偏低，则企业发展缺乏后劲。分析流动资产中结算资产和存货资产所占比重，如果结算资产比重太高，容易发生不良资产，潜在的风险也越大。分析存货资产时，库存商品（产成品）虽是保证商品经营的物质条件，但应进一步分析其中适销对路、呆滞积压、残损变质等商品各占的比例。在采用结构分析的同时，还可采用如下比率法做补充。

（1）总资产增长率。计算企业本年总资产增长额同年初资产总额的比率，来评价企业经营规模总量上扩张的程度。

（2）固定资产成新率。计算当期平均固定资产净值同平均固定资产原值的比率，来评价固定资产更新的快慢程度和持续发展的能力。

（3）存货周转率（次数）。计算企业一定时期销售成本与平均存货的比率，来评价存货资产的流动性和存货资金占用量的合理性。

（4）应收账款周转率。计算企业一定时期内销售收入同平均应收账款余额的比率，来评价应收账款的流动速度，判断是否会产生呆死账，是否会成为坏账损失。

2. 现金流量分析法

货币资金是资产中最为活跃又时常变动的资产。现金流量信息能够反映企业经营情况是否良好、资金是否短缺、资产质量优劣、企业偿付能力大小等重要内容，从而为投资者、债权人、企业管理者提供非常有用的信息。例如，经营活动产生的现金流量和总的净流量分别与主营业务利润、投资收益和净利润进行比较分析，就能判断分析企业财务成果和资产质量的状况。一般来说，没有相应现金净流入的利润，其质量是不可靠的。如果企业现金净流量长期低于净利润，就意味着已经确认的对应资产可能属于不能转化为现金流量的虚拟资产。如果企业的银根长期紧缩，现金流量经常支大于收，则说明该企业的资产质量处于恶化状态。

3. 虚拟资产、不良资产剔除法

这是把虚拟资产、不良资产从资产中剥离出来后进行分析的方法，实质上是对企业存在的实有损失和或有损失的界定。首先进行排队分析，统计出虚拟资产和不良资产账面值，然后进行如下比较。

（1）把虚拟资产、不良资产之和同年末总资产相比，测试资产中的损失程度。

（2）将剔除虚拟资产、不良资产后的资产总额同负债相比，计算资产负债率，真实地反映企业负债偿还能力和经营风险程度。

（3）将虚拟资产、不良资产之和同净资产比较，如果虚拟资产、不良资产之和接近或超过净资产，说明企业持续经营能力可能有问题，也不排除人为夸大利润而形成"资产泡沫"。但其最终要落实到加强对虚拟资产、不良资产的管理和处理，杜绝虚拟资产的存在，压缩不良资产，尽量减少资产损失上。

4. 资产同相关会计要素综合分析法

企业进行生产经营活动时，会计六大要素（资产、负债、所有者权益、收入、支出、利润）都在发生变化。因此，分析资产质量，应与其他会计要素相结合，常用的方法如下所述。

（1）总资产报酬率。计算企业一定时期内获得报酬总额（利润总额加利息支出）与平均资产总额的比率，来检测企业投入产出的配比关系与实效。一般来说，资产质量越好，投入产出的效能也越佳。

（2）总资产周转率（次数）。计算企业一定时期内销售收入同平均资产总额的比值。一般情况下，周转速度越快，销售能力越强，资产利用效率越高。

（3）流动比率。计算流动资产同流动负债的比率，来反映企业短期债务的偿还能力。流动比率是测评企业营运资金的重要指标。目前不少国有企业的营运资金出现负值，即流动资产小于流动负债，反映了资产结构的不合理性和流动负债及时偿还的风险性。

（4）长期资产适合率。计算企业所有者权益与长期负债之和同固定资产与长期投资之和的比率，分析资产结构来测评企业长期资产与长期资本的平衡性与协调性，并判断是否会产生财务风险。从理论上讲，该指标≥100%较好，即长期资本要不小于长期资产。

本章将以资产负债表资产的主要构成项目为出发点，侧重于资产各项目本身的变现质量、单独增值质量、被利用质量、与其他资产组合增值的质量等方面的分析，而相应的涉及财务指标分析的部分，将在以后的章节单独介绍。

三、流动资产各项目质量分析

流动资产是指企业可以在一年或者超过一年的一个营业周期内变现或者运用的资产，是企业资产必不可少的组成部分。流动资产主要包括现金、银行存款、交易性金融资产、应收款项、存货等。流动资产在企业周转中，从货币形态开始，依次改变其形态，最后又回到货币形态，各种形态的资产与生产流通紧密结合，周转速度越快，变现能力越强。分析流动资产质量有利于企业加强对流动资产的管理，提高流动资产的使用效益。

1. "货币资金"质量分析

1）"货币资金"内涵

货币资金反映企业库存现金、银行结算户存款、外埠存款、银行汇票存款、银行本票存款、信用卡存款、信用证保证金存款等的合计数。本项目应根据"库存现金""银行存款""其他货币资金"科目期末余额的合计数填列。

货币资金流动性最强、收益性最差，所以货币资金的持有量是否合理是分析的重点。在资产负债表中，"货币资金"被列为第一项，因为它是随时可以用以支付、任何人都能不打任何折扣马上接受的资产，流动性最强。

2）"货币资金"质量分析的内容

对于货币资金的质量分析，可以从以下几方面进行。

（1）货币资金数量规模分析。影响企业货币资金数量规模的因素，一般而言有以下几个方面。

第一，企业的资产规模、业务规模。一般而言，企业的资产总规模越大，相应的货币资金规模也越大；业务收支频繁且绝对额较大的企业，货币资金状态的资产也就多。

第二，企业筹集资金能力。企业信誉好，向银行借款或发行股票、债券都会比较顺利，就可以适当减少持有的货币资金数量。

第三，企业对货币资金的运用能力。货币资金的运用也存在"效率"与"效益"的问题。企业运用货币资金的能力越强，利用货币资金从事其他经营或投资活动越多，货币资金单纯的支付能力就越弱，企业获利水平就越高，因此企业就没有必要保留过多的货币资金。

第四，企业的行业特点。对于不同行业的企业，合理的货币资金规模会有差异。例如，银行、保险公司等金融机构与工业企业，即使资产总规模相同，货币资金规模也不可能相近。

（2）企业货币资金自由度的分析。企业资产负债表上的货币资金金额代表了资产负债表日企业的货币资金拥有量，一般不存在估价问题。但是，由于物价变动、技术发展等因素，相同数量的货币资金在不同时点购买力并不一定相同。另外，有些货币资金出于某些原因已经被指定了特殊用途，如其他货币资金中包含的保证金存款、已质押的定期存款、上市公司中规定了具体投向的募集资金等。这些资金因不能随意使用而不能充当正常支付手段，在分析时可通过计算这些资金占"货币资金"项目的比例，以确定企业实际的支付能力。

（3）对货币资金受汇率影响程度的分析。在企业有多种货币的条件下，由于不同货币价格未来走向不同，需要对企业保有的各种货币资金进行汇率发展趋势分析，由此确定货币资金质量。

（4）对企业当期货币资金余额变动的恰当性和持续性进行分析。现金流量表对资产负债表货币资金期初期末余额变动做了进一步说明，因此对其恰当性和持续性分析可结合现金流量表的分析方法。

【例 3-1】2011~2014 年港源制造有限责任公司（以下简称港源制造）货币资金规模见表 3-4。

表 3-4　2011~2014 年港源制造货币资金规模

项目	货币资金/元	资产总额/元	货币资金占资产总额/%
2011 年 12 月 31 日	98 227 148.040	988 915 528.899	9.93
2012 年 12 月 31 日	89 789 306.202	852 867 034.992	10.53
2013 年 12 月 31 日	91 546 419.267	1 002 504 400.530	9.13
2014 年 12 月 31 日	119 707 691.139	1 008 432 379.350	11.87

从表 3-4 中的数据可以看出：港源制造近几年的货币资金约占资产总额的 10%，比较稳定但比例相对较高。可以和同行业进行对比，分析是否存在比例过高问题。过高的货币资金持有量会浪费企业的投资机会，增加企业的筹资资本、企业持有现金的机会成本和管理成本。也可以分析企业发展历史和生产经营现状，以及整体市场情况等，也可能因为企业目前处于比较稳定的发展时期，没有更好的扩张项目，便保留较多现金以增加现金流动性。

2. "交易性金融资产"质量分析

1）"交易性金融资产"内涵

交易性金融资产反映企业持有的以公允价值计量且其变动计入当期损益的为交易目的所持有的债券投资、股票投资、基金投资等金融资产。本项目应根据"交易性金融资产"科目的期末余额填列。

交易性金融资产的流动性仅次于货币资金。

2）交易性金融资产的分类

对于金融资产，企业在初始确认时就应按照管理者的意图、风险管理上的要求和资产的性质，将其分为以下四类：①以公允价值计量且其变动计入当期损益的金融资产，包括交易性金融资产和直接指定为以公允价值计量且其变动计入当期损益的金融资产；②持有至到期投资；③贷款和应收款项；④可供出售金融资产。

金融资产满足下列条件之一的，应当划分为交易性金融资产：①取得该金融资产，主要是为了近期内出售或回购；②属于进行集中管理的可辨认金融工具组合的一部分，且有客观证据表明企业近期采用短期获利方式对该组合进行管理；③属于衍生工具，如国债期货、远期合同、股指期货等。交易性金融资产的持有目的是投机。

注意：交易性金融资产以公允价值为基本计量属性，而不论是取得时的初始计量还是在资产负债表日的后续计量，公允价值变动在利润表上均计入当期损益。

3）"交易性金融资产"质量分析的内容

对交易性金融资产进行质量分析时，以公允价值这一计量属性为出发点，着重分析其营利性大小。具体地说，分析同期利润表中的"公允价值变动损益""投资收益"两个项目，及其在报表附注中的详细说明，通过把握公允价值变动损益或投资收益为正还是为负，来确定该项资产营利能力。

同时应注意该项目规模的大小。如果交易性金融资产过大，必然影响企业正常生产经营。我们可以从规模变动的情况及原因、现金支付能力、投资收益构成等方面来进行判断。

【例 3-2】试分析港源制造交易性金融资产质量状况。

解答：从港源制造近几年的资产负债表中可以看到，该公司没有交易性金融资产。这说明该公司工作重点很明确，不在主营业务之外投入人力物力。另外可以结合货币资金的持有情况，适当考虑投资一些国库券、短期债券等变现能力较强又有一定盈利的金融产品。

3. "应收票据"质量分析

1）"应收票据"内涵

应收票据是企业因销售商品、提供劳务等而收到的商业汇票，包括银行承兑汇票和商业承兑汇票。本项目应根据"应收票据"科目的期末余额，减去"坏账准备"科目中有关应收票据计提的坏账准备期末余额后的金额填列。

应收票据是一种载有一定付款日期、付款地点、付款金额和付款人的无条件支付的流通证券，也是一种可以由持票人自由转让给他人的债权凭证和信用凭证。目前商业汇票在企业之间的使用越来越频繁，尤其是银行承兑汇票，一是回收的安全性较高，具有准货币资金的性质，信用好、承兑性强；二是可以通过贴现获得借款，灵活性强。

2）"应收票据"质量分析的内容

分析时关注企业持有的票据是商业承兑汇票还是银行承兑汇票，若是后者，则应收票据的质量是可靠的，但如果是商业承兑汇票，应关注企业债务人的信用状况，考虑是否存在到期不能偿付的可能。

需要注意的是，以银行承兑汇票结算和以商业承兑汇票结算形成的应付票据展示的有关企业商业信誉方面的信息是显著不同的：在以银行承兑汇票结算的条件下，供应方（债权人）往往对购货方（债务人）的偿债能力存有疑虑，希望银行进行承兑，企业也会因此向银行交存保证金存款；在以商业承兑汇票结算的条件下，采购方（债务人）往往在谈判过程中因其自身良好的商业信誉而有较强的谈判能力，自身签发的承兑汇票支付能力较强，供应方（债权人）对债务企业（采购方）的信赖度较高。

通过票据市场进行融资，不失为企业短期融资的一个理想选择，同时还能促进企业之间商业信用体系的建立和完善。然而，由于我国票据市场还不规范，商业票据往往成为企业尤其是上市公司虚增利润、通过关联方交易套取银行信用、转移上市公司资金的一种手段，出现这种情况主要有以下三个原因。

第一，根据票据法的规定，企业间利用商业票据进行结算必须具有真实的交易，而对于是否为关联方交易没有规定。因此，银行在办理相关业务时，只是审查企业之间的真实贸易背景，而不管商业汇票的参与者是否为关联方，给上市公司通过虚开商业票据套取银行信用、虚增销售、粉饰财务报表提供了可能。

第二，现有的信息披露准则，对上市公司应收账款的披露要求较高，企业对应收账款的披露也较详细，而对于票据的披露相对比较简单。这也使公司可能将超过六个月的应收账款采用以新票抵旧票的办法，实现短票长占，而无须对该部分款项进行详细披露，表面上增强企业资产的流动性。

第三，尽管《企业会计准则》要求上市公司根据可收回价值计提应收及预付款项的坏账准备，应收票据也要计提坏账准备，但是由于应收票据期限较短，发生坏账的风险较小，实务中应收票据一般不计提坏账准备。这也是众多企业青睐于通过商业票据进行结算的重要原因之一。例如，将本应计入应收账款的超过一年的结算金额计入应收票据，不计提坏账准备，就可以虚增企业利润。尤其是在采用大额商业票据结算方式时，虚增利润金额较大，会造成财务信息的严重失真，为控股股东侵占上市公司利益提供掩护。

因此，对应收票据进行分析时，还要注意交易的真实性，以及是否存在应收票据与应收账款转换情况。

【例 3-3】分析港源制造应收票据质量。

解答：从港源制造来看，应收票据金额比较大，都在两千多万元，2014 年达到四千多万元，但占总资产的比例并不高，一般在 3% 左右，最高时也没超过 5%。应收票据金额即使是在流动资产中的比重，也不是很高，一般在 5% 左右，最高的 2014 年也没超过 7%，且其只占应收账款的 10% 左右，应该是比较正常和健康的。可以查找同行业同期相关数据，进一步进行分析和证实。

4. "应收账款" 质量分析

1）"应收账款" 内涵

应收账款是企业因销售商品、提供劳务等经营活动应收取的款项。本项目应根据 "应收账款" 和 "预收账款" 科目所属各明细科目的期末借方余额合计数，减去 "坏账准备" 科目中有关应收账款计提的坏账准备期末余额后的金额填列。若 "应收账款" 科目所属明细科目期末有贷方余额，应在资产负债表 "预收款项" 项目内填列。

应收账款是由于赊销而产生的。随着全球经济一体化的发展，一场跨国界、跨地区、跨行业的竞争正在全球普遍展开，特别是企业之间的商业竞争越来越激烈。为了在竞争中取胜，赊销成为一种重要的企业促销手段。但利益总是与风险同在，有人说"不赊销是等死，赊销是找死"，也就是说企业惧怕的不是赊销，而是赊销的后患。

企业应收账款过大或管理不善造成的危害表现在两个方面：一是夸大了企业的经营成果，延缓了企业的现金流入。因为企业账面上的利润增加，并不表示能如期实现现金流入，同时还要垫付大量应收账款资金，延缓了企业现金流入。二是虚增了企业利润，加速了企业的现金流出，表现在三个方面：①所得税和大量流转税的支出；②现金利润分配的增加；③应收账款的管理成本、垫付资金的利息费用、坏账损失等都会加速企业现金流出。因此，许多企业因应收账款管理不善经常出现有利润无现金、账面状况不错却现金匮乏的状况，进而面临财务危机。

2）应收账款质量分析的内容

应收账款质量主要包含应收账款总体规模结构、应收账款增长率、回款速度三个要素，通过对这些要素的分析研究可以了解应收账款质量的好坏程度。三要素的总和构成了应收账款质量的内涵。如果企业应收账款总体规模较小、增长较为缓慢、回款速度较快，说明应收账款质量有所改善，质量较高。

应收账款总体规模结构能够反映应收账款总额及其对企业资产、利润的影响程度，应收账款规模越大则其对企业经营的影响越大，要求企业对应收账款有更高的管理控制力度。可以用应收账款占流动资产比重、应收账款占营业收入比重等规模性指标反映应收账款总体规模结构。

应收账款的增长变动情况表明企业应收账款的变化趋势，有利于企业及时掌握应收账款的动态，及时制定并采取行之有效的管理措施。可以用应收账款增长率、营业收入增长率与应收账款增长率之差的增长性指标反映应收账款的增长变动情况。

回款速度属于应收账款风险性指标，能够综合反映企业所面临的应收账款风险，是衡量企业应收账款质量的综合性指标。可以用应收账款周转率、逾期应收账款占应收账款比例、债权的账龄等指标反映回款速度。

【例 3-4】港源制造属于制造业，2011~2014 年应收账款及营业收入数据及相关计算结果如表 3-5 所示。

表 3-5 港源制造应收账款及营业收入

项目	应收账款期末金额		营业收入		应收账款期末金额/营业收入	
	本期/元	比上期/±%	本期/元	比上期/±%	本期/%	比上期/±%
2011 年 12 月 31 日	243 368 328		1 193 983 498		20.38	
2012 年 12 月 31 日	183 472 411	− 24.61	1 147 711 018	− 3.88	15.99	− 4.39
2013 年 12 月 31 日	353 491 447	+92.67	1 320 847 422	+15.09	26.76	+10.77
2014 年 12 月 31 日	330 924 969	− 6.39	2 983 758 390	+125.90	11.09	− 15.67

通过表 3-5 可以看出，该企业 2012 年应收账款期末数比期初数有所减少，营业收入也减少了，但其减少幅度远远低于应收账款减小幅度。尽管 2013 年应收账款大幅度增加，营业收入增加了，但增加幅度却低于应收账款增加幅度。我们注意到 2014 年数据：应收账款期末比期初减少了 6.39%，但营业收入却增加了 125.90%。应收账款占营业收入的比重，除 2013 年达到 26.76%外，其余年限基本没超过 21%，2014 年只占 11.09%。而通过网络查找同期同行业的相关数据得知，一般企业应收账款占营业收入的比重是30%~40%。由此可以得出结论：该企业通过赊销的确促进了销售，应收账款质量较好。尽管 2013 年差一些，可能是因为市场原因或其他原因，故 2014 年企业采取了一些措施，有了较大改变。

另外，我们还可以对债务人构成进行分析，如分析债务人的区域构成，一般情况，经济发展好、法律健全的地区，收回债权的可能性高；还可以分析债权人与债务人的关联关系，非关联关系的债务求偿性强，易收回，债务人越稳定越易收回。还可以进一步计算该企业的应收账款周转率、逾期应收账款占应收账款比例等指标，对该企业的应收账款账龄进行分析等，进一步确定应收账款质量。

5. "存货"质量分析

1）"存货"内涵

存货反映企业期末在库、在途和在加工中的各种存货的成本或可变现净值。本项目应根据"材料采购""原材料""低值易耗品""库存商品""周转材料""委托加工物资""委托代销商品""生产成本"等科目的期末余额合计，减去"存货跌价准备"科目期末余额后的金额填列。材料采用计划成本核算，以及库存商品采用计划成本核算或售价核算的企业，还应按加或减"材料成本差异""商品进销差价"后的金额填列。

存货是企业生产经营活动的重要物质基础，不仅种类繁杂而且数量很多，正常情况下占企业流动资产的一半左右。制造企业中材料成本一般占总成本的一半以上，商业零售业存货所占的比重可高达七成左右。存货经常处于重置、耗用和销售的周转中，具有较强的流动性，对企业的短期偿债能力、企业利润的影响都非常大。

存货对企业经营活动的变化比较敏感，因此企业存货的数量应当和其经营活动的要求相一致。这是因为，一旦企业存货储备过少会造成停工待料、生产中断、合同误期、销售紧张等情况；如果企业资产中存货占用过大，会使企业大量的资金被存货占用，不利于企业资金使用效率的提高，以致增加资金占用成本、利息等，加之近些年随着科技的进步，新产品、新材料不断出现，过多的储备存货也不利于企业及时适应市场变化，容易导致存货闲置浪费、积压，过多存货会给人留下企业管理不善的印象，影响企业的声誉。

2）"存货"质量分析的内容

存货在企业生产经营中的重要性，决定了对其进行质量分析的重要性。

（1）存货的真实性分析。它分析的就是资产负债表上列示的存货与库存实物的品种、规格、数量是否相符，所记录的存货价格是否是该项资产的真实价值等。对这一项目分析，应结合资产负债表附注信息进行。看存货的真实性，重点看有无账实不符的现象和虚列虚增存货价值的行为，因为存货是企业的一项重要的流动资产，它能体现企业的短期偿债能力。另外，存货中的产成品又表现为一种成本，它的转出会使企业的资产减少，销售成本增加，利润下降，所以操纵存货资产的数量，是许多企业进行财务数据粉饰甚至造假的手段之一。

（2）存货金额数量分析。存货金额数量分析是最基本的分析，可以从以下两个方面进行。

其一，绝对量分析。一个生产经营比较稳定的企业，存货数量也会比较稳定。尤其是存货数量增加比较快时，要找到真实的原因。第一，可能是正常现象，如对于季节性生产经营的企业。第二，一方面是受到价格上涨的影响，由于通货膨胀预期较高，在生产者物价指数（producer price index，PPI）和居民消费价格指数（consumer price index，CPI）一路攀升的形势下，价格上涨使等量的存货价值有所提高；另一方面，企业在通货膨胀环境下更倾向于持有实物而不是货币。这主要表现在为了规避未来可能的原材料价格走高风险而主动增加原材料等的储备。但如此一来，一些企业可能因供求关系变化或未来产品淘汰面临的风险也会急增。第三，可能是企业遇到了市场麻烦，大量的产品无法销售，形成了库存积压。第四，存货有相当部分早已出售，公司没有在账面上反映收入，形成账外资金，被相关掌控人员占用。

其二，存货构成分析。企业每天都在运行，财务报表每个月都在报出，存货也在按企业的经营状态起起落落。即使存货绝对额变化符合企业发展的常态，也需对存货构成进行分析。

材料类存货是维持再生产活动的必要物质基础，是生产经营的潜在因素，只需把它限制在能够保证再生产正常进行的最低水平上即可。当存货中的原材料占较大比重时往往是较好的预兆，一方面可能说明企业看好未来销售前景提前大量采购原料；另一方面也可能因预期原材料将要大幅度涨价，管理者事先囤积，在未来期间会给企业带来巨大收益。但是当原材料构成过大时，则可能是企业采购工作效率低下和储备成本的增加。因此分析者需结合财务报表提供的企业所处的内外环境基本情况进行综合判断。反之，原材料比例过低，势必有较高比例的库存商品（即产成品）。这样的存货结构可能反映了企业一方面有大量库存产品积压，市场占有率差；另一方面原物料过少，可能开工不足。

在产品是保证生产过程连续性的存货，企业的生产规模和生产周期决定了产品存货的存量。在企业正常经营条件下，产品存货应保持一个稳定的比例，较大的变动很可能是产品成本计算方面前后期存在较大的不一致性，或者是产品的盘存制度存在问题。

产成品存货是存在于流通领域的存货，是保证再生产过程不间断进行的必要条件。保持产成品存货的均衡性是存货分析时应注意的问题。产成品数量在外部环境无较大变化的情况下，应是较为稳定的，如出现突然的变化也可能说明存在如下问题：产成品数量急剧下降时很可能未来出现供应不足、销售中断和员工加班等现象；而其大幅度增加可能说明产品的销售遇到问题，这是一种更可怕的现象。另外，进行分析时，还要注意产成品品种构成分析。在生产多种产品的条件下，不同产品营利能力、技术状态、市场前景及抗衰变能力等有较大差异。过分依赖一种或几种产品的企业，极有可能因产品出现问题而使整个企业受到重创。

委托加工物资增加，表明该公司有更多的加工劳务外包，自身加工能力不够或者萎缩，进一步发展的话，可能表明公司失去了有核心竞争力的相关技术，发展成为"买原料—找人加工—卖成品"的服务型公司。

（3）存货计价及跌价准备的分析。存货计价对企业损益的计算有直接影响，期末存货=期初存货+本期入库-本期出库。很显然，期末存货计价高，意味着计入成本的存货成本低，当期收益可能提高。反之，当期收益可能下降。同时，这也影响了资产负债表上的流动资产、所有者权益，进而对缴纳所得税产生影响。

存货期末计价遵循成本与可变现净值孰低原则，存货成本高于其可变现净值时，要计提存货跌价准备。对已经贬值的存货计提存货跌价准备，是世界各国普遍采用的会计惯例。但是对存货跌价损失的计提，除了存货内在质量的变化之外，其计提规模往往还受企业管理层的利润操纵动机的影响：在需要加大亏损的年度，企业往往采用集中计提存货跌价准备的方法；在需要较高利润的年度，企业往往又采用减少存货跌价准备计提规模，甚至将以往计提的存货跌价准备冲回的方法。显然，不同的存货跌价准备的倾向性选择，将导致不同存货质量的外在表现。

【例 3-5】根据港源制造的资产负债表，分析存货规模及存货跌价准备。

解答：港源制造存货规模及存货跌价准备如表 3-6 所示。

表 3-6　港源制造存货规模及存货跌价准备

项目	存货			存货跌价准备	
	本期/元	比上期/元	比上期/%	金额/元	占存货/%
2011 年 12 月 31 日	173 422 222.650	—	—	7 448 275.206	4.29
2012 年 12 月 31 日	181 865 843.262	+8 443 620.612	4.87	7 155 202.860	3.93
2013 年 12 月 31 日	170 723 869.039	−11 141 974.223	−6.13	5 409 005.111	3.17
2014 年 12 月 31 日	166 038 048.315	−4 685 820.724	−2.74	4 937 968.548	2.97

港源制造的存货规模 2012 年增加了 4.87%，而 2013 年和 2014 年有所降低，单纯从数量变化看不出异常，还要与销售水平和规模对比做进一步分析。同时要查找相关账目资料，计算分析存货具体构成情况。该公司跌价准备占存货的百分比呈下降趋势，可能存货内在质量提高，需要计提的坏账准备减少；也可能是因为通货膨胀造成整体物价提高，已计提的跌价准备存货价值又得以恢复。是否有利润操纵问题，还需结合企业具体的经营状况及报表附注信息进行分析。

（4）存货采购方式分析。

其一，以预付账款为主的采购方式。在财务报表分析中，如果出现预付账款的规模大于应付票据和应付账款的规模的情况，则表明企业是以预付账款为主的采购方式。它可能包括以下情形：第一，企业可能正处于供不应求的存货供应市场，在这样的市场中，由于总体上存在着失调的市场关系，卖方处于主导地位，买方不得不向供应方预先支付采购货款；第二，企业可能存在着不良的财务记录和信誉记录，或者供应方对企业的支付能力存有疑虑，因而即使在全行业整体上处于供大于求的情况下，仍然要求企业预先支付购货款；第三，企业的关联方以预收账款的方式提前占用企业的资金，这种情况在

供应商为其关联方的条件下极易发生。在分析时，可以简单地采用预付比率指标来测量企业的采购方式与资金安排情况，计算公式为

预付比率=预付账款余额÷（预付账款余额+应付票据余额+应付账款余额）

若企业的预付比率高于 50%，则一般认为企业的采购方式以预付账款为主。在此基础上，还可以采用预付存货比率来分析判断预付账款规模的合理性，计算公式为

预付存货比率=预付账款余额÷存货余额

若该项比率过大，则需要进一步结合企业所处行业的结算特点以及市场供求状况等因素进行分析，对企业的商业信誉、谈判能力及关联方资金占用等方面加以判断，从而确定预付账款规模的合理性。

【例 3-6】计算港源制造的预付比率，判断各年存货采购方式。

解答：

2012 年预付比率=11 807 897.895/（11 807 897.895+0+121 612 339.197）=8.85%

2013 年预付比率=11 323 190.363/（11 323 190.363+0+247 610 209.010）=4.37%

2014 年预付比率=17 196 844.356/（17 196 844.356+0+202 419 415.620）=7.83%

从计算结果看，该企业的预付比率很低，不是以预付款为主的采购方式，还可以进一步计算预付存货比率。

2012 年预付存货比率=11 807 897.895÷181 865 843.262=6.49%

2013 年预付存货比率=11 323 190.363÷170 723 869.039=6.63%

2014 年预付存货比率=17 196 844.356÷166 038 048.315=10.36%

2012~2014 年预付存货比率也不高，说明该企业商业信誉比较好，谈判能力可能也很强，减少了资金占用，提高了资金使用效率。

其二，以赊购为主的采购方式。若企业的预付比率低于 50%，则一般认为企业的采购方式以赊购为主，在财务报表中的具体表现形式为应付票据和应付账款合计的规模高于预付账款的规模。极端的情况下，还会出现应付票据和应付账款合计的规模远远大于存货的规模，即赊购存货比率远远大于 1 的现象。赊购存货比率的计算公式为

赊购存货比率=（应付票据+应付账款）÷存货

【例 3-7】港源制造 2012~2014 年赊购存货比率计算如下：

2012 年赊购存货比率=（0+121 612 339.197）/181 865 843.262=66.87%

2013 年赊购存货比率=（0+247 610 209.010）/170 723 869.039=145.04%

2014 年赊购存货比率=（0+202 419 415.620）/166 038 048.315=121.91%

这种情况的出现，可能包括以下情形：第一，企业可能处于供过于求的存货供应市场。在这样的市场中，买方处于主导地位，卖方不得不向买方赊销货物。第二，企业由于存在良好的财务记录和信誉记录或者供应方对企业的支付能力高度信任，即使在全行业整体上处于供不应求的情况，仍然对买方采取赊销的方式。第三，企业可能存在着严重的支付能力问题，由于长期的支付能力不高而累积了较高的应付款项，这应视为债权人（供应方）的债权风险。

很显然，企业所处的市场供求状况、企业的谈判能力、企业的商业信誉及与供应商之间的关联程度等方面共同决定了企业的采购方式，进而直接影响了企业经营活动产生

的现金净流量。一般来说，当期预付账款规模增加，会引起企业经营活动的现金流出增加，而这种流出对企业当期的营业利润并没有任何贡献，因而会加大营业利润与经营活动现金净流量之间的差额，盈利质量也就随之下降；而当期应付账款和应付票据的规模大幅增加时，会节约企业当期经营活动的现金流出，导致盈利质量有所上升。

（5）存货的时效性分析。存货的时效性可以从以下两个角度分析和理解。

其一，存货的时效性是存货本身的物理特性，即企业和时效性相关的存货是指那些被利用价值或变现价值与时间联系比较紧密的存货。这类存货大概可以分为以下几种：第一，和保质期相连的存货，如食品，保质期长的食品时效性相对弱，保质期短的其时效性强。第二，与内容相关联的存货。例如，出版物，像数学等书籍可利用期限较长的存货时效性相对较弱；与之相反的报纸、杂志等，内容变化较快，时效性较强。同理，纸质传媒比电子传媒时效性相对也弱。第三，与科学技术相关的存货。例如，电子计算机技术进步较快，时效性就较强；而药品配方、食品配方技术等技术进步较慢，时效性弱。

其二，从对存货的管理角度，存货的时效性就是存货完成后的时间长短。存货中的原材料是生产产品所需的材料，一般来说，购置的时间越短，其利用的价值越大、利用的效率越高，若购置的时间长，其利用效率就要打折扣，就有利用价值下降的可能。产成品也是一样，入库的时间越短，使用的价值越大，库中积压的时间长，就有过期、新产品替代、使用价值下降的风险。所以说存货的价值和它形成的时间是成反比例的。一些企业往往把一些生产中不需用、失去利用价值的材料和一些残次品和淘汰过期的成品堆放在库中，列为企业的存货资产，以达到粉饰财务报表的目的。将存货资产的分析和它形成的时间结合起来，从时效性上来分析发现此类问题。

6. 其他流动资产项目的质量分析

1）"预付款项"质量分析

预付款项反映企业按照购货合同规定预付给供应单位的款项等。本项目应根据"预付账款"和"应付账款"科目所属各明细科目的期末借方余额合计数，减去"坏账准备"科目中有关预付款项计提的坏账准备期末余额后的金额填列。如果"预付账款"科目所属各明细科目期末有贷方余额，应在资产负债表"应付账款"项目内填列。

企业的预付账款越少越好，它不会构成流动资产的主体部分。如果企业的预付账款较高，可能是企业向有关单位提供贷款的信号或其他异常。"预付账款"的核算范围有明确规定，它只能反映按购货合同规定，在取得合同规定的货物之前预先支付给供货方的定金或部分货款，不属于"预付账款"经济事项的不应在其中核算。有的单位将购置机器设备、厂房的预付款或预付在建工程款等应该列入"工程物资"或"在建工程"的款项故意列入"预付账款"；有的单位将应该列入"应收账款"账户的销售材料货款列入了"预付账款"账户；有的单位将应该列入"其他应收款"债权账户中的存出保证金列入了"预付账款"账户；有的单位将应该列入"主营业务收入"账户的销售商品收入款列入了"预付账款"账户；有的单位将应该列入"其他业务收入"账户的副营业务收入款列入了"预付账款"账户；有的单位将应该列入"营业外收入"账户的收入款列入了"预付账款"账户。不按规定范围核算的现象，造成账户对应关系混乱，使反映的经济内容不真实、不合法、不合理，以达到截留收入、推迟纳税或偷税的目的。

2）"其他应收款"质量分析

其他应收款反映企业除应收票据、应收账款、预付账款、应收股利、应收利息等经营活动以外的其他各种应收、暂付的款项。本项目应根据"其他应收款"科目的期末余额，减去"坏账准备"科目中有关其他应收款计提的坏账准备期末余额后的金额填列。

从其他应收款的核算内容可以看出，该项债权不属于企业主要的债权科目，其数额及占资产比重不应过大。其他应收款一般不应接近或大于应收账款，若其他应收款金额出现比重过大、时间较长的现象，要结合财务报表附注详细了解具体情况，警惕是否存在不明原因的占用。其分析重点如下：第一，识别企业是否将其他应收款与由于购销业务而发生的应收账款区分开来。第二，对于上市公司，是否被子公司占用资金，这部分的金额在财务报表中表现为母公司与子公司合并财务报表"其他应收款"数额的差额。如果公司合并数额小于母公司数额，通常表明企业的资金流向了控股子公司，判断其是否成为不良资产取决于子公司的经营业绩。第三，大股东或者控股股东（包括控股股东的附属企业）对上市公司资金是否存在非经营性占用情况。这部分资金规模一般可以通过合并财务报表中"其他应收款"科目中超过正常规模的部分来判断，在很多情况下，这种资金占用并不能被偿还，更不能产生收益，因此会成为企业的不良资产。

3）"应收利息"和"应收股利（或利润）"质量分析

应收利息项目，反映企业应收取的债券投资等的利息。本项目应根据"应收利息"科目的期末余额，减去"坏账准备"科目中有关应收利息计提的坏账准备期末余额后的金额填列。

"应收股利（或利润）"项目，反映企业应收取的现金股利和应收取其他单位分配的利润。本项目应根据"应收股利（或利润）"科目的期末余额，减去"坏账准备"科目中有关应收股利计提的坏账准备期末余额后的金额填列。

应收利息、应收股利的可回收性较强，风险较小，一般都会有较好的质量。

4）"一年内到期的非流动资产"质量分析

它反映企业将于一年内到期的非流动资产项目金额，主要包括长期债权投资等，由于有明确的到期日，该项目变现性强，质量较好。

四、非流动资产项目质量分析

1. "可供出售金融资产"质量分析

1）"可供出售金融资产"内涵

"可供出售金融资产"反映企业持有的以公允价值计量的可供出售的股票投资、债券投资等金融资产。本项目应根据"可供出售金融资产"科目的期末余额填列。

可供出售金融资产包括企业初始确认时即被指定为可供出售的非衍生金融资产，以及没有划分为以公允价值计量且其变动计入当期损益的金融资产、持有至到期投资、贷款和应收款项的金融资产。可供出售金融资产不是利用短期之内的公允价值变动赚取差价，而是准备长期持有。

交易性金融资产和可供出售金融资产的不同点如下所述。

（1）持有意图不同。交易性金融资产持有意图明确，持有时间短，是为了短期之内进行交易，赚取交易差价；可供出售金融资产的持有意图和持有期限就没有交易性金融资产那么明确。

（2）初始取得时的交易费用的处理不同。交易性金融资产初始取得时发生的交易费用直接通过"投资收益"计入当期损益。可供出售金融资产初始取得时发生的交易费用计入资产的初始确认成本。根据可供出售金融资产的资产形式不同，计入的账户不同，若可供出售金融资产为股票，交易费用可直接计入"可供出售金融资产——成本"；若可供出售金融资产为债券，由于"可供出售金融资产——成本"科目按照面值计量，所以交易费用应计入"可供出售金融资产——利息调整"科目。两者均构成金融资产的初始确认金额。

（3）资产持有期间公允价值变动的处理不同。交易性金融资产和可供出售金融资产在持有的过程中均以公允价值来计量，所以在资产负债表日如果账面价值与公允价值不一致，则要反映公允价值的变动。交易性金融资产的公允价值变动要通过"公允价值变动损益"计入当期损益；而可供出售金融资产的公允价值发生变动幅度较小或暂时性变化时，企业应当认为该项金融资产的公允价值是在正常范围内的变动，应将其变动形成的利润或损失，除减值损失和外币性金融资产形成的汇兑差额外，就其公允价值变动计入"资本公积——其他资本公积"。

2）"可供出售金融资产"质量分析的内容

（1）公允价值变动对企业业绩的影响分析。

企业持有的可供出售金融资产的市价波动会影响企业的净资产，只有在金融资产出售时，原计入资本公积的部分需要转出，计入投资收益，影响企业的净利润，进而影响企业的业绩。所以，在交易性金融资产的市价波动影响当期业绩的前提下，管理层更倾向于将股票投资划分为可供出售金融资产，避免盈利受公允价值变动的波动影响。

（2）计提减值准备的分析。

可供出售金融资产的公允价值下滑并非是计提减值准备的充分条件，只有存在减值的客观证据时，才应确认为减值损失，否则，公允价值下滑仅在权益中反映，并只有在终止确认后才可以将损失转入损益。另外，准则不允许通过损益转回可供出售权益工具已在损益中确认的减值损失，而是在权益中确认公允价值的增加。所以应注意企业是否存在将资产减值准备转回作为迅速改善财务状况、粉饰其经营业绩的情况。

2. "持有至到期投资"质量分析

1）"持有至到期投资"内涵

"持有至到期投资"反映企业持有的以摊余成本计量的持有至到期投资。本项目应根据"持有至到期投资"科目的期末余额，减去"持有至到期投资减值准备"科目期末余额后的金额填列。

持有至到期投资是指到期日固定、回收金额固定或可确定，且企业有明确意图和能力持有至到期的非衍生金融资产，包括企业持有的、在活跃市场上有公开报价的国债、企业债券、金融债券等。

持有至到期投资的特征如下所述。

（1）到期日固定、回收金额固定或可确定。它是指相关合同明确了投资者在确定的时间内获得或应收取现金流量的金额和时间。例如，符合持有至到期投资条件的债券投资，其到期日固定、利息和本金金额固定或可确定。而购入的股权投资因其没有固定的到期日，不符合持有至到期投资的条件，不能划分为持有至到期投资。

（2）有明确意图持有至到期。它是指投资者在取得投资时意图明确，准备将投资持有至到期，除非遇到一些企业所不能控制、预期不会重复发生且难以合理预计的独立事件，否则将持有至到期。例如，对于发行方可以赎回的债务工具，如发行方行使赎回权，投资者仍可收回其几乎所有初始净投资（含支付的溢价和交易费用），那么投资者可以将此类投资划分为持有至到期。但是，对于投资者有权要求发行方赎回的债务工具投资，投资者不能将其划分为持有至到期投资。

（3）有能力持有至到期。它是指企业有足够的财力资源，并不受外部因素影响将投资持有至到期。

2）"持有至到期投资"质量分析的内容

持有至到期投资的目的主要是通过定期收取利息获得稳定的收益，同时通过到期收回本金因而在很大程度上降低投资风险。

（1）营利性分析。企业购买国债、企业债券及金融债券，是持有至到期投资的主要内容。首先应根据当时宏观金融市场环境，判断投资收益的相对水平。一般情况下，持有至到期投资的收益率应高于同期银行存款利率，具体收益水平要看债券种类以及相应的风险大小。另外，持有至到期投资的收益是按权责发生制原则确定的，时间上并不与现金流入量相对应。多数情况下投资收益的确定先于利息的收取，有时还涉及此部分收益上缴所得税问题，因此会出现当期所确认的投资收益规模与现金收入金额不一致的情况。

（2）根据债务人构成分析持有至到期的变现性。对于持有至到期投资，投资者应按照约定定期收取利息、到期收回本金，但是债务方能否定期支付利息、到期偿还本金，取决于债务方在需要偿债的时点有没有足够的现金。因此，有必要对债务人构成进行分析，对各债务人的偿债能力做进一步的分析和判断，以此评价持有至到期投资的变现性。

（3）根据持有至到期投资的减值情况来分析其变现性。当持有至到期投资发生减值时，应当将其账面价值减至预计的未来现金流量现值。通过分析该项目的减值计提情况，可直接判断持有至到期资产的变现性。值得注意的是，《企业会计准则第22号——金融工具确认和计量》第四十四条规定，对以摊余成本计量的金融资产确认减值损失后，如有客观证据表明该金融资产价值已恢复，且客观上与确认该损失后发生的事项有关（如债务人的信用评级已提高等），原确认的减值损失应当予以转回，计入当期损益。但是，该转回后的账面价值不应当超过假定不计提减值准备情况下该金融资产在转回日的摊余成本。企业有可能出于粉饰业绩的目的，通过少提或多提减值准备的方式，虚增或虚减持有至到期投资账面价值和利润。

3. "长期股权投资"质量分析

1）"长期股权投资"内涵

"长期股权投资"反映企业持有的对子公司、联营企业、合营企业的长期股权投资。

本项目应根据"长期股权投资"科目的期末余额，减去"长期股权投资减值准备"科目期末余额后的金额填列。

长期股权投资，是指投资方对被投资单位实施控制的权益性投资、具有重大影响的权益性投资，以及对其合营企业的权益性投资，具体来说包括三点：一是投资企业能够对被投资单位实施控制的权益性投资，则被投资单位为其子公司，投资企业应将子公司纳入合并财务报表的范围；二是投资企业与其他合营方一同对被投资单位共同实施控制的权益性投资，被投资单位为其合营企业；三是投资企业对被投资单位具有重大影响的权益性投资，即对联营企业投资。重大影响，是指对一个企业的财务和经营政策有参与决策的权利，但并不能够控制或者与其他方一起共同控制这些政策的制定。

2）"长期股权投资"质量分析的内容

（1）长期股权投资构成分析。其主要从企业投资对象、投资规模、持股比例等方面对长期股权投资进行分析，判断企业长期股权投资的质量。

无论是以对企业自身产业链上下游企业进行以控制为目的的长期股权投资，还是以企业多元化扩张为目的的长期股权投资，以及以扩张核心业务或是获得投资收益为目的的长期股权投资，其质量高低都应当依据对企业价值影响的大小来判断。不同的股权投资质量差别很大，质量好的长期股权投资所占比例越大，能为企业带来的预期利益就越多。反之，质量较差的长期股权投资不但无法给企业带来预期的利益，而且其原始投资也会一再缩水，甚至会使全额计提减值，给企业带来严重的损失。

在对长期股权投资进行深入分析之前，应当首先计算不同类型长期股权投资占全部长期股权投资的比例，以估算上市公司长期股权投资的集中度以及上市公司对长期股权投资的控制能力。投资较为集中、能够体现企业核心竞争力、控制程度较强的长期股权投资质量相对较高；反之，质量相对较差。

（2）投资收益分析。根据企业长期股权投资类型不同，可以从以下两方面进行分析。

第一，分析对子公司的投资获利能力。由于母子公司之间利益的一致性以及母子公司之间通常存在着关联交易及内部转移价格，在对子公司的投资获利能力进行分析时，集团公司是否从子公司获得了现金红利以及获得了多少都不应当作为重点。分析重点应在于子公司对集团公司整体价值的提升、整体经营业绩的提高，以及子公司自身的获利能力等方面。

根据我国现行的《企业会计准则》，投资企业对子公司的长期股权投资应当采用成本法核算。当被投资企业宣布当年损益时，投资企业无须做任何会计处理，只有当被投资企业宣布分配利润或现金股利时，投资企业才按自身应得的份额将其计入投资收益。因此，子公司整体所实现的损益只能通过财务报表合并利润中归属于母公司的净利润与子公司净利润的差额反映出来。分析时可以通过计算母公司对子公司的投资报酬率来衡量母公司投资的获利能力，公式如下：

$$IRR = \frac{归属于母公司的净利润 - 母公司净利润 + 现金红利}{本期对子公司长期股权投资的平均数} \times 100\%$$

当合并净利润中归属于母公司所有者的净利润高于母公司净利润时，投资报酬率为正，差额越高，说明子公司的整体营利能力越强，投资报酬率越高。当合并净利润中归属于母公司的净利润与从子公司收到的现金红利之和低于母公司净利润时，投资报酬率为负，说明子公司整体营利能力较差，绝对值越大，说明其效益越差。另外，还要关注母公司资产、负债、所有者权益与相应的合并数相比所占的比例，母公司利润与合并利润相比所占的比例。例如，有些上市公司的子公司相对于母公司拥有较高的资产份额，但却只能带来微薄的利润甚至是亏损，就说明该上市公司对子公司投资的效益性较差。

以焦作万方 2011 年度报告为例，该公司对纳入合并范围的子公司的长期股权投资期初余额为 618 233 323 元，期末余额为 959 225 718 元，合并净利润中归属于母公司所有者的净利润 381 283 803 元，母公司净利润 393 855 857 元，该公司对子公司的投资报酬率如下：

$$IRR = \frac{381\,283\,803 - 393\,855\,857 + 0}{(618\,233\,323 + 959\,225\,718) \div 2} \times 100\% = -1.59\%$$

该公司对子公司的投资报酬率为-1.59%，说明子公司总体亏损，营利能力较差，对子公司的长期股权投资质量较差。可进一步查阅其年报中披露的子公司信息，对上述结论加以验证。

需要注意的是，考察营利能力时应当关注母子公司之间的关联交易状况以及母子公司之间是否存在转移利润的现象。对于子公司投资额占总资产比重较大的公司，还应结合附注中披露的各个子公司的相关信息对每一笔投资的获利能力进行考察。

第二，分析对联营与合营企业的投资获利能力。根据我国现行的《企业会计准则》，投资企业对被投资单位具有共同控制或重大影响的长期股权投资，应当采用权益法核算。采用权益法核算的长期股权投资，当投资企业根据被投资企业实现的净利润或经调整的净利润计算应享有的份额而确认投资收益时，所确认的投资收益不能带来现金回款的部分，将形成泡沫利润（投资收益）与泡沫资产（长期股权投资），从而降低企业长期股权投资资产的质量。在对这一类长期股权投资的获利能力进行分析时，应重点关注投资收益率以及投资收益的现金回款率。以 IRR 代表投资收益率，则投资收益率的公式可以表示为

$$IRR = \frac{对联营和合营企业的投资收益}{对联营和合营企业长期股权投资的年平均数} \times 100\%$$

以 CR 代表现金回款率，则现金回款率的公式可以表示为

$$CR = \frac{从联营和合营企业分得的现金红利}{对联营和合营企业的投资收益} \times 100\%$$

也可以同时计算现金投资收益率，即从联营和合营企业分得的现金红利与对联营和合营企业的长期股权投资年平均数的比率，以 CRR 代表现金投资收益率，则计算公式可以表示为

$$CRR = \frac{从联营和合营企业分得的现金红利}{对联营和合营企业的长期股权投资年平均数} \times 100\%$$

即使投资收益率很高，如果来源于联营与合营企业的现金红利很低，甚至为零，那么现金回款率也会很低或者为零，这说明联营与合营企业大部分或全部的投资收益为泡沫利润，也就很少或不能给企业带来现金流入。

仍以焦作万方 2011 年数据为例，该公司对联营和合营企业投资期初余额为 955 113 393 元，期末余额为 1 366 312 570 元，按权益法确认的投资收益为 390 341 151 元，投资收益率为

$$IRR = \frac{390\,341\,151}{(955\,113\,393 + 1\,366\,312\,570) \div 2} \times 100\% = 33.63\%$$

虽然投资收益率高达 33.63%，但是，由于来源于联营与合营企业的现金红利为 0，其现金回款率为 0。也就是说，该企业对联营与合营企业的投资全部为泡沫利润，对联营与合营企业的投资质量不高，且经营状况不佳，整体利润质量较差。

我们再对港源制造长期股权投资收益质量进行分析。该公司没有子公司，所进行的股权投资属于联营与合营投资，采用权益法核算相关数据，见表 3-7。

表 3-7　港源制造长期股权投资收益

项目	长期股权投资			投资收益		现金收益		
	期初/万元	期末/万元	平均额/万元	收益额/万元	收益率/%	收益额/万元	收益率/%	回款率/%
2012 年	1 125.0	0	562.50	29.33	5.21	152.44	27.10	519.74
2013 年	0	123.5	61.75	8.91	14.43	57.99	93.91	650.84
2014 年	123.5	123.5	123.50	12.47	10.10	0	0	0

很显然，2012~2014 年港源制造长期股权投资变化比较大，不能简单地根据数据指标进行质量分析。从 2012 年长期股权投资期末期初变化情况来看，2012 年末已将早期的长期股权投资全部撤回。收益额是 29.33 万元，但取得的现金收益却是 152.44 万元，说明回收的是原联营与合营企业应分配而没分配的收益。2013 年情况也是如此，尽管 2013 年又有新的投资，但是收益仍然属于原长期股权投资。对于 2014 年的收益情况，新的长期股权投资项目收益率 10.10%，但没有现金收益。其长期投资股权的质量好坏还要分析联营与合营企业的具体经营情况，再做出具体结论。

（3）减值准备分析。由于现行《企业会计准则》规定长期股权投资减值损失一旦计提不允许转回，这势必造成上市公司在业绩不好的年份对长期股权投资减值准备的计提过于保守，而在业绩较好的年份一次性大量计提减值准备。所以，在分析长期股权投资质量时，必须考察其资产减值计提的合理性。

对于联营、合营的长期股权投资若出售后收回的金额低于账面上所记录的价值，这个差额就应纳入长期股权投资减值准备。对于可回收的金额，先要计算公允价值减去因处置发生的费用，算出净额，而后再估计将来的现金流量，这两者中较大的就确定为可回收的金额。按照资产减值的规定，在资产负债日，企业应当确认是否存在减值或者减值迹象。如果被投资单位的股票价钱持续下降，就会导致长期股权投资公允价值与账面价值相比，公允价值较低，应针对低的部分，确认当期损益，计提减值损失。这种会计处理上的谨慎性原则，减少了利润操纵的空间。

4. "投资性房地产"质量分析

1）"投资性房地产"内涵

"投资性房地产"反映企业持有的投资性房地产。企业采用成本模式计量投资性房

地产时，本项目应根据"投资性房地产"科目的期末余额，减去"投资性房地产累计折旧（摊销）"和"投资性房地产减值准备"科目期末余额后的金额填列；企业采用公允价值模式计量投资性房地产时，本项目应根据"投资性房地产"科目的期末余额填列。

投资性房地产是指为了赚取租金或资本增值，或两者兼有而持有的房地产。投资性房地产应当能够单独计量和出售。投资性房地产主要包括出租的土地使用权、长期持有并准备增值后转让的土地使用权、企业拥有并已出租的建筑物。从投资性房地产的定义来看，它具有以下三个特征。

（1）投资性房地产是一种经营活动而非投资活动。投资性房地产的主要形式是出租建筑物、出租土地使用权，这实质上是一种让渡资产使用权行为。

（2）投资性房地产随着时间的推移，其市场价值会超过账面价值。

（3）投资性房地产一般投资金额大、周期长、流动性和变现能力差。

注意投资性房地产与固定资产的如下区别。

一是持有目的不同。投资性房地产的持有目的是投资，如出租的土地使用权、长期持有并准备增值后转让的土地使用权、企业拥有并已出租的建筑物。固定资产的持有目的是生产商品、提供劳务、出租（不含投资性房地产）或经营管理。企业持有的固定资产是企业的劳动工具或手段，服务于企业自身的生产经营活动。

二是物质形态范围不同。投资性房地产仅包括房地产；固定资产既包括生产经营办公用房地产，又包括其余如机器设备等为生产商品、提供劳务、出租或经营管理而持有的，使用寿命超过一个会计期间的资产。

三是核算方法不同。投资性房地产可以采用成本模式或公允价值模式核算；固定资产只能采用成本模式核算。二者可能存在一定转换关系。原持有意图或用途方面发生了实质性改变，投资性房地产就要与固定资产进行转换。

2）"投资性房地产"质量分析的内容

首先，分析企业确定的投资性房地产范围是否符合规定，如自用房地产、作为存货的房地产、企业出租给本企业职工居住的宿舍等不属于投资性房地产项目。

其次，对计量模式进行分析。投资性房地产要按照成本进行初始计量。后续计量模式可以根据情况选择：采用成本模式进行后续计量的企业，对投资性房地产进行会计处理的基本要求与固定资产或无形资产相同，应当按照固定资产和无形资产的有关规定，按月计提折旧或按月摊销成本。采用公允价值模式进行后续计量的，不需要计提折旧或摊销，应当以资产负债表日的公允价值计量，将公允价值的变动计入当期损益。计量模式一经确定不得随意更改。

只有在房地产市场比较成熟，有确凿证据表明投资性房地产的公允价值能够持续可靠取得的情况下才可以将计量模式由成本模式转为公允价值模式，但不得从公允价值模式转为成本模式。

采用公允价值计量模式其业绩会因市场价格波动而产生变化。房地产市场前景具有不确定性，若投资性房地产价格下跌，由于前期确认了大量的公允价值变动收益而后期要确认大量的公允价值变动损失，会出现先盈后亏的现象；若投资性房地产价格上涨，则相反。另外，采用公允价值计量模式对投资性房地产进行计量，公允价值与账面价值的差额会影响净利润，但一般不会增加或减少现金流量，这就增大了企业账面净利润和现金流背离的程度。净利润的增加通常会使股利分配政策发生相应的改变，如果采用多分配股利的政策会导致公司增加现金的支出，若不增加股利的分配，则会导致股利支付率降低，影响投资者的积极性，净利润的变动没有现金流的支持，加大了公司分配利润的难度。

5. "固定资产"和"在建工程"质量分析

1）"固定资产"内涵

"固定资产"反映企业各种固定资产原价减去累计折旧和累计减值准备后的净额。本项目应根据"固定资产"科目的期末余额，减去"累计折旧"和"固定资产减值准备"科目期末余额后的金额填列。

固定资产是为生产商品、提供劳务、出租或经营管理而持有的，使用寿命超过一个会计年度的有形资产。其特点主要有：①能长期拥有并在生产经营中持续发挥作用；②投资数额大，周转时间长，经营风险也相对较大；③能反映企业的技术水平、工艺水平，直接决定了生产存货的质量和市场竞争力，是企业获取盈利主要的物质基础；④变现性差，由于是以使用为主要持有目的，因此，固定资产不会轻易变现；⑤增值性差，除企业拥有的建筑物外，大多数的固定资产，如机器设备、交通工具等，均会随着使用或技术进步而发生不同程度的贬值。

2）"固定资产"质量分析的内容

固定资产最终决定企业的可持续发展潜力，是资产管理的重点。

（1）固定资产真实性分析。资产负债表所列的各项固定资产数字，仅表示在持续经营的条件下，各固定资产尚未折旧、折耗并预期于未来各期间陆续收回的金额。因此，固定资产原值的确定、折旧、损耗的合理性将直接影响到资产负债表、利润表和其他各种财务报表的准确性。

固定资产原值，不论是购入的，还是投资者投入的，由于其可验证性比较强，真实性也就比较强。对于融资租入固定资产应重点关注是否确属企业必需、出租的固定资产是否确属企业多余、租金收取是否签订合同、有无多收少收现象等。值得注意的是，经营性租入的固定资产并不出现在资产负债表中。

《企业会计准则》将固定资产按经济用途分成几大类，分别就其折旧年限、折旧方法、残值率等做了硬性规定。这就使一些固定资产，在物质形态上虽仍然可以使用，但由于技术进步等原因，旧设备生产产品的成本过高，或者甚至无法适合新形势下的新需求，因而在经济上已不适用。而企业的资产负债表上却仍反映有这部分固定资产的价值，不予报废。多提折旧会虚增费用、减少利润；少提折旧使企业不能及时更新固定资产，导致利润虚增、资产不实。

（2）固定资产规模、分布和利用的合理性分析。固定资产的投资规模必须与企业整体的生产经营水平、发展战略及所处行业特点相适应，同时也要注意与企业的流动资产规模保持一定比例。企业如果盲目购置新设备和扩大生产规模，未使用和不需使用的固定资产所占比例就会过大，影响固定资产整体的利用效果，造成资源的低效利用甚至浪费，影响企业整体的获利水平。

另外，在制造性企业的各类固定资产中，生产用固定资产特别是其中的生产设备同企业的生产经营直接相关，其在全部资产中应占较大比重；非生产用固定资产应在发展生产的基础上，根据实际需要适当安排，但其增长速度一般不应超过生产用固定资产的增长速度。

所以，信息使用者应根据企业会计报表相关附注的说明，并结合企业的生产经营特点、技术水平和发展战略等因素来分析固定资产的分布与配置是否合理，这在很大程度上决定其利用效率和效益的高低。

固定资产的利用是否合理，还体现在固定资产原值的年内变化情况上。各类固定资产在某会计期间的原值变化不外乎增加和减少（投资转出、清理、转移类别等），但由于特定企业生产经营状况的特点不同，企业对各类固定资产的结构有不同的要求。因此，信息使用者通过分析年度内固定资产原值的变化与企业生产经营特点之间的吻合程度，可以对企业固定资产质量的变化情况做出判断。

（3）固定资产的变现性分析。除部分流动资产外，企业的固定资产是长期债务的直接物资保障，尤其在企业面临破产清算时更是如此。固定资产的数量、结构、完整性和先进性都直接制约着企业的长期偿债能力。债权人在认定固定资产的变现性时首先应考虑固定资产的保值程度，另外也要考虑固定资产的专用性对其变现性的制约作用。专用性越高，固定资产变现的风险就越大。

当固定资产的可收回金额低于其账面净值时，企业可以按照可收回金额低于其账面净值的差额计提资产减值损失，信息使用者可以根据企业固定资产减值损失的计提情况对固定资产的变现性做出初步判断，即

固定资产变现率=固定资产净额/固定资产净值

其中，固定资产净额=固定资产原值-累计折旧-减值损失；固定资产净值=固定资产原值-累计折旧。

（4）固定资产的营利性分析。固定资产是企业生存发展的物质基础，反映了企业的技术装备水平和竞争实力。因此，固定资产的营利性会在很大程度上决定企业整体的营利能力。固定资产的营利性可以通过以下几个方面折射出来：一是固定资产技术装备的先进程度是否与企业的行业选择和行业定位相适应；二是固定资产的生产能力是否与企业所占市场份额所需要的生产能力相匹配；三是固定资产的工艺水平是否能够达到使产品满足市场需求的相应程度。

结合财务指标来看，营业收入是产品价值的外部实现，在一定程度上可以反映出固定资产的生产工艺水平与市场需求之间的吻合程度。营业成本是产品生产的内部耗用，可以反映出固定资产技术装备的先进程度。两者之差是企业赚取的毛利，反映了企业的市场竞争力，进而决定企业的整体盈利水平。固定资产的总体规模则反映了企业的行业选择和行业定位水准。因此，固定资产的营利性可以通过毛利与固定资产规模的比较较为综合地反映出来，即

固定资产毛利率=（营业收入-营业成本）/固定资产原值平均余额

（5）固定资产的周转性分析。固定资产周转率通常用营业收入除以固定资产平均余额来计算。营业收入中包含了与固定资产使用效率无关的外部价格因素，用产品生产

成本代替营业收入将会使该指标更具说服力。假设存货中原材料、在产品水平保持稳定，将存货余额变动数加上营业成本，便可以大致推算出企业当期的生产成本，再与固定资产的原值进行比较，便可以反映出固定资产被利用的充分程度。因此，固定资产的周转性可以通过计算产能利用比率来衡量，即

产能利用比率=（存货余额变动数+营业成本）/固定资产原值平均余额

（6）固定资产与其他资产组合的增值性分析。固定资产与其他资产组合的增值性强调的是固定资产通过与其他资产适当组合，在使用中产生协同效应的能力。即使是相同物理质量的资产，在不同企业之间、在同一企业的不同时期之间，甚至是在同一企业同一时期的不同用途之间，都有可能会表现出不同的贡献能力。所以，按不同时期的经济发展方向和市场变动来对企业的资产进行重新组合可以提高企业的价值，而在对固定资产进行质量分析时，也一定要强调其与其他资产组合的增值性。

企业的资产可分为经营性资产和投资性资产。在制造业企业里，经营性资产基本上都是围绕固定资产做出安排的，而投资性资产与固定资产的协同效应并不明显，所以经营性资产的整体盈利水平便可视为固定资产与其他资产组合的营利性的最终体现。经营性资产的整体盈利水平以扣除投资收益后的营业利润为标准，即

经营性资产收益率=营业利润（扣除投资收益）/经营性资产平均余额

其中，经营性资产平均余额=资产平均余额-投资性资产平均余额。

需要指出的是，如果当年企业投资新的生产项目，或对以往的固定资产进行大规模更新改造，会使企业固定资产的原值大幅增加，进而可能会使上述指标受到较大影响。但分析该指标至少可以得出如下结论：新建固定资产的生产能力在当年并没有得到充分释放，其进一步的利用尚存一定风险。因此，在遇到该项指标出现较明显变动时，一定要结合财务报表附注的相关内容进行深入分析，避免得出片面的结论。

3）"在建工程"质量分析

该项目反映企业期末各项未完工程的实际支出，包括交付安装的设备价值、未完建筑安装工程已经耗用的材料、工资和费用支出、预付出包工程的价款等可收回金额。本项目应根据"在建工程"科目的期末余额，减去"在建工程减值准备"科目期末余额后的金额填列。

在建工程最重要的特征就是其工程量尚未完成，因而体现其建筑物实体形态不完全、不具备有关部门组织进行竣工验收的条件，以及不能马上实现其设计用途等诸多特性。

"在建工程"分析的重点是企业借款费用资本化的合理性。企业工程借款利息，在办理竣工结算前应计入工程成本"在建工程"，结算后计入"财务费用"。但有的企业为了调节利润，将应计入"在建固定资产造价"的费用，在未办理竣工结算之前计入当年"财务费用"；或者以某项资产还处在试生产阶段为借口，利息费用资本化，虚增资产价值和利润；或者利息费用资本化数额和损益表中反映的财务费用，远远小于企业平均借款余额应承担的利息费用，利息费用通过其他方式被消化，最终资本化。

另外还要注意，在建工程领用存货时，是否按税法规定视同销售或者转出进项税额计算缴纳增值税；在建工程的试运行收入，是否按税法规定计算缴纳流转税和企业所得

税；已完工的在建工程是否未及时转入固定资产；等等。

6. "无形资产"质量分析

1）"无形资产"内涵

"无形资产"反映企业持有的无形资产，包括专利权、非专利技术、商标权、著作权、土地使用权等。本项目应根据"无形资产"科目的期末余额，减去"累计摊销"和"无形资产减值准备"科目期末余额后的金额填列。

无形资产是指企业拥有或者控制的没有实物形态的可辨认的非货币性资产，包括专利权、非专利技术、商标权、著作权、特许权和土地使用权。我国《企业会计准则》的定义与国际会计准则委员会的定义都将商誉从无形资产中分离出来单独讨论，都强调了可辨认性和可控制性这两个约束条件，也就是将所有不可辨认、不可控制的无形资产都排除在外。

2）"无形资产"质量分析的内容

随着经济时代的到来，无形资产的数量与质量决定着企业的短期经营和长期发展，决定着企业的兴衰成败。企业竞争力的强弱不单依靠先进的有形资产的拥有情况，更多的是依靠人力资本、技术创新、品牌、企业文化等无形资产的综合优势。很多优秀的企业，其最大的价值就在于无形资产，如微软在操作系统上的垄断地位、可口可乐的品牌、谷歌的搜索技术等。这些无形资产往往在资产负债表上体现的不多，但却起着至关重大的作用。

无形资产是提升企业自主创新能力、竞争能力、可持续发展能力的关键因素，无形资产正在替代有形资产成为企业价值创造的主要驱动要素，这一事实已经无须争论。由于无形资产在企业发展中的地位越来越突出，对无形资产的分析与评价成为企业资产管理不可或缺的重要环节。

（1）无形资产的总额及构成分析。

第一，分析无形资产拥有量及变动情况，包括无形资产类型、数量及其变动情况，无形资产账面价值及其增减情况，无形资产使用期限等。通过对这些基本情况的分析，查明企业无形资产的类型、数量、使用期限、账面价值和增减情况，摸清企业无形资产的家底。

值得注意的是，财务报表上作为"无形资产"列示的基本上是企业外购的无形资产。自创的无形资产可划分为两个阶段，即研究阶段和开发阶段。研究阶段的支出应当计入当期损益，即费用化；而开发阶段的支出，如果能够满足相关条款规定，则进行资本化处理，计入无形资产。因此，与无形资产自创有密切关系的研究支出和部分开发支出已经作为发生会计期间的费用，并没有作为无形资产处理。长期以来，那些历史较为悠久并重视研究和开发的企业，有可能已经存在多项且能成功为企业未来的发展做出积极贡献的无形资产，但由于会计处理原因而导致其难以在资产负债表上出现，只能"游离"在资产负债表外。此外，作为无形资产重要组成部分的人力资源也未在资产负债表上予以体现。

第二，分析无形资产的类别。一般而言，企业的专利权、商标权、著作权、土地使用权、特许权，甚至包括电子计算机软件、网址、域名等无形资产价值较高，且易于鉴定和辨别。如果无形资产构成以这些项目为主，那么质量比较好。反之，如果企业的无形资产以非专利技术为主，则容易产生资产泡沫。

第三，分析无形资产占资产总额（或固定资产、流动资产）的比重。一般情况下，传统行业中无形资产占资产总额的比重在 10% 以下，高新技术企业在 30% 左右，甚至更高。例如，创业板公司更多地依靠品牌、技术创新等获得竞争优势，相当部分企业无形资产在资产中的比例较大。在我国，创业板上市公司半年报准则要求公司披露商标、专利、非专利技术等无形资产的变化情况及产生变化的主要影响因素。若主要无形资产发生不利变化，还要求公司披露应对措施。

（2）无形资产的盈利质量分析。伴随着知识经济时代的到来，无形资产对企业的可持续发展能力和竞争实力起着越来越重要的作用，它如同一双看不见的手给企业的生存与发展带来巨大的影响。但现行《企业会计准则》的有关规定及无形资产形成的特点，决定了资产负债表上无形资产的价值往往是象征性的，相当部分无形资产的内在价值已经远远地超出了它的账面价值。无形资产本身属性又决定了其盈利的不确定性。可见，分析无形资产的营利性不是一件容易的事情。在分析时，要详细阅读财务报表附注及其他有助于了解企业无形资产类别、性质等情况的说明。一般来说，专利权、商标权、著作权、土地使用权、特许经营权等无形资产由于有明确的法律保护时间，其营利性相对较为容易判断，而像专有技术等不受法律保护的项目，其营利性就不容易确定。

（3）无形资产的变现质量分析。无形资产在市场上通过转让而变现，是其价值实现的一种有效途径。但由于它是一种技术含量很高或垄断性很强的特殊资源，它的变现价值确认存在着较大的不确定性。分析企业无形资产的变现性主要考虑是否为特定主体所控制、是否可以单独进行转让、是否存在活跃的市场可以进行公平交易三点。

通常情况下，可以单独转让且存在活跃交易市场的无形资产变现能力强。一般来说，能够顺利变现的无形资产包括专利权、商标权、土地使用权、特许经营权和专有技术等。按照现行准则的规定，企业应定期对无形资产的价值进行检查。至少每年末检查一次，对无形资产的可回收金额进行估计，并将该无形资产的账面价值超过可回收金额的部分确认为减值准备。当发现以下一种或多种情况时，应计提减值准备：①该无形资产已被其他新技术等所替代，使其为企业创造经济利益的能力受到重大不利影响；②该无形资产市价当期大幅度下跌，在剩余摊销期限内预期不会恢复；③该无形资产已超过法律保护年限，但仍然具有部分使用价值；④其他足以证明无形资产账面价值已超过可回收额的情形。

因此，可以通过分析企业无形资产减值准备的计提情况来判断各项无形资产的变现性。当然，分析时还应注意无形资产减值准备计提的合理性。现行准则规定无形资产减值准备一经计提，在以后期间不得任意转回，这会在一定程度上遏制企业利用无形资产减值准备的计提来操纵利润的行为。

（4）无形资产与其他资产组合的增值质量分析。无形资产是一项不具有实物形态的特殊资源，自身无法直接为企业创造财富，必须依附于直接的或间接的物质载体才能表现出内在价值。无形资产的这种特性决定了它只有与固定资产或存货等有形资产进行适当组合，才能发挥其应有的增值能力。企业可利用品牌效应、技术优势、管理优势等无形资产盘活有形资产，通过联合、参股、控股、兼并等形式实现企业扩张，达到资源的最佳配置。所以说，无形资产在与其他资产组合过程中所释放的增值潜力的大小，直接决定了无形资产的营利性，进而决定了无形资产的质量。

7. "商誉"质量分析

1) "商誉"内涵

"商誉"反映企业合并中形成的商誉的价值。本项目应根据"商誉"科目的期末余额，减去相应减值准备后的金额填列。

商誉是企业未来获得超额收益的现值，即企业未来所获得的利润超过企业可辨认净资产所获正常利润的部分。会计实务中，尽管一再强调商誉是企业具有的获取超额利润的能力所形成的价值，但按照一般会计惯例，由于自创商誉难以计量，企业通常不确认自己的商誉，只确认购入的商誉，即只有非同一控制下的企业合并才有商誉的会计处理问题。

商誉包括外购商誉和自创商誉。外购商誉是企业合并时，预期被购买企业存在的各种优越条件，在未来能使合并后的企业获取超额收益而由购买企业确认的商誉。其账面价值等于购买企业支付的价款与被购买企业可辨认净资产公允价值份额的差额。这一差额是购买方为获得被购买方所拥有的各种优越条件，如与各方的良好关系、优秀的职工队伍、高效的企业组织结构等而支付的。自创商誉是企业在经营过程中积累起来的，不需要向任何人支付款项而能使企业获得未来超额收益的无形资源。自创商誉的价值等于企业整体价值与企业各项可辨认净资产公允价值之和的差额。

从性质和本质而言，外购商誉和自创商誉并没有区别。企业所获得的外购商誉在购买企业以后的生产经营中会融入购买企业，即外购商誉将会转化为购买方的自创商誉。而外购商誉的主要来源一般被认为是被购买企业在被购买前的自创商誉，即外购商誉是被购买方自创商誉的实现形式。二者的区别在于目前的会计处理中只确认外购商誉而不确认自创商誉。

2) "商誉"质量分析的内容

"商誉"质量分析，关键是商誉的确认问题。商誉的确认分三步：首先，确认收到资产的公允价值，在汇总计算各项可辨认资产、负债的公允价值后，即可得到被购买方可辨认净资产公允价值。其次，确认付出的合并成本。通常情况下，企业合并成本按照购买方为进行企业合并支付的现金、非现金资产、发行或承担的债务和发行的权益性证券等在购买日的公允价值以及企业合并中发生的各项直接相关费用之和确定。对于通过多次交换交易分步实现的企业合并，成本为每一单项交换交易的成本之和。最后，计算商誉。购买方合并成本大于合并中取得的被购买方可辨认净资产公允价值份额的差额，应确认为商誉。

8. "长期待摊费用"质量分析

1) "长期待摊费用"内涵

"长期待摊费用"反映企业已经发生但应由本期和以后各期负担的分摊期限在一年以上的各项费用。长期待摊费用中在一年内（含一年）摊销的部分，在资产负债表"一年内到期的非流动资产"项目填列。本项目应根据"长期待摊费用"科目的期末余额减去将于一年内（含一年）摊销的数额后的金额填列。

长期待摊费用包括固定资产修理支出、租入固定资产的改良支出及摊销期限在一年以上的其他待摊费用。其实质是按照权责发生制原则资本化支出，本身没有交换价值，不可转让，根本不具有变现性。是否有营利性及盈利大小，视具体情况而定。数额越大，表明未来的费用负担越重。

2）"长期待摊费用"质量分析的内容

长期待摊费用是资产质量的减项，数额越大，资产质量越差。

（1）分析长期待摊费用的规模。长期待摊费用应当呈减少趋势，如果企业长期待摊费用规模增加幅度较大，则应关注财务报表附注中关于长期待摊费用确认标准和摊销的会计政策，以及长期待摊费用与利润总额增长趋势是否相适应。

（2）分析企业是否存在根据自身需要将长期待摊费用当作利润的调节器的情况。当期利润不足时，把部分本应当期承担的费用资本化为长期摊销费用，或将长期摊销费用挂账而延期摊销。例如，企业会计报表附注中的长期待摊费用中出现开办费，应该进一步分析具体原因是企业设立新企业，还是企业没有摊销。

分析时还要注意无形资产与长期待摊费用有无混用的情况、长期待摊费用是否存在已经不能使以后会计期间受益的情形等。

9. "递延所得税资产""递延所得税负债"质量分析

1）"递延所得税资产""递延所得税负债"内涵

"递延所得税资产"反映企业确认的可抵扣暂时性差异。本项目应根据"递延所得税资产"科目的期末余额填列。"递延所得税负债"项目反映企业确认的应纳税暂时性差异。本项目应根据"递延所得税负债"科目的期末余额填列。

递延所得税资产，是本期已纳税、资金已流出，但本期尚未确认的所得税费用。递延所得税资产产生于可抵扣暂时性差异。递延所得税负债，是本期未纳税、资金未流出，但在本期已确认过的所得税费用。递延所得税负债产生于应纳税暂时性差异。

从资产负债角度考虑，资产的账面价值指的是某项资产在持续持有到最终处置的一定期间内为企业带来未来经济利益的总额，是按《企业会计准则》计算形成的，而计税基础是指该期间内按照税法规定该资产可以税前扣除的总额。

如果两种标准产生差异，这种差异在会计上将如何体现？若企业原来的资产、负债已在资产负债表中得到确认，以上两者差异就不能再计入原资产和负债项目，否则会违背历史成本计量属性原则。其实这两种差异也同样符合《企业会计准则》中资产、负债的定义，即以上两者差异也是过去的交易事项形成的，由企业拥有控制权的，预期会给企业带来经济利益（未来少交税）、导致经济利润流出的（未来多交税）。既然它们符合资产、负债的定义，但又不能再计入原来的资产负债项目，所以两个新资产、负债的科目——递延所得税资产、递延所得税负债就应运而生了。它们分别记录这两种未来会导致少交税的经济利益流入的资产、未来会多交税的经济利益流出的负债，并把它们在资产负债表中单独列示。其关系为

当期递延所得税=当期递延所得税负债增加+当期递延所得税资产减少-当期递延所得税负债减少-当期递延所得税资产增加

当资产的账面价值小于其计税基础，资产在未来期间产生的经济利益流入少于按照

税法规定允许税前扣除的金额时，则两者之间的差额，在未来期间可以减少应纳税所得额并减少应交所得税，符合有关条件时，应确认为递延所得税资产；当一项资产的账面价值大于其计税基础时，表明该项资产在未来期间产生的经济利益流入高于按照税法规定允许税前扣除的金额，两者之间的差额会增加企业在未来期间的应纳税所得额，应确认为递延所得税负债。

暂时性差异与递延所得税的对应关系可以总结如下：资产的账面价值>计税基础，形成应纳税暂时性差异，确认递延所得税负债；资产的账面价值<计税基础，形成可抵扣暂时性差异，确认递延所得税资产；负债的账面价值>计税基础，形成可抵扣暂时性差异，确认递延所得税资产；负债的账面价值<计税基础，形成应纳税暂时性差异，确认递延所得税负债。

递延所得税资产增加，所得税费用减少；递延所得税负债增加，所得税费用增加。

2）"递延所得税资产（负债）"质量分析

利润表中的所得税费用包含了当期所得税费用和递延所得税费用，当期所得税费用就是按照税法规定计算出的应交税费部分，递延所得税费用是本期确认的递延所得税资产和递延所得税负债两者共同对所得税费用产生作用的结果。因此，递延所得税资产的增加或者递延所得税负债的转回都会导致所得税费用的减少，所得税费用的减少直接影响企业净利润的增加。相反，则会减少会计净利润。这一点也会促使企业通过操纵所得税费用进而达到影响企业净利润的目的。需要注意的一点是，并不是所有递延所得税资产都会对所得税费用造成影响，如果交易的发生没有对企业的会计利润或者应交税费产生影响而是影响了所有者权益，则在确认递延所得税资产时需要做另外的处理。

通过分析递延所得税资产和递延所得税负债项目在连续年度整体与不同行业的趋势，判断企业存在操纵利润的可能性，进而验证其信息的可靠性。

10. "其他非流动资产"质量分析

1）"其他非流动资产"内涵

"其他非流动资产"反映企业除长期股权投资、固定资产、在建工程、工程物资、无形资产等资产以外的其他非流动资产，本项目应根据有关科目的期末余额填列。

其他非流动资产由于某种原因具有特定用途，不参加企业正常生产经营过程。这种资产一经确定，未经许可企业无权支配和使用，但仍应对其加强管理，单独存放和核算。其他非流动资产一般包括经国家特批的特准储备物资、银行冻结存款和冻结物资、诉讼中涉及的财产等。

2）"其他非流动资产"质量分析的内容

并不是每个企业都持有其他非流动资产，可以从其基本构成进行分析。

（1）特准储备物资是指由于特殊原因经国家批准储备的特定用途的物资，未经批准，不得挪作他用。特准储备物资具有专门用途，一般是国家为应付自然灾害和意外事故等特殊需要而储备的。它不占用企业的资金，亦不属于企业的存货。平时企业无权动用特准储备物资，只有当发生战争或灾荒时，企业才能按国家的命令进行调拨。分析该项资产时须注意以下几点：是否未经批准被擅自动用；是否被作为经营物资销售；是否设专库存放、专人管理；是否定期进行盘点检查。

（2）银行冻结存款和冻结物资是指人民法院对被执行人在银行的存款或企业的物资实施强制执行的冻结措施时形成的资产。

（3）诉讼中涉及的财产是指司法机关在案件当事人和其他诉讼参与人的参加和配合下，为解决案件而依照法定程序进行的一系列活动中已被查封、扣押、冻结的财产。企业对这些财产不得进行隐藏、转移、变卖、毁损等处置。其他非流动资产虽然不属于严格意义上的经济资源，但与企业未来的经济利益相联系，故应列为企业的资产，以便分摊于未来的会计期间，与将来的收益相匹配。

五、资产质量分析总结

资产的本质特征是具有为企业未来带来经济利益的服务潜力，其之所以能带来未来经济利益，主要是因为它投入生产经营后，作为经济资源为企业所用，通过一系列的生产经营活动为企业带来利益。因此，资产质量应更多地强调资产在生产经营过程中为企业带来的财务后果。而这种资产质量会因所处企业背景的不同而有所不同，其中的影响因素包括宏观经济环境、企业所处的行业背景、企业的生命周期背景、企业的不同发展战略等。

1. 进行资产质量分析注意的问题

（1）注意资产质量的相对性。资产质量的相对性包括以下两层含义。

第一，相同的资产，在不同企业的效用和价值具有相对性。由于不同企业所从事的行业特点、发展阶段、战略目标、经营方式和管理模式等方面存在着差异，相同的资产在不同企业之间的效用必然不同。

第二，相同的资产，在特定企业不同发展阶段的效用和价值具有相对性。在企业发展的不同阶段，随着市场变化、技术变迁及企业业务结构、业务规模的变化，相同资产的效用和价值可能表现出显著的差异。

综合上述两点，分析资产质量不能只针对单个项目孤立地进行分析，而是要与企业其他资产相结合，与企业的经营战略相结合，与企业所处的行业背景、生命周期相结合，站在一个整体的和相对宏观的角度进行分析。分析企业的资产质量，更应强调资产的相对有用性。

（2）注意资产质量的时效性。资产质量的时效性是指企业多数资产的质量往往随着时间的推移而显著下降。技术变革、消费者偏好改变、资产的自然因素、竞争环境的变化等对企业的资产质量均会造成一定的影响，从而导致企业资产价值的下降。因此，企业各类资产的保有规模应该控制在合理的水平上，个别资产规模的超经营储备极有可能导致企业发生不必要的损失。企业的资产质量会随着时间的推移而不断发生变化，研究资产的质量，应强调其所处的特定的历史时期和宏观经济背景，注重其时效性。

（3）注意资产质量的层次性。资产质量的层次性，是指资产在不同的企业管理层面上的含义具有显著差异。这里的管理层面，主要涉及企业的决策层、管理层和执行层。显然，不同的管理层面，由于所处的管理位置和角度不同，对资产质量的要求也不同。决策层往往关注企业资产的整体质量，管理层往往关注企业结构性的资产质量，执行层则更关注个别资产的质量。在管理过程中，经常会出现这样的情形：一个经济效益好、资产质量总体上优良的企业，可能个别资产项目质量很差；相反，一个面临倒闭、资产质量总体上很差的企业，反而可能会有个别资产项目的质量较好。因而，研究企业的资产质量，不但要从企业资产总体上进行把握，确定企业资产整体质量的好坏，而且有必要从结构和项目层面做进一步的剖析。

2. 各资产项目的质量特征分析

由于流动资产、长期股权投资、固定资产等各项资产的功能不同，企业对其预期效用设定也就各不相同，因而资产本身应具有各自的质量特征。但总的来说，可以从资产的营利性、保值性、增值性、周转性及与其他资产组合的协同性等几个方面进行分析。

1）资产的营利性分析

资产的营利性，是指资产在使用的过程中能够为企业带来经济效益的能力，强调的是资产能够为企业创造价值这一效用。各个项目资产的营利性在一定程度上决定了企业整体进行扩大再生产的能力，进而决定了企业的营利能力及收益质量。对于各项目资产质量来说，直接可以按照营利性加以考察的经营性资产主要包括制造业和流通企业的存货以及服务业用于出租的房屋等。全部投资性资产的质量也均可以从营利性角度加以考察。对制造业企业毛利率的考察，可以在很大程度上反映其存货的营利性；通过对企业投资收益与投资规模的比较分析，可以确定投资性资产的营利性大小。

2）资产的保值性分析

资产的保值性，又可称为资产的变现性，是指非现金资产通过交换能够直接转换为现金的能力，它强调的是资产作为企业债务的物资保障这一效用。如果说资产的营利性关注的是相应资产的增值能力，那么资产的保值性关注的则是相应资产按照账面实现其价值的能力。资产保值性的强弱，直接会影响企业偿债能力（尤其是短期偿债能力）的高低，而偿债能力又是企业能否健康生存与发展的关键。对于企业的商业债权项目来说，可以通过对商业债权的回收状况以及坏账计提情况的考察来确定该项目的保值性。类似地，对于其他大多数资产项目来说，通常可以根据减值准备计提的情况来大体判断各项资产的保值程度。

3）资产的增值性分析

资产的增值性，是指各个资产项目在周转过程中所具有的提升企业净资产价值的能力。根据资产负债观，利润是企业期初净资产和期末净资产比较的结果。利润的确定不需要考虑实现问题，只要企业的净资产增加，就应当确认利润。因此，该观点强调经济交易的实质，要求在交易发生时确认和计量该交易或事项产生的相关资产和负债或者其对相关资产和负债造成的影响，然后根据资产和负债的变化来确认收益，即对利润的度量取决于资产和负债的计量，而非资产和负债取决于利润的度量。从资产的整体角度出发考核资产的增值性，效果可能更好。

公允价值理念的运用，必然导致资产的计量属性发生变化，金融工具、部分投资性房地产及以债务重组、非货币性资产交换方式取得的资产等，在资产负债表中将反映其公允价值。所确定的利润，应该是建立在资产真实价值基础上的资产利用效果的最终体现，应该更能体现企业资产在价值转移、处置及持有过程中的增值质量。因而，资产的增值性是预测企业可持续发展潜力的重要依据。需要说明的是，会计实务中对公允价值的运用还是相当谨慎的，这使大多数资产的计量属性仍以历史成本为主。因此，利润中并未体现这些资产的持有增值情况，而对其计提的减值损失则可视为该项资产在持有过程中产生的负增值。

4）资产的周转性分析

资产的周转性，是指资产在企业经营运作过程中被利用的效率和周转速度，它强调的是资产作为企业生产经营的物质基础而被利用的效用。与前面的营利性、保值性和增值性不同，营利性、保值性和增值性更多关注的是规模实现（如毛利规模、债权回收规模、净资产增加规模等）问题，而没有关注速度，即没有关注需要多久才能实现资产的营利和保值、增值。资产的周转性则关注了资产的运行速度，因为速度终将决定企业的效益。对于各资产项目质量来说，可以直接按照周转性来进行考察的资产项目主要包括企业的商业债权、存货、固定资产等，可通过计算商业债权、存货、固定资产的周转率来确定其周转性。

5）与其他资产组合的协同性

与其他资产组合的协同性，是指资产在特定的经济背景下，有可能与企业的其他相关资产在使用中产生协同效应的能力，它强调的是资产通过与其他资产适当组合，能够发挥出大于单项资产个别效用总和的联合效用。任何企业经营活动的产生，均是有机利用其各个生产要素的结果。因此，企业间的最大差距在于不同生产要素经过整合以后的协同效应之间的差异。考察企业个别资产与其他资产组合的协同性，就是要强调任何资产为企业带来经济效益均需要一定的条件，均需要与其他资产经过适当组合才可以实现。一项资产，如果在特定企业中不能发挥作用，即使物理质量再好，也不能算作该企业的优质资产，它必须通过适当的安排与整合，与企业的其他资产进行组合，才能共同满足企业的战略要求，从而体现资产真正的增值能力，这是企业重组增值的基础。直接比较企业间毛利率、固定资产周转率等财务指标的差异，就可以考察企业资产组合协同性方面的差异。

值得注意的是，分析各资产项目的质量，需要结合企业对各项资产设定的预期效用和自身的具体特点，按照其中的一个或者多个质量特征来进行分析与评价。

3. 资产结构质量分析

所谓资产结构，是指各项资产相互之间、资产与其相应的来源之间由规模决定的比例关系。从资产自身的结构来看，既有按照流动性确定的流动资产与非流动资产的结构关系，也有按照利润贡献方式确定的经营性资产和投资性资产的结构关系，还有按照企业从事经营的各业务板块形成的资产结构关系等。由于不同的结构所表现出来的经济含义和管理含义具有显著区别，除对资产进行项目分析以外，还要对资产结构进行分析。从资产与其所对应的来源来看，资产的期限结构与其来源的期限结构之间的对应关系又对企业的偿债能力和财务风险产生重要的影响。概括起来，资产结构质量分析可以从以下几点进行。

1）资产结构的有机整合性分析

资产结构的有机整合性，是指企业资产的不同组成部分（如流动资产、非流动资产；经营性资产和投资性资产；经营性资产内部的货币资金、债权、存货、固定资产和无形资产等）经有机整合之后在整体上发挥效用的状况。资产管理的境界，应该体现在最大限度地降低不良资产占用、加快资金周转并最终获取盈利方面。任何资产项目，不管其自身的物理质量有多高，如果不能与其他资产进行有机整合，为最终实现利润做出贡献，就仍属于不良资产的范畴。资产结构的有机整合性要求企业不断进行资产结构的优化，尽力消除应收账款呆滞、存货积压、固定资产闲置、对外投资失控等现象。

2）资产结构的整体流动性分析

资产的流动性是指资产的变现速度。资产流动性大小与资产的风险大小和收益高低是相联系的。通常情况下，流动性大的资产，风险相对要小，但收益也相对较小且易波动；反之，流动性小的资产，风险相对较大，而收益却相对较高且稳定。当然也有可能出现流动性、风险、效益不一致的情况。资产结构的整体流动性可以通过流动性较强的资产在总资产中所占比例来衡量。

一般来说，企业资产结构中流动性越强的资产所占比例越大，企业资产的整体流动性就越强，相应地企业偿债能力也就越强，财务风险越小。但是，这并不意味着企业流动性较强的资产占总资产的比重越高越好。企业管理所追求的并不是流动性的高低。归根结底，企业资产的流动性是为企业整体的发展目标服务的。因此，资产结构的整体流动性与营利性的动态平衡才是企业日常管理所追求的。考察企业资产结构的整体流动性，还要结合企业所处的特定行业，根据企业基本的资产结构特点进行分析。例如，制造业和金融业企业的资产结构、经营模式截然不同，因此其资产结构的整体流动性体现出行业自身的特点，具有不同的特征。

3）资产结构与资本结构的对应性分析

对于那些主要包含流动资产和固定资产等传统资源项目的资产来说，分析其资产结构质量，还应考虑资产结构质量与资本结构质量的对应性。资产结构与资本结构的对应性主要体现在以下方面。首先，企业资产报酬率应能补偿企业资本成本。其次，资产结构的长短期构成与资金来源的期限构成相匹配，即企业的流动资产作为企业最有活力的资产，应能为企业偿还流动负债提供可靠保障；同时流动资产由于其收益率较低，所以应主要由资本成本相对较低的短期资金来源提供支持。最后，企业的非流动负债由于其资金占用成本较高，应与企业的非流动资产项目相匹配。只有这样的资产结构，才能保证企业有可能在允许的范围内将资本成本和财务风险降至最低水平，从而达到最佳的生产经营状态。

资产结构与资本结构的对应性，要求企业在能承受的财务风险状态下运行。然而在某些情况下，企业也会出现另类的资产结构与资本结构的对应关系。例如，在竞争优势极其明显的情况下，企业通过采用预收账款方式销售、加速存货周转、赊购存货等方式运营，就会出现流动资产小于流动负债的态势。但这并不代表企业的短期偿债能力存在问题，它恰恰是企业竞争优势和商业信誉良好的表现。当然，这种运营管理方式也有一定的潜藏风险，一旦企业的资金链出现问题，就有可能发生连锁反应而使企业陷入支付危机。

4）资产结构与企业战略的吻合性分析

企业的战略，是靠资产的有机整合和配置来实现的。资产结构与企业战略的吻合性，是指资产结构反映企业战略意图的程度。企业之所以要确立战略，并将自身与竞争者区分开来，完全是出于竞争的需要。尽管一个行业的经济特征在一定程度上限制了企业针对同行业其他竞争者制定竞争战略的弹性，但是许多企业仍然通过制定符合其特定要求的、难以被仿制的战略以创造可持续的竞争优势。影响企业战略的主要因素包括地区和产业多元化、产品和服务特征等。企业资产结构的合理性分析，必须建立在对企业战略的理解基础上，判断资产结构与企业战略之间的吻合程度，即企业的资产结构是否对制约发展的因素做出了积极反应，是否维护和体现了企业已经制定的发展战略。从企业发展的角度来看，企业的资产结构必须回答这样的问题：企业是从事什么经营活动的？其行业选择与定位如何？企业的发展战略是什么？企业的资产结构是否能够体现其发展战略的要求？其资产结构是否与企业的发展战略相吻合？通过考察企业资产中经营性资产与投资性资产的结构关系，可以透视该企业所采用的盈利模式，而盈利模式在很大程度上反映了企业的资产结构安排对企业战略的遵守与实施状况。

除了对表内资产进行分析，还要注意表外资产的分析。表外资产是指因会计处理或计量的限制未能在资产负债表中体现净值，但可为企业的未来做出贡献的资产项目。它主要包括：已提足折旧，但企业仍然继续使用的固定资产；企业正在使用，但已作为低值易耗品一次摊销到费用中，未在资产负债表中体现的资产；人力资源；等等。然而，目前在财务会计中仍未将人力资源作为一项资产纳入企业的资产负债表，仅能借助非货币因素对企业人力资源的质量进行了解和分析。表外资产越多说明其能为企业带来的利润越多、企业资产的质量也越高。

在强调资产负债表观念的背景下，企业和投资者不能仅仅关注资产数量，更应该重视资产质量。在对资产质量进行评价时，不仅要对各个资产项目进行评价，还要对资产整体结构进行评价，以更加全面客观地评价企业资产质量。

第三节　负债项目质量分析

一、负债

1. 负债的定义

我们已经知道，负债是指企业在某一特定日期承担的、过去的交易或者事项形成的、预期会导致经济利益流出企业的现时义务。按照会计历史成本原则，负债仅限于那些企业承担的过去或现在已经完成的经济业务引起的、可以用货币计量的未来经济责任。

这里的义务包括法定义务和推定义务。法定义务，通常是企业在经济管理和经济协调中，依照经济法律、法规的规定必须履行的责任，如企业与另外企业签订购货合同产生的义务，就属于法定义务。推定义务，是指企业在特定情况下产生或推断出的义务。企业多年来的习惯做法、公开的承诺或者公开宣布的政策导致企业将承担的责任，这些责任也是有关各方对企业将履行义务解脱责任的合理预期。例如，某企业多年来制定一项销售政策，对于售出的商品提供一定期限内的售后保修服务，预期将为售出商品提供的保修服务就属于推定义务，应当将其确认为一项负债。

2. 负债的基本特征

（1）负债是由过去的交易或事项产生的。过去的交易或事项是指已经完成的经济业务。例如，企业已经购进材料但是尚未付款，在这种情况下，企业就有偿付货款的义务。过去的交易或事项可能产生的负债有企业采购材料后的未付款、企业销售商品后的应交而未交税金、期末权责发生制下对费用调整后的应计费用、利润分配过程结束的未付利润等，即负债只与已经发生的交易或事项相关，而与尚未发生的交易或事项无关。例如，企业已经制定近期材料采购计划且不能立刻付款，在交易或事项尚未发生前，这种预期可能产生的负债不能成立。

（2）负债是企业承担的现时义务。它意味着负债是企业必须履行的经济责任，因为过去的交易或事项一般是以合同、协议或有关的法律法规作为约束条件，一旦形成负债的交易或事项已经发生，企业就不得不承担由此带来的经济责任，即负债已成为了事实，并且它将伴随企业直到其履行该项经济责任为止。

（3）负债的清偿会导致企业未来经济利益的流出。负债的清偿就是企业履行其经济责任。一般是以向债权人支付资产或提供劳务的方式解除企业对债权人的经济责任。因为这种经济责任存在一定的期限，所以在企业不能以支付资产或提供劳务方式解除时，可通过举借新债偿还旧债或将负债转化为所有者权益等方式处理。举借新债偿还旧债只是债务的延期，将来仍需用支付资产或提供劳务来清偿；而负债转化为所有者权益意味着企业增加所有者权益的同时增加资产，再以新增资产偿还负债。不论是哪种方式，都表明负债的偿还是以牺牲企业的经济利益为代价。

企业负债主要由流动负债和非流动负债构成。一般来说，流动负债主要用于企业的日常生产经营，满足企业简单再生产的需要，而长期负债主要用于企业的生产经营的投资建设，满足企业扩大再生产的需要。本节分别对流动负债项目、非流动负债项目、负债总括情况进行分析。

二、流动负债的构成及质量分析

流动负债，是指企业将在一年或者超过一年的一个营业周期内偿还的债务，包括短期借款、交易性金融负债、应付票据、应付账款、预收账款、应付职工薪酬、应交税费、预计负债、应付福利费、应付股息、其他应付款等。流动负债一般要以流动资产（如现金、银行存款）或新的流动负债进行偿付。

流动负债的形成主要有以下原因：一是借贷形成的流动负债，如从银行和其他金融机构借入的短期借款；二是结算过程中产生的流动负债，如公司购入原材料，货已到而货款尚未支付的待结算应付款项；三是经营过程中产生的流动负债，有些费用按权责发生制原则需要预先提取，如应交税金、应付工资等；四是利润分配产生的流动负债，如应付投资者的利润等。明确流动负债形成的原因，有利于我们分析流动负债的形成是否合理、数额是否正常、时间是否合适。

1. "短期借款"质量分析

1)"短期借款"内涵

"短期借款"反映企业向银行或其他金融机构等借入的期限在一年以下(含一年)的各种借款,包括经营周转借款、结算借款、票据贴现借款等,以及企业借入的借款期限在一年或长于一年的一个营业周期以内的新产品试制借款、引进技术借款、进口原材料短期外汇借款等。本项目应根据"短期借款"科目的期末余额填列。短期借款计息直接计入当期损益。

短期借款筹资的优点在于可以根据企业的需要进行安排,使用灵活,取得程序较为简便。特别是银行为了防范风险,对发放中长期贷款一般比较谨慎,利率也较高,在这种情况下,短期借款就成为很多企业最为重要的财务资源通道。但短期借款最突出的缺点是短期内要归还,以保证资产的流动性,需要符合一定的流动比率要求。

2)"短期借款"质量分析的内容

(1)与流动资产规模相适应。从财务角度观察,短期借款筹资快捷,弹性较大,任何一个企业,在生产经营中都会发生或多或少的短期借款。但短期借款的目的是维持企业正常的生产经营活动,因此,短期借款必须与当期流动资产,尤其是存货项目相适应,一般来说,短期借款应当以小于流动资产的数额为上限。

(2)与企业当期收益相适应。资产的流动性与收益性是一对矛盾,企业的资产结构配置上出现的失误将会导致一种普遍但是非常危险的现象——短贷长投。在此情况下,企业必须要具备良好的经营活动现金流动机制,如果资产的营利能力不振,经营活动现金流量匮乏,就会使企业资金的周转发生困难,造成流动比率下降,偿债能力恶化,陷入难以自拔的财务困境。

对短期借款进行分析时还要注意短期借款的偿还时间。根据偿还时间预测企业未来的现金流量,从而评价企业偿付短期借款的能力。

2. "交易性金融负债"质量分析

1)"交易性金融负债"内涵

"交易性金融负债"反映企业承担的以公允价值计量且其变动计入当期损益为交易目的所持有的金融负债。本项目应根据"交易性金融负债"科目的期末余额填列。

交易性金融负债,是指企业采用短期获利模式进行融资所形成的负债,如应付短期债券。作为交易双方来说,甲方的金融债权就是乙方的金融负债,由于融资方需要支付利息,因此,就形成了金融负债。交易性金融负债是企业承担的交易性金融负债的公允价值。符合以下条件之一的金融负债,企业应当划分为交易性金融负债:①承担金融负债的目的,主要是近期内出售或回购;②金融负债是企业采用短期获利模式进行管理的金融工具投资组合中的一部分;③属于衍生金融工具。

企业公允价值能够可靠计量的金融负债符合以下条件之一的,可以在初始确认时将其直接指定为交易性金融负债:①该指定可以消除或明显减少该金融负债在计量方面存在较多不一致的情况;②企业风险管理或投资策略的书面文件已载明,该金融负债以公允价值为基础进行管理和评价并向关键管理人员报告。

2）"交易性金融负债"质量分析的内容

对交易性金融资产进行质量分析时，以公允价值这一计量属性为出发点，着重分析其费用大小和偿还金额多少。具体说，分析同期利润表中的"公允价值变动损益""投资收益"两个项目及其在财务报表附表中的详细说明，通过把握公允价值变动的正负以及使投资收益减少的数额，来确定该项资产对盈利的影响及到期需要偿还的金额。

3. "应付票据"质量分析

1）"应付票据"内涵

"应付票据"是企业为购买材料、商品和接受劳务供应等而开出、承兑的商业汇票，包括银行承兑汇票和商业承兑汇票。本项目应根据"应付票据"科目的期末余额填列。

应付票据是一种信用行为。在采用商业承兑汇票方式时，承兑人应为付款人。承兑人对这项债务在一定时期内的支付承诺，可作为企业的一项负债；在采用银行承兑汇票的方式时，承兑人应为银行。但是，由银行承兑的银行承兑汇票，只是为收款人按期收回债权提供了可靠的信用保证，对付款人来说，不会由于银行承兑而使这项负债消失。因此，即使是由银行承兑的汇票，付款人的现存义务也依然存在，应将其作为一项负债。

2）"应付票据"质量分析的内容

可以从以下两点对"应付票据"项目质量进行分析。

第一，应付票据规模分析。应付票据是在商品交易时产生的，所以其金额与企业采购付款政策直接相关。当企业销售规模扩大时，会相应地增加存货需求，使应付票据等债务规模随之扩大。

这点可以同应付账款结合在一起进行分析，一般情况下，两者合计金额不应该超过存货金额。同时，还应当结合企业生产经营规模、企业经营生命周期及企业的信用政策来分析。一般来说，对于成长型企业，应付票据和应收账款这两项负债较少，而对于成熟型企业则较多。应付票据和应收账款规模大小还受企业当期资金充裕程度的影响。如果企业资金相对充裕，供应商催要货款，企业一般会尽量实现其要求，应付账款和应付票据规模就小些；但如果企业资金比较紧张，就有可能会尽量争取延后付款，应付账款和应付票据规模也就相应较大。

第二，应付票据到期情况分析。应付票据的付款时间具有较大的约束力，推迟付款一方面会影响企业的信誉，另一方面可能还会遭到银行的处罚。

4. "应付账款"质量分析

1）"应付账款"内涵

"应付账款"反映企业因购买材料、商品和接受劳务供应等经营活动应支付的款项。本项目应根据"应付账款"和"预付账款"科目所属各明细科目的期末贷方余额合计数填列；如果"应付账款"科目所属明细科目期末有借方余额的，应在资产负债表"预付款项"项目内填列。

"应付账款"是企业在采购业务中较普遍的一项流动负债，是一种商业信用行为。与应付票据相比，应付账款以企业的商业信用做保证。

2）"应付账款"质量分析的内容

第一，利用无成本资金情况分析。由于应付账款是因商业信用产生的一种无成本或成本极低的资金来源，企业在遵守财务制度、维护企业信誉的条件下对其加以充分利用，可以减少其他方式的筹资数量，节约利息支出。所以很多企业选择赊购。但是，一个企业的应付账款必然是另一个企业的应收账款，上游企业也受资金成本的驱动，所以企业的应付账款不可能充分多。

第二，应付账款的计价分析。在赊销方式下，卖方企业为鼓励买方企业早日归还账款，往往规定一个折扣期限，买方企业若在折扣期限内付款，即可取得购货折扣，如卖方给予了"5/10，n/30"付款条件。对此，会计上有两种核算方法，即总价法和净价法。在总价法下，企业购货时按货物总价登记应付账款，如果在折扣期内付款，可取得购货折扣，再按少付金额冲减财务费用；在净价法下，企业购货时按货物净价登记应付账款，若企业超过折扣期付款，需要多支付款项，并列作财务费用。因此，总价法与净价法所列示的应付账款数额会不一致。我国《企业会计准则》规定应付账款按总价法核算。

值得注意的是，对应付票据、应付账款的分析并不需要截然分开。两者的分析方法和基本思路是一致的，只是侧重点不同，有时甚至需要将两者合并在一起分析，如规模分析。

5. "预收款项"质量分析

1）"预收款项"内涵

"预收款项"反映企业按照购货合同规定预付给供应单位的款项。本项目应根据"预收账款"和"应收账款"科目所属各明细科目的期末贷方余额合计数填列。如果"预收账款"科目所属各明细科目期末有借方余额，应在资产负债表"应收账款"项目内填列。

预收款项一般包括预收的货款、预收购货定金、包装物押金、长期建筑合同开出发票超过成本部分的金额等，需要在收款后一年或长于一年的一个营业周期内用约定的商品、劳务或出租资产来抵偿。企业在收到这笔钱时，商品或劳务的销售合同尚未履行，因而不能作为收入入账，只能确认为一项负债。企业按合同规定提供商品或劳务后，再根据合同的履行情况，逐期将未实现收入转成已实现收入。预收账款的期限一般不超过一年，通常应作为一项流动负债反映在各期末的资产负债表上，若超过一年或长于一年的一个营业周期以上（预收在一年以上提供商品或劳务）则被列为非流动负债。

2）"预收款项"质量分析的内容

（1）预收款项规模分析。预收款项是指提前收取的款项，在企业发送商品或提供劳务前，可以无偿使用。所以，一般而言，预收款项是一种"良性"债务，是一种"主动"的债务，它表明收款企业的产品结构和销路较好，所生产的产品供不应求，也意味着该企业未来具有较好的营利能力和偿债能力。一般情况下预收账款越多越好，可大大改善现金流。

（2）预收账款变化分析。一般情况下，预收账款是按收入的一定比例预交的，通过预收账款的变化可以预测企业未来营业收入的变动。预收账款可以告知产品是否畅销，经销商提前打款要么是因为产品要涨价所以提前备货（产品涨价当然也是畅销的标志之一），要么是怕产品供不应求而提前订货。根据预收款项增减变化还可知道当期会计期间真实的增减情况，如果单纯靠大幅释放预收款项而增加业绩，后续会计期间的增长很可能会乏力；相反，预收款项余额不减少甚至继续增加而业绩也继续高增长，则说明增长后劲十足。

（3）结合企业经营的生命周期分析预收款项。预收款项与企业的生命周期有一定的匹配性。如果企业正处于初始期或者衰退期，同时行业并不十分景气，预收款项过多，就要认真进行分析。一是存在非主观故意行为。部分企业尤其是工业企业按合同规定收到预收账款、发出货物后未将全部货款结转销售收入；或误将预收款项结算方式当作分期收款结算方式进行账务处理；或认为没有收到全部货款及开具的发票就可以不记收入而未结转销售收入。二是存在主观故意行为。该企业经营产品属于非紧俏商品，基本上是买方市场，购货单位先付款后提货的可能性较小，但应收款项数额与实际情况不符，很可能应税收入长期挂"预收款项"，未转入"商品销售收入"，通过少报销售额，以达到不缴或者少缴纳税款的目的。

6. "应付职工薪酬"质量分析

1）"应付职工薪酬"内涵

"应付职工薪酬"反映企业根据有关规定应付给职工的工资、福利、社会保险费、住房公积金、工会经费、教育经费、非货币性福利、辞退福利等各种薪酬。外商投资企业按规定从净利润中提取的职工奖励及福利基金，也在本项目列示。

2）"应付职工薪酬"质量分析的内容

（1）分析财务报表中的职工薪酬费用是否合理。绝大部分公司都是职工先完成一个月工作，到下月初或月中再支付工资；本年度结束之后，到下一年再发放年度资金。财务报表结算日是年底，因此资产负债表上反映的应付职工薪酬只是公司全年支付的职工薪酬总额的一小部分，要找到公司全年支付的职工薪酬费用还需查看利润表的附注说明，应付职工薪酬的本年度增加总额，可以看作本年度的职工薪酬总额。

正常情况下，公司职工单位薪酬的变动与社会平均工资、物价水平等指标的变动趋势一致。若公司职工单位薪酬与上述指标的变动相反，而公司经营业绩却有较大增长，或者公司业绩增长不明显而工资增长异常，则说明公司经营业绩或者职工薪酬可能存在问题。

（2）分析职工薪酬构成变化。按照岗位不同，职工薪酬在利润表上分别计入三方面成本费用：一线生产制造部门的员工薪酬，计入产品生产成本和制造费用，最后归集到营业成本；销售部门的员工薪酬计入销售费用；管理部门员工和高管的薪酬计入管理费用。职工薪酬结构变化反映了企业调整人力资源结构政策的变化，也折射出企业业务的重心以及战略发展趋势。

（3）注意企业是否利用职工薪酬的成本费用化与资本化进行盈余操纵。当企业经营业绩较差而企业正在进行大规模基建时，企业可将部分从事生产经营的职工列入工程人员之列，将其薪酬资本化，从而降低当期成本费用，达到增加盈利的目的。相反，当企业业绩较好而希望适当降低盈利时，则可将部分从事基建的职工列入生产经营人员之列，从而增加当期成本费用，达到适当降低盈利的目的。

（4）分析企业是否利用提前或延后确认因解除与职工劳动关系给予补偿而产生的

预计负债来进行盈余管理。根据《企业会计准则第9号——职工薪酬》的规定，企业在职工劳动合同到期之前解除与职工的劳动关系，或者为鼓励职工自愿接受裁减而给予职工的补偿，符合条件的，应当确认因解除与职工的劳动关系给予补偿而产生的预期负债，同时计入当期损益。实践中，企业可能根据当年经营业绩情况进行盈余管理，即当企业经营业绩较好时会提前进行因解除劳动关系给予补偿的处理，而当企业经营业绩较差时则会延后进行因解除劳动关系而给予补偿的处理。所以，要认真关注企业出现集中解除与职工劳动关系而确认预计负债，或传言有解除与职工劳动关系而账务上未见，由此而确认预计负债的情况。

7. "应交税费"质量分析

1）"应交税费"内涵

"应交税费"反映企业按照税法规定计算应交纳的各种税费，包括增值税、消费税、营业税、所得税、资源税、土地增值税、城市维护建设税、房产税、土地使用税、车船使用税、教育费附加、矿产资源补偿费等。企业代扣代交的个人所得税，也通过本项目列示。企业所交纳的税金不需要预计应交数的，如印花税、耕地占用税等，不在本项目列示。本项目应根据"应交税费"科目的期末贷方余额填列；如果"应交税费"科目期末为借方余额，应以"—"号填列。

2）"应交税费"质量分析的内容

应交税费与利润表中的营业收入应相匹配。因为企业在一定时期内取得的营业收入、实现的利润，要按国家规定交纳各种税费。如果两者不匹配，则说明企业有"漏税"之嫌，如增值税销项税额与主营业务收入以及其他业务收入中相关项目相匹配，增值税进项税额转出与处理财产损失、在建工程领用生产用原材料等相匹配。

8. "预计负债"质量分析

1）"预计负债"内涵

"预计负债"反映企业根据或有事项等相关准则确认的各项预计负债，包括对外提供担保、未决诉讼、产品质量保证、重组义务及固定资产和矿区权益弃置义务等产生的预计负债。本项目根据"预计负债"期末余额填列，反映企业已确认但尚未支付的预计负债。

（1）预计负债的确认。或有事项相关义务被确定为预计负债必须同时满足下列三个条件。

第一，与或有事项相关的义务是企业承担的现时义务，即企业在当前条件下已承担的义务，企业没有其他现实的选择，只能履行该现时义务。

第二，履行该义务很可能导致经济利益流出企业，"很可能"是指企业因履行或有事项而承担的现时义务导致经济利益流出企业的可能性大于50%小于或等于95%的情形。

履行或有事项相关义务导致经济利益流出的可能性，通常按照下列情况加以判断（表3-8）。

表 3-8 履行或有事项相关义务导致经济利益流出的可能性

项目	发生的概率区间
基本确定	95%<发生的可能性≤100%
很可能	50%<发生的可能性≤100%
可能	5%<发生的可能性≤100%
极小可能	0%<发生的可能性≤100%

第三，义务的金额能够可靠地计量，能够合理估计或有事项相关的现实义务金额。如果一项或有事项产生的义务金额不能可靠地计量，那么就不能将其确认为负债。

（2）预计负债与或有负债的关系。或有负债属于或有事项，是过去的交易或事项形成的一种状况，其结果都须由未来不确定事件的发生或不发生加以证实。或有负债在满足一定条件时可以转化为预计负债，注意这里的"转化"指的是或有负债只有在随着时间、事态的进展，具备了"负债"的定义和确认条件（潜在义务转化为现时义务；履行义务很可能导致经济利益流出企业，且现时义务能可靠计量），这时或有负债才能转化为企业的负债。从性质上看，它们都是企业承担的一种义务，履行该义务会导致经济利益流出企业，但两者有以下几点区别。

第一，预计负债是企业承担的现时义务，或有负债是企业承担的潜在义务或不符合确认条件的现时义务。

第二，预计负债导致经济利益流出企业的可能性是"很可能"且金额能够可靠计量，或有负债导致经济利益流出企业的可能性是"可能""极小可能"，或者金额不能可靠计量。

第三，预计负债是确认了的负债，或有负债是不能加以确认的或有事项。

第四，企业对预计负债，应在资产负债表中单列项目反映，并在会计报表附注中做相应披露。企业对或有负债应在财务报表附注中做披露（不包括极小可能导致经济利益流出企业的或有负债）。

2）"预计负债"质量分析的内容

虽然明确了预计负债的确认条件，但是在实际确认时会有一定的灵活性，所以分析时应关注企业是否存在故意隐瞒预计负债的情况、企业确认的预计负债证据是否充分。

计提预计负债的金额是否合理，直接影响相关各期的损益，而计提预计负债确认的损失金额往往需要估计，所以分析时应该关注企业是否存在利用预计负债的多提、少提、转回或补提操纵利润的行为。企业是否具有利用预计负债操纵利润的嫌疑，要根据财务报告中的其他资料及企业历史资料、企业具体经营状况进行判断。例如，根据相关会计核算制度，对于产品质量保证，如果在约定期内（或终身保修），产品或劳务在正常使用过程中出现质量或与之相关的其他属于正常范围的问题，企业负有更换产品、免费或只收成本价进行修理等责任。按照权责发生制的要求，上述相关支出符合确认条件就应在收入实现时确认相关预计负债，并计入当期销售费用中。预计负债余额显然与实现营业收入正相关，因为销售的商品越多，未来所承担的保修承诺也就越多。

9. 其他流动负债质量分析

（1）"应付利息"项目质量分析。"应付利息"反映企业按照规定应当支付的利息，包括分期付息到期还本的长期借款应支付的利息、企业发行的企业债券应支付的利息等。本项目应当根据"应付利息"科目的期末余额填列。

应付利息的金额，应该与企业长期借款、应付债券规模及同期同款利率相适应。应付利息过多过少，有存在多计或少计的嫌疑。

（2）"应付股利（或利润）"项目，反映企业分配的现金股利或利润。企业分配的股票股利，不通过本项目列示。本项目应根据"应付股利（或利润）"科目的期末余额填列。

企业的应付股利（或利润），是指按协议规定应该支付给投资者的利润。企业的资金通常是投资者投入的资金，因此，企业在生产经营过程中实现的利润，在依法纳税后，还必须向投资人分配利润。而这些利润在支付之前暂时留在企业内，构成了企业的一项负债，属于流动负债。对企业而言，这显然是抵减企业财务成果的经济事项。从负债角度看，它又是企业资产的抵减事项。对应付股利（或利润）应重点分析分配方法与数额是否与投资协议和经济合同的规定一致，有无弄虚作假、隐瞒或虚增可供分配利润，从而减少向投资者分配的利润或向投资者转移的利润的现象。

（3）"其他应付款"项目，反映企业除应付票据、应付账款、预收款项、应付职工薪酬、应交税费、应付股利、应付利息等经营活动以外的其他各项应付，暂收的款项。本项目应根据"其他应付款"科目的期末余额填列。

其他应付款包括应付租入固定资产和包装物的租金，存入保证金，应付、暂收所属单位，个人的款项，管辖区内业主和物业管户装修存入保证金，应付职工统筹退休金，以及应收暂付上级单位、所属单位的款项。其他应付款规模大小应与上述业务相匹配，进行分析时重点关注企业有无利用其他应付款截留收入、虚挂费用或隐瞒盈亏的行为。

（4）"一年内到期的非流动负债"项目，反映企业非流动负债中将于资产负债表日后一年内到期部分的金额。年初余额应根据上年末资产负债表的"期末余额"栏内所列数字填列。期末余额则是企业各种非流动负债在一年之内到期的金额，包括一年内到期的长期借款、长期应付款和应付债券。

分析时注意企业是否把全部的一年内到期的非流动负债都及时转入流动负债项目，以便备足到期支付的资金。其他流动负债用以归纳应付账款等普通负债项目以外的流动负债。资产负债表中，各流动负债项目基本都已列示，故一般企业此项目没有数额。

三、非流动负债项目构成及质量分析

非流动负债是指偿还期在一年或者超过一年的一个营业周期以上的负债，包括长期借款、应付债券、长期应付款、专项应付款等。长期负债作为企业的一项义务，结算期较长，因而成为企业筹集（融通）资金的一种重要方式。非流动负债除具有负债的共同特征外，与流动负债相比，还具有债务金额大、偿还期限长、可分期偿还等特点。

一般来说，企业为了满足生产经营的需要，特别是企业新产品、新项目的开发与推广，生产规模的扩大，设备的更新与改造等资本回收期较长、成本较高的项目，需要投入大量的需长期占用的资金，而企业所拥有的生产经营资金是无法满足这种需要的。如果等企业内部形成资本积累再去购置，则可能丧失企业发展的有利时机。因此，企业经常需要筹集长期资金。筹集长期资金的方式主要有吸收直接投资、发行股票、发行债券、长期借款、融资租赁和留存收益等。很显然，吸收直接投资和发行股票不可能频繁发生。因此，购建大型机械设备、地产，增建或扩建厂房等所需的资金，主要通过长期负债，即非流动负债取得。

1. "长期借款"质量分析

1）"长期借款"内涵

"长期借款"反映企业向银行或其他金融机构借入的期限在一年以上（不含一年）的各项借款。本项目应根据"长期借款"科目的期末余额减去"一年内到期的非流动负债"中长期借款的金额填列。

我国企业的长期借款主要是从金融机构借入的各项长期性借款，如从各专业银行、商业银行取得的贷款，除此之外，还包括向财务公司、投资公司等金融企业借入的款项。

2）"长期借款"质量分析的内容

（1）长期借款数量规模分析。企业拥有一定数量的长期借款，表明企业获得了金融机构的支持，拥有较好的商业信用和比较稳定的融资渠道。如果企业借款来自中国建设银行、中国工商银行等大的上市银行，则更说明企业的商业信用得到了认可。

同时注意长期借款数量规模与非流动资产的匹配程度。长期借款是企业主要的长期负债方式，一般情况下与企业固定资产、在建工程、无形资产等主要长期资产之和有一定匹配度。如果它们相差比较多而且不稳定，就要注意分析原因，如将长期借款改变用途，用于炒股或期货交易等非生产经营之用。

（2）长期借款变化分析。作为企业筹集资金的重要渠道之一，长期借款每个期间发生业务的次数不多、数量比较稳定。一旦其变化较大，就会改变企业的资本结构和财务风险水平，所以也需要关注。引起长期借款变动的原因主要如下所述。

第一，如果金融业降低了长期借款的利率，一直用短期借款"拆东墙补西墙"的企业，可能会考虑改变这种状态借一笔长期款项。银行利率提高了，企业会有相反操作。

第二，如果有新的盈利水平较好的投资项目，一时内又没有更好的资金来源的话，通过担保、抵押等方式借入长期借款是很多企业常常选择的路。

第三，如果企业的收益率远远高于资本市场收益率，企业的股东非常愿意"借鸡生蛋"。因为，债权人需要的仅仅是固定的利息，高出利息的企业收益将全部由股东享有，借钱越多、赚得越多，股东分得的超出资本金利息部分的收益就越多。当然，出现相反情况企业会进行反方向操作。

除此之外，还可以对长期借款进行账龄分析、借款的落实情况分析、利率分析等。

2. "应付债券"质量分析

1）"应付债券"内涵

"应付债券"反映企业为筹集长期资金而发行的债券本金和利息。本项目应根据"应付债券"科目的期末余额减去"一年内到期的非流动负债"中应付债券的金额填列。

发行长期债券是企业筹措长期资金的重要筹资方式之一。企业对外发行债券所得的资金一般只用于建设项目，对内发行债券往往用于补充流动资金。企业发行的一般是企业债券，无论是溢价发行还是折价发行，利息调整应在债券存续期间采用实际利率法进行摊销。实际利率法是按照金融资产或金融负债（含一组金融资产或金融负债）的实际利率计算其摊余成本及各期利息收入或利息费用的方法。

2）"应付债券"质量分析的内容

（1）分析应付债券初始入账成本是否按面值计入，将相应的折价或溢价的金额计入利息调整项目。同时关注企业是否发行了可转换企业债券，应当在初始确认时将其包含的负债成分和权益成分进行分拆，将负债成分确认为应付债券，将权益成分确认为资本公积。在负债成分和权益成分需要分拆的情况下，关注负债成分是否按现值入账、相关手续费是否在负债成分和权益成分中进行分摊。

（2）分析应付债券的后续计量。关注是否按照实际利率计提；关注溢价或折价在某一纳税期间内是否故意多摊销、少摊销或不摊销，是否人为地调节有关纳税期间的费用和利润；关注是否混淆溢、折价摊销的渠道，是否将应摊入在建工程的溢价或折价摊入管理费用、财务费用，或做相反处理。这些都可能会导致错误计交企业所得税。

3．"长期应付款"质量分析

1）"长期应付款"内涵

"长期应付款"反映企业除长期借款和应付债券以外的其他各种长期应付款项。本项目应根据"长期应付款"科目的期末余额，减去相应的"未确认融资费用"科目期末余额及"一年内到期的非流动负债"中长期应付款的金额填列，主要有应付补偿贸易引进设备款和应付融资租入固定资产租赁费等。

2）"长期应付款"项目质量分析的内容

长期应付款分析的重点应该是融资租入固定资产。一是注意分析融资租入固定资产的租赁期限，看是否有企业融资租赁付款期满后继续付款现象；二是注意分析融资租入固定资产是否按规定计提折旧；三是关注融资性租赁的改良工程支出，是否计入"长期待摊费用"或"待摊费用"账户，并按一定的期限摊销。有些企业，为了不计或少计费用，直接增加固定资产的原值。

4．"专项应付款"质量分析

"专项应付款"反映企业取得政府作为企业所有者投入的具有专项或特定用途的款项。本项目应根据"专项应付款"科目的期末余额填列。

专项应付款是指企业接受国家拨入的具有专门用途的投资，如新产品试制费拨款、中间试验费拨款和重要科学研究补助费拨款、科技三项拨款等。专项应付款属于企业的负债，专款专用，不需要以资产或新的负债偿还。

5．"其他非流动负债"质量分析

"其他非流动负债"项目反映企业除长期借款、应付债券等负债以外的其他非流动负债。本项目应根据有关科目的期末余额减去将于一年内（含一年）到期偿还数后的余额填列。非流动负债各项目中将于一年内（含一年）到期的非流动负债，应在"一年内到期的非流动负债"项目内单独反映。

四、负债总括分析

负债总括分析，主要是从负债"内部"结构分析入手。负债"内部"结构一般是指负债的期限结构，其中最主要的是流动负债与非流动负债的比例问题。至于负债的其他结构关系，如资产负债率、权益比率等，将在后面的指标分析中详细讲解。

究竟是流动负债比例高一些好，还是非流动负债比例高一些好，没有统一的答案，要根据企业所在不同时期、整体市场状况、所在行业特点、负债利率高低等进行判断分析。但一般情况下，资金来源的期限构成与资产结构的长短期构成相匹配。企业流动负债应以流动资产作为偿还的可靠保障；企业的非流动负债由于其资金占用成本较高，应与企业的非流动资产项目相匹配。

确定流动负债与非流动负债的比例，应从以下几点分析。

一是负债对企业成本、价值的影响。一般来说，长期负债的成本比流动负债的成本高。这是因为长期负债的利息率要高于流动负债的利息率，并且长期负债缺少弹性。企业长期负债，在债务期间内，即使没有资金需求，也很难提前归还，只好继续支付利息。但如果使用流动负债，当生产经营紧缩、企业资金需要减少时，企业可以逐渐偿还债务，减少利息支出。

流动负债属于企业风险最大的融资方式，但也是资金成本最低的筹资方式，非流动负债则相反。因此，负债比例必然会影响企业价值。分析负债结构就是要通过分析各种负债之间的比率关系，揭示财务风险与资金成本是否达到均衡。在现代市场经济中，随着资金市场和各种融资工具的发展，流动债务资金由于其可转换性、灵活性和多样性，更便于企业资金结构的调整，增加企业价值。

二是负债的偿还问题。从负债的偿还顺序可以看出，企业首先要偿还流动负债，其次才是非流动负债，而非流动负债在其到期之前要转化为流动负债，与已有的流动负债一起构成企业在一年内需要偿还的负债总额，形成企业的偿债压力。所以，企业在分析财务风险时，要充分考虑负债偿还给企业带来的风险。从实践上来看，企业所偿还的均是流动债务，因为非流动负债在转化为流动债务后才面临偿还问题。

三是财务风险问题。一般来说，流动负债的财务风险比非流动负债的财务风险高，这是因为流动负债到期日近，容易出现不能按时偿还本金的风险，而且流动负债在利息成本方面也有较大的不确定性。因为利用流动负债筹集资金，必须不断更新债务，此次借款到期以后，下次借款的利息为多少是不确定的，所以金融市场上的流动负债的利息率就很不稳定，其取得风险也不同。一般来说，流动负债的取得比较容易、迅速，而非流动负债的取得却比较难，花费的时间也比较多。这是因为债权人在提供长期资金时，往往承担较大的财务风险，一般都要对借款的企业进行详细的信用评估，有时还要求以一定的资产做抵押。

值得注意的是，在一个正常生产经营的企业中，流动负债中的大部分具有经常占用性和一定的稳定性。例如，制造业最低的原材料储备、在产品储备和商业企业中存货最低储备等占用的资金，虽然采用流动负债方式筹集资金，但一般都是长期占用。

第四节　所有者权益项目构成及质量分析

所有者权益是指企业资产扣除负债后由所有者享有的剩余权益，包括实收资本（或股本）、资本公积、盈余公积和未分配利润，在股份制企业又称为股东权益。所有者权益是企业投资人对企业净资产的所有权，它因总资产和总负债变动的影响而发生增减变动。所有者权益包含所有者以其出资额的比例分享的企业利润，同时也包含所有者以其出资额的比例承担的企业经营风险。所有者权益的来源包括所有者投入的资本、直接计入所有者权益的利得和损失、留存收益等。

一、所有者权益基本特征

（1）所有者权益是指企业投资人对企业净资产的所有权，包括所有者对投入资产的所有权、使用权、处置权和收益分配权。但所有者权益是一种剩余权益，只有负债的要求权得到清偿后，所有者权益才能够被清偿。它受总资产和总负债变动的影响而发生增减变动。

（2）所有者权益包含所有者以其出资额的比例分享的企业利润。与此同时，所有者也必须以其出资额的比例承担企业的经营风险。

（3）所有者权益还意味着所有者有法定的管理企业和委托他人管理企业的权利，但这种权利来自投资者投入的可供企业长期使用的资源。

（4）所有者权益具有长期特性。所有者权益作为剩余权益，并不存在确切的、约定的偿付期限。

（5）所有者权益具有计量的间接性。所有者权益除了投资者投入资本能够直接计量外，在企业存续期内任一时点都不是直接计量的，而是通过计量资产和负债间接计量的。

二、所有者权益各项目质量分析

1. "实收资本（或股本）"质量分析

1）"实收资本（或股本）"内涵

"实收资本（或股本）"反映企业各投资者实际投入的资本（或股本）总额。本项目应根据"实收资本（或股本）"科目的期末余额填列。

一般情况下，实收资本（或股本）在数额上与注册资本是相等的，是企业承担有限责任的限度，特点是没有固定的利率、期限长、金额相对固定不变。

2）"实收资本（或股本）"质量分析的内容

（1）分析实收资本（或股本）与注册资本数额是否一致。注册资本是企业向工商行政管理机关登记注册的资本总额,注册资本界定了投资者对企业承担的最大偿债责任；实收资本（或股本）是指投资者按照企业章程，或合同、协议的约定，实际投入企业的资本。会计实务中，投资者作为资本实际投入企业的资金数额可能超出章程、合同、协议的规定金额。

一般情况下，投资者的投入资本，既构成企业的实收资本（或股本），也正好等于其在登记机关登记的注册资本。但并非在所有时点上，注册资本都等于会计账面"实收资本（或股本）"，还有其他例外情况，如下所述。

第一，在企业可以采取分次到资时，企业的会计账面"实收资本（或股本）"小于等于注册资本。

第二，按照公司法的规定，企业可以分期注册资本金到位，这样的话，实收资本（或股本）可以同注册资本不一致。例如，注册资本100万元，实际注入30万元企业就开业了，但当企业清算时，如果变卖财产的收入不足以抵偿债务，所有者就必须补足资本，直到补满100万元为止。

因此，若实收资本（或股本）远远低于注册资本，需进一步阅读会计报表附注及企业合同的有关说明，判断是否为注册资本不到位，或者抽逃注册资本。

（2）实收资本（或股本）增减变动分析。一般企业增加资本主要有接受投资者追加投资、资本公积转增资本和盈余公积转增资本三种途径。如果是追加投资，应该按照原投资者出资比例相应地增加各投资者的出资额，如果是资本公积和盈余公积转增资本，直接结转即可。

企业减少实收资本（或股本）应按法定程序报经批准，股份有限公司采用收购本公司股票方式减资的，按股票面值和注销股数计算的总额减少股本。

2. "资本公积"质量分析

1）"资本公积"内涵

"资本公积"反映企业资本公积的期末余额。本项目应根据"资本公积"科目的期末余额填列。

资本公积金是指由投资者或其他人（或单位）投入，所有权归属于投资者，但不构成实收资本（或股本）的那部分资本或者资产。资本公积金从形成来源看是投资者投入的资本金额中超过法定资本部分的资本，或者其他人（或单位）投入的不形成实收资本（或股本）的形式转化的资产，它不是由企业实现的净利润转化而来的，本质上属于资本范畴。

资本公积金按其来源和用途具体分为以下几类。

（1）一般项目。一般项目中的"资本（或股本）溢价"是指企业投资者投入的资金超过其在注册资本中所占份额的部分，在股份有限公司中称为股本溢价。其主要用于转增资本，也是资本公积金的主要组成部分。

（2）准备项目。资本公积中的各种准备项目，如接受捐赠实物资产、资产评估增值、投资准备等是所有者权益中的一种准备，在其未实现之前，不得用于转增资本，只有待其实现之后，才能按规定程序用于转增资本。

（3）特殊项目。特殊项目主要是企业改制兼并过程中形成的一些资本公积，直接计入所有者权益的利得和损失，主要有以下几种。

第一，采用权益法核算的长期股权投资。长期股权投资采用权益法核算，在持股比例不变的情况下，被投资单位除净损益以外所有者权益的其他变动，企业按持股比例计算应享有的份额，计入其他资本公积。

第二，以权益结算的股份支付。以权益结算的股份支付换取职工或其他方提供服务的，按照确定的金额计入其他资本公积。

第三，存货或自用房地产转换的投资性房地产。存货或自用房地产转换为采用公允价值模式计量的投资性房地产时，转换日的公允价值大于原账面价值的，其差额作为其他资本公积，计入所有者权益。

第四，可供出售金融资产公允价值的变动。可供出售金融资产公允价值变动的利得计入其他资本公积。

2）"资本公积"质量分析的内容

对于资本公积所透露的质量信息，可以从以下几点进行分析。

（1）分析资本公积数量。股东向企业注入非分红性的入资（如股票溢价等），主要有两方面的原因：第一，企业的股权价格将会由于其内在的高质量等原因而走高，股东将以更高的价格将股权在未来售出；第二，股东通过长期持有企业股权分得的现金股利来取得较高的投资报酬。在这两方面原因的背后隐藏了重要的质量信息：股东对企业未来的财务状况有信心。因此，资本供给规模越大，企业越被市场看好。

（2）分析转增股本情况。对于很多投资者来说，年报看点除了每股收益，就是分红预案。分红预案可以包括三项内容：一是利润分配预案；二是资本公积转增股本预案；三是盈余公积转增股本预案。

资金公积转增股本，严格来讲，不属于分红范畴，但由于这一行为的实质与送红股类似，一般将其视为分红的一种。因此，在上市公司年报中，利润分配预案与资本公积转增股本预案被放在一起表述。至于盈余公积转增股本预案，虽然在理论上可行，但是上市公司极少实施。

3．"盈余公积"质量分析

1）"盈余公积"内涵

"盈余公积"反映企业盈余公积的期末余额。本项目应根据"盈余公积"科目的期末余额填列。

盈余公积是指企业按照规定从税后利润中提取的积累资金。盈余公积按其用途，分为法定公积金和任意公积金。法定公积金按照抵减年初累计亏损后的本年净利润计提，累计额为公司注册资本的 50%以上的，可以不再提取。公司的法定公积金不足以弥补以前年度亏损的，在依照前款规定提取法定公积金之前，应当先用当年利润弥补亏损。公司从税后利润中提取法定公积金后，经股东会或者股东大会决议，还可以从税后利润中提取任意公积金。盈余公积金主要用于弥补企业以前年度亏损和转增资本。

2）"盈余公积"质量分析的内容

可以从以下两方面分析企业盈余公积的质量。

（1）对盈余公积的总量进行判断分析。盈余公积是在企业净利润中形成的，主要用于满足企业维持或扩大再生产经营活动的资金需要。因此，一般而言，盈余公积应越多越好。

（2）对盈余公积的变动进行判断分析。正常情况下，盈余公积的期末数额应大于期初数额。若盈余公积的期末数额大大少于期初数额，则需进一步分析企业盈余公积用途的合理性。

第一，弥补亏损。根据企业会计制度和有关法规的规定，企业发生亏损，可以用发生亏损后五年内实现的税前利润来弥补，当发生的亏损在五年内仍不足弥补的，应使用随后所实现的所得税后利润弥补。通常，当企业发生的亏损在使用所得税后利润仍不足弥补的，可以用所提取的盈余公积来加以弥补，但是，用盈余公积弥补亏损应当由董事会提议，股东大会批准，或者由类似的机构批准。

第二，转增资本（股本）。当企业提取的盈余公积累积比较多时，可以将盈余公积转增资本（股本），但是必须经股东大会或类似机构批准，而且用盈余公积转增资本（股本）后，留存的盈余公积不得少于注册资本的25%。

第三，发放现金股利或利润。在特殊情况下，当企业累积的盈余公积比较多，而未分配利润比较少时，为了维护企业形象，并给予投资者合理的回报，对于符合规定条件的企业，也可以用盈余公积分派现金利润或股利。因为盈余公积从本质上讲，是由收益形成的，属于资本增值部分。

4. "未分配利润"质量分析

1）"未分配利润"内涵

"未分配利润"反映企业尚未分配的利润。本项目应根据"本年利润"科目和"利润分配"科目的余额计算填列。未弥补的亏损在本项目内以"-"号填列。

未分配利润相对于盈余公积而言，属于未确定用途的留存收益，从数量上来看，未分配利润是期初未分配利润加上本期实现的净利润，减去提取的各种盈余公积和分出的利润后的余额。未分配利润有两层含义：一是留待以后年度处理的利润；二是未指明特定用途的利润。相对于所有者权益的其他部分来说，企业在使用未分配利润时有较大的自主权，受国家法律法规的限制比较少。

2）"未分配利润"质量分析的内容

未分配利润是一个变量，既可能是正数（未分配的利润），也可能是负数（未弥补的亏损），反映的是公司累积未分配利润或累计未弥补亏损。为了平衡各会计年度的投资回报水平、以丰补歉、留有余地等原因，公司实现的净利润不全部分完，剩下一部分留待以后年度进行分配。这样，一年年地滚存下来，未分配利润反映的是历年累计的未分配利润。同理，上一年度未弥补亏损，留待以后年度弥补，以后年度又发生亏损继续滚存下来，未分配利润反映的是历年累计的亏损，记为负数。分析时可将期末与期初对比，观察其变动的曲线和发展的趋势。

盈余公积和未分配利润统称为留存收益，是企业从历年实现的净利润中提取或形成的留存于企业的内部积累。留存收益的目的是保证企业实现的净利润有一部分留存在企业，不全部分配给投资者。这样，一方面可以满足企业维持或扩大再生产经营活动的资金需要，保持或提高企业的获利能力；另一方面可以保证企业有足够的资金弥补以后年度可能出现的亏损，也保证企业有足够的资金用于偿还债务，保护债权人的权益。因此，对于留存收益的提取和使用，除了企业的自主行为外，往往也有法律上的诸多规定和限制。

三、所有者权益总括分析

所有者权益又称自有资本、主权资金、权益资金，是企业资金来源中最重要的组成部分，是其他资金来源的前提和基础。权益资金在企业生产经营期间不需返还，是可供企业长期使用的永久性资金，而且没有固定的利息负担。所以，权益资金越多，企业的财务实力越雄厚，财务风险越小。如果企业的资金全部是权益资金，则无任何财务风险而言。所有者权益结构是企业采用产权筹资方式而形成的，是产权筹资的结果。对所有者权益进行总括分析，可以从以下几方面进行。

1. 所有者权益结构与总量分析

所有者权益变动既可能是所有者权益结构变动引起的，也可能是所有者权益总量变动引起的，两者的变化可分为以下几种情况：一是总量变动，结构变动。例如，当各具体项目发生不同程度变动时，其总量会因此变动，但由于各项目变动幅度不同，其结构会随之变动。二是总量不变，结构变动。这是所有者权益内部各项目之间相互变动造成的，如以盈余公积转增资本。三是总量变动，结构不变。当所有者权益内部各项目按相同比例同方向变动时，会出现这种情况。实务中第三种情况几乎没有，而第一种、第二种情况却是普遍存在的。

2. 企业利润分配政策对所有者权益影响分析

所有者权益虽然由四个部分组成，实质上却可分为投资人投资和生产经营活动形成的积累两类。一般来说，投资人投资不是经常变动的，因此，由企业生产经营获得的利润积累形成的所有者权益数量的多少，就会直接影响所有者权益结构及数量，而这完全取决于企业的生产经营业绩和利润分配政策。如果企业奉行高股利分配政策，就会把大部分利润分配给投资者，留存收益的数额就较小，所有者权益变动就不太明显，生产经营活动形成的所有者权益所占比重就较低；反之，其比重就会较高。

3. 控制权股东对所有者权益影响分析

企业的真正控制权掌握在投资者手里，特别是投资比例较大的投资者手里。如果企业通过吸收投资者追加投资来扩大企业规模，就会增加所有者权益中投入资本的比重，使所有者权益发生变化，同时也会分散企业的控制权。如果原股东不想其对企业的控制权被分散，就会在企业需要资金时，采取负债筹资方式。在其他条件不变时，这既不会引起企业所有者权益发生变动，又不会分散其企业的控制权。

4. 权益资本成本对所有者权益影响分析

权益资本成本影响所有者权益的一个基本前提是所有者权益各项目的资金成本不同。事实上，在所有者权益各项目中，只有投资者投入的资本会发生实际资金成本支出，其余各项目是一种无实际筹资成本的资金来源，其资金成本只不过是机会成本。在实务中，即使把这种成本考虑进去，由于筹措这类资金既不花费时间，又无须支付筹资费用，所以，这类资金的成本要低于投入资本的资金成本。基于此类资金的这一特点，在所有者权益中，这类资金比重越大，权益资金成本就越低。

5. 经济环境对所有者权益影响分析

企业筹资渠道有多条，筹资方式有多种，企业可以根据需要进行选择。企业筹资渠道和筹资方式的选择，不仅取决于企业的主观意愿，还受外界经济环境的影响。例如，当资金市场比较宽松时，企业可能更愿意通过举债来筹集资金，这样既可以降低整个企业的资金成本，又可以获得财务利益；而资金市场紧张时，企业则会利用产权筹资方式来筹集资金，且更注意企业自身的积累，结果就会影响到企业的所有者权益结构。

资产负债表是体现企业在特定时点财务状况的财务报表，是企业对外提供的一份财务基本报表，能够帮助财务报表使用者了解企业情况、做出相应决策。它按照一定的分类标准和一定的次序，把企业在某一时点上的资产、负债和所有者权益等相关项目予以适当排列，将大量数据进行高度浓缩整理后编制成表，反映的是企业所拥有或控制的经济资源、所承担的现有义务和所有者对净资产的要求权。通过资产负债表可以了解企业未来需要多少资产或劳务清偿债务，可以了解投资者在企业总资产中所占的份额，也可以确认企业的短期偿债能力、资本结构和长期偿债能力以及企业的财务弹性。选用适当的方法和指标来解读企业的资产负债表，成为各类决策者与管理者必备的技能。

资产负债表包括资产、负债和所有者权益三大类项目。资产是指企业过去的交易或事项形成的、由企业拥有或控制的、预期会给企业带来经济利益的资源。资产负债表的资产项目应当分别按流动资产与非流动资产列示。资产满足下列条件之一的，应当归类为流动资产：①预计在一个正常营业周期中变现、出售或耗用；②主要为交易目的而持有；③预计在资产负债表日起一年内（含一年）变现；④自资产负债表日起一年内，交换其他资产或清偿负债的能力不受限制的现金或现金等价物。流动资产之外的资产应当归为非流动资产，并按其性质分类列示。

负债是指过去的交易或事项形成的现时义务，履行该义务预期会导致经济利益流出企业。符合上述条件的义务，只有同时满足以下两个条件，才能确认为负债：一是，与该义务有关的经济利益很可能流出企业；二是，未来流出的经济利益的金额能够可靠地计量。资产负债表的负债项目应当分别按流动负债与非流动负债列示。负债满足下列条件之一的，应当归类为流动负债：①预计在一个正常营业周期中清偿；②主要为交易目的而持有；③自资产负债表日起一年内到期应予以清偿；④企业无权自主地将清偿推迟至资产负债表日后一年以上。流动负债之外的负债应当归为非流动负债，并按其性质分类列示。

所有者权益是指企业资产扣除负债后由所有者享有的剩余权益，反映企业在某一特定日期股东投资者拥有的净资产的总额。所有者权益来源于所有者投入的资本、直接计入所有者权益的利得和损失、留存收益等。资产负债表中的所有者权益类一般按照净资产的不同来源和特定用途进行分类，应当按照实收资本（或股本）、资本公积、盈余公积、未分配利润等项目分项列示。

资产负债表分析对于财务报表使用者来说有不可替代的作用，财务报表使用者可以运用多种方法从多个方面对资产负债表进行分析和研究。本书主要从以下两方面进行了分析：一是进行资产负债表质量分析，就是对企业资产、负债和所有者权益的主要项目进行深入分析，评价资产质量与权益质量，从而分析与揭示企业生产经营活动、经营管理水平、会计政策及会计变更对筹资与投资的影响，为企业的健康发展提供依据；二是进行资产负债表结构分析，通过将资产负债表中各项目与相关项目进行对比，分析企业的资产构成、负债构成和所有者权益构成，揭示企业资产结构和资本结构的合理程度，研究企业资产结构优化、资本结构优化及资产结构与资本结构适应程度优化等问题。

本 章 小 结

通过本章学习，我们已经了解了分析企业资产负债表的意义、资产负债表结构及《企业会计准则》对资产负债表的披露要求；掌握了资产的新分类方法——按质量分类；学习了流动资产的概念、构成及质量分析，重点学习了存货概念、构成及质量分析方法；学习了主要非流动资产的质量分析方法，重点学习了长期股权投资的概念、范围界定、财务报表披露惯例及质量分析方法；学习了资产结构分析方法；学习了负债分析的有关内容，包括负债、流动负债、非流动负债概念及对企业的重要意义，重点讨论了预计负债的确认、与或有负债的关系及质量分析方法；学习了负债的总括分析；了解了所有者权益的构成、基本特征及质量分析方法。学习本章之后，我们将树立正确的资产质量观、资本结构质量观与平衡观等。

复习思考题

1. 企业资产负债有哪些作用？为什么要进行资产负债表分析？

2. 如何理解资产质量的概念？资产如何按质量分类？

3. 流动资产包括哪些资产？有什么特点？

4. 如何进行货币、金融资产、应收票据、存货、长期股权投资、固定资产、无形资产及资产整体质量分析？

5. 什么是负债？负债有哪些特征？

6. 如何进行短期借款、交易性金融资产、应付票据、应付账款、预计负债、长期借款、应付债券、长期应付款及负债总括的质量分析？

7. 什么是所有者权益？所有者权益有哪些特征？

8. 如何进行实收资本（或股本）、资本公积、盈余公积、未分配利润及所有者权益总括的质量分析？

第四章　利润表分析

学习目标：

了解利润表的基本内容和结构；掌握利润表结构分析的方法；了解企业的盈利模式；掌握利润表各项目的分析方法；掌握企业利润下降的经营表现；了解企业操纵利润的手段。

关键词：

利润表；项目；质量分析；利润操纵

【案例引读】

利润造假何时休——万福生科造假上市启示录

如果说绿大地是中小板造假第一例，那么万福生科就是创业板造假第一例。为什么造假如此恶劣的公司竟能通过 IPO 层层审核，最终却被中国证监会湖南监管局（以下简称湖南证监局）的一次例行检查揭开盖子？

2012 年 8 月 22 日，万福生科发布上市后的第一份半年报，预付账款余额超过 3 个亿，"账表不符"；财务总监解释称为了让财务报表好看一点，将一部分预付账款重分类至在建工程等其他科目，但职业敏感使检查组意识到如此畸高的预付账款绝对不正常，因为上年同期才只有 0.2 亿元，那么这些预付账款去哪里了？检查组立即到银行追查资金真实去向，账列预付 8 036 万元设备供应款根本就没有打给供应商（法人），而是打给自然人；比对后发现下游回款根本不是客户（法人）打进来的，而是自然人打进来的。现场检查组发现万福生科银行回单涉嫌造假的违法事实之后，湖南证监局立即于 2012 年 9 月 14 日宣布对其立案调查，从此揭开了一个伪造银行回单 14 亿元、虚构收入 9 亿多元的惊天大案。

万福生科的造假模式将公司的自有资金打到体外循环，同时虚构粮食收购和产品销售业务，虚增销售收入和利润。中国证监会稽查组负责人介绍，万福生科造假案是集系统化、隐蔽性、独立性为一体的，采取了成本倒算制，使财务报表整体十分平衡，很难从形式上发现问题。从造假手法上看，龚永福的造假手法仍然停留在传统阶段上，更深层次的原因是中介机构的财务核查方法机械、古板，早被客户熟知。对此，中介机构在使用常规的财务核查程序和方法之外，还应使用一些非常规的财务核查程序和方法。

万福生科自称取名于"万里鹏翼、厚德载福"，招股书称其铭记"唯厚德者多福""厚福者必宽厚，宽厚则福益厚"；龚永福自述其穷孩子出身，信奉"信为人之本，德为商之魂"，称从来没做过对不起人的事，如今却因涉嫌欺诈发行股票罪、违规披露重要信息罪已被检察机关正式提起公诉。龚永福从一个老实忠厚的农村穷孩子沦为一个老奸巨猾的金融诈骗犯，是中国贪腐文化使其由"红"变"黑"，还是人性本恶？

资料来源：新浪财经. 万福生科造假上市启示录. http://finance.sina.com.cn/stock/s/20140811/093119 971251.shtml，2014-08-11

第一节　利润表分析基础

一、利润表的格式

利润表是反映企业一定期间经营成果的财务报表，是根据"利润=收入-费用"的基本关系编制的。在实际编制时，有两种方法可供选择：一是以企业一定时期的全部收入总和减去全部费用支出的总和；二是根据企业收入和费用的性质分类，尽可能相互配比，以计算出不同业务所取得的利润，将各种利润加起来即为利润总额，然后再减去所得税费用，即为净利润。相应地，利润表的格式也有两种，按照第一种方法计算净损益的称为单步式利润表；按照第二种方法计算净利润的称为多步式利润表。在我国，企业利润表基本上采用的是多步式格式（表4-1）。

表4-1　利润表

编制单位：	201×年度	单位：元
项目	本期发生额	上期发生额
一、营业收入		
二、营业成本		
税金及附加		
销售费用		
管理费用		
财务费用		
资产减值损失		
加：公允价值变动收益（损失以"-"号填列）		
投资收益（损失以"-"号填列）		
其中：对联营企业和合营企业的投资收益		
汇兑收益（损失以"-"号填列）		
三、营业利润（亏损以"-"号填列）		
加：营业外收入		
其中：非流动资产处置利得		
减：营业外支出		
其中：非流动资产处置损失		
四、利润总额（亏损总额以"-"号填列）		
减：所得税费用		
五、净利润（净亏损以"-"号填列）		
六、其他综合收益的税后净额		
七、综合收益总额		
八、每股收益：		
（一）基本每股收益		
（二）稀释每股收益		

利润表一般由表头、主体和补充资料三部分构成。

利润表的表头，主要注明编制单位、财务报表期间、货币计量单位等，由于利润表说明的是某一时期的经营成果，因而利润表的表头必须注明"某年某月份"或"某会计年度"。表内利润表的主体部分，主要反映收入、费用和利润各项目的具体内容及其相互关系。为了使财务报表使用者通过比较不同期间利润的实现情况，判断企业经营成果的未来发展趋势，企业需要提供比较利润表，所以利润表就分两栏填列各项目的"本期金额"和"上期金额"。补充资料列示或反映了一些在主体部分中未能提供的重要信息或未能充分说明的信息，这部分资料通常在财务报表附注中列示。

二、利润表的内容

尽管传统会计收益客观、可检验和谨慎，但是，遵循历史成本原则、实现原则及配比原则计算出来的传统会计收益表现出较大的片面性，是许多人为规则的产物。它具体表现在：第一，坚持收益确定的实现原则，使计量的收益并非企业的全部收益，即未包括未实现的持有收益；第二，以现时价格计量收入、以历史成本计量成本费用，使成本不能得到真正回收，造成虚盈实亏；第三，历史成本计价使资产负债表所反映的资产价值仅是尚未摊销的成本余额，从而失去了现实意义；第四，稳健原则和配比原则都基于主观判断因素，使计量结果缺乏可比性。

为了解决这些问题，1980 年，美国财务会计准则委员会（Financial Accounting Standards Board，FASB）首次提出了综合收益观念，并将其定义为"一个主体在某一期间与非业主方面进行交易或发生其他事项和情况所引起的权益（净资产）变动。它包括这一期间内除业主投资和派给业主款以外的产权的一种变动"。根据 FASB 提出的综合收益概念，综合收益可以表示为"综合收益=净收益+其他综合收益"，其中，净利润（或净收益）就是传统意义上的税后利润，其他综合收益指的是除净收益以外在各个会计期间内的其他非业主交易引起的权益变动。与净利润相比，综合收益包括了那些未实现的、超越损益表的利润和损失的要素，能更好地反映当期净资产的全部变动情况。然而，综合收益中的各项收益来源可能在稳定性、风险性和可预测性上有所不同，收益特征可能彼此悬殊，这便需要掌握有关综合收益各种组成内容的信息，并进行深入分析。

在我国现行《企业会计准则》下，利润表中营业利润包含了"公允价值变动损益""资产减值损失"等未实现资产利得和损失。"公允价值变动损益""资产减值损失"作为直接计入利润的利得和损失纳入利润表，使净利润中包含了部分"其他综合收益"（未实现资产持有利得和损失）的内容，而另一部分的"其他综合收益"项目（为其他综合收益各项目分别扣除所得税影响后的净额）在利润表中列示于净利润之下，最后通过"综合收益总额"项目全面揭示企业净利润与其他综合收益的合计金额。

针对上述内容，我国的多步式利润表按照企业收益形成的主要环节，通过营业利润、利润总额、净利润和综合收益四个层次来分步披露企业的收益，并详细地揭示企业收益的形成过程。利润表中各项目之间的联系如下：

营业利润=营业收入-营业成本-税金及附加-销售费用-管理费用-财务费用

　　-资产减值损失±公允价值变动损益+投资收益

$$利润总额=营业利润+营业外收入-营业外支出$$
$$净利润=利润总额-所得税费用$$
$$综合收益总额=净利润+其他综合收益$$

其中，利润表中"营业收入"与"营业利润"中"营业"的意义是不相同的。"营业利润"是指企业在从事销售商品、提供劳务和让渡资产使用权等日常经营业务过程中所形成的经济利益的总流入。而"营业利润"中的"营业"范围则较广，既包括对产品或者劳务的经营，也包括"资产减值损失"等与管理和决策有关的项目对利润的影响，还包括通常不被认为是日常经营活动的对外投资活动所产生的投资收益以及公允价值变动损益等。这样便导致利润表中的"营业利润"与"营业收入"很难按照同一口径进行比较。因此，我们将利润表的内容进行重构，以便更加清晰地认识利润表和辨识企业的经营成果，具体如下。

第一层，毛利。这一概念反映了企业初始获利空间的大小，或者是最大利润空间的大小，对这一指标的分析往往要结合企业所处行业，并分析企业在行业中的竞争优势。其公式如下：

$$毛利=营业收入-营业成本$$

第二层，营业利润。营业利润既包含经营活动所获取的利润，也包含对外投资活动所获取的投资收益。之所以将投资收益项目也纳入营业利润范围，是因为随着资本市场的逐步完善，在投资活动中获取收益或承担亏损已经成为企业正常经营活动中不可分割的一部分，甚至是利润总额的重要组成部分，其公式如下：

$$营业利润=毛利-税金及附加-销售费用-管理费用-财务费用-资产减值损失$$
$$\pm公允价值变动损益+投资收益$$

在实际分析时，仍然建议将经营活动所获取的利润"经营利润"与对外投资活动所获取的"投资收益"分别考虑，因为利润的来源对企业资产的利用情况及现金流量的实现情况都有所影响，当然也会形成不同的盈利模式，从而制定不同的发展战略等。

第三层，利润总额。利润总额与营业利润之间的差异在于营业外收入和营业外支出。区别于日常经营活动所产生的收入和费用，一般来说，营业外收入和营业外支出都应该属于小项目，要看清其对利润的实质性影响。其公式如下：

$$利润总额=营业利润+营业外收入-营业外支出$$

第四层，净利润。利润总额减掉企业所得税费用就是净利润。报表使用者往往更加关注净利润，尤其是股东，净利润对于利益分配的影响是至关重要的。其公式如下：

$$净利润=利润总额-所得税费用$$

第五层，综合收益。综合收益总额项目反映净利润和其他综合收益扣除所得税影响后的净额的合计金额。其他综合收益是指企业根据《企业会计准则》规定未在当期损益中确认的各项利得和损失，应当根据相关《企业会计准则》的规定将其分为下列两类列报：①以后会计期间不能重分类进损益的其他综合收益项目，主要包括重新计量设定受益计划净负债或净资产导致的变动，按照权益法核算的、在被投资单位以后会计期间不能重分类进其他综合收益中所享有的份额等；②以后会计期间在满足规定条件时将重分类进损益的其他综合收益项目，主要包括按照权益法核算的、在被投资单位以后会计期间满足规定条件时将重分类进损益的其他综合收益中所享有的份额，可供出售金融资产公允价值变动形成的利得或损失，持有至到期投资重分类为可供出售金融资产形成的利得或损失，现金流量套期工具产生的利得或损失中属于有效套期的部分，外币财务报表折算差额等。其公式如下：

$$综合收益总额=净利润+其他综合收益$$

第二节 利润表结构分析

利润表结构分析是把利润表放在整个财务报表体系内，首先考虑利润表自身的内部结构，对其进行细化分解，通过相关项目之间的比较分析，考察影响企业利润的主要因素，了解企业的重要盈利区域；然后分析利润结构与资产负债表相关项目的关系；最后分析利润结构与相应的现金流量结构之间的关系，通过整个财务报表体系的结构分析企业的盈利模式，预测企业的发展前景。

一、利润表自身结构分析

（一）毛利率的表现及影响

毛利是营业收入减去营业成本得出的，毛利率则是毛利除以营业收入得出的。行业毛利率的平均水平会在很大程度上反映所处行业的基本特征，如行业的竞争状况、行业的成熟程度等；而行业内各个企业的毛利率又会在一定程度上反映出该企业产品在市场上的相对竞争实力，而产品的竞争实力又是企业核心竞争力的重要决定因素。因此，毛利率是体现企业整体营利能力的基础性信息。

如果企业拥有相对较高的毛利率，可能有以下几种原因：第一，企业在所从事的产品经营活动中具有垄断地位，在这种情况下，应该关注企业所拥有的垄断地位会保持多久；第二，企业所从事的产品经营活动由于各种原因具有较强的核心竞争力，在这种情况下，应该关注企业长期保持其核心竞争力的能力；第三，企业所从事的产品经营活动行业是具有周期性变化规律的，在这种情况下，应该着重分析企业所处的行业特点，关注行业是否处于高速发展阶段；第四，企业由于盲目生产产品导致产大于销、存货积压而引起毛利率的提高，在这种情况下，应该着重分析企业的产品生产决策是真实地基于市场的未来需求，还是来自于管理层的决策失误；第五，企业会计处理不当，故意选择调高毛利率的手段，在这种情况下，可以参考注册会计师出具的审计报告的意见类型与措施，并关注财务报表附注相关内容。

如果企业拥有较低的毛利率，则可能有以下几种原因：第一，行业竞争过于激烈，难以在现有的市场中获得高于其他同类企业的优势，分析这类企业时，可关注行业竞争激烈的原因、企业有无可以突破的能力或者能否确定适当的退出时机；第二，企业产品的生命周期已经进入衰退期，在这种情况下，通常会伴随着全行业毛利率的普遍下滑，可重点关注企业在产品转型、产品开发等方面的举措，分析企业未来盈利模式的变化趋势；第三，企业产品的品牌、质量、成本和价格等在市场上没有竞争力，在这种情况下，应进一步分析企业的核心竞争力到底体现在哪些方面，能否在未来获得改进；第四，企业会计处理不当，故意选择调低毛利率的手段，在这种情况下，同样应该参考注册会计师出具的审计报告的意见类型与措施及相关的财务报表附注内容。由于毛利率是产品最大利润空间的体现，所以无论是哪种情况造成的毛利率下滑，都意味着企业单位产品的营利能力在下降。

（二）企业自身经营活动的营利能力

以生产经营为主的企业，经营利润应该成为企业一定时期财务业绩的主体。而目前的利润表中的营业利润是包括投资收益的，为了能够很好地评价企业自身经营活动的营利能力，有必要从结构上将营业利润分为两个部分，可以考虑将投资收益和公允价值变动损益剔除，剩余部分形成"经营利润"，从而更恰当地分析与评价企业经营活动的营利能力及发展趋势，以及在行业中所处的竞争地位和相对竞争实力，由此预测企业业绩的未来走势。同时，还可以通过考察销售费用和管理费用等项目，发现企业在毛利率、销售费用和管理费用等项目上有可能存在的管理倾向。

（三）企业投资活动所带来的利润空间

如果从营业利润中单独考虑投资活动所带来的收益，那么也可以分析企业在其经营活动之外，是否有投资收益的空间。目前大部分企业都同时进行生产经营活动和投资活动，而且有一部分企业是以投资活动为主的，但目前的利润表编制是从"营业利润"开始的，没有将投资收益单独考虑。基于分析的必要性，可以将投资收益和公允价值变动损益作为分析的基础，统称为"投资利润"，结合相关的资产项目和投资活动现金流量项目，更有效地评价投资活动在企业利润中的地位和作用。

（四）企业资产管理质量在利润结构中的体现

企业资产管理质量主要可以通过考察"资产减值损失"项目的规模大小来加以分析与评价。虽然在经营活动中资产出现减值是很正常的现象，但高水平的企业管理者，会适时增加优良资产，适时处置或者售出不良资产，并在整个过程中充分获取利润，实现企业资产的保值与增值。企业经常出现大规模的资产减值损失，或者是企业正在进行盈余管理的信号，或者反映了企业在债券管理、存货管理、固定资产管理和投资管理等方面存在着管理疏漏或者重大决策失误。因此，该项目在利润表中的单独披露，为信息使用者分析判断企业可能存在的资产管理质量问题和可能的盈余管理倾向创造了条件。

（五）非营业项目对企业利润的持续性的影响

企业利润的持续性，可以通过直接比较营业利润与营业外收支净额的相对规模进行初步分析与评价。"营业利润"项目可视为企业从事正常经营活动和投资活动所带来的财务成果，一般应具有较强的持续性；而营业外收支净额多数是由非流动资产处置损益以及补贴收入等一些偶尔发生的非正常损益项目引起的，通常情况下难以持久。因此，可通过考察营业外收支净额在利润总额中所占比重来初步判断企业利润的持续性。

（六）企业利润的可实现质量

企业利润的可实现质量，主要可以通过将包括资产减值损失和公允价值变动损益在内的未实现损益与利润表中的已实现损益进行比较来加以考察。如上所述，由于未实现损益并不能带来相应的现金流量，如果企业利润结构中未实现损益所占比重过大，势必会影响利润中现金的实现能力，给企业造成大量的资产泡沫和利润泡沫，当然这在一定程度上会影响企业的利润质量。

二、企业的利润结构与资产结构之间的对应关系

为了体现资产的真实价值，按照现行《企业会计准则》所确定的利润，应该是建立在资产真实价值基础上的资产利用效果的最终体现，应该更能体现企业资产在价值转移、处置以及持有过程中的增值质量。因此，利润质量与对应的资产质量会更加密切相关，资产增值将成为企业投资者、经营管理者及其他利益相关者共同追求的目标，以及企业持续发展的必要要求。通过分析利润结构与资产结构的对应关系，可以分析企业经营性资产与投资性资产的相对增值质量，从而将其作为预测企业可持续发展潜力的重要依据。

（一）经营利润和投资利润的确定

基于利润表自身分析的需要，本章第一节已经将营业利润做了分解，分成了主要考虑生产经营活动利润的"经营利润"和投资活动所取得的"投资利润"，在结合资产负债表分析其对应关系时，仍沿用这两个概念，具体公式如下：

经营利润=营业收入-营业成本-税金及附加-销售费用-管理费用-财务费用

投资利润=投资收益+公允价值变动损益

经营利润反映了经营性资产整体的价值变化，能够更好地反映全部经营性资产在价值转移和持有过程中的增值情况，同时可以通过计算经营性资产报酬率，较为恰当地评价企业经营性资产的营利能力，便于对企业经营性资产的整体质量进行评价。

投资利润进一步扩大了与投资收益有关的概念范围，能够更好地反映全部投资性资产在处置和持有过程中的增值情况。另外，按照现行《企业会计准则》的规定，只有当投资企业已经实现收益并表现为企业净资产增加时，才能将收益计入投资收益；并且在处置交易性金融资产投资时，要将以前确认的公允价值变动转入"投资收益"科目。只有将公允价值变动损益和投资收益加在一起考察，才能较为准确地反映投资性资产在当期带来的全部收益。同时也可以通过计算投资性资产报酬率，较为恰当地评价企业投资性资产的营利能力，从而对企业投资性资产的整体质量进行评价。

经营利润与投资利润的区分，出于重要性原则和计算成本的考虑，并未纳入资产减值损失项目，这样相对简化了计算，但也确实产生了一定的误差，尤其当某些资产的减值损失金额较大时，应区分其资产项目的特点，纳入"经营利润"或者是"投资利润"。一般认为应收账款、存货、固定资产和无形资产等项目，从性质上来看，可以作为经营性资产，即其对应的减值损失也应当从经营利润中减除；而涉及投资活动的资产有交易性金融资产、可供出售金融资产、持有至到期投资及长期股权投资等，这些项目对应的减值损失应从投资利润中扣除。其他资产类项目可以根据企业的实际情况进行分析，明确其性质之后考虑其对利润的影响，从而更有效地进行分析和预测。

（二）利润结构的资产增值能力分析

利润实质上是资产的增值表现，在分析中，可以比较经营利润与经营性资产、投资利润与投资性资产之间的相对增值能力。

（1）经营性资产的增值能力分析。其主要可以通过计算经营性资产报酬率对经营性资产的增值能力进行分析与评价。除一般性地比较企业不同年度间、行业内不同企业间的经营性资产增值能力以外，还应注意的是，对于经营性资产而言，由于种类繁多，不同经营性资产的利润贡献方式可能存在较大差异。例如，在企业从事生产制造活动同时兼营出租业务的情况下，租金收入与普通产品销售收入对利润的贡献方式显然不同，因此，应特别关注经营性资产的结构性差异对企业利润贡献造成的不同影响。

（2）投资性资产的增值能力分析。其主要可以通过计算投资性资产报酬率对投资性资产的增值能力进行分析与评价。除了一般性地比较企业不同年度间、行业内不同企业间的投资性资产增值能力以外，还应注意的是，对于投资性资产而言，由于涉及交易性金融资产和非流动资产中诸多形态的投资性资产，不同形态的投资性资产产生的投资性收益在确认和计量方法上存在着较大的差异，如金融资产处置收益、长期股权投资转让收益、成本法、权益法确认的投资收益及利息收益等，因此，应特别关注不同投资性资产在利润确认方面存在的差异。

（三）分析利润操纵倾向

通过比较投资利润与投资性资产、经营利润与经营性资产之间的相对营利能力差异，可以对企业的利润操纵倾向做出判断。

（1）在投资性资产的营利能力与经营性资产的营利能力大体相当的情况下，一般认为，企业的内部产品经营活动与对外投资所涉及的产品经营活动所具有的营利能力相当、管理效率相当。在这种情况下，企业的管理活动应该集中于提高现有资产的利用率（在现有资产利用率、周转率还有提升空间的情况下）或者扩大产品经营规模与对外投资规模（在企业现有资产利用率、周转率已经处于较高水平的情况下）。

（2）在投资性资产的营利能力高于经营性资产的营利能力情况下，一般认为，企业对外投资的效率高于企业内部经营产品的营利能力。经营性资产的营利能力较低可能意味着企业在经营性资产方面存在着不良占用（或非经营性占用）、资金周转缓慢、产品在市场上没有竞争优势等的现象。在管理上，企业考虑的重点应该是提高内部资产的利用率、消除不良占用和提升产品在市场上的竞争力等。在现有经营状况难以为继的情况下，企业还应当考虑进行产品结构的战略性调整。

另外，投资性资产的营利能力高，虽然可能说明企业的投资性资产获利能力较强，但也有可能意味着企业在对外投资的收益确认方面存在着较大的虚假成分和泡沫。在这种情况下，企业的泡沫利润虽然可以补充企业近期的财务业绩，但可能会对企业未来发展带来不良后果。

（3）在投资性资产的营利能力低于经营性资产的营利能力情况下，一般认为，企业对外投资的效益在下降。经营性资产的营利能力较强可能意味着企业在经营性资产方面管理质量较高、产品在市场上有明显竞争优势等。投资性资产的营利能力偏弱，企业考虑的重点应该是做出继续持有还有出售有关投资的决策，或者通过加强对投资对象的管理来提升对外投资的营利能力。

利润是企业在经营过程中通过对资产的使用、持有及转让而获取的经营成果。因此，利润结构与资产结构应该有一种必然的对应关系。通常情况下，不同资产项目产生利润的能力是不同的，因此，当企业进行多元化经营时，就需要不断优化投资结构、产品结构和业务结构，提高资源配置效率、改善企业的经济效益。

三、企业利润结构与现金流量结构之间的对应关系

结合资产负债表对于资产性质的划分及利润结构的分析，对企业利润结构与相应的现金流量结构之间的对象关系进行分析，可以判断企业利润结构的现金获取质量。

（一）经营利润与经营活动所产生的现金净流量的关系

经营利润是企业开展自身经营活动所赚取的经营成果，因此通过与经营活动产生的现金流量净额进行比较，就可以反映出经营利润产生现金净流量的能力。

利润表是基于权责发生制编制的，而现金流量表的编制基础是现金收付实现制，所以在分析中，"经营利润"和"经营活动产生的现金净流量"在口径上是无法完全对应的，那么是否应该对这两个指标进行调整呢？口径是不是必须完全一致呢？不同的分析者有不同的观点。如果通过调整使两个指标可比性更高，甚至相似或者相同，那么确实可以获得更加准确的分析结果，但必然会增加分析的难度和工作量。如果对于分析的结果要求并非十分精确，而是希望通过分析确定利润与现金流量的发展方向及趋势，同时确定相关的对比程度时，就不必要对此指标进行调整。为使结果更加可靠，可以结合资产负债表中非付现的折旧和摊销，以及利润表中的财务费用等项目，进行数据的相对性比较。

在企业稳定发展的阶段，经营利润应该与现金流量表中的经营活动现金流量净额数据大体相当。如果差距巨大，可以考虑有以下的原因：第一，企业收款不正常，导致回款不足，从而引起现金流量表中经营活动产生的现金流量净额减少。通过比较企业利润表中两年的营业收入数字、资产负债表的年末与年初应收账款与应收票据的规模变化，以及现金流量表中两年的销售回款情况，即可初步判断企业的销售回款是否基本正常。第二，企业付款出现不利于现金流量表中经营活动产生的现金流量净额增加的变化，如企业"购买商品、接受劳务支付的现金"等项目出现不利于现金流量表中经营活动产生的现金流量净额增加的重大变化。第三，企业存在不恰当的资金运作行为，如某些企业的"支付的其他与经营活动有关的现金流量"巨大，其他活动成了主流活动。第四，企业财务报表有造假或者错误。

（二）投资利润与投资收益的现金回收额的关系

企业的投资收益主要来源于金融资产处置收益、金融资产持有期间取得的利息及股利收益、长期股权投资转让收益、权益法确认的长期股权投资收益和成本法确认的长期股权投资收益等。

在企业以长期股权投资和长期债权投资为主的情况下，企业利润表中的"投资收益"

项目的金额是在权责发生制下按照长期投资会计处理的基本惯例与原则确认的收益。在关注收益规模的同时，还应关注其产生现金流量的能力。在企业主要以长期股权投资和长期债券投资为主，且年内没有发生投资转让的情况下，与本期投资收益相对应的现金应回收金额应为现金流量表中的"取得投资收益收到的现金"金额和资产负债表中"应收股利"与"应收利息"变动额之和。

在权益法下确认企业对外投资收益时，企业所确认的投资收益从根本上来说永远会大于该投资收益所对应的现金应回收金额。原因很简单，被投资方不可能将利润百分之百作为现金股利分掉。在权益法下确认的投资收益不能引起企业货币回收的部分，将形成泡沫利润（投资收益）与泡沫资产（长期股权投资）。这些利润和资产都无法带来现金流量。企业当期的泡沫利润与泡沫资产，极有可能成为未来的投资损失和不良资产。因此，应该特别关注投资收益巨大、现金回款不足而带来泡沫利润与泡沫资产的情况。当按成本法核算对子公司的投资时，只有在子公司分配现金股利的情况下，母公司才能将分得的现金股利确认为投资收益，这样一来，母公司的投资收益产生现金流入量的能力会因此而大大提升，泡沫利润与泡沫资产会最大限度地被消除，从而极大地改善相关的利润与资产质量。在年度内有投资转让的情况下，因为投资收益中所包含的投资转让收益一般都会最终带来现金流入，所以，只需要重点考察按成本法和权益法确认的投资收益以及利息收益产生现金流入量的能力。

四、企业利润结构质量分析图

综合上述分析，对于以生产经营为主的企业，可以从其自身的经营性资产入手，按照经营性资产—经营利润—经营现金流量的思路进行分析，根据这个分析路线能够较为清晰地判断企业经营性资产的整体质量和利润结构质量。而对于投资性资产，可以关注其投资利润和投资收益的现金回收额，如图 4-1 所示。

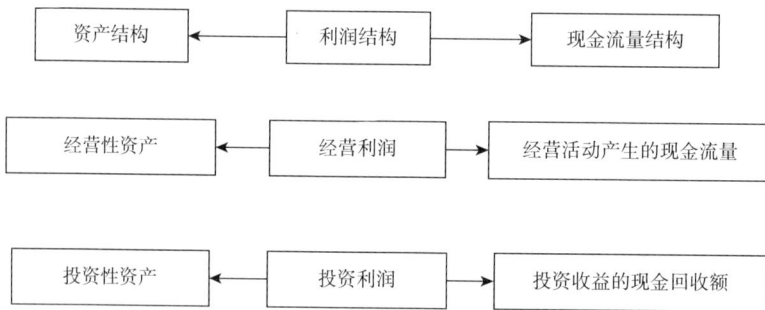

图 4-1　企业利润结构质量分析图

但是，如果企业是以控制性投资资产为主的企业，即这类企业基本不开展自身经营活动，主要从事对外投资活动以及后续的投资管理工作，那么这类企业财务报表中的资产项目主要就是货币资金、其他应收款及长期股权投资。而固定资产等常规的经营性资产项目则金额相对较少，由于采用成本法核算企业的投资收益，所以在被投资企业不分红的情况下，这类投资方企业的利润表中就无法显示投资收益。在这种情况下，企业利润表中的营业收入规模可能会很小，而管理费用、销售费用、财务费用等期间费用却照常发生，被投资企业的投资收益无法显示，就会导致利润表中所显示的企业业绩非常差。这时，要想正确判断企业的资产质量和利润结构质量，就必须首先分析该企业的控制性投资资产，然后分析被投资企业的经营利润和经营活动现金净流量。这就要求必须考虑这类企业公开披露的合并财务报表信息，这一点对于现在上市公司的分析来讲极其重要。

五、利润结构与盈利模式分析

从利润表的结构和内容来看，构成企业利润主体的是经营利润和投资收益，据此也可以将企业的盈利模式主要划分为以下两种类型。

（1）经营主导型。这种盈利模式以企业自身开展的经营活动为内容，以消耗经营性资产为基础，以取得经营利润和经营活动所产生的现金净流量为主要业绩表现。这里的经营活动，是指与企业利润表中核心利润的形成有关的活动，主要包括企业的生产活动、销售活动及所提供劳务等。经营活动应该产生经营利润并带来相应的经营活动现金净流量。在企业以自身经营活动为主体经营活动的情况下，企业的经营利润应成为其利润总额的主要贡献力量。

（2）投资主导型。这种盈利模式以对外投资活动为内容，以消耗投资性资产为基础，以产生投资收益和投资活动引起的现金流入量为主要业绩表现。这里的投资活动，是指与企业利润表中投资收益的形成有关的活动，主要包括企业取得或处置交易性金融资产、持有至到期投资及长期股权投资等各项对外投资活动等。对外投资活动应该产生投资收益，带来相应的现金净流量。在企业以对外投资为主体的情况下，企业的投资利润应成为其利润总额的主要贡献力量。

另外，也要关注在企业的运营过程中，可能会出现的特殊经营阶段。例如，企业发生资产重组等行为，就要以优化企业的经营性资产或者投资性资产为基础，以产生利润和相应的现金流量为业绩表现，对企业的经营性资产或者投资性资产进行重组。显然，这种重组的基础和条件是控股股东要有可以驾驭的资源。重组成功后企业的盈利模式又重新归于经营主导性或者投资主导型。

第三节 利润表项目质量分析

一、收入类项目分析

（一）收入的定义及特点

1. 收入的定义

收入是指企业在日常活动中形成的、会导致所有者权益增加的、与所有者投入资本无关的经济利益的总流入，主要包括销售商品收入、提供劳务收入和让渡资产使用权收入。其中，日常活动是指企业为完成其经营目标所从事的经常性活动以及与之相关的其他活动。企业代第三方收取的款项，应当作为负债处理，不应当确认为收入。

2. 收入的特点

（1）收入从企业的日常活动中产生，如工商企业销售商品、提供劳务的收入等，而不是从偶发的交易或事项中产生。

（2）收入既可能表现为企业货币资产或非货币资产的增加，如增加银行存款、应收存款等，也可能表现为企业负债的减少，如以商品或劳务抵偿债务，或者二者兼而有之。这里所指的以商品或劳务抵债，不包括债务重组中的以商品抵债。

（3）收入能导致企业所有者权益的增加。企业收入扣除相关成本费用后的净额，既可能增加所有者权益，也可能减少所有者权益。收入仅指收入本身导致的所有者权益的增加，而不是指收入扣除相关成本费用后的毛利对所有者权益的影响，因此，将收入定义为经济利益的总流入。

（4）收入只包含本企业经济利益的流入，不包括为第三方客户代收的款项，如增值税、代收利息等。代收的款项，一方面增加了企业的资产，另一方面增加了企业的负债。因此，它不增加企业的所有者权益，也不属于本企业的经济利益，不能作为本企业的收入。

（二）收入的确认与计量

1. 销售商品收入

销售商品收入同时满足下列条件的，才能予以确认。

（1）企业已将商品所有权上的主要风险和报酬转移给购货方。

（2）企业既没有保留通常与所有权相联系的继续管理权，也没有对已售出的商品实施有效控制。

（3）收入的金额能够可靠地计量。

（4）相关的经济利益很可能流入企业。

（5）相关的已发生或将发生的成本能够可靠地计量。

2. 提供劳务收入

企业在资产负债表日提供劳务交易的结果能够可靠估计的，应当采用完工百分比法确认提供劳务收入。完工百分比法，是指按照提供劳务交易的完工进度确认收入与费用的方法。

提供劳务交易的结果能够可靠估计，要同时满足下列条件。

（1）收入的金额能够可靠地计量。

（2）相关的经济利益很可能流入企业。

（3）交易的完工进度能够可靠地确定。

（4）交易中已发生和将发生的成本能够可靠地计量。

企业确定提供劳务交易的完工进度，可以选用下列方法。

（1）已完工作的测量。

（2）已经提供的劳务占应提供劳务总量的比例。

（3）已经发生的成本占估计总成本的比例。

3. 让渡资产使用权收入

让渡资产使用权收入包括利息收入、使用费收入等，让渡资产使用权收入同时满足下列条件的，才能予以确认。

（1）相关的经济利益很可能流入企业。

（2）收入的金额能够可靠地计量。

企业应当分别针对下列情况确定让渡资产使用权收入金额。

（1）利息收入金额，按照他人使用本企业货币资金的时间和实际利率计算确定。

（2）使用费收入金额，按照有关合同或协议约定的收费时间和方法计算确定。

4. 收入的披露

企业应当在附注中披露与收入有关的下列信息。

（1）收入确认所采用的会计政策，包括确定提供劳务交易完工进度的方法。

（2）本期确认的销售商品收入、提供劳务收入、利息收入和使用费收入的金额。

（三）营业收入分析

营业收入作为企业利润的主要来源，会在相当程度上决定企业利润的质量。因此，营业收入质量分析在利润质量分析中尤为重要，在对企业的营业收入进行分析时，应着重分析收入的品种构成、客户构成和获取方式。

1. 企业营业收入的品种构成分析

多元化经营是企业为分散经营风险而普遍采用的方式。在从事多元化经营的情况下，企业不同品种商品或劳务的营业收入构成对信息使用者具有十分重要的意义，占总收入比重大的商品或劳务是企业目前业绩的主要增长点；而企业销售产品或者劳务结构的变化往往会传递企业市场环境的变化、经营战略的调整、竞争优势的变化等信息。信息使用者可以通过对体现企业主要业绩的商品或劳务未来发展趋势进行分析，初步判断企业业绩的持续性；也可以通过销售产品或者劳务结构的变化情况来判断企业是否存在新的利润增长点，进而分析企业的未来发展走势。需要指出的是，如果企业对某一类产品，或者对某一种产品的依赖度过高，会使企业对某些外界环境变化因素异常敏感，从而增加企业的经营风险，在分析中要对这样的企业所处的经营环境重点关注。企业持续营利能力的保持，取决于由战略、管理、技术、市场、服务等因素所形成的企业综合竞争优势。对企业营业收入的品种构成及结构变化进行分析，有助于分析者找出决定企业竞争优势的关键因素，并进一步结合行业发展特征和环境变化来判断企业的发展前景。

2. 企业营业收入的客户构成分析

在企业为不同客户提供产品或劳务的情况下，不同客户商品或劳务所形成的营业收入构成对信息使用者也具有重要价值，占总收入比重大的客户是企业过去业绩的主要客户增长点，从消费者的行为表现来看，不同的消费者对不同品牌的商品具有不同的偏好，其市场潜力则在很大程度上制约企业的未来发展。具体来说，在分析中要具体考虑以下几个方面：第一，要分析客户的经济发展后劲与企业业务发展前景的关系，考虑客户群体的经济总量、经济结构的调整对企业未来市场的影响；第二，要分析客户所处地区的政治经济环境，若特定政治经济环境的不确定因素比较多，如行政领导人的更换、经济政策的调整等，会对企业的发展惯性有比较大的影响。

3. 企业营业收入的获取方式分析

对于正常获取的收入，可以考虑其产品构成或客户情况，但对于异常的收入，首先要分析关联交易收入在总收入中所占比重。在企业形成集团经营的条件下，集团各个企业之间就有可能发生关联方交易。由于关联方之间联系密切，它们就有可能为了包装某个企业的业绩而人为地制造一些业务。当然，关联方之间的交易也有企业之间正常交易的成分。但是，信息使用者必须关注以关联方销售为主体形成的营业收入在交易价格、交易实现时间等方面的非市场化因素。然后，分析部门或地区行政手段对企业营业收入的贡献程度。在我国社会主义市场经济的发展过程中，部门或地区行政手段对企业营业收入的影响也不容忽视，应该说，那些新兴产业，在其发展的初期阶段，是很需要部门或地区的行政手段支持的。但是，在企业处于稳定的发展阶段，或者企业所处的行业已经发展成熟的条件下，部门或地区行政手段的影响应当逐步淡化。然而，我国仍有一部分企业的业绩主要靠部门或地区行政手段来实现，形成的利润即便在过去是好的，其未来发展的前景也不一定乐观。一般来说，在相同的市场环境下，参与竞争各方最终会优胜劣汰，因此，只有靠市场获得持续发展的企业才具有真正意义上的核心竞争力。

二、费用类项目分析

费用类项目包括营业成本，期间费用（管理费用、销售费用、财务费用），税金及附加。成本是指企业为生产产品、提供劳务而发生的各种耗费；费用是指企业因销售商品、提供劳务等日常活动所发生的经济利益的流出。企业应当将当期已销产品或已提供劳务的成本转入当期的费用；商品流通企业应将当期已销商品的进价转入当期的费用。费用是为取得收入而发生的，因此费用的确认应当与收入的确认相联系，确认费用应该遵循权责发生制原则和配比原则。

费用是为实现收入而发生的资源耗费，按功能分类可以分为营业成本和期间费用。简单地说，营业成本是对象化了的费用，对于制造业来说，营业成本主要包含所售商品的进价或者生产成本，而期间费用一般包含销售费用、管理费用和财务费用三个项目，是企业为了维持当期的正常运营而发生的各种开支和消耗。分析费用质量的重点是要强调费用发生后所带来的效益。相当多的费用在规模上都是固定的，无法简单通过压缩规模来控制费用。有些费用如促销型广告费、研发费、人力资源开发费等，虽然可以通过企业决策来改变其发生的规模，但是其规模上的压缩往往会直接影响到企业发展前景，所以在费用的控制方面，不要片面强调节约和压缩，要强调效益，不要追求费用最小化，而要追求成本的效益最大化。

（一）营业成本分析

营业成本是指与营业收入相关的、已经确定归属期和归属对象的成本。在不同类型的企业里，营业成本有不同的表现形式。在制造业或工业企业，营业成本表现为已销产品的生产成本；在商品流通企业里，营业成本表现为已销商品的进货成本。工业企业产品销售成本是指已售产品的实际生产成本，它是根据已销产品的数量和实际单位成本计算出来的。在实际中，往往是每月末汇总销售成本后一并结转，而不是在每次发出库存产品时立即结转产品销售成本。已销商品的成本，即商品采购成本，是商业企业为销售商品而在采购时支付的成本，又分为国内购进商品成本和国外购进商品成本。国内购进商品成本包括国内购进商品的原始进价，即实际支付给供货单位的进货价款、购入环节交纳的税金和国内购进商品并已出口所收取的退税数（作为当期出口商品成本的减项）；国外购进商品成本包括企业支付的进价（商品价款、运输费用、保险费、佣金等），进口商品交纳的税金（包括关税、消费税、增值税），购进外汇价款以及支付给委托代理进口单位的海外运保费、佣金等。

在不同类型的企业里，营业成本有不同的表现形式。在制造业或工业企业，营业成本表现为已销产品的生产成本；在商业流通企业，营业成本表现为已销商品的进货成本。从企业利润的形成过程来看，企业的营业收入减去营业成本后的余额为毛利。企业只有有毛利，才有可能形成核心利润。因此，追求一定规模的毛利和较高的毛利率是企业的普遍心态，也是关注企业的信息使用者的普遍期望。

但必须指出，影响企业营业成本水平高低的因素，既有企业不可控的因素（如受市场因素的影响而引起的价格波动），也有企业可控制的因素（如在一定的市场价格水平条件下，企业可以通过选择供货渠道、采购批量来控制成本水平），还有企业通过成本会计系统的会计核算对企业制造成本的人为处理因素。因此，对营业成本的质量评价，应结合多种因素来进行，一般地，在分析中至少应关注以下几个方面：①营业成本计算是否真实，会计核算方法（如存货计价方法、固定资产折旧方法等）的选择是否恰当、稳健，当期有无发生变更，其变更有无对营业成本产生较大影响；②营业成本是否存在异常的波动，导致其异常波动的因素有哪些，哪些是可控因素，哪些是不可控因素，哪些是暂时性因素，哪些可能是对企业长期发展造成影响的因素，影响程度如何；③关联方交易和地方或部门行政手段对企业降低营业成本所做出的贡献如何，其持续性如何。

（二）期间费用分析

期间费用是指不受企业产品产量或商品销售量增减变动影响，不能直接或间接归属于某个特定对象的各种费用。这些费用容易确定其发生的期间和归属期间，但很难判别其归属对象，因而在发生的当期应从损益中扣除。我国把期间费用分为管理费用、销售费用和财务费用。

1. 管理费用

管理费用是指企业为组织和管理企业生产经营所发生的各种费用，包括企业在筹建期间发生的开办费、董事会和行政管理部门在企业的经营管理中发生的或者应由企业统一负担的企业经费（包括行政管理部门职工工资及福利费、物料消耗、低值易耗品摊销、办公费和差旅费等）、工会经费、董事会费（包括董事会成员津贴、会议费和差旅费等）、聘请中介机构费、咨询费（含顾问费）、诉讼费、业务招待费、房产税、车船税、土地使用税、印花税、技术转让费、矿产资源补偿费、研究费用、排污费及企业生产车间（部门）和行政管理部门等发生的固定资产修理费用等。总体而言，有些项目的支出规模与企业规模有关，对其实施有效控制可以实现企业管理效率的提高；有些项目的控制或压缩反而会对企业的长远发展产生不利影响，如企业研发费、职工教育经费等，这些费用的规模不宜盲目降低。在企业的规模、组织结构、管理风格和管理手段等方面变化不大的情况下，企业的管理费用规模也不会有太大变化，可以从支出的有效性、长期效应及异常波动的合理性等几个方面对管理费用进行分析。

2. 销售费用

销售费用是指企业在销售商品和材料、提供劳务的过程中发生的各项费用，包括企业在销售商品过程中发生的保险费、包装费、展览费和广告费、商品维修费、预计产品质量保证损失、运输费、装卸费等，以及为销售本企业商品而专设的销售机构的职工薪酬、业务费、折旧费、固定资产修理费用等。

从销售费用的基本构成来看，有的与企业的业务活动规模有关，如运输费、装卸费、整理费、包装费、保险费、销售佣金、差旅费、展览费、委托代销手续费、检验费等；有的与企业从事销售活动人员的待遇有关，如销售人员的职工薪酬；还有的与企业的未来发展、开拓市场、扩大企业品牌的知名度等有关，如广告费、促销费。从企业管理层对上述各项费用的有效控制来看，尽管管理层对诸如广告费、营销人员的职工薪酬等项目通过采取控制措施来降低其规模，但是这种控制或降低要么对企业的长期发展不利，要么会影响企业有关人员的工作积极性。因此，一般来说，在企业业务发展的条件下，企业的销售费用不能盲目降低。

3. 财务费用

财务费用是指企业为筹集生产经营所需资金等而发生的费用，主要包括企业生产经营期间发生的利息支出（减利息收入）、汇兑损失（减汇兑收益）、金融机构手续费及筹集发生的其他财务费用等。在利润表上，财务费用项目所反映的利息收入、利息支出及汇兑损失的净额，其数额可能是正数，也可能是负数。如果是正数，表明利息、融资净支出；如果为负数，则表明为利息、融资净收入。

经营期间发生的利息支出构成了企业财务费用的主体，而企业贷款利息水平的高低，主要取决于贷款规模大小、贷款利息率高低和贷款期限长短三个因素。企业贷款规模的降低会导致计入利润表的财务费用下降，从而增加企业的当期利润。同时也应关注贷款规模下降的恰当性，即是否与企业经营战略调整和企业未来的资金需求相适应，是否有可能因贷款规模的降低而限制企业的未来发展。从企业融资的角度来看，贷款利息率的具体水平主要取决于一定时间资本市场的供求关系、贷款规模、贷款的担保条件及贷款企业的信誉等几个因素。在利率的选择上，可以采用固定利率、变动利率或浮动利率等。可见，贷款利率中，既有企业不可控的因素，也有企业可控的因素。在不考虑贷款规模和贷款期限的条件下，企业的利息费用将随着利率水平的变化而波动。在分析中，应主要关注可控性因素的影响，了解企业贷款利率升降背后所隐含的融资环境、企业信誉等方面的变化，同时对企业因贷款利率的宏观下调等不可控因素而导致的财务费用降低则不应给予过高的评价。

（三）税金及附加分析

税金及附加是指企业日常活动应负担的税金，具体包括消费税、城市维护建设税、资源税及教育费附加等。消费税是对我国境内生产、委托加工和进口规定的烟、酒、化妆品等应税消费品的单位和个人征收的一种税。消费税的征收根据不同的应税消费品以固定的比例税率或定额税率来计算。城市维护建设税是国家对交纳增值税、消费税的单位和个人就其实际交纳的税款金额为计税依据而征收的一种税。资源税是国家对我国境内开采矿产品或生产盐的单位和个人征收的一种税，资源税的应纳税额一般按照应税产品的课税数量和规定的单位税计算。教育费附加是为了加快发展地方教育事业、扩大地方教育经费的资金来源而征收的一种税。

三、其他项目分析

（一）资产减值损失

资产减值损失是指企业计提各种资产减值准备所形成的损失。在资产分析中，资产减值准备的计提对资产的价值影响巨大，同时形成的资产减值损失对利润的影响也不可小觑，对于同行业企业或者处于正常发展时期的企业，该项目应该具有很强的可比性，但如果该项目出现异常变动，则可关注其原因，进而分析其造成的影响。

（二）公允价值变动损益

公允价值变动损益是指交易性金融资产等项目的公允价值变动所形成的计入当期的利得（或损失），变动计入当期损益的资产，要求以公允价值计量。在资产负债表日，企业应将公允价值变动计入公允价值变动损益。处置该金融资产时，其公允价值与初始入账金额之间的差额确认为投资收益，同时将公允价值变动损益转入投资收益。可供出售金融资产，在持有期间取得的利息和现金股利，应当计入投资收益。资产负债表日，可供出售金融资产应当以公允价值计量，且公允价值变动计入资本公积。处置该资产时，应将取得的价款与账面价值之差计入投资收益，同时将资本公积转入投资收益。持有至到期投资与贷款和应收款项，在持有期间，企业应采用实际利率法，按照摊余成本和实际利率计算确定利息收入，将利息收入计入投资收益，处置该投资时，应将取得价款与持有至到期投资账面价值之间的差额，计入投资收益。所以在持有期间，公允价值变动并没有计入投资收益，而是分别计入了"公允价值变动"科目和"资本公积"科目，只有在处置时才将公允价值变动损益转入投资收益。因此从本质上说，公允价值计量属性的引入并没有改变投资收益的数额。

（三）投资净收益

投资净收益是指企业投资收益减去投资损失的净额。投资收益和投资损失，是指企业对外投资所取得的收益或发生的损失。投资收益包括长期股权投资收益和金融资产投资收益。一般来说，长期股权投资所取得的投资收益是企业在正常的生产经营中所取得的可持续投资收益。例如，下属公司生产经营状况好转，有了比较大的收益，开始回报公司，这部分的投资收益越高，企业的可持续发展能力则越强，对于投资者来说，这种企业就越具有投资价值。如果被投资公司是投资公司的子公司，或者投资单位持有被投资单位很少的股份而且对其没有重大影响，且这些股权也没有市场价格，投资企业对被投资单位的长期股权投资采用成本核算，在被投资单位宣告分派现金股利或利润时，投资企业按股份比例确认当期投资收益。另外，处置长期股权投资时，将实际收到的金额与长期股权投资账面价值的差额计入投资收益。投资企业对合营企业和联营企业的投资应当采用权益法核算。当被投资企业实现净利润或者发生净亏损时，投资企业应当按照投资比例确认当期投资收益。处置采用权益法核算的长期股权投资时，除将实际收到的金额与长期股权投资账面价值的差额计入投资收益外，还需要将资本公积转入投资收益。

（四）营业外收入与营业外支出

营业外收入是指企业发生的与其生产经营无直接关系的各项收入的综合，主要包括非流动资产处置利得、债务重组利得、政府补助、盘盈利得等。营业外支出是指企业发生的与企业日常生产经营活动无直接关系的各项支出的总和，主要包括非流动资产处置损失、非货币性资产交换损失、债务重组损失、公益性捐赠支出、非常损失、盘亏损失等。营业外收入和营业外支出均不是经营活动引起的，一般不会涉及流转税，但它们也是企业盈亏的一部分，因此应将其计入利润总额，与营业利润一起交纳企业所得税，当然需要按照税法相关规定先行调整为应纳税所得额。

（五）所得税费用

所得税费用是指企业在会计期间发生的利润总额，经调整后按照国家税法规定的比率，计算交纳的税款形成的费用。利润总额减去所得税费用后的差额，即为净利润。需要注意的时，由于纳税调整因素的影响，利润总额并不等于应纳税所得额。在会计利润与应纳税所得额之间存在两项差异，一是永久性差异，如国债利息收入、罚款等；二是暂时性差异，这部分差异会随着时间的流逝而消失。为了符合期间原则和配比原则，现行准则强调确认暂时性差异对当期所得税费用的影响，与其他的费用摊销类似，需要将其分配到所属的期间，而永久性差异因为不可能对以后的所得税费用产生影响，所以不予考虑。

四、利润结果的分析

在多步式利润表中，利润结果表现为营业利润、利润总额、净利润和综合收益。从形成过程来看，企业的收入、费用等项目的变化会引起利润结果的变化。同时，利润各项目均会引起资产负债表项目的相应变化：企业收入增加，对应资产会增加或负债会减少；费用的增加，对应资产会减少或负债会增加。这就是说，对企业利润质量的分析，也要关注企业利润各项目所对应的资产负债表项目的质量。对利润结果的质量分析，主要是指对利润各个项目所对应的资产负债表项目的质量分析。利润表主要项目所对应的资产负债表项目主要涉及货币资金、应收账款、应收票据、其他应收款（或应收股利、应收利息）、存货（在易货贸易的条件下，企业营业收入的增加将对应存货的增加）、长期股权投资、固定资产、无形资产等。可以结合资产负债表对这些项目进行分析。

具体地说，高质量的企业利润，应当表现为资产运转状况良好、企业所依赖的业务具有较好的市场发展前景、利润创造现金的能力较强、利润所带来的资产能够为企业的未来发展奠定良好的资产基础。反之，低质量的企业利润，则表现为资产运转不灵、企业所依赖的业务难以获得市场或没有较好的市场发展前景、利润创造现金的能力较差、利润所带来的资产质量恶化、其增加不能为企业的未来发展奠定良好的资产基础等。

第四节 利润表综合分析

对任何一家企业来说，利润都形成于收入减去费用，利润的变化都会对资产和现金流量产生深刻的影响，但利润自身又受到了很多因素的影响，并且会反映到企业的管理水平和未来发展中。若企业意识到利润即将发生的变化，则会利用收入或费用的调整达到操纵利润的目的。所以在分析了利润表自身及其与资产负债表和现金流量表的关系之后，还应该关注影响利润变化的经营现象，分析利润操纵的手段。

一、利润下降的经营表现

信息使用者可以通过以下方式来判断企业的利润是否正在发生变化。对于信息使用者而言，利润下降的表现是更加需要注意的。

（一）不适当的多元化经营

企业发展到一定程度后，必然在业务规模、业务种类等方面寻求扩张。在创业发展过程中，企业有自身熟悉的业务领域。正是由于对自身业务领域的熟悉，企业才有了发展的基础。但是在走向多样化经营的过程中必然出现的一个问题就是，企业对开拓的其他领域无论是在技术上、管理上，还是在市场开拓上，都要有个逐步适应、探索的过程。如果企业在一定时期内扩张过快，涉足的领域过大，所获利润的质量就可能会出现恶化的迹象。

（二）不恰当的会计政策和会计估计变更

一般来说，由于企业进行估计的基础发生变化，或者由于取得新的信息、经验及后来的发展变化等，企业可能对会计估计进行修订或者变更。

然而，企业也有可能在不符合《企业会计准则》要求的条件下变更会计政策和会计估计。此时企业就有可能是为了改善企业的财务业绩。因此，在面临不良经营状况时，如果企业所做的会计政策和会计估计的变更恰恰有利于企业账面利润的改善，那么这种变更便可以认为是企业利润质量下降的一种信号。

（三）经营性资产的利用效率低下

应收账款和存货是两种重要的经营性资产。应收账款是因为企业赊销而引起的债权。在企业赊销政策一定的条件下，企业的应收账款规模应该与企业的营业收入规模保持一定的对应关系，企业的应收账款平均收账期应保持相对稳定。但是必须注意，企业应收账款规模还与企业在赊销过程中采用的放宽信用政策、放松对顾客信誉的审查、放宽收账期等信用政策有关，虽然这些信用政策会刺激营业收入的增长，但是也会增加应收账款的规模、延长应收账款平均收账期、增大坏账发生的风险。

而存货的周转率过低，也往往表明企业在产品质量、价格、存货控制或营销策略等方面存在一些问题。在营业收入规模一定的条件下，存货周转越慢，存货占用的企业资金就越多，资金的利用效率就越低。此外，存货周转率（次数）过低还有可能使企业发生过多的存货损失和存货仓储保管成本，这些因素都会导致企业的经济效益下降、利润质量恶化。

（四）无形资产或者开发支出规模的不正常增加

从无形资产会计处理的一般惯例来看，企业自创无形资产所发生的研究和开发支出，一般都计入发生当期的利润表，冲减利润。在资产负债表上作为无形资产列示的无形资产主要是企业从外部取得的无形资产。如果企业出现无形资产或者开发支出的不正常增加，则有可能是因收入不足为弥补本应归属当期的支出而将部分费用资本化的结果。

（五）举债过度

企业举债过度，除了发展、扩张的原因以外，还有可能是因为企业通过正常经营活动、投资活动难以获得正常的现金流量的支持。企业在回款不利等原因导致利润质量恶化的情况下，通常难以承受经营活动正常的现金需求量，只能依靠扩大贷款规模来解决资金短缺的问题。

（六）费用类项目异常降低

企业利润表中的销售费用、管理费用等期间费用基本上可以分成固定和变动两个部分。其中，固定部分包括折旧费、人头费等不随企业业务量变化而变化的费用；变动部分则是指那些随企业业务量变化而变化的费用。这样，企业各个会计期间的总费用还是会呈现出随企业业务量的变化而变化的特征。当业务量增加时，费用总额一般会相应增加；而当业务量下降时，企业为了改变这种局面，往往会发生更多的如广告费、促销费、新产品开发研制费等项支出。可见，在企业正常的发展过程中，大规模地降低期间费用的发生水平是有难度的。当然，企业采取有效的成本费用控制措施会带来一定程度的费用降低，但如果这种降低缺乏持续性而仅仅是在某一期间出现异常降低的情况，这往往是企业为缓解业绩恶化而采用人为操纵手段的结果。

（七）不进行现金股利分配

企业股东投资的主要目的是获取现金股利、控制被投资企业以实现企业的战略目标、耐心持有以实现投资的增值等。其中，获取现金股利是股东最基本的投资目的。而企业支付现金股利一般需具备两个条件：第一，企业应有足够的可供分配利润；第二，企业要有足够的货币支付能力。显然，企业如果出现有足够的可供分配的利润但不进行现金股利分配的情况，首先应当考虑怀疑企业没有现金支付能力，或者怀疑管理层对企业未来的发展前景信心不足。在企业没有明确的未来发展规划的情况下，这完全可以被认为是企业利润质量下降的一种外在表现。

以上种种从表面上来看，有些是资产的变化，有些是现金流量的不足，实质上都是利润的质量出现了问题，当然不仅限于以上这些问题。在分析中，应该充分利用企业内外部的各种信息资料，确定利润是否发生变化及变化会对企业产生哪些影响。

二、利润操纵的手段分析

在企业的管理实践中，出于各种原因，企业的管理层有使对外披露的财务报表利润低于或高于其实际利润的动力。在会计核算中，对收入和费用的确认均采用权责发生制原则，因此在企业会计处理的选择上，有可能实现对利润的操纵。此外，在经营活动的控制方面，企业也有可能为利润操纵创造一定的外部环境。一般来说，企业对利润的操纵，可以通过以下手段来完成。

（一）通过调整销售收入调整利润总额

这种利润操纵现象在年终表现尤甚，企业往往在年终达不到既定的利润目标时，便采取虚假销售或提前确认销售，从而达到既定的利润目标。这种利润操纵现象比较普遍，主要有两种方式：①错误运用会计原则，将非销售收入列为销售收入，即虚拟销售，通过与有关单位的虚拟购销业务，虚增收入和利润；②混淆会计期间，把下期销售收入计入本期，或将本期销售收入延期确认，以此来调整当期利润。企业采取这种做法，多是为了树立自身业务逐年增长的外在形象。

（二）利用关联方交易调整利润

不同于单纯的市场行为，关联方交易存在通过地位上的不平等产生交易上的不平等从而迎合自身利益需要的可能。关联方之间通常利用资产重组、费用转嫁、转移价格、虚构交易，以及改变投资核算方法等对上市公司进行利润操纵。通过与关联方交易，企业用高于市场的价格将产成品出售给关联方，以低于市场的价格从关联方购入所需生产经营要素。企业在经营活动的收款和付款方面主要与关联方发生业务往来。企业与关联方之间的业务往来，不论是在核心利润的各个要素（如营业收入、营业成本、销售费用、管理费用等）的确认上，还是在各项经营活动现金流量的流出规模与时间的控制上，均具有较强的可操纵性。在这种情况下，同样难以按照一般的财务报表之间的逻辑关系进行分析。

（三）通过转嫁费用的形式调节当期利润

上市公司与其关联店之间对于费用问题应该有明确的划分，但上市公司效益不理想，或不足以达到所需要的利润目标时，便采取由其关联方替上市公司分担部分费用，如广告费、离退休人员的费用，通过资金拆借向关联企业收取资金占用费，以及其他管理费用的办法来调节上市公司的利润。

（四）利用资产重组调整利润

在资产重组中，企业可以利用股权转让、资产置换、对外购并、对外转让资产等方式提升业绩服务。资产转让是用来提高当期收益最便捷的手段，特别是对于控股股东实力雄厚的公司，控股股东支持上市公司的主要手段便是溢价收购该公司的不良资产，包括应收账款、存货、投资及固定资产等，或者上市公司以不良实物资产与控股股东合资成立公司，由此来降低该不良资产给上市公司带来的损失。

（五）调节资产转化为费用的时间

例如，推迟企业已经完工的固定资产由"在建工程"转为"固定资产"的时间，从而推迟开始计提折旧的时间；选择较为长久的固定资产折旧期，以延缓固定资产账面价值的减少速度；通过成本会计系统的处理，降低产成品的成本含量、增大在产品的成本含量；通过调节生产来调控产品生产成本和毛利水平；将本应作为当期费用处理的计入"长期待摊费用"等项目；等等。

（六）通过人为调节特殊账户操纵利润

（1）利用"应收账款""坏账准备"操纵利润。上市公司利用应收账款进行利润操纵的主要方式有大量采用赊销业务、关联公司间虚构交易业务并以应收账款挂账、不能收回的应收账款继续挂账、不按规定比率提取坏账准备等。

（2）通过"其他应收款"调节利润。按照现行国家会计制度的规定，其他应收款主要核算企业发生的非购销活动的债权，如各种赔款、存储保证金、备用金及应向职工收取的各种垫付款等。其他应收款通常被称为"垃圾箱"，其中有相当一部分是应该结算而未结算的费用，由于种种原因推迟费用确认，从而隐藏亏损。换一个角度思考，许多企业的高额"其他应收款"不完全是虚构利润的结果，也是大股东占用企业资金，以"其他应收款"的名义进入会计账目的结果。

（3）通过非营业项目调整利润。一般来说，企业的利润总额主要由经营利润、投资收益及利得项目三个部分构成。在正常情况下，上述三个部分应当在利润总额中占有一定比例，而这种比例的构成应当反映企业实际采取的盈利模式。但是，在企业主要利润增长点潜力耗尽的情况下，企业为了维持一定的利润水平，就有可能通过非营业项目上实现的盈利来弥补核心利润和投资收益的不足。例如，企业通过固定资产的出售利得和债务重组收益来增加利润。显然，这类活动所带来的收益通常是偶然的、一次性的，虽然在当期会使企业维持"表面繁荣"的假象，但从长期来看，这种"繁荣"是难以持续的。如果企业是将正在发挥作用的优质资产出售而获取收益，那么甚至会使企业的长期发展战略受到冲击。

（七）企业调整各种减值准备

企业应当在其对外披露的资产减值准备明细表上列明为应收账款、存货、投资性资产、固定资产、无形资产、在建工程等各资产项目计提的减值准备情况，此外，企业还要披露对其固定资产计提折旧的情况。但是，企业计提减值准备及计提折旧的幅度，在一定程度上取决于企业对有关资产贬值程度的主观认识以及企业对会计政策和会计估计的选择结果。在企业期望利润被高估的会计期间，企业往往选择计提较低的准备和折旧费用，这就等于把应当由现在或以前负担的损失或费用人为地推移到企业未来的会计期间，从而有可能导致企业的发展后劲不足。因此，以计提过低的减值准备和折旧的方法使企业维持业绩水平的做法，往往是企业利润质量恶化的征兆。

（八）对收入的入账时间进行人为操纵

企业虽然可以通过利润操纵来提升某一年度的利润指标，但是与利润相对应的现金净流量很难被人为操纵。这样就会导致两者之间差异的增大，从而降低企业利润的含金量。另外，因为采用上述种种操纵手段提升业绩，更多的是将企业利润在年度间人为地进行重新安排，并没有从根本上提高企业的营利能力，所以这种操纵过的利润通常是缺乏持续性的。因此，企业通过操纵利润实现过程来提升业绩，一定会在不同程度上降低企业的利润质量。

三、收入操纵手段分析

利润操纵往往源于收入的舞弊行为，收入确认方面存在种种操纵行为，掩盖了企业真实的收入状况，收入操纵主要手段如下所述。

（1）提前开具销售发票，以美化业绩。由于我国发票管理制度的特殊性，在会计和税务实务中，开具销售发票往往是销售实现的一个标志。因此，一些公司往往以开具销售发票和已计税为依据确认营业收入，而不考虑销售过程是否真正完成。但实际上，开具销售发票仅仅是形式，并不代表销售过程的终结。

（2）操纵收入的认定时点，创造虚无的销售收入。为掩盖造假行为，企业通常捏造存货记录、发运记录和发票。

（3）不适当的销售分割。例如，在年底虚开发票，次年再以质量不合格等理由冲回、退货；或者为增加本期销售收入，将下期销售业务提前计入本期。

（4）在存有重大不确定性时确定收入。一般而言，在下列情况下不应确认收入：所有权上的风险和报酬没有转移；客户有可能退货；买方有可能拒付货款；交易涉及未解决的问题或还需要进行协调；借助于第三方签订"卖断收益权"的协议；顾客还拥有退货或终止合约的选择权。例如，商品销售后如果需要安装和检验，则应在安装和检验后才产生付款义务，因而在安装和检验完成后才能确认收入。

（5）完工百分比法的不适当运用。由于信息的不对称，在存有重大不确定性的情况下，管理当局采用完工百分比法确认收入和相应结转费用，既可以隐瞒未来的不确定性，又可以随心所欲地估计完成合同需要的总成本及各期的完工程度，通过夸大在建项目的完成比例来高估收入，以达到操纵收入的目的。

（6）受托销售。将代销收入列为本企业的销售收入，以虚增收入。

（7）未认可发运。发运有缺陷的货物或并非对方需要的货物后，以全部价格而不是以销售退回或折扣价格来记录以增加收入。

（8）在仍需提供未来服务时确认收入。在收到款项时马上确认为收入，而不管未来是否仍需要提供服务，这是常见的操纵收入手法，特别是收款后马上出具销售发票，使这种手法更具有隐蔽性和欺骗性。事实上，收到款项有时仅仅是预收货款，应先作为负债，待有关产品或劳务已经提供后，方可确认收入。一些劳务收入的确认，如特许权费收入、会员费收入、服务费收入、广告费收入、安装费收入、软件定制费收入，很容易出现这样的情况。

（9）递延确认收入。这也是一种非常严重的收入操纵行为，会误导投资者。公司可以在当期收入下降时，通过确认以前年度的收入来提高当期收益，会使人们认为公司仍然处于经营业绩良好状态，但此时公司已开始"走下坡路"。因此，一旦公司宣布停止经营，给投资者带来的冲击是非常巨大的，他们没有时间去准备接受这一事实。

（10）制造收入事项。例如，一家企业利用子公司按市场价把商品销售给第三方，确认该子公司销售收入，再由另一子公司从第三方手中购回，这种做法既避免了集团内部交易必须抵销的约束，又确保了在合并财务报表中收入和利润的确认，从而达到操纵收入的目的。

本 章 小 结

通过木章学习，我们已经了解了利润表的基本内容和格式，掌握了利润结构分析的各个方面，了解了企业的盈利模式，掌握了利润表各项目的分析方法，掌握了企业利润下降的经营表现和企业利润操纵的手段，学习本章之后，我们将能够对利润表进行分析，对利润进行评价。

复习思考题

1. 企业利润表的基本内容和结构如何？
2. 利润结构分析主要关注哪些方面？
3. 如何对企业的盈利模式进行分类？
4. 我国的收入准则对企业收入的确认与计量是如何规定的？
5. 企业利润质量下降有哪些表现？
6. 企业的利润操纵手段有哪些？

第五章 现金流量表分析

学习目标：

熟悉现金流量表的历史演进；掌握现金流量表的内涵及分类；了解现金流量表的作用与局限性；熟知现金流量表分析的目的；掌握经营活动现金流量整体质量分析及各项目质量分析；掌握投资活动现金流量的构成、计算及质量分析；掌握筹资活动现金流量的构成项目及质量分析；熟悉"汇率变动对现金及现金等价物的影响"的项目分析；掌握现金流量表补充资料对现金流量质量分析提供的信息含量；熟悉现金流量的运转规律及现金流量质量的特征；掌握现金流量的结构分析。

关键词：

现金流量表；项目；质量分析；运转规律；结构分析

【案例引读】

安纳达现金流量表存异常 研发支出与实际不符？

专注于钛白粉生产，并一向宣称高度重视研发的上市公司安纳达（002136.SZ），研发支出和财务报告真实性正受到投资者质疑。有投资者指出，安纳达 2012~2013 年的财务报表提到的研发费用投入金额与实际支出并不匹配，其被评为高新企业可能只是徒有虚名。

1. 利润下降 6 成

2012 年安纳达实现主营业务收入 683 997 836.44 元，较上年度下降 4.68%，主要是第四季度钛白粉市场需求不足、销售量下降影响所致；实现净利润 21 914 727.34 元，较上年度下降 61.31%，是主要原材料价格上涨及产品销售价格持续下跌、期间费用上升和资产减值损失增加共同影响所致。

安纳达原本的 2012 年经营计划和主要目标是锐钛型钛白粉产量完成 10 000 吨，金红石型钛白粉产量完成 40 000 吨，全年钛白粉总产量 50 000 吨，销售总量 50 000 吨。然而实际完成情况是锐钛型钛白粉产量 7 570.18 吨，完成计划的 75.70%；金红石型钛白粉产量 38 274 吨，完成计划的 95.69%；全年钛白粉总产量 45 844.18 吨，完成计划的 91.69%；销售总量 44 336.32 吨，完成计划的 88.67%。

根据安纳达 2012 年年报所述，受全球经济复苏缓慢的影响，2012 年国内经济增速继续下滑，而钛白粉行业仍保持增长的态势，但钛白粉市场呈现前高后低走势。上半年，市场需求较旺盛；下半年起，市场需求萎缩，出口贸易下滑，市场竞争加剧，而主要原材料价格仍在高位运行，产品毛利率大幅下降，因此安纳达未能顺利完成计划，并且业绩也出现了下滑。

2. 研发支出有猫腻

2012~2013 年，安纳达每年的研发费用支出金额都在 2 000 万元以上，然而管理费用却只有 1 200 万元，而且无任何专利相关的无形资产增项。

安纳达 2012 年年报显示，其在 2012 年研发费用投入的金额为 2 279 万元，2011 年为 2 208 万元，分别占营业收入比重的 3.32%和 3.07%，并表示公司高度重视生产技术、新产品研发和创新。

然而相比研发费用，安纳达管理费用中呈现的与研发相关的支出并不能匹配。

2012 年安纳达支付的管理费用是 1 603 万元，其中的排污费 180 万元和土地使用费 40 万元不计入研发支出外还有 1 383 万元，即便这 1 383 万元全部是研发费用支出，那么加上固定资产中用于研发设备的折旧，应该大于或等于当期研发支出的金额。

但是，2012 年年报显示，固定资产中并没有用于研发的设备。2012 年固定资产的增加额是 1 983 万元，其中 1 936 万元由在建工程转入，其余 47 万元为非在建工程转入，那么假如 47 万元全部是新增的研发设备，其折旧额加上 1 383 万元也不可能达到研发费用支出 2 279 万元。

如此按图索骥翻看安纳达 2011 年年报，其情况也是与 2012 年如出一辙。

3. 现金流量表数据异常

按照"净利润+不影响经营活动现金流量但减少净利润的项目-不影响经营活动现金流量但增加净利润的项目+与净利润无关但增加经营活动现金流量的项目-与净利润无关但减少经营活动现金流量的项目"的得数等同合并现金流量表中"经营活动产生的现金流量净额"的原则列示各组数据。只有当各组数据严谨真实时，最终得数与合并现金流量表中"经营活动产生的现金流量净额"数据才会一致。

然而这些似乎并不适用于安纳达。

安纳达 2012 年年报现金流量表补充资料数据显示，安纳达 2012 年存货的减少为"-5 325 万元"，财务费用是 271 万元，递延所得税资产减少为 19.3 万元。

然而，中国资本证券网用与以上科目存在钩稽关系的会计科目进行重新核算，发现运算结果与上述数据均不一致。

安纳达 2011 年年报中存货为 10 991 万元，而 2012 年年报数据为 15 849 万元，存货的减少应该是-4 858 万元，并非上述现金流量表补充资料中"存货减少"-5 325 万元。

安纳达 2012 年的财务费用是 367.2 万元，明细显示，其中的利息支出是 904 万元，而现金流量表补充资料中提及的财务费用应该是利息支出额，然而实际列示的财务费用却是 271 万元。

以上两个数据无法形成对应钩稽关系。

资料来源：田运昌. 安纳达现金流量表异常　研发支出与实际不符. http://www.ccstock.cn, 2013-03-28

第一节 现金流量表分析的目的与内容

一、现金流量表的历史演进

1. 西方现金流量表的历史演进

在西方国家，对于现金流量表的运用可以追溯到 19 世纪 60 年代。现金流量表是由最初的资金流量表逐步演变而来的。早在 1862 年，英国的一些公司就已经开始编制资金流量表。1863 年，美国北方钢铁公司编制的"财务交易汇总表"成为资金流量表的雏形。到 21 世纪初，资金流量表已发展出四种不同的形式，分别用来揭示现金、现金等价物、营运资金及某一时期的全部财务资源的资金流量。到 20 世纪 30 年代，资金流量表已成为会计理论的重要组成部分。大约在第二次世界大战末期，美国公司已开始将该表列为独立财务报表或作为财务报表的附表加以呈报，但其格式、内容仍不规范，并且是否呈报出于自愿。

1961 年，佩里·梅森起草了第一、二号研究报告《现金流量表分析及资金表》。1963 年，美国会计原则委员会根据佩里·梅森起草的报告发布了《第 3 号意见书》，这可以说是最早也是最具权威性的关于资金流量表的报告。1970 年，美国证券交易委员会在修正的财务报表的格式和内容的规则中，明确规定证券发行人送报的财务报表中，应包括资金来源与运用表。这是美国第一次强制要求提供这一财务报表。1971 年，美国会计原则委员会发布了《第 19 号意见书》，取代了《第 3 号意见书》。《第 19 号意见书》将这一时期的"资金来源及运用表"叫作"财务状况变动表"，规定编制财务状况变动表可以现金为基础，也可以营运资金为基础，还可以全部财务资源为基础。在实际中大多数企业以营运资金为基础编制财务状况变动表。自 1973 年 9 月 30 日起，财务状况变动表作为一张基本财务报表，正式在美国的会计实务中得到全面应用。1977 年 10 月国际会计准则委员会正式把该表列为《第 7 号国际会计准则——财务状况变动表》，认为其是企业对外公开的资产负债表、损益表之外的"第三张财务报表"。

1987 年 11 月，为了顺应理论界和实务界的要求，美国财务会计准则委员会经过广泛研究和讨论，发表了《第 95 号财务会计报告——现金流量表》，取代会计原则委员会的《第 19 号意见书》，要求从 1988 年 7 月 15 日以后的会计年度起，所有企业以现金流量表代替财务状况变动表作为一套完整的财务报表的一部分。1989 年，国际会计准则委员会公布了《第 7 号会计准则——现金流量表》，取代 1977 年公布的《第 7 号国际会计准则——财务状况变动表》。1992 年，国际会计准则委员会对第 7 号会计准则做了修订，并于 1994 年 1 月 1 日生效。此外英国会计准则委员会也于 1991 年 9 月发布了《第 1 号财务报告准则——现金流量表》，并于 1996 年做了修订。1991 年 12 月澳大利亚会计准则委员会发布了 1026 号会计准则《现金流量表》。由此可见，编制现金流量表已成为国际通行的惯例。

2. 我国现金流量表的历史演进

我国财政部于 1993 年 7 月 1 日颁布的《企业会计准则》（基本准则）中，规定企业主要的三张财务报表中应包括财务状况变动表。财务状况变动表是综合反映一定会计期间内营运资金来源和运用及其增减变动情况的财务报表，其主要目的是揭示企业的资金流量，同时也起着资产负债表和损益表所无法替代的作用。但是财务状况变动表有其明显的缺陷：首先，营运资金是指流动资产减去流动负债，而流动资产与流动负债的确定存在困难；其次，与现金流量表相比，财务状况变动表不能更好地反映企业的真实财务状况和偿付能力。对广大的投资者和债权人而言，最为关心的是投资对象或债务人的偿付能力。因此，企业是否具有足够的现金流入是至关重要的，而财务状况变动表由于流动和非流动的划分标准、流动资产可变现能力等各方面的影响，不能全面提供投资者和债权人所需要的这些信息。

随着市场经济和证券市场的发展及企业经营机制的转变，现金流量表已经成为影响企业生存和发展的重要因素。因此，编制现金流量表代替财务状况变动表将会更适应市场经济发展和企业管理的需要。基于以上考虑，1995 年 4 月 21 日，财政部完成了《企业会计准则——现金流量表》的征求意见稿，公开征求意见，并于 1998 年 3 月 20 日发布了《企业会计准则——现金流量表》，规定 1998 年 1 月 1 日起在全国范围内施行。

根据 1998~2001 年的执行情况和经济环境的变化，财政部于 2001 年 1 月 18 日对原现金流量表会计准则进行了修订，修订后的准则仍称为《企业会计准则——现金流量表》，并于 2001 年 1 月 1 日起在全国范围内施行。2006 年 2 月 15 日，财政部颁布了包括现金流量表准则在内的《企业会计准则》的再次修订稿，制定了《企业会计准则第 31 号——现金流量表》，并规定于 2007 年 1 月 1 日起施行。

二、现金流量表及现金流量的分类

1. 现金流量表及相关概念

现金流量表是指反映企业一定会计期间现金和现金等价物流入与流出的财务报表。现金流量表的主要目的是反映企业会计期间内经营活动、投资活动和筹资活动等对现金及现金等价物所产生的影响。

这里的现金概念与通常所说的现金不一样，通常所说的现金是指纸币和硬币等库存现金，是狭义的现金概念，而这里所说的现金则包括企业的库存现金、可以随时用于支付的银行存款、其他货币资金及现金等价物。因此，这里的现金包括如下类型。

（1）库存现金。库存现金是指企业所持有的、可随时用于零星支付的现金。

（2）银行存款。银行存款是指企业存放在银行或其他金融机构的随时可以用于支付的存款。由于某种原因不能随时提取（如定期存款）的存款，则不能作为现金流量表中的现金。

（3）其他货币资金。其他货币资金是指企业存放在银行的有特殊用途的资金，或在途中尚未收到的资金，如外埠存款、银行汇票存款、银行本票存款、信用卡存款、在途货币资金等。

（4）现金等价物。现金等价物是指企业所持有的期限短、流动性强、易于转换为已知金额的现金及价值变动风险很小的投资。现金等价物的特点是流动性强，并随时可以转换为现金，通常是指企业购买的、在三个月以内到期的短期债券等。

现金流量是指企业在一定会计期间按照现金收付实现制，通过一定经济活动（包括经营活动、投资活动、筹资活动和非经常性项目）而产生的现金流入、现金流出及其总量情况的总称，即企业一定时期的现金和现金等价物的流入及流出的数量，如销售商品、提供劳务、出售固定资产、收回投资、借入资金等形成企业的现金流入；购买商品、接受劳务、购建固定资产、现金投资、偿还债务等形成企业的现金流出。现金流量可以衡量企业经营状况是否良好，是否有足够的现金偿还债务，资产变现能力的强弱，等等。

应该注意的是，企业货币资金不同形态之间的转换不会产生现金的流入和流出，如企业将现金存入银行，是企业现金存放形式的转换，现金并未流出企业，不构成现金流量。同样，现金与现金等价物的转换也不属于现金流量，如企业用现金购买将于3个月后到期的国库券，也不构成现金流量。

2. 现金流量表的基本格式

现金流量表的基本格式与各国对现金流量的类别认识和特定国家在现金流量表编制准则制定过程中想要披露的信息结构密切相关。但是，无论如何，现金流量表的基本结构不会有太大变化。我国现金流量表的格式采用直接法编制，基本格式见表5-1。

表 5-1 现金流量表

编制单位：　　　　　　　　　　20××年×月×日　　　　　　　　　　单位：元

项目	本期金额	上期金额
一、经营活动产生的现金流量：		
销售商品、提供劳务收到的现金		
……		
经营活动现金流入小计		
购买商品、接受劳务支付的现金		
……		
经营活动现金流出小计		
经营活动产生的现金流量净额		
二、投资活动产生的现金流量：		
收回投资收到的现金		
取得投资收益收到的现金		
……		
投资活动现金流入小计		
购建固定资产、无形资产和其他长期资产支付的现金		
投资支付的现金		
……		
投资活动现金流出小计		
投资活动产生的现金流量净额		

项目	本期金额	上期金额
三、筹资活动产生的现金流量：		
吸收投资收到的现金		
取得借款收到的现金		
……		
筹资活动现金流入小计		
偿还债务支付的现金		
分配股利、利润或偿付利息支付的现金		
……		
筹资活动现金流出小计		
筹资活动产生的现金流量净额		
四、汇率变动对现金及现金等价物的影响		
五、现金及现金等价物净增加额		
加：期初现金及现金等价物余额		
六、期末现金及现金等价物余额		

3. 现金流量的分类

我国《企业会计准则》将现金流量分为三类，即经营活动产生的现金流量、投资活动产生的现金流量、筹资活动产生的现金流量。

1）经营活动产生的现金流量

经营活动是指企业投资活动和筹资活动以外的所有交易及事项。从经营活动的定义可以看出，经营活动的范围很广，包括除投资活动和筹资活动以外的所有交易及事项。对于工商企业而言，经营活动主要包括销售商品、提供劳务、购买商品、接受劳务、支付税费等。

一般来说，经营活动产生的现金流入项目主要有：销售商品、提供劳务收到的现金，收到的税费返还，收到的其他与经营活动有关的现金。经营活动产生的现金流出项目主要有：购买商品、接受劳务支付的现金，支付给职工及为职工支付的现金，支付的各项税费，支付的其他与经营活动有关的现金。

各类企业由于行业特点不同，对经营活动的认识存在一定差异，在编制现金流量表时，应根据企业的实际情况，对现金流量进行合理的分类。

2）投资活动产生的现金流量

投资活动是指企业长期资产的购建和不包括在现金等价物范围内的投资及其处置活动。其中，长期资产是指固定资产、无形资产、在建工程、其他资产等持有期限在一年或一个营业周期以上的资产。

需要注意的是，这里所讲的投资活动既包括实物资产投资，又包括金融资产投资，与《企业会计准则——投资》所讲的"投资"是两个不同的概念。"投资"是指企业为通过分配来增加财富，或为谋求其他利益，而将资产让渡给其他单位所获得的另一项资产。购建固定资产不是"投资"，但属于投资活动。这里之所以将"包括在现金等价物范围内的投资"排除在外，是因为已经将包括在现金等价物范围内的投资视同现金。

一般来说，投资活动产生的现金流入项目主要有：收回投资所收到的现金，取得投资收益所收到的现金，处置固定资产、无形资产和其他长期资产所收回的现金净额，收到的其他与投资活动有关的现金。投资活动产生的现金流出项目主要有：购建固定资产、无形资产和其他长期资产所支付的现金，投资所支付的现金，支付的其他与投资活动有关的现金。

3）筹资活动产生的现金流量

筹资活动是指导致企业资本及债务规模和构成发生变化的活动。这里所说的资本，既包括实收资本（股本），又包括资本溢价（股本溢价）。这里所说的债务，是指对外举债，包括向银行借款、发行债券及偿还债务等。应付账款、应付票据等商业应付款属于经营活动，不属于筹资活动。

一般来说，筹资活动产生的现金流入项目主要有：吸收投资所收到的现金、取得借款所收到的现金、收到的其他与筹资活动有关的现金。筹资活动产生的现金流出项目主要有：偿还债务所支付的现金，分配股利、利润或偿付利息所支付的现金，支付的其他与筹资活动有关的现金。

三、现金流量表的作用与局限性

1. 现金流量表的作用

1）弥补了资产负债信息量的不足

资产负债表是利用资产、负债、所有者权益三个会计要素的期末余额编制的；损益表是利用收入、费用、利润三个会计要素的本期累计发生额编制的（收入、费用无期末余额，利润结转下期）。但资产、负债、所有者权益三个会计要素的发生额没有填入财务报表，没能得到充分的利用。会计资料一般是发生额与本期净增加额之差（期末、期初余额之差或期内发生额之差），可以说明变动的原因，期末余额只能说明变动的结果。本期的发生额与本期净增加额得不到合理的运用。

资产负债表的平衡公式可写为：现金=负债+所有者权益-非现金资产。这个公式表明，现金的增减变动受公式右边因素的影响，负债、所有者权益的增加（减少）导致现金的增加（减少），非现金资产的减少（增加）导致现金的增加（减少）。现金流量表中的内容是采用间接法，即利用资产、负债、所有者权益的增减发生额或本期净增加额填报的。这样，便使账簿的资料得到充分的利用，现金变动原因的信息得到充分的展现。

2）便于从现金流量的角度对企业进行考核

对一个经营者来说，如果因为没有现金而缺乏购买与支付能力，后果是可怕的。企业的经营者由于管理的要求亟须了解现金流量信息。另外，在当前商业信誉存有诸多问题的情况下，与企业有密切关系的部门及个人投资者、银行、财税、工商等不仅需要了解企业的资产、负债、所有者权益的结构情况与经营结果，更需要了解企业的偿还支付能力，了解企业现金流入、流出及净流量信息。

利润表中的利润是根据权责发生制原则核算出来的。权责发生制贯彻递延、应计、摊销和分配原则，核算的利润与现金流量是不同步的。利润表上有利润而银行户上没有钱的现象经常发生。近几年来，企业对现金流量日渐重视，深刻认识到权责发生制编制的损益表不能反映现金流量是个很大的缺陷。但是企业也不能因此废除权责发生制而改为收付实现制，因为收付实现制也有很多不合理的地方，历史证明不能被企业采用。在这种情况下，坚持使用权责发生制原则进行核算的同时，编制收付实现制的现金流量表，不失为"熊掌"与"鱼"兼得的两全其美的方法。现金流量表划分为经营活动、投资活动、筹资活动，按类说明企业一个时期流入多少现金、流出多少现金及现金流量净额，从而可以使企业了解现金从哪里来、到哪里去，损益表上的利润为什么没有变动，并从现金流量的角度对企业做出更加全面合理的评价。

3）了解企业筹措现金、生成现金的能力

如果把现金比作企业的血液，企业想取得新鲜"血液"的办法有以下两种。

第一，为企业"输血"，即通过筹资活动吸收投资者投资或借入现金。吸收投资者投资，企业的受托责任增加，借入现金负债增加，今后要还本付息。在市场经济的条件下，没有"免费使用"的现金，企业"输血"后下一步要付出一定的代价。

第二，企业自己生成"血液"，在经营过程中获得利润。企业要想生存发展，就必须获利，利润是企业现金来源的主要渠道。通过现金流量表可以了解经过一段时间经营，企业的内外筹措了多少现金，自己生成了多少现金；筹措的现金是否按计划用于企业扩大生产规模、购置固定资产、补充流动资金，还是被经营方侵蚀掉了。企业筹措现金、生产现金的能力，是反映企业加强经营管理及合理使用调度资金的重要信息，是其他两张财务报表所不能提供的。

2. 现金流量表的局限性

虽然在实际的操作中现金流量表具有以上重要作用，但是这并不意味着它可以完全替代企业其他财务分析表或财务分析报告的作用，必须要相互结合才能给予最优化的配置和发挥最大效果。这是因为现金流量表分析也具有一些自身的局限性，具体如下所述。

（1）财务报表信息有效性存在局限性。现金流量表分析值中的各种数据信息只是对企业以往历史数据计算的结果，具有一定的参考价值，但并非就是完全有效的，只是一种预测性的分析结果，具有一定的局限性。

（2）财务报表信息可比性存在局限性。财务报表信息可比性是指对财务报表使用者来说，同一行业的不同企业在相同的会计程序和方法使用原则上，可以进行企业和企业之间在偿债能力和现金流动状况方面的对比，或是统一企业内部之间在偿债能力和现金流动状况方面的对比。可是在实际的操作中，由于不同时期或是不同企业之间存在着很多诸如会计环境和基本交易的性质的不可确定性，现金流量表分析可比性上的局限性显现出来，而这对企业自身的对比来说也具有相似的问题。再加之不同企业使用诸如存货计价、折旧分摊和提计等不同的会计处理方法的影响，这就使各个企业在现金状况对比和分析中存在很大的难点与限制。

（3）财务报表信息可靠性存在一定限制。财务报表信息的可靠性，指的是在财务报表中企业财务信息是真实可靠的，它应该是基于客观事实和准确性这一基础，不受其他因素的干扰和影响。然而在实际应用中，现金流量表的编制和分析往往会受到诸如所涉及的相关资料的不可靠情况的影响，使财务报表在分析的过程中存在不可靠的因素。所以使用财务报表的人员或者企业的管理者不能仅仅依靠财务报表所反映的情况来进行最后的决策，必须要结合多方面的材料和数据进行全面的分析。

四、现金流量表分析的目的

现金流量表分析的目的取决于两个方面：一是编制现金流量表的目的；二是会计报表使用者的需要。就其最终目的来说，现金流量表分析应"满足"使用者的需要，即现金流量表分析的目的是将现金流量表的数据转换成有助于信息使用者进行经济决策的信息。具体来说，现金流量表分析的目的主要有如下几点。

（1）解释企业一定时期的收益与现金流量的差异及其原因。

就评价企业业绩来说，收益指标应是最好的指标。但由于通过损益表所提供的收益信息是财务会计收益，它是以权责发生制为基础、遵循历史成本原则和配比原则计算出来的，仅仅是现金流量的估计数。财务会计收益能否最终转化为现金，还取决于应收账款能否及时足额地收回等其他有关因素。事实上，有许多企业虽有较好的盈利业绩，但是免不了面临财务危机，甚至面临破产或被兼并的危险。因此，盈利必须辅以良好的现金流入才是最有利的，因为它表明公司能及时地将收入转化为现金。

（2）有助于投资人和债权人正确评估企业偿还债务的能力、支付股利的能力，以及对外筹资的能力。

损益表反映的企业营利能力仅是企业业绩的一个方面，一个企业可能盈利，但也许没有足够的现金偿付债务。因此，现金流量信息对于企业短期偿债能力非常重要。不仅如此，企业获取现金能力的强弱，还关系到企业的股利政策能否稳定，尤其是能否及时地发放优先股股利。而上述两个方面直接关系到投资人和债权人对企业的评价、企业的财务环境和财务形象，以及企业筹资能力及资金成本的高低。也就是说，企业现金流量的大小直接关系到企业短期和长期的经济利益。

（3）有助于财务报表使用者正确评价企业未来的现金流量。

通过现金流量表及对其进行分析，可以了解企业的经营活动、筹资活动及投资活动的现金流入和流出情况，从而便于分析了解企业未来可能的现金流入和现金流出的金额、时间及不确定性。同时，现金流量表还能披露与现金无关的投资及筹资活动，这对财务报表使用者制定合理的投资与信贷决策、评估企业未来的现金流量同样具有重要意义。

第二节　现金流量质量分析

所谓现金流量的质量，是指企业的现金流量能够按照企业的预期目标进行运转的质量。具有较好质量的现金流量应当具有如下特征：一是企业现金流量的状态体现了企业发展战略的要求；二是在稳定发展阶段，企业经营活动的现金流量应当与企业经营活动所对应的利润有一定的对应关系，并能为企业的扩张提供现金流量的支持。

一、经营活动现金流量质量分析

经营活动是公司经济活动的主体，也是公司获取持续现金流的基本途径，其现金流量的质量也直接体现了企业的经营状态和财务状况。所谓经营活动现金流量的质量，是指经营活动现金流量对公司真实经营状况的客观反映程度，对公司财务状况与经营成果的改善、对持续经营能力的增强具有推动作用。

1. 经营活动现金流量整体质量分析

1）经营活动现金流量真实性分析

对企业现金流量表经营活动现金流量的真实性分析基本分以下两个步骤。

（1）考察经营活动现金流量的均衡性，初步确认企业经营活动现金流量的真实性。

在正常经营情况下，企业的购销活动和信用政策在一年内会比较稳定，销售业绩也一般不会出现大起大落的情形，因此其经营活动现金流量年度内应保持一定的均衡性。当然，我们同时需要考虑国际国内经济大形势对企业的影响，以及企业所处的行业，如海洋捕捞业等，其季节性生产的特点较明显一些。这就如前面我们说到的那个蓄水池，蓄水池进水和出水管道的直径是固定的，所以日流量的最大值是被限制的，在正常情况下，蓄水量保持在一个比较稳定的范围内。企业也一样，在生产规模和市场变化不大的情况下，经营活动现金流在一个较平缓的水平内。如果忽高忽低，就有企业经营活动现金流量被粉饰的可能。

（2）重点分析现金流量表有关明细项目，进一步明确经营活动现金流量的真实性。

现金流量表对经营活动现金流量进行了很好的细化，通过分析各个项目的现金流量变化，可以帮助我们识别企业经营活动现金流量是否真实。

例如，通过分析"销售商品、提供劳务收到的现金"项目，判断企业有没有虚构预收账款，粉饰主营业务现金流量的可能。如果企业在某期末存在大额预收账款，又缺少相关的销售或建造合同，则有可能是其没有及时将收入计入相应科目，其主营业务现金流入项目缺乏真实性。例如，通过分析"收到的其他与经营活动有关的现金"项目，判断企业是否借助关联交易等把经营活动现金流量"做"漂亮。可能存在这样的企业，由于大额应收账款不能收回，其经营活动现金流量出现严重减少，为了维持生产，或者确保年度末财务报表能被大众投资者接受，就请求大股东或者关联企业在年度末临时补充现金过来，这些"临时输血"在现金流量表中被归入了"收到的其他与经营活动有关的现金"项目，该项目金额由此在期末迅速上升，连带着，当期经营活动现金流量增加，这样很好地掩盖了企业经营中的真实现金流量情况。

值得注意的是，不管从总体的角度，还是从各个项目的角度，我们都要充分关注经营活动现金流量的真实性。

2）经营活动现金流量充足性分析

（1）经营活动产生的现金流量小于零。企业在正常的经营活动中所发生的现金支付，一般通过以下几种方式解决：①消耗企业现存的货币积累；②挤占本来可以用于投资活动的现金，推迟投资活动；③在上述两种方式都不能解决的情况下，进行额外贷款融资，为经营活动提供现金支持；④在上述三种方式都不能解决的情况下，采用拖延债务支付时间或加大经营活动引起的负债规模等方式来解决。

从企业的成长过程来看，在企业从事经营活动的初期，生产阶段的各个环节都处于"磨合"期，设备、人力资源的利用效率相对较低，而材料的消耗量相对较高，从而导致企业的成本消耗较高。同时，为了开拓市场，企业有可能投入较多资金、采用各种手段将自己的产品推向市场，从而有可能使企业在这一时期的经营活动产生的现金流量表现为"入不敷出"的状态，这是企业在发展过程中不可避免的正常状态。但如果企业在正常生产经营期间出现这种状态，我们则会认为企业经营活动产生的现金流量的质量不高。此时，由于企业的经营活动不能维持其正常生产经营，如果短时间不能扭转，企业很可能"另辟蹊径"维持生产。

（2）经营活动产生的现金流量等于零。这种情况表明企业的经营活动产生的现金流量处于"收支平衡"的状态。企业正常经营活动不需要额外补充流动资金，企业的经营活动也不能为企业的投资活动以及筹资活动提供现金支持。但是可以看到，在企业的成本消耗中，有相当一部分属于按照权责发生制原则的要求确认的摊销成本和应计成本。显然，在经营活动产生的现金流量等于零时，企业经营活动产生的现金流量是不可能为这部分非现金消耗性成本的资源消耗提供货币补偿的。从长期发展来看，经营活动产生的现金流量等于零的状态根本不可能维持企业经营活动的货币"简单再生产"。因此，如果企业在正常生产经营期间经常出现这种状态，则表明企业经营活动产生的现金流量质量仍然不高。

（3）经营活动现金流量大于零。

第一，经营活动产生的现金流量大于零但不足以补偿当期的非现金消耗性成本。企业处于这种状况虽然比前两种状况要好，但从长期来看，这种状况如果长期持续将使企业很难维持经营活动的货币"简单再生产"，仍然不能对企业经营活动产生的现金流量的质量给予较高评价。

第二，经营活动产生的现金流量恰好能补偿当期的非现金消耗性成本。在这种状况下，企业在经营活动方面的现金流量压力已经缓解。如果这种状况长期持续，则说明企业刚好能够维持经营活动的货币"简单再生产"。但是，维持这种状况却不能为企业扩大投资和扩张提供货币支持。

第三，经营活动产生的现金流量在补偿当期的非现金消耗性成本后仍有剩余。经营活动产生的现金流量大于零，并在补偿当期的非现金消耗性成本后还有能力支付现金股利，或者为企业的投资等活动提供现金流量的支持。这是一种理想化的状况，其提供现金流量的支持程度取决于企业当年的股利分配政策。

一般而言，企业经营活动现金净流量大于零意味着企业生产经营比较正常，具有"自我造血"的功能，企业经营活动现金净流量占总现金净流量的比率越大，说明企业的现金状况越稳定。如果企业当期经营活动现金净流量在大于零的基础上，还能补偿当期产生的非付现成本，说明剩余的现金在未来期间基本上不再为经营活动所需，则企业可以将这部分现金用于扩大生产规模，或者选择其他有营利能力的项目进行投资，从而提高企业的竞争能力。

经营活动产生的现金流量净额大于零，表明流入的现金多，消耗的现金少，创造多余的现金装入企业的口袋，但是这些现金并不能全部自由地使用。因为还要用一部分来弥补企业的非现金消耗性成本，主要是折旧费用和摊销费用。固定资产在使用过程中为企业创造了现金流入，自身的折旧费用却没有形成任何现金流出。其实，固定资产和无形资产的现金流出是在购置过程中一次性发生的。尽管不需要再支出现金，但是原来花出去的巨额成本必须要偿还。所以企业经营活动产生的现金流量净额中，有一部分必须用来补偿折旧费用和摊销费用等非现金消耗性成本，保证其及时维护和更新，才能保障企业的长期稳定运营。

巴菲特曾经表示："长期来看，在 95%的美国公司中，资本性支出总额大致与折旧费用总额相当，这种资本性支出是必需的，就像劳动力或公用事业成本支出一样，是一种实实在在的费用支出。当然，在任何一个给定的具体月份，一家企业的资本性支出是可以省略掉不用花钱的，就像一个人可以一天甚至一星期不吃饭也没事。但是，如果这种省略掉吃饭成了一种惯例，而且又没有得到营养补充，身体就会越来越弱并且最终死亡。此外，和持续稳定的进食方式相比，采用吃吃停停的进食方式，时间一长，会使器官、人体或公司变得越来越不健康。"

2. 经营活动现金流量质量分析

1）"销售商品、提供劳务收到的现金"质量分析

（1）"销售商品、提供劳务收到的现金"项目内涵。"销售商品、提供劳务收到的现金"反映企业本年销售商品、提供劳务收到的现金，以及以前年度销售商品、提供劳务本年收到的现金和本年预收的款项，减去因退回商品而支付的现金。企业销售材料和代购代销业务收到的现金，也在本项目反映。本项目可以根据"库存现金""银行存款""应收票据""应收账款""预收账款""主营业务收入""其他业务收入"科目的记录分析填列。

"销售商品、提供劳务收到的现金"项目在企业本期销售收入全部属于现销和没有预收账款，且年初无应收账款和应收票据的情况下，本年的销售收入净额就是销售商品或提供劳务所取得的全部现金收入（即营业收入加上销项税额）。但是，在企业有赊销业务和预收账款的情况下，两者则可能出现差异。这两者的差异会通过"应收账款""应收票据"和"预收账款"账户余额的变动反映出来。

销售商品、提供劳务收到的现金=（主营业务收入-销售折扣折让+其他业务收入）×（1+适用增值税税率）+应收账款的本年减少数（-增加数）+应收票据的本年减少数（-增加数）+预收账款的本年增加数（-减少数）±特殊调整业务。

上述公式中的特殊调整业务作为加项或减项的处理原则是：应收账款、应收票据和预收账款等账户（不含三个账户内部转账业务）借方对应的账户不是销售商品提供劳务产生的"收入和增值税销项税额类"账户，则作为加项处理，如以非现金资产换入应收账款等；应收账款、应收票据和预收账款等账户（不含三个账户内部转账业务）贷方对应的账户不是"现金类"账户的业务，则作为减项处理，如计提坏账准备业务（计提坏账准备业务，资产减值损失增加，应收账款减少）等。

（2）"销售商品、提供劳务收到的现金"质量分析的内容。本项目是企业现金产

生的源泉，数额不仅取决于当期销售商品、提供劳务取得的收入数额，还取决于企业的信用政策，具有很强的持续性，分析人员应重点关注。

第一，从与资产负债表、利润表的关系角度分析。销售商品、提供劳务收到的现金反映的是企业销售商品或者提供劳务向消费者收取的现金，主要相关科目是利润表的主营业务收入、销售折扣折让、其他业务收入，以及资产负债表的应收账款、应收票据、预收账款。上述公式在实际使用过程中会发现公式推导出来的销售商品、提供劳务收到的现金与现金流量表编制出来的销售商品、提供劳务收到的现金之间存在差异，下面基于主营业务收入、往来科目变动性质来分析与销售商品、提供劳务收到的现金的对应关系。

其一，主营业务收入不是实际销售商品带来的，发生值不会带来实际的现金流入。

一是以企业自产的产品作为福利发放给职工，企业以自产的产品作为职工福利发放给职工，应计入成本费用的职工薪酬金额以公允价值计量，计入主营业务收入，该业务不会带来实际现金流入；二是以企业自产的产品用于市场推广，企业以自产的产品用于市场推广，该业务不会带来实际现金流入；三是以产品用来偿还债务、进行非货币性交换，企业将产品用于偿还债务或者非货币性交换，需确认主营业务收入，该业务不会带来实际现金流入。

其二，应收票据、应收账款的增加，预收账款的减少不是销售业务实现的，不对应主营业务收入，应收票据、应收账款的增加未带来现金流入。

一是并购子公司，合并并购方带入的应收款项，应收款项的增加不是销售业务带来的，不对应主营业务收入；二是应收票据背书给供货方，以应收票据偿付材料采购款，与供应商或者客户签订债务抵偿协议，以应收账款抵偿材料款或其他业务款项，应收票据、应收账款的减少未带来现金流入；三是预收账款的减少是由于客户解除合同关系，退还货款影响，不是销售商品带来的，不对应主营业务收入；四是存在外币计量的应收款项，应收款项的增加减少是由于汇率变动影响的，与销售业务无关。

销售商品、提供劳务收到的现金是企业经营性现金流入的主要贡献者，其质量反映了企业的经营性现金流的质量。销售商品，提供劳务收到的现金增加，反映了企业的开源成效。从销售商品、提供劳务收到的现金与主营业务收入、企业应收款的关系，可以看出一个企业通过实现销售业务创造的现金流入情况和本企业的信用政策。通过对主营业务收入的分析可以得出企业的主营业务收入的类型，哪些是公司实际销售商品获得，可带来现金流入；哪些不是公司实际销售商品获得，不可带来现金流入，有助于更好地分析企业主营业务收入增长的质量。应收款项的分析可得出企业的信用政策对企业的现金流入的影响，有助于企业制定更适合的信用政策，来推动业务的开源和规避风险。

第二，"销售商品、提供劳务收到的现金"项目与营业收入总额相对比，与营业收入基本一致，说明企业的销售没有形成挂账，资金周转情况良好；大于本期营业收入，说明企业当期销售全部变现，而且还收回部分前期的应收款项；小于本期的营业收入，说明当期营业收入变现能力低，应收账款挂账增多，应关注应收账款的质量。

第三，将"销售商品、提供劳务收到的现金"项目与"购买商品、接受劳务支付的现金"项目进行对比分析。销售商品、提供劳务收到的现金是企业主要的经营业务所产生的现金流入，其反映企业销售商品、提供劳务实际收到的现金，而购买商品、接受劳务支付的现金项目反映的是企业购买商品、接受劳务实际支付的现金。以"销售商品、提供劳务收到的现金"减去"购买商品、接受劳务支付的现金"即为销售所取得的现金毛利。如果排除增值税因素影响，则销售所取得现金毛利可以近似地表述为

$$销售所取得现金毛利 = 销售商品、提供劳务收到的现金 / （1+增值税率）$$
$$- 购买商品、接受劳务支付现金 / （1+增值税率）$$

考虑到个别年份可能会因偶然因素而导致指标失真，分析者可以将企业若干年的"销售商品、提供劳务收到的现金"之和减去相应年份的"购买商品、接受劳务支付的现金"，计算出若干年销售所取得现金毛利，然后再将若干年销售所取得现金毛利除以年份数得出平均每年销售所取得现金毛利。在正常情况下各年现金毛利数应该为正数，不排除个别年份出现销售所取得的现金毛利为负的情况，但是如果年均销售所取得的现金毛利数为负，则说明企业财务上很可能已出现了困境。

2）"收到的税费返还"质量分析

（1）"收到的税费返还"内涵。"收到的税费返还"反映企业收到返还的所得税、增值税、营业税、消费税、关税和教育费附加等各种税费返还款，依据"库存现金""银行存款""营业外收入"等科目的记录分析填列。

（2）"收到的税费返还"质量分析的内容。收到的税费返还反映企业收到返还的各种税费，如收到的增值税、消费税、营业税、所得税、教育费附加返还等。企业取得的税费返还只能算作一项非经常性收入而不能持久，所以，如果一个企业该项的金额较大，则在计算"经营活动产生的现金流量净额"时，应考虑该项目对计算结果的影响，以免影响到指标的可靠性。

值得注意的是，该项目增减变动的原因与国家税收政策有关。分析时应结合税收政策的变化，这部分现金流量的变化不具有持续性，不能代表企业获取现金的正常能力。

3）"收到其他与经营活动有关的现金"质量分析

（1）"收到其他与经营活动有关的现金"项目内涵。"收到其他与经营活动有关的现金"反映企业经营租赁收到的租金等其他与经营活动有关的现金流入，金额较大的应当单独列示。本项目反映企业除上述各项目外，收到的其他与经营活动有关的现金，如罚款收入、经营租赁固定资产收到的现金、投资性房地产收到的租金收入、流动资产损失中由个人赔偿的现金收入、除税费返还外的其他政府补助收入等。本项目可根据"库存现金""银行存款""管理费用""销售费用""其他应收款"等科目的记录分析填列。

（2）"收到其他与经营活动有关的现金"质量分析的内容。其他与经营活动有关的现金收支包括反映企业现金流入的"收到的其他与经营活动有关的现金"和反映企业现金流出的"支付的其他与经营活动有关的现金"两个部分。这两部分所包含的内容虽然很多，但是一般数额不会很大，然而也往往是企业关联交易的体现所在。所以，在这一部分数额较大且数额不正常的情况下，分析经营活动产生的现金流量净额时应剔除掉，即调整后的经营活动产生的现金净流量=调整前经营活动产生的现金净流量+支付的其

他与经营活动有关的现金-收到的其他与经营活动有关的现金。

4）"购买商品、接受劳务支付的现金"质量分析

（1）"购买商品、接受劳务支付的现金"项目内涵。"购买商品、接受劳务支付的现金"反映企业本年购买商品、接受劳务实际支付的现金（包括增值税进项税额），以及本年支付以前年度购买商品、接受劳务的未付款项和本年预付款项，减去本年发生的购货退回收到的现金。企业购买材料和代购代销业务支付的现金，也在本项目反映。

本项目可以根据"库存现金""银行存款""应付票据""应付账款""预付账款""主营业务成本""其他业务成本"等科目的记录分析填列。此项目还要考虑以非现金资产抵债引起的应付账款、应付票据减少数，直接计入存货成本的非外购存货费用，如工人工资、固定资产折旧等，其用公式表示为

购买商品、接受劳务支付的现金=（主营业务成本+其他业务成本-不属于购买商品、接受劳务支付的现金流出范畴的费用支出数据）×（1+适用增值税税率）+存货的本年增加数+应付账款的本年减少数（-增加数）+应付票据的本年减少数（-增加数）+预付账款的本年增加数（-减少数）

（2）"购买商品、接受劳务支付的现金"质量分析的内容。购买商品、接受劳务支付的现金反映的是企业购买材料、商品和接受劳务实际支付的现金，主要相关的利润表科目是主营业务成本、其他业务成本，资产负债表科目是应付账款、应付票据、预付账款、存货。但上述公式在实际使用过程中会发现公式推导出来的购买商品、接受劳务支付的现金与现金流量表编制出来的购买商品、接受劳务支付的现金之间存在差异，下面基于主营业务成本、存货与往来科目变动性质来分析与购买商品、接受劳务支付的现金的对应关系。

第一，划分成本费用项目构成与购买商品、接受劳务支付的现金包含的业务类型的关系。

一是本期生产成本中的人工费用、折旧摊销费用及其他不属于劳务支出费用，属于非付现业务，或者业务类型不属于购买商品、接受劳务支付的现金包含的业务类型。生产成本的构成包括直接材料、直接人工与制造费用、直接材料的采购现金偿付、制造费用中一部分的劳务业务的现金偿付是属于购买商品、接受劳务支付的现金范畴。成本中的部分费用属于非付现费用，如折旧摊销费用。成本中部分费用虽然需要支付，但现金流出不属于购买商品、接受劳务支付的现金范畴，属于支付的其他与经营活动有关的现金的范畴，如生产部门发生的差旅费、业务招待费、保险费等。

二是属于接受劳务的业务形式，但计入除成本之外的其他费用中，这部分虽不在成本中反映，但属于购买商品、接受劳务支付的现金的范畴。属于购买商品、接受劳务支付的现金范畴的业务，根据服务环节的不同分别计入制造费用、销售费用、管理费用，如维修业务、水电费等业务，需将这部分现金支出作为购买商品、接受劳务支付的现金范畴考虑。

第二，存货的增加不是通过购买原材料或自产结转增加，存货的减少不是由于产品销售原因减少，不计入主营业务成本。

一是存货的增加不是通过购买原材料或自产结转增加，存货增加的现金流出不属于

购买商品、接受劳务支付的现金范畴。存货的增加是由于并购企业、债务抵偿、投资者投入等方式增加，以上增加方式或者不会影响现金流出，或者现金流出不属于购买商品、接受劳务支付的现金范畴。

二是存货的减少不是由于产品销售原因，不计入主营业务成本存货是由于业务招待原因、售后服务原因、捐赠原因、破损或者报废业务原因等。以上原因造成的减少，不计入主营业务成本，计入相应的期间费用中，因为以上存货的减少，不是产品销售影响的。

第三，应付款项的增加未对应购买材料或者劳务，应付款项的减少未带来实际现金流出。

一是应付款项的增加未对应购买材料或者劳务。应付款项的增加是由于并购企业的增加，不对应材料采购或者劳务采购。

二是应付款项的减少未带来实际现金流出。应付款项的减少是由于债务重组抵偿影响、应付款项无支付可能转入营业外收入影响或因合同协议三方债务抵偿影响，这些特殊的因素，应付款项的减少均不带来实际现金流出，这种应付款项的减少不对应实际的现金偿付，不会带来现金流出。

购买商品、接受劳务支付的现金是企业经营类现金的主要流出因素，企业节流降耗的应用、原材料利用率的提升效果都会通过这个科目反映出来。从购买商品、接受劳务支付的现金与主营业务成本、存货、企业应付款项的关系，可以看出目前企业业务与购买商品、接受劳务现金流出的关系。例如，一个企业主营业务成本增加很大，但是现金流出增加却很少，通过采用细分主营业务成本、存货的构成要素分析、存货的采购分析、应付款项变动的综合分析等方法，可更为准确地分析购买商品、接受劳务支付的现金与公司业务的关系。又如，企业主营业务成本的增加可能是薪酬增加或者折旧摊销费用增加的原因起主导作用，这种分析可以解释主营业务成本增加和现金流出增加不匹配的原因。通过应付款项的分析，可以梳理公司的偿付账期与现金流出的关系，根据公司的现金流的情况结合材料采购市场的情况，综合确定公司的采购偿付账期管理。

5）"支付给职工以及为职工支付的现金"质量分析

（1）"支付给职工以及为职工支付的现金"项目内涵。"支付给职工以及为职工支付的现金"反映企业以现金方式支付给职工的工资和为职工支付的其他现金。支付给职工的工资包括工资、奖金及各种补贴（包括代扣代交的职工个人所得税）等。为职工支付的其他现金，如为职工交纳的养老、失业等社会保险基金，企业为职工交纳的商业保险金等。在建工程人员的工资及奖金应在"购建固定资产支付的现金"项目中反映。本项目可以根据"库存现金""银行存款""应付职工薪酬"等科目的记录分析填列。

企业为职工支付的医疗、养老、失业、工伤、生育等社会保险基金、补充养老保险、住房公积金，企业为职工交纳的商业保险金、因解除与职工劳动关系给予的补偿、现金结算的股份支付及企业支付给职工或为职工支付的其他福利费用等，应根据职工的工作性质和服务对象，分别在"购建固定资产、无形资产和其他长期资产所支付的现金"和"支付给职工以及为职工支付的现金"项目中反映。

（2）"支付给职工以及为职工支付的现金"质量分析的内容。该项目的分析重点是现金流出的范围。例如，将应在"支付其他与经营活动有关的现金"项目中列示的支付给职工的差旅费误认为是为职工支付的费用，而在"支付给职工以及为职工支付的现金"项目中反映。

6）"支付的各项税费"质量分析

（1）"支付的各项税费"项目内涵。"支付的各项税费"项目反映企业本年发生并支付、以前各年发生本年支付及预交的各项税费，包括所得税、增值税、营业税、消费税、印花税、房产税、土地增值税、车船使用税、教育费附加等。

对有关投资项目发生的税金支出，不应列为经营活动现金流量，应在有关投资项目中列示。例如，交纳的耕地占用税，应在"购建固定资产所支付的现金"项目中反映。本项目不包括本期退回的增值税、所得税。本期退回的增值税、所得税等，在"收到的税费返还"项目中反映。本项目可以根据"应交税费""库存现金""银行存款"等科目分析填列。

（2）"支付的各项税费"质量分析的内容。通过该项目，分析人员可以得到企业真实税负状况。支付的各项税费应与企业生产经营的规模相适应，但增值税是价外税，应予以剔除。

7）"支付其他与经营活动有关的现金"质量分析

（1）"支付其他与经营活动有关的现金"项目内涵。"支付其他与经营活动有关的现金"反映企业经营租赁支付的租金、支付的差旅费、业务招待费、保险费、罚款支出等其他与经营活动有关的现金流出，金额较大的应当单独列示。本项目可以根据"库存现金""银行存款""管理费用""营业外支出""其他应付款"等科目分析填列。

（2）"支付其他与经营活动有关的现金"质量分析的内容。该项目反映企业经营活动中产生的各种不能列入前述项目的现金流出项目，其中主要包括支付给离退休人员的各项费用，此项目数额不应过多。

二、投资活动现金流量质量分析

一般来说，经营活动现金流量是现金流量表的主要内容，也是企业现金流量表编制和分析的重点。但企业投资活动现金流量也包含着重要的会计信息，它与企业经营活动现金流量和筹资活动现金流量密切相关，通过对其进行认真分析不仅可以看出企业的发展趋势，还可以佐证经营活动现金流量的编制是否正确。

按照《企业会计准则》的规定，投资活动现金流量主要包括两个方面：一是企业在诸如固定资产、无形资产等持有期限超过一年或一个营业周期以上的长期资产的购买、建设及处置过程中发生的现金流入和流出量。二是企业在购买以及处置不能包括在现金等价物范围内的有价证券而发生的现金流入和流出量。例如，企业对长期股权投资、可供出售金融资产、持有至到期投资等资产的投资和处置过程中所产生的现金流量。因此从以上分析中可以看出，现金流量表对"投资活动"的界定范围较大，既包括"实物"投资，又包括"权利"投资。

1. 投资活动现金流量项目的构成

（1）"收回投资收到的现金"项目，本项目反映企业出售、转让及到期收回除现金等价物以外的交易性金融资产，持有至到期投资，可供出售金融资产，长期股权投资等现金；不包括债权性投资收回的利息、收回的非现金资产，以及处置子公司及其他营业单位收到的现金净额。债权性投资收回的利息，在"取得投资收益所收到的现金"项目中反映。处置子公司及其他营业单位收到的现金净额单设项目反映。本项目可以根据"交易性金融资产""持有至到期投资""可供出售金融资产""长期股权投资""投资性房地产""库存现金""银行存款"等科目的记录分析填列。

（2）"取得投资收益收到的现金"项目，反映企业除现金等价物以外的对其他企业的股权和债权投资所取得的现金利润、股利和利息收入，包括在现金等价物范围内的债权投资，其利息收入也应在本项目中反映。股票股利由于不产生现金流量，不在本项目中反映。本项目可以根据"应收股利（或利润）""应收利息""投资收益""库存现金""银行存款"等科目的记录分析填列。

（3）"处置固定资产、无形资产和其他长期资产收回的现金净额"项目，反映企业出售、报废固定资产、无形资产和其他长期资产所取得的现金（包括因资产毁损而收到的保险赔偿收入），减去为处置这些资产而支付的有关费用后的净额。例如，处置固定资产、无形资产和其他长期资产所收回的现金净额为负数，则应作为投资活动产生的现金流量，在"支付的其他与投资活动有关的现金"项目中反映。本项目可以根据"固定资产清理""库存现金""银行存款"等科目的记录分析填列。

（4）"处置子公司及其他营业单位收到的现金净额"项目，反映企业处置子公司及其他营业单位所取得的现金，减去相关处置费用以及子公司及其他营业单位持有的现金和现金等价物后的净额。本项目可以根据有关科目的记录分析填列。

（5）"收到其他与投资活动有关的现金"项目，反映企业除上述各项目外，收到的其他与投资活动有关的现金。其他与投资活动有关的现金，如果价值较大的，应单列项目反映。本项目可以根据有关科目的记录分析填列。

（6）"购建固定资产、无形资产和其他长期资产支付的现金"项目，反映企业购买、建造固定资产，取得无形资产和其他长期资产所支付的现金（含增值税税款等），以及用现金支付的应由在建工程和无形资产负担的职工薪酬。它不包括为购建固定资产、无形资产和其他长期资产而发生的借款利息资本化部分，以及融资租入固定资产所支付的租赁费。为购建固定资产、无形资产和其他长期资产而发生的借款利息资本化部分，在"分配股利、利润或偿付利息支付的现金"项目中反映；融资租入固定资产所支付的租赁费，在"支付的其他与筹资活动有关的现金"项目中反映。本项目可以根据"固定资产""在建工程""工程物资""无形资产""库存现金""银行存款"等科目的记录分析填列。

（7）"投资支付的现金"项目，反映企业进行权益性投资和债权性投资所支付的现金，包括企业取得的除现金等价物以外的交易性金融资产、持有至到期投资、可供出售金融资产而支付的现金，以及支付的佣金、手续费等交易费用。企业购买债券的价款中含有未到期的债券利息，以及溢价或折价购入的，均按实际支付的金额反映。企业购买股票和债券时，实际支付的价款中包含的已宣告但尚未领取的现金股利或已到付息期但尚未领取的债券利息，应在"支付的其他与投资活动有关的现金"项目中反映；收回购买股票和债券时支付的已宣告但尚未领取的现金股利或已到付息期但尚未领取的债券利息，应在"收到的其他与投资活动有关的现金"项目中反映。本项目可以根据"交易性金融资产""持有至到期投资""可供出售金融资产""投资性房地产""长期股权投资""库存现金""银行存款"等科目的记录分析填列。

（8）"取得子公司及其他营业单位支付的现金净额"项目，反映企业购买子公司及其他营业单位购买出价中以现金支付的部分，减去子公司及其他营业单位持有的现金和现金等价物后的净额。本项目可以根据有关科目的记录分析填列。

（9）"支付的其他与投资活动有关的现金"项目，反映企业除上述各项目外，支付的其他与投资活动有关的现金。其他与投资活动有关的现金，如果价值较大的，应单列项目反映。本项目可以根据有关科目的记录分析填列。

2. 投资活动现金流量的计算

（1）投资活动产生的现金流入。投资活动产生的现金流入主要分为以下四种情况。

第一，收回投资收到的现金。这里的投资仅是指企业购买的有价证券而产生的股权或债权类投资，并且只包括收回投资的现金资产性质的本金，不包括债券利息和股票股利。

例如，甲公司于 2013 年 12 月 1 日，将持有的交易性股票投资以公允价值 31 万元对外出售。出售日，该"交易性金融资产"各账户余额为："成本"27 万元、"公允价值变动"借方 3 万元，同时收取被投资方发放的现金股利 1 万元。当期，甲公司"收回投资收到的现金"项目填列的金额应当是：27+3=30（万元），不应当包括 1 万元的现金股利。

第二，取得投资收益收到的现金是指企业因为购买股票而取得的现金红利，或者因为购买债券而收取的现金性质的利息收入，如果被投资方发放的是股票股利则不应当计入该项目之中。接上例，甲公司应当将取得的 1 万元股利计入"取得投资收益收到的现金"项目之中。

第三，处置固定资产、无形资产和其他长期资产收回的现金净额。计算本项目时，要用出售、报废固定资产取得现金收入减去相关现金费用后的净额填列，如果出现负数则列示于"支付其他与投资活动相关的现金"项目中。由于固定资产的处置需要通过"固定资产清理"账户来核算整个过程，因此在计算该项目时，应当依据企业"固定资产清理"明细账，同时参照"库存现金"和"银行存款"账户的记录分析填列。例如，甲企业 2015 年度"固定资产清理"明细账如表 5-2 所示。

表 5-2　甲企业 2015 年度"固定资产清理"明细账（单位：万元）

借方	贷方
20（原值）	30（出售价款，价款已收到银行存款）
1（清理费，费用已支付现金）	
0.5（运输费，计入应付账款）	

那么甲企业"处置固定资产、无形资产和其他长期资产收回的现金净额"应为：30-

1=29（万元）。

第四，处置子公司以及其他营业单位收到的现金净额。处置子公司以及其他营业单位是指整体交易，其他营业单位是指企业除去子公司外持有股份的合营企业或者联营企业。

（2）投资活动产生的现金流出。投资活动产生的现金流出主要分以下三种情况。

第一，购建固定资产、无形资产和其他长期资产支付的现金。本项目反映企业为购买、建造、研发长期资产而付出的现金，但是如果企业为取得这些长期资产而产生了借款费用，应当将需要资本化的借款利息反映在筹资活动中，同样如果是融资租赁取得的固定资产，每期所支付的租赁费也应当反映在筹资活动中。

例如，2013 年甲公司以银行存款 300 万元购入一台设备，以银行存款 10 万元购买了相应的工程物资，并支付在建工程人员工资以及福利费共计 5 万元现金。那么，甲公司 2013 年"购建固定资产、无形资产和其他长期资产支付的现金"项目应填列的金额为：300+10+5=315（万元）。

第二，投资支付的现金。该项目反映企业购买不属于现金等价物的有价证券所支付的现金，但不包括购买价款里所包含的现金股利或利息。

第三，取得子公司及其他营业单位支付的现金净额。在计算该项目时，要用母公司为购买子公司股份所支付的现金减去子公司本身所持有的现金中母公司可以享有的份额后，以净额列示。

例如，甲公司 2013 年度以 1 500 万元银行存款取得乙公司 70% 股权，乙公司当日拥有货币资金 100 万元，无其他现金等价物，则甲公司"取得子公司及其他营业单位支付的现金净额"应当为：1 500−100×70%=1 430（万元）。

3. 投资活动现金流量质量分析

投资活动是企业对外的股权、债权投资，以及对内的非货币性资产（固定资产、无形资产等）投资。

（1）投资活动现金净流量为正数。这意味着企业在投资活动方面现金流入量大于流出量。这种情况的出现，是由企业在本会计期间的投资产生回报，或者是由企业在经营活动与筹资活动方面急需资金而不得不处理手中的长期资产以求变现等原因所引起的。所以，必须对企业投资活动的现金流入量是否具有营利性进行判断，通常前者会在利润表中表现为投资收益，而后者可能会表现为投资亏损。

企业投资活动现金流量可以大致分为企业经营性长期资产项目的购建以及有价证券类项目对外投资现金流量两大类，现金流量表对这两类现金流量也是分开单独进行列示的，主要原因在于这两类现金流量虽然同列为投资活动，但性质差距较大，具体分析如下所述。

第一，经营性长期资产项目导致的投资活动现金净流量为正数。经营性长期资产在使用过程中由于有形或无形损耗，价值会不断地降低，处置经营性长期资产时，取得的现金收入一般情况下会远远低于取得同类资产所需要的现金支出。因此，如果企业经营性长期资产项目导致投资活动现金净流量为正数，表明企业当期对外处置了大量的固定资产或无形资产，但没有相应资产的购入，说明企业的经营活动处于萎缩或调整阶段，企业没有扩大生产的意图。如果在这种情况下企业经营活动现金流量又出现了负数，那么很可能意味着企业已经处于财务困境，只能通过将长期资产直接变现来弥补刚性现金支取差额，企业有可能面临破产的风险。

第二，有价证券类项目导致的投资活动现金净流量为正数。企业持有短期不需要使用的资金时，可以购买债券或者股票进行投资以获取高于银行利息的收益。当企业将投资的股票、债券对外出售时或被投资方分配利润时就可以获取大量的现金流量，虽然这种形式的现金流入同样可以用于企业的现金支出，但企业对这种现金流入却缺乏直接的控制能力，这取决于被投资方的经营状况和现金支付能力。因此，虽然有价证券类项目导致的投资活动现金净流量为正数，并不意味着企业在缩小生产规模，但也不能认为这种现金净流入有长期可靠性，并以此来乐观判断企业的经营状况。

（2）投资活动现金净流量为负数。这意味着企业在购建固定资产、无形资产和其他长期资产、权益性投资及债权性投资等方面所支付的现金之和，大于企业在收回投资，分得股利或利润，取得债券利息收入，处置固定资产、无形资产和其他长期资产时收到的现金净额之和，则企业上述投资活动产生的现金流量处于"入不敷出"的状态。

企业投资活动在以下三种情况下会产生现金流出：①为企业正常生产经营活动奠定基础；②为企业对外扩张和其他发展性目的进行权益性投资和债权性投资；③利用企业暂时不用的闲置货币资金进行短期投资，以求获得较高的投资收益。前两种投资一般都与企业的长、短期发展规划一致，第三种投资在很多情况下是企业的一种短期理财安排。因此，在企业的投资活动符合企业的长、短期发展规划的情况下，投资活动产生的现金流量小于零表明了企业经营发展和扩张的内在需要，也反映了企业在扩张方面的尝试与努力。

一般情况下，说明企业有充裕的现金流可供使用，企业正处于扩张性发展时期，企业的管理层对企业的发展前途感到乐观，充满希望。在这种情况下，要想进一步分析企业的财务状况，还要对比同期经营活动现金流量和筹资活动现金流量，来分析企业投资活动所需要资金的来源。如果企业经营活动现金流量为正数，而筹资活动现金流入较少，说明企业对外投资所依靠的现金流来源于日常经营活动之中，具有可维持性且不会给企业带来过重的偿债负担；但如果企业同期筹资活动现金流量为正数，表明企业可能是负债进行投资，在这种情况下，如果投资项目收益不好或者未达到预期的投资收益率，企业会承担较大的财务风险，如果处理不当，甚至会影响企业的持续经营。

三、筹资活动现金流量质量分析

1. 筹资活动现金流量的项目

（1）"吸收投资收到的现金"项目，反映企业以发行股票、债券等方式筹集资金实际收到的款项（发行收入减去支付的佣金等于发行费用后的净额）。以发行股票等方式筹集资金而由企业直接支付的审计、咨询等费用，不在本项目中反映，而在"支付的其他与筹资活动有关的现金"项目中反映；由金融企业直接支付的手续费、宣传费、咨询费、印刷费等费用，从发行股票、债券取得的现金收入中扣除，以净额列示。本项目可以根据"实收资本（或股本）""资本公积""库存现金""银行存款"等科目的记录分析填列。

（2）"取得借款收到的现金"项目，反映企业举借各种短期、长期借款而收到的现金。本项目可以根据"短期借款""长期借款""交易性金融负债""应付债券""库存现金""银行存款"等科目的记录分析填列。

（3）"偿还债务支付的现金"项目，反映企业为偿还债务本金而支付的现金。其包括归还金融企业的借款本金、偿付企业到期的债券本金等。企业偿还的借款利息、债券利息，在"分配股利、利润或偿付利息所支付的现金"项目中反映，不在本项目中反映。本项目可以根据"短期借款""长期借款""交易性金融负债""应付债券""库存现金""银行存款"等科目的记录分析填列。

（4）"分配股利、利润或偿付利息支付的现金"项目，反映企业实际支付的现金股利、支付给其他投资单位的利润或用现金支付的借款利息、债券利息。不同用途的借款，其利息的开支渠道不一样，如在建工程、财务费用等，均在本项目中反映。本项目可以根据"应付股利（或利润）""应付利息""利润分配""财务费用""在建工程""制造费用""研发支出""库存现金""银行存款"等科目的记录分析填列。

（5）"支付其他与筹资活动有关的现金"项目，反映企业除上述各项目外，支付的其他与筹资活动有关的现金，如以发行股票、债券等方式筹集资金而由企业直接支付的审计、咨询等费用，融资租赁所支付的现金、以分期付款方式购建固定资产以后各期支付的现金等。其他与筹资活动有关的现金，如果价值较大的，应单列项目反映。本项目可以根据有关科目的记录分析填列。

2. 筹资活动现金流量质量分析

筹资活动产生的现金流量净额是指筹资活动现金流入量合计与筹资活动现金流出量合计的差额。前者包括吸收投资收到的现金、取得借款收到的现金、收到的其他与筹资活动有关的现金；后者包括偿还债务所支付的现金、分配股利和利润或偿付利息支付的现金、支付的其他与筹资活动有关的现金。筹资活动的现金流量应满足企业生产经营活动和投资活动的现金需求，对于筹资活动现金流量净额的正负，不能一概而论，也应结合企业所处的生命周期进行分析与评价。

第一，在企业的初创和发展阶段，对现金的需求大，经营活动获取现金的能力不强，因此企业对现金流量的需求主要通过筹资活动来解决，通常要通过吸收直接投资、发行股票、从银行借款、发行债券等筹资活动来获取现金。由于吸收直接投资和发行股票属于股权性筹资，不需要面临还本压力，且在初创和发展阶段一般采取不分配、低股利或满足生产经营需求后再分配的剩余股利政策，所以这一阶段股权性筹资的现金流入量远大于现金流出量。采用银行借款、发行债券等负债筹资方式筹集的资金在还本之前也只需每期支付固定的利息。

基于以上分析可知，企业初创和发展阶段的现金流量净额一般表现为正数，正数越大表明企业筹措资金的能力越强。在该阶段如果不能筹集到足够的资金，将会制约企业的生产经营规模，使企业错失投资机会。

第二，在企业的成熟期和衰退期，一方面投资、扩展机会减少，另一方面企业很难筹措到更多资金，而偿付债务、分配股利和利润或支付利息依旧会使现金流出，因此筹资活动现金流量净额常呈现为负数。此时应注意分析筹资活动流出的现金是来源于经营活动现金流入还是源于新的负债，如果源于后者，意味着企业已陷入借新债还旧债的不良循环中，容易导致财务危机。当然，企业成熟期筹资活动现金流量净额为负，也可能是由于企业给股东回报的现金股利多，属于好现象。

在企业的成熟期和衰退期，若筹资活动的现金流入量恰好等于现金流出量，则表明企业筹集到的资金全部用于偿付债务本息或分派现金股利；若筹资活动现金流入量大于现金流出量，则应作进一步分析，可能是企业经营活动和投资活动的创现能力弱使企业现金流量不足，只得通过借新债来还旧债；也可能是企业有了新的增长点，未来的发展潜力被市场看好，于是具有了筹集资金的能力。

在实际中，界定企业所处的生命发展周期阶段并非易事，即便能够大致界定，也存在特例。例如，在外界看来正处于成熟期或衰退期的企业，其内部很有可能正在积极地寻找新的业绩增长点，因此表现出与其所处生命周期阶段不对应的投资现金流出量。在这种情况下，如果仅依靠现金流量表中的数字就会做出不恰当的评价，若结合企业的财务报表附注以及董事会报告等定期报告或临时报告进行分析，便可避免上述偏差。

总的来说，筹资活动产生的现金流量大于零，意味着企业在吸收权益性投资、发行债券及借款等方面所收到的现金之和，大于企业在偿还债务、支付筹资费用、分配股利或利润、偿付利息、融资租赁及减少注册资本等方面所支付的现金之和。在企业的起步阶段，投资活动需要大量资金，在企业经营活动产生的现金流量小于零的情况下，企业的现金流量需求主要通过筹资活动来满足。因此，分析企业筹资活动产生的现金流量大于零是否正常，关键要看企业的筹资活动是否已经被纳入企业的发展规划，是属于企业管理层以扩大投资和经营活动为目标的主动筹资行为，还是企业因投资活动和经营活动的现金流出失控而做出的不得已的筹资行为。如果筹资活动产生的现金流量小于零，可能是企业在本会计期间集中发生了偿还债务、支付筹资费用、分配股利或利润、偿付利息、融资租赁等各种现金支付业务，也可能是企业在投资和扩张方面没有更多作为的一种表现。

四、"汇率变动对现金及现金等价物的影响"项目分析

1. "汇率变动对现金及现金等价物的影响"项目内涵

"汇率变动对现金及现金等价物的影响"反映下列项目之间的差额。

（1）企业外币现金流量折算为记账本位币时，采用现金流量发生日的即期汇率或按照系统合理的方法确定的、与现金流量发生日即期汇率近似的汇率折算的差额。

（2）企业外币现金及现金等价物净增加额按资产负债表日即期汇率折算的金额。

2. 汇率变动对现金的影响因素分析

1）确认外币交易和折算现金流量均采用相同汇率时的影响

如果外币交易发生和折算现金流量均采用当日汇率折算，则外币现金收付时，"汇率变动对现金的影响额"为零。但是，每逢期末（即"资产负债表日"），外币账户余额要按资产负债表日即期汇率折合为记账本位币，即调整外币账户本位币余额，调整的

发生额并不形成经营、投资、筹资活动的现金流量，但却会引起"现金及现金等价物的净增加额"的变动，形成对本位币现金余额的影响，在编制现金流量表时有以下公式：外币现金流量与外币交易确认采用同一种汇率时汇率变动对现金的影响额=每期期末外币现金账户本位币余额的调增额合计−每期期末外币现金账户本位币余额的调减额合计。

2）确认外币交易和折算现金流量采用不同汇率时的影响

如果确认外币交易时采用当日汇率，而折算现金流量时采用近似汇率，或者相反，确认外币交易时采用近似汇率，但折算现金流量时采用当日汇率，或者确认外币交易和折算现金流量采用不同的近似汇率，则汇率变动（或差异，下同）对现金的影响由三方面因素构成。

（1）期内收入外币现金汇率变动对现金的影响额

$$=\sum\left[\text{期内某日收入某种外汇现金数量}\times(\text{确认外币交易采用的汇率}\atop -\text{折算外币现金流量采用的汇率})\right]。$$

（2）期内付出外币现金汇率变动对现金的影响额

$$=\sum\left[\text{期内某日收入某种外币现金数量}\times(\text{折算外币现金流量采用的汇率}\atop -\text{确认外币交易采用的汇率})\right]。$$

（3）调整外币现金账户本位币余额对现金的影响额

$$=\sum(\text{每期末结存外币现金数量}\times\text{期末汇率}-\text{期末调整前外币现金账户本位币余额})。$$

以上三项合计，为确认外币交易与折算现金流量采用不同汇率时，现金流量表"汇率变动对现金及现金等价物的影响额"项目应填报金额。

应予强调说明的是，这里所说的"期"，既可能是"月"，也可能是"季""年"，但与在公式中的"期初""期末"以及"平均汇率"所涉及的"期"，必须采用同一"会计期间"。

五、现金流量表补充资料提供的信息分析

在对企业现金流量进行质量分析时，还应关注现金流量表补充资料（以下简称补充资料）中不涉及现金收支的筹资和投资活动部分。因为这部分活动虽不引起当期现金流量的变化，但可以在一定程度上反映企业现金流转方面的质量状况和企业利用非现金资源进行经营活动、投资活动和筹资活动的状况。补充资料是通过间接法披露将净利润调节为经营活动现金流量的信息。这种调整包括了三方面内容：一是投资或筹资活动对净利润的影响项目，经此调整后为经营活动产生的净利润；二是虽然是经营活动且影响了净利润，但实际并未产生现金流的项目；三是影响了经营活动现金流但并不导致净利润变动的项目。

1. 关于资产减值准备

固定资产、投资性房地产、生产性生物资产、无形资产、商誉、矿区权益，以及相关设施、未探明矿区权益等长期资产的减值损失一经确定，在以后会计期间不得转回，可以转回的资产减值损失包括存货、消耗性生物资产、部分金融工具、建造合同预计损失、未担保余值。因此，补充资料中的资产减值准备转回应只涉及上述存货等资产。此外，该项目金额不包括减值准备的转销（转出）。转回指的是前期已确认的资产减值损失在以后会计期间恢复的，按照恢复的金额在不超过已确认减值损失金额的范围内原渠道计入当期损益，而转销（转出）是指以前期间计提的资产减值准备，在资产处置、出售、对外投资、以非货币性资产交换方式换出、在债务重组中抵偿债务等时，作为资产价值的抵减项一并转入处置损益等。一般情况下，该数据与利润表中的资产减值准备本期发生额是一致的，并非各资产减值准备余额的变动数。

2. 报告期内增加子公司以及业务引起的调整

母公司在报告期内因同一控制下企业合并增加的子公司以及业务，应当将该子公司以及业务合并当期期初至报告期末的现金流量纳入合并现金流量表，因此该交易对补充资料的编制并无影响。如果企业存在非同一控制下合并增加的子公司以及业务（以下所述子公司均包含业务），需要将该公司购买日至报告期末的收入、费用和利润及现金流量纳入合并财务报表，在编制补充资料时进行必要调整，即不能简单地以该子公司报告期末数据减去期初数据的方式进行合并。其中直接与净利润相关的项目，如资产减值准备、投资收益、计入当期损益的折旧摊销额、递延所得税费用等以纳入合并利润表的数据为准，而并非直接与净利润相关的项目，如存货的减少（增加）、经营性应收项目的减少（增加）、经营性应付项目的增加（减少）等，应按照其期末数减去购买日余额的方式予以确定。在实际操作中，可通过编制补充分录，将子公司购买日的资产或负债项目余额予以剔除。

例如，母公司报告期经营性应收项目减少1 000万元，在仅有一家以非同一控制下合并方式增加的子公司的情况下，如该子公司期初应收款为900万元，购买日应收款余额为500万元，报告期末为200万元，那么补充资料中的经营性应收项目减少应为1 300万元（1 000+500-200），而非1 700万元（1 000+900-200），因为在合并现金流量表主表中，子公司本期应收款减少收到的现金是300万元（500-200），期初至购买日子公司收回的现金400万元（900-500）不纳入合并现金流量表。报告期内减少子公司与增加子公司的处理方式基本一致，也需要考虑纳入合并财务报表的仅是该子公司期初至处置日的现金流量和利润表项目，相应补充资料中相关项目的变动也以期初至处置日的变动为限。

3. 关于递延所得税资产（负债）

如上文所述，补充资料是将影响净利润但不影响经营活动现金流的项目予以调整，其中包括递延所得税资产（递延所得税负债）的变动。一般情况下，递延所得税资产或递延所得税负债的变动会引起递延所得税费用的变动，由于该项目并不会引起现金流的变动，因此构成补充资料的调整项目。当递延所得税资产和负债的变动并非对应利润表项目时，需要对补充资料中的数据进行修正。

直接计入所有者权益的交易或事项包括可供出售金融资产的公允价值变动、非投资性房地产转换为投资性房地产并采用公允价值计量模式时公允价值大于账面价值的差额、会计政策变更采用追溯调整法对期初留存收益进行调整（如投资性房地产从成本模式转为公允价值模式）、前期差错更正采用追溯重述法对期初留存收益进行调整、持有至到期投资重新分类为可供出售金融资产时投资的账面价值与其公允价值的差额等。

上述暂时性差异导致的递延所得税资产或负债的变动也相应计入所有者权益，因此补充资料中的递延所得税资产或负债的变动应不包括上述事项的影响。例如，企业本期递延所得税资产共计增加 200 万元，分别是因交易性金融资产和可供出售金融资产公允价值变动导致递延所得税资产增加 150 万元、50 万元，那么补充资料中递延所得税资产的增加为 150 万元。

4. 关于财务费用

补充资料中的财务费用是指影响净利润但在现金流量表主表中作为投资活动或筹资活动列报的财务费用。该项目虽然简单，在实际工作中却经常出现错误，原因在于财务费用在财务报表中往往不太重要，编制人员未予以充分关注，或编制人员机械理解财务费用的含义，将其与利润表中财务费用直接等同。从多数企业的实际情况看，计入补充资料——财务费用的项目主要包括以下内容：计入筹资活动的借款利息支出、汇率变动导致的外汇借款变动、委托理财、对外提供借款等产生的利息收入。由于该类提供资金的交易一般都界定为企业的投资活动，相应的利息收入也作为投资活动的一部分。

上述前三项，在未实际收到或支付利息及偿还借款时，均为影响净利润但不影响现金流量，而在收到或支付利息及偿还借款时，现金流量表主表中分别计入投资活动和筹资活动的现金流量项目。因此不管是否实际收付，均在确认财务费用时作为补充资料的组成部分。相应的应收利息和应付利息无须再在经营性应收项目、经营性应付项目中列示。例如，企业本期确认银行借款利息 100 万元，实际支付 80 万元，期末应付利息余额为 20 万元，那么补充资料中的财务费用应为 100 万元（影响净利润），经营性应付项目的变动中不需要考虑应付利息的增加。财务费用中的汇兑损益并不完全等于汇率变动对现金的影响，如外币应收账款、应付账款的汇率变动，随着应收账款、应付账款的收回和结算计入销售商品收到的现金、采购商品支付的现金，是经营活动现金流的组成部分，因此不能从补充资料中剔除变动。在没有外币财务报表折算的情况下，只有汇率变动对现金的影响导致的汇兑损益（即现金流量表主表中汇率变动对现金的影响额）需要在补充资料中列示。除上述项目外，财务费用中的银行存款利息、票据终止确认产生的贴现利息、日常银行业务发生的手续费等，因作为经营活动现金流，故不需要在补充资料中列示，即不需要予以调整。

5. 关于计入投资或筹资活动的往来项目调整

经营性应收项目包括应收票据、应收账款、预付账款、长期应收款和其他应收款中与经营活动有关的部分，以及应收的增值税销项税等。经营性应付项目包括应付票据、应付账款、预收账款、应付职工薪酬、应交税费、长期应付款、其他应付款中与经营活动有关的部分，以及应付的增值税进项税额等，因此，不能直接将上述项目的期初、期末变动数作为补充资料中的调整项目，对于其中与筹资或投资活动有关的项目，应从经营性应收或应付项目中剔除。例如，融资租赁业务形成的长期应付款、长期资产构建形成的应付账款和应付票据、非金融机构资金借贷形成的其他应收款或其他应付款等。在编制过程中，需要对往来款的期初、期末明细余额情况进行分析后填列。

6. 关于其他项目

对于未在补充资料具体调节项目中列示但仅影响到净利润或经营活动现金流量的事项，需要在其他项下归集，主要包括以下事项。

（1）递延收益摊销。递延收益在摊销时计入当期损益，而现金流一般在初始确认时流入，如受益期在以后会计期间的各类政府补助。由于计入损益和现金流入在时间上存在差异，故需要作为调整项目。需要注意的是，与资产相关的政府补助，在现金流产生的当期也是作为投资活动，不宜计入经营活动现金流。

（2）非同一控制下合并导致的营业外收入。非同一控制下合并中，合并成本小于合并中取得的被购买方可辨认净资产公允价值份额的差额应计入合并当期营业外收入。该营业外收入增加了当期净利润，但并不对应现金流，也不属于经营活动，因此需要作为调整项目。

（3）专项储备的计提和使用。高危行业按照国家规定提取的安全生产费，计提时计入相关产品的成本或当期损益，同时计入"专项储备"科目，因此，专项储备在计提时并没有相应的现金流出需要予以调整。当企业使用安全生产费时，如果属于费用性支出，通常会导致经营活动现金流出，但不影响净利润，故需要在补充资料中调整，即在不形成固定资产的情况下，补充资料中调整的是专项储备的净增加（或减少）金额；如果使用时形成固定资产，则该使用情况不需要在补充资料中调整。

（4）接受捐赠和债务豁免。企业接受的捐赠和债务豁免，按照《企业会计准则》规定符合确认条件的，通常应当确认为当期收益。如果接受控股股东或控股股东的子公司直接或间接的捐赠，从经济实质上判断属于控股股东对企业的资本性投入，应作为权益性交易，相关利得计入所有者权益（资本公积）。因此，在确定补充资料的调整事项时需要分析填列，通常仅涉及计入当期收益的捐赠和债务豁免。作为当期收益的捐赠和债务豁免，如果是货币捐赠和当期收到现金的债务豁免，由于在当期产生了现金流且影响净利润，故不需要调整；如果是非货币捐赠和对前期债务的豁免，则因当期没有相应的现金流但影响净利润，需要进行调整。

（5）非货币性资产交换产生的损益。具有商业实质的非货币性资产交换产生的损益主要包括两种情况：一是长期资产换出产生营业外收入、支出或投资损益；二是存货换出产生营业收入、成本。除存货之间交换外，其他资产交换虽然产生损益但都不影响经营活动现金流，需要在补充资料中调整。

（6）支付及收回的保证金。与经营活动相关的保证金主要包括购买商品、接受劳务开具商业票据、开立信用证存入的保证金，不包括购置长期资产、取得借款形成的保证金。与经营活动相关的保证金通常作为支付或收到其他与经营活动有关的现金，影响到经营活动现金净流量，但不涉及损益，故需要在补充资料中予以调整。

第三节　现金流量表综合分析

一、现金流量的运转规律

企业现金流量表将现金流量分为三类：经营活动产生的现金流量、投资活动产生的现金流量和筹资活动产生的现金流量。从上述各类现金流量之间的内在联系来看，各类现金流量之间存在一定的运转规律。

1. 经营活动产生的现金流量运转规律

在正常情况下，经营活动产生的现金流量除了要维护企业经营活动的正常周转外，还应该具有足够的补偿经营性长期资产折旧与摊销及支付利息和现金股利的能力。对于那些商品经营活动和劳务提供活动在企业各类活动中占有较大比重的企业来说，经营活动产生的现金流量是企业短期内维持经常性资金流转和扩大再生产的最重要的资金来源。在投资收益所对应的现金流入量具有较大波动性的情况下，企业经营活动产生的现金净流量将主要用于以下方面。

1）补偿本年固定资产折旧和无形资产摊销等费用

从企业现金流转的基本情况来看，企业在固定资产、无形资产等长期经营性资产方面所产生的现金流出量，将会通过两种途径得到补偿：第一，固定资产、无形资产被使用一段时间以后，将以处置的方式得到一部分现金的补偿。显然，对于相当多的固定资产（如机器设备、办公设备）而言，这种未来的现金流入量将很难全部补偿企业最初对固定资产的投资。而对于无形资产而言，其未来价值的不确定性使我们很难判断这种未来现金流入量的规模，因而也就不能期待全部通过此种方式补偿企业最初对无形资产的现金投入。第二，在固定资产、无形资产的未来经营性使用中，通过固定资产折旧、无形资产摊销和长期资产摊销的方式来分期补偿。从企业三类基本活动的状况来看，经营性长期资产为企业的未来经营活动奠定了一定的基础。因此，对经营性长期资产在取得过程中的现金流出量的补偿，必然是在未来经营性使用过程中以固定资产折旧、无形资产摊销和长期资产摊销的方式分期进行。但必须强调的是，企业通过此方式补偿经营性资产现金流出量的速度取决于企业资产的折旧和摊销速度。折旧速度主要取决于企业所选择的折旧政策，而摊销速度则主要取决于企业取得相应资产时的预计有效期。

2）支付利息费用

企业所发生的利息费用，按照主要用途可以分为经营性使用（在利润表中计入当期财务费用）和购建固定资产使用（费用化或资本化）。尽管不同用途的利息费用因归属不同而被归入利润表项目或资产负债表项目，但利息费用引起的现金流出量均归于筹资活动现金流出量。从良性发展的角度看，这部分融资成本应由企业经营活动创造的现金流量补偿，而不能依赖筹资活动的现金流入量补偿。

3）支付本年现金股利

企业宣布发放的现金股利，一般应以本年度净利润和累计可供股东分配的利润为基础。在以经营活动为主的企业，其当年的营业利润应该对当年的净利润以及当年的现金股利分配产生重要影响。这就要求企业当期经营活动产生的现金流量对当期的现金股利支付有较强的保障能力。

4）补偿本年度已经计提但应在以后年度支付的应计性费用

企业在本年度已经计提但尚未支付的应计性费用，其引发的现金流出量尽管发生在未来，但效用发生在本期，因此应由本期的经营活动产生的现金流入量来对其进行补偿。

5）为企业扩大再生产、对外投资提供资金支持

企业经营活动产生的现金流量如果还有剩余，企业则可将其用于对内扩大再生产和对外投资。当然，投资收益也会产生现金流量，但是企业除了在出售价格高于买入价格所引起的投资收益（主要发生在短期投资和对长期投资的处置上）的情况下可以直接获得现金流量以外，无论是债权投资收益（利息收益）还是股权投资收益（权益法确认或成本法确认），其所引起的现金流量均有很大的不确定性，完全不像经营活动产生的现金流量那样有直接的控制能力。因此在分析中，对投资收益引起的现金流入量宜作为"意外惊喜"来处理。这样分析可能更有利于企业掌握规划现金流量的主动性。

2. 投资活动产生的现金流量运转规律

企业投资活动产生的现金流量可以分为两类：对外投资现金流量和对内经营性长期资产现金流量。这两种情况下现金流出量的补偿机制并不相同。

1）对外投资现金流出的补偿机制

企业在一定会计期间的对外投资现金流出量的补偿状况，均会在投资活动产生的现金流量的有关项目中反映出来，主要的补偿方式如下所述。

第一，将本会计期间取得的投资对外出售变现。这种情况下的现金流入量将反映在本会计期间的投资活动现金流入量中。企业所进行的交易性短期投资属于此类。对于大多数较少从事短期投资的企业而言，此种业务并不多见。

第二，本会计期间取得的投资在未来会计期间对外出售变现。这种情况下的现金流入量将反映在未来会计期间的投资活动产生的现金流入量中。企业跨期从事股权和债权的购销交易时所进行的投资属于此类。现阶段我国大多数企业的对外投资要么长期持有要么跨年度变现，因而采用此种现金流转模式的企业较多。

第三，本会计期间取得的投资长期持有，其现金流出量主要靠持有收益来补偿。在这种情况下，企业对外投资现金流出量的未来补偿，主要靠股权投资的现金股利和债权投资的利息所引起的现金流入量来补偿。

在上述补偿方式中，除了第一种方式外，其他两种方式要么未来收回现金的时间与原投资时间间隔较长，要么未来取得的投资收益远远小于原投资的现金流出量。因此，在特定会计期间，如果上述对外投资所引起的现金流出量大于对外投资产生的现金流入量，则说明当期企业的对外投资呈现出投资的主流。反之，如果上述对外投资所引起的现金流出量小于对应的现金流入量，则说明当期企业的对外投资呈现出回收的状况。

2）对内经营性长期资产现金流出的补偿机制

上文已提到，经营性长期资产现金流出的补偿机制的特点是：第一，通过处置的方式补偿一部分现金。第二，通过固定资产折旧、无形资产摊销的方式分期补偿。这就是说，在特定会计期间，如果上述经营性长期资产所引起的现金流出量大于处置经营性长

期资产所产生的现金流入量，则说明当期企业的经营性长期资产呈现出增加或更新的状况；反之，如果上述经营性长期资产所引起的现金流出量小于对应的现金流入量，则说明当期企业的经营性长期资产的变化主流是收缩或调整结构与规模。

3. 筹资活动产生的现金流量运转规律

筹资活动产生的现金流量，可以维持企业经营活动、投资活动的正常运转；反之，因经营活动、投资活动的需要，可能引起筹资活动现金流量的产生。其运作状况从总体上看应该是适应性的，即适应企业经营活动、投资活动的需要。在企业经营活动、投资活动需要现金支持时，筹资活动应该及时、足额地筹集到相应资金；在企业经营活动、投资活动创造出大量现金时，筹资活动应该及时地清偿相应的债务以避免不必要的利息支出。

二、现金流量质量的特征

所谓现金流量质量，是指企业的现金流量能够按照企业的预期目标顺畅运转的质量，具有较好质量的现金流量应当具有如下特征。

1. 企业现金流量的结构安排应体现企业发展战略的要求

从战略角度看，其一，企业对经营性资产的结构安排体现了企业战略发展的要求，现金流出量的结构应该适应企业发展战略的要求；其二，企业对外投资的结构与方向也体现了企业对外扩张、寻求发展的战略，现金流出量的结构也应该适应企业对外扩张战略的要求；其三，虽然在现金流量的基本数量关系上难以直接体现企业发展战略的要求，但从事不同行业的企业的经营活动现金流量的结构和模式具有明显不同的特征。因此，通过对企业经营活动产生的现金流量的结构进行分析，就可以对企业经营活动产生的现金流量与企业发展战略之间的内在联系进行深入研究。

2. 在稳定发展阶段

企业经营活动产生的现金流量应当有足够的支付能力，并能为企业的扩张提供支持。前文已述及，企业在正常情况下的经营活动产生的现金流量除了要维护经营活动的正常周转外，还应该有足够的补偿经营性长期资产折旧与摊销、支付利息和现金股利的能力，并能为企业的扩张提供现金流量的支持。这就是说，在稳定发展的情况下，良性发展的企业其经营活动产生的现金流量应该远大于零。

值得注意的是，在对企业经营活动产生的现金流量的支付能力进行分析时，应考虑企业固定资产折旧政策、无形资产摊销政策、现金股利分配政策及企业的筹资环境与筹资行为等，这些因素将影响我们对非现金耗费的补偿能力、利息及股利支付能力的判断。

3. 筹资活动产生的现金流量能够适应经营活动、投资活动需求，且无不当融资行为

高质量筹资活动产生的现金流量应当表现为在时间、金额上满足企业投资活动、经营活动的现金需求，无超过实际需求的债务融资、无融资后被无效益占用、无融资后资金长期闲置等情形。

三、现金流量的结构分析

结构分析主要分为流入结构分析、流出结构分析和流入流出比分析。现以港源制造2014 年现金流量数据为例进行分析，如表 5-3 所示。

表 5-3　2014 年港源制造现金流入结构

项目	现金流入量/元	内部结构/%	流入结构/%
一、经营活动产生的现金流量：			
销售商品、提供劳务收到的现金	1 552 452 576.85	99.71	
收到的税费返还			
收到其他与经营活动有关的现金	4 533 539.28	0.29	
经营活动现金流入小计	1 556 986 116.13	100	93.99
二、投资活动产生的现金流量：			
收回投资收到的现金			
取得投资收益收到的现金			
处置固定资产、无形资产和其他长期资产收回的现金净额	4 557 890.21	100	
处置子公司及其他营业单位收到的现金净额			
收到其他与投资活动有关的现金			
投资活动现金流入小计	4 557 890.21	100	0.28
三、筹资活动产生的现金流量：			
吸收投资收到的现金			
取得借款收到的现金	95 000 000.00		
收到其他与筹资活动有关的现金			
筹资活动现金流入小计	95 000 000.00	0	5.73
现金流入总计	1 656 544 006.34		100

1. 现金流量流入结构分析

现金流量流入结构分析是反映企业经营活动、投资活动、筹资活动的现金流入量，分别在全部现金流入量中所占的比重及各项活动中具体项目的结构占比，以明确企业现金的主要来源，把握增加现金流入的途径。

由表 5-3 中可以了解港源制造现金流入总量占 1 656 544 006.34 元，其中经营活动现金流入量、投资活动现金流入量和筹资活动现金流入量分别为 93.99%、0.28% 和 5.73%。可见港源制造当期现金流入中经营活动是主要的现金来源，筹资活动也占有一定比例，投资活动贡献很小，再结合该企业所处发展阶段分析，总体上认为现金流入结构合理，属于良性发展。

在经营活动现金流入中，"销售商品、提供劳务收到的现金"是港源制造最主要的现金来源，该项现金流入结构占比为 99.71%，占据绝对比重，表明港源制造提供的商品、劳务服务在社会上有较高认可度，主营业务突出，销售状况良好。在投资活动现金流入中"处置固定资产、无形资产和其他长期资产收回的现金净额"体现了企业处置资产的基本情况。在筹资活动现金流入中，"取得借款收到的现金"体现了企业通过银行等金融机构筹资能力的强弱。港源制造该项目占筹资活动现金流入的比例为 100%，表明该公司信用好，借款筹资能力较强。

2. 现金流量流出结构分析

现金流量流出结构分析是通过计算企业的经营活动、投资活动和筹资活动中的现金流出量分别在全部流出量中所占的比重，以及各项活动中具体项目的构成情况反映企业现金流出的比重大小和方向，对于信息使用者了解企业的现金流向具有重要作用，如表 5-4 所示。

表 5-4　2014 年港源制造现金流出结构

项目	现金流出量/元	内部结构/%	流出结构/%
一、经营活动产生的现金流量：			
购买商品、接受劳务支付的现金	1 196 126 636.62	82.49	
支付给职工以及为职工支付的现金	159 583 872.38	11.01	
支付的各项税费	59 212 071.19	4.08	
支付其他与经营活动有关的现金	35 021 339.81	2.42	
经营活动现金流出小计	1 449 943 920.00	100	89.02
二、投资活动产生的现金流量：			
购建固定资产、无形资产和其他长期资产支付的现金	58 765 450.35	100	
投资支付的现金			
取得子公司及其他营业单位支付的现金净额			
支付其他与投资活动有关的现金			
投资活动现金流出小计	58 765 450.35	100	3.61
三、筹资活动产生的现金流量：			
偿还债务支付的现金	120 000 000.00	100	
分配股利、利润或偿付利息支付的现金			
支付其他与筹资活动有关的现金			
筹资活动现金流出小计	120 000 000.00	100	7.37
现金流出总计	1 628 709 370.35		100

从表 5-4 中可以看出港源制造该期各项现金流出所占比重分别为：经营活动现金流出占现金总流出的 89.02%，投资活动现金流出占现金总流出的 3.61%，筹资活动现金流出占现金总流出的 7.37%。可见港源制造该期主要把现金流出用于经营活动和筹资活动，表明其经营状况正常，现金支出结构较为合理。

在经营活动现金流出中"购买商品、接受劳务支付的现金"是经营活动现金流出的主要方向，占比为 82.49%；在投资活动现金流出中该公司将现金全部用于购建长期资产，表明公司该期生产规模将进一步扩大，或进行设备更新改造，增强企业生产能力；筹资活动现金的流出全部是"偿还债务支付的现金"，可知公司筹资活动的现金流出主要为偿还到期债务，意味着企业未来用于满足偿付的现金减少，财务风险随之降低。

3. 现金流量流入流出比分析

现金流量流入流出比分析主要是对现金净流量的分析，反映三大活动的现金净流量占企业全部现金净流量的比例及现金余额是如何形成与分布的，如表 5-5 所示。

表 5-5　现金流量流入流出比

项目	现金流入量/元	现金流出量/元	现金净流量/元	结构/%	流入流出比
经营活动产生的现金流量	1 556 986 116	1 449 943 920	107 042 196	380	1.07
投资活动产生的现金流量	4 557 890	58 765 450	−54 207 560	−192	0.08
筹资活动产生的现金流量	95 000 000	120 000 000	−25 000 000	−89	0.79
汇率变动的影响	326 635		326 635	1	
现金及现金等价物净增加额	1 656 870 641	1 628 709 370	28 161 271	100	

表 5-5 中显示该公司经营活动中现金流入量是 1 556 986 116 元，现金流出量是 1 449 943 920 元，经营活动现金流量流入流出比为 1.07，表明 1.00 元的现金流出可换回 1.07 元的现金流入，说明当期经营活动效率较高，销售回款良好，创现能力强。公司取得的现金净流量为 28 161 271 元，其中经营活动现金净流量为 107 042 196 元，是总现金净流量的 380%。表明该公司财务适应性较强，运用其内部经济资源创造现金能力较好，企业持续经营及获利能力的稳定程度较高，从而有较强的偿债能力和抗风险能力，其经营活动正常。

投资活动中现金流入量是 4 557 890 元，现金流出量是 58 765 450 元，投资活动的现金流量流入流出比为 0.08，表明该公司正处于发展时期。投资活动现金净流量为 −54 207 560 元，占总现金净流量的 −192%。结合表 5-4 的投资活动现金流出结构分析，从中可以看出公司该期投资活动现金流出主要用于构建长期资产，说明公司正在扩大生产规模。

筹资活动中现金流入量是 95 000 000 元，现金流出量是 120 000 000 元，该公司筹资活动的现金流量流入流出比为 0.79，再结合表 5-4，表明归还借款多余借入款项，减轻了还款压力。筹资是为了用资，企业是否筹资、筹资多少等都要视用资需求而定。一般来说，在经营活动和投资活动现金净流量减少、资金不足时筹资规模应增加。在经营活动和投资活动现金净流量增多、资金充裕时筹资规模可减少。

综上论述，现金流量是企业生存和发展的命脉，现金流量状况直接反映企业这一组织有机体的健康情况。现金流量信息是企业日常经济活动中最重要的信息资源，是衡量企业价值的重要指标。现金流量表的结构分析，就是在现金流量有关数据的基础上对不同项目间的比较与分析，旨在明确现金流入、流出的构成及现金余额的形成情况，分析一定时期内影响现金额增减变化的主要因素，便于企业管理者掌握企业真实的经营情况，为企业管理者抓住现金流量管理重点提供科学依据，更好地做出相应的预测和决策，从而实现企业现金的最佳配置和使用。

需要指出的是，对现金流量变化过程进行分析远远比对现金流量的变化结果进行分析重要。在进行现金流量变化过程分析时，应重点分析引起当期现金流量变化的主要因素，并分析这些变动中哪些是预算或计划中已有安排的，哪些是因偶发性原因而引起的，并对实际与预算（计划）中的差异进行分析，从而判断现金流量变动的合理性。

本 章 小 结

通过本章的学习，我们掌握了现金流量表中现金的范围及现金等价物的概念；掌握了企业现金流量的分类、现金流量综合状况的分析方法等内容；掌握了现金流量的运转规律；重点掌握了现金流量质量的分析方法和思路。

复习思考题

1. 什么是现金流量表？现金流量表如何分类？
2. 现金流量表的作用与局限性有哪些？为什么要进行现金流量表分析？
3. 如何进行经营活动现金流量整体质量分析以及各项目质量分析？
4. 投资活动现金流量有哪些构成？如何进行计算和质量分析？
5. 筹资活动的现金流量构成项目有哪些？如何进行质量分析？
6. 如何对"汇率变动对现金及现金等价物的影响"的项目进行分析？
7. 现金流量表补充资料对现金流量质量分析能提供哪些信息？
8. 现金流量的运转规律有哪些？
9. 如何进行现金流量的结构分析？

第六章　企业偿债能力分析

学习目标：

通过本章的学习，了解偿债能力的内涵及意义；了解短期、长期偿债能力分析的意义；熟悉影响短期、长期偿债能力的因素；掌握短期偿债能力和长期偿债能力的含义和分析指标；能够应用偿债能力指标综合分析评价企业的偿债能力。

关键词：

短期偿债能力分析；长期偿债能力分析；分析评价指标

第一节　企业偿债能力分析概述

一、企业偿债能力的内涵

企业的偿债能力是指企业对到期债务清偿的能力和现金的保障程度，即用资产偿还短期债务与长期债务的能力。

企业偿债能力，静态地讲就是用企业资产清偿企业债务的能力；动态地讲就是用企业资产和经营过程创造的收益偿还债务的能力。企业有无现金支付能力和偿债能力是企业能否健康发展的关键。企业偿债能力分析是企业财务分析的重要组成部分。

能否对企业的偿债能力进行合理评价，既关系到企业财务风险乃至经营风险能否得以有效控制，又维系着与企业有利害关系的投资者、债权人、政府及社会公众的经济利益。

二、企业偿债能力的分类

企业的偿债能力按其债务到期时间的长短分为短期偿债能力和长期偿债能力。

（一）短期偿债能力

短期偿债能力是指企业以流动资产偿还流动负债的能力，反映了企业偿付日常到期债务的能力。对债权人来说，企业要具有充分的偿还能力，才能保证其债权的安全，按期取得利息，到期取回本金；对投资者来说，如果企业的短期偿债能力发生问题，就会牵制企业经营的管理人员耗费大量精力去筹集资金，以应付还债，还会增加企业筹资的难度，或加大临时紧急筹资的成本，影响企业的营利能力。

一个企业的短期偿债能力的大小，要看流动资产和流动负债的多少和质量状况的好坏。流动资产的质量是指其"流动性"，即转换成现金的能力，包括是否能不受损失地转换为现金以及转换需要的时间。关于流动资产的质量，应着重理解以下三点：第一，资产转变成现金是经过正常交易程序变现的；第二，流动性的强弱主要取决于资产转换成现金的时间和资产预计出售价格与实际出售价格的差额的大小；第三，流动资产的流动期限为一年以内或超过一年的一个正常营业周期。

流动负债也有"质量"问题。一般说来，企业的所有债务都是要偿还的，但是并非所有债务都需要在到期时立即偿还，债务偿还的强制程度和紧迫性被视为负债的质量。

（二）长期偿债能力

长期偿债能力是指企业对债务的承担能力和对偿还债务的保障能力。企业的长期债务是指偿还期在一年或者超过一年的一个营业周期以上的负债，包括长期借款、应付债券、长期应付款等。长期偿债能力分析是企业债权人、投资者、经营者和与企业有关联的各方面等都十分关注的重要问题。长期偿债能力是反映企业财务安全和稳定程度的重要标志。分析一个企业长期偿债能力，主要是为了确定该企业偿还债务本金和支付债务利息的能力。由于长期债务的期限长，企业的长期偿债能力主要取决于企业资产与负债的比例关系以及获利能力。

资本结构是指企业各种长期筹资来源的构成和比例关系。长期资本来源，主要是指权益筹资和长期债务。资本结构对企业长期偿债能力的影响主要体现在两个方面：一是权益资本是承担长期债务的基础；二是资本结构影响企业的财务风险，进而影响企业的偿债能力。

长期偿债能力与获利能力密切相关。企业是否有充足的现金流入偿还长期负债，在很大程度上取决于企业获利能力的大小。一般来说，企业的获利能力越强，长期偿债能力越强，反之，则越弱。

三、企业偿债能力分析的意义

随着经营观念、经营意识的不断转变和增强，企业的偿债能力分析也越来越受到投资者、经营者和债权人的关注。不管是中小型企业还是上市公司，都应将自身的偿债能力提升到关乎企业生死存亡的高度，应加强科学分析，将它作为企业正常经营的晴雨表。偿债能力分析是企业财务分析的一个重要方面，通过各种分析可以揭示企业的财务风险。

（一）企业偿债能力分析有利于企业经营者正确做出经营决策

企业经营者主要是指企业经理及其他高级管理人员，进行的财务分析是综合的、全面的。他们既关心企业的盈利，又关心企业的风险，与其他主体最为不同的是，他们特别需要关心盈利、风险产生的原因和过程。因为只有通过对原因和过程进行分析，经营者才能及时发现经营活动中存在的问题和不足，并采取有效措施解决这些问题。企业偿债能力好坏既是对企业资金循环状况好坏的直接反映，又对企业生产经营各环节的资金循环和周转有着重要的影响。因此，企业偿债能力的分析，对于企业经营者及时发现企业在经营过程中存在的问题，并采取相应措施加以解决，保证企业生产经营顺利进行有着十分重要的作用。

（二）企业偿债能力分析有利于债权人进行正确的借贷决策

企业的债权人包括向企业提供贷款的银行、其他金融机构及购买企业债券的单位和个人。债权人更会从他们的切身利益出发来研究企业的偿债能力，只有企业有较强的偿债能力，才能使他们的债权及时收回，并能按期取得利息。由于债权人的收益是固定的，他们更加关注企业债权的安全性。实际工作中，债权人的安全程度与企业长期偿债能力密切相关。企业偿债能力越强，债权人的安全程度也就越高。

任何一个债权者都不愿意将资金借给一个偿债能力很差的企业，债权者在进行借贷决策时，首先要对借款企业的财务状况，特别是对偿债能力状况进行深入细致的分析，否则将可能做出错误的决策，不仅收不到利息，反而会使本金都无法收回，所以说企业偿债能力分析对债权者有着重要的意义。

（三）企业偿债能力分析有利于投资人做出正确的投资决策

企业的投资者包括企业的所有者和潜在投资者，投资者通过长期偿债能力分析，可以判断其投资的安全性及营利性，因为投资的安全性与企业的偿债能力密切相关。通常，企业的偿债能力越强，投资者的安全性越高。在这种情况下，企业不需要通过变卖财产偿还债务。另外，投资的营利性与企业的长期偿债能力密切相关。在投资收益率大于借入资金的资金成本率时，企业适度负债，不仅可以降低财务风险，还可以利用财务杠杆的作用，增加盈利。营利能力是投资者资本保值增值的关键。所以，投资者在对一个企业进行经营状况分析时，不仅要考虑企业的营利能力，还要考虑企业的偿债能力，这样才可能安全收回投资并获取收益或分得红利。

（四）企业偿债能力分析有利于关联方对企业的财务状况进行正确的评估

企业在实际工作中，会与其他部门和企业产生经济联系。对企业长期偿债能力进行分析对他们也有重要意义。对于政府及相关管理部门来说，通过偿债能力分析，可以了解企业经营的安全性，从而制定相应的财政金融政策；对于业务关联企业来说，通过长期偿债能力分析，可以了解企业是否具有长期的支付能力，借以判断企业信用状况和未来业务能力，并做出是否建立长期稳定的业务合作关系的决定。

第二节　短期偿债能力分析

为了便于说明短期偿债能力指标的计算和分析方法，本节将以港源制造的财务报表数据为例。该公司的资产负债表、利润表、现金流量表见本书附表。

一、衡量企业短期偿债能力的分析指标

对企业短期偿债能力的分析，通常可以运用一系列反应短期偿债能力的指标来进行。短期偿债能力指标是指企业以流动资产偿还流动负债的能力、反映企业偿付日常到期债务的实力。所以，对短期偿债能力的分析主要侧重于研究企业流动资产与流动负债的关系，以及资产变现速度的快慢。因为大多数情况下，短期债务需要用货币资金来偿还，因而各种资产的变现速度也直接影响到企业的短期偿债能力。

反映企业短期偿债能力的财务指标主要有：营运资金、流动比率、速动比率、现金比率和现金流量比率等。

（一）营运资金

1. 营运资金指标的计算

营运资金是指流动资产减去流动负债后的差额，也称净营运资本，表示企业的流动资产在偿还全部流动负债后还有多少剩余，其计算公式为

营运资金=流动资产−流动负债

营运资金越多，说明不能偿还的风险越小。如果营运资金大于零，则与此相对应的"净流动资产"是以长期负债和投资人权益的一定份额为资金来源；如果营运资金等于零，则占用在流动资产上的资金都是流动负债融资；如果营运资金小于零，则流动负债融资，由流动资产和固定资产等长期资产共同占用，偿债能力差。

【例 6-1】根据港源制造的财务报表数据，计算如下：

2012 年营运资金=484 934 486.20− 475 742 096.67=9 192 389.53（元）

2013 年营运资金=683 695 648.52− 358 175 584.22=325 520 064.30（元）

2014 年营运资金=707 584 308.94− 289 688 274.28=417 896 034.66（元）

营运资金是偿还流动负债的"缓冲垫"，该企业营运资金连续三年都大于零，说明营运资金出现溢余，此时，与营运资金对应的流动资产是以一定数额的长期债务或所有者权益作为资金来源的，企业可用于偿还流动负债的资金越充足，短期偿债能力强。

从公司营运资金看，2012 年营运资金占流动资产的 2%，2013 年营运资金占流动资产的 48%，2014 年营运资金占流动资产的 59%，虽然三年的流动资产都能够抵偿流动负债，但 2012 年营运资金数量较少。从数额上看，2014 年末的营运资金比 2013 年末多出 92 375 970.36 元，财务状况更为稳定，短期偿债能力更强。从增长速度来看，2014 年流动资产增长速度高于流动负债的增长速度，流动负债呈现负增长。比较突出的是，短期借款、应付账款及预收账款都呈现不同程度的减少。流动负债的减少会使企业资金周转速度加快。

2. 营运资金指标分析应注意的问题

（1）营运资金指标是一个绝对数，不便用于不同规模的企业之间的比较。例如，甲公司的营运资金为 200 万元（流动资产 500 万元，流动负债 300 万元），乙公司的营运资金为 200 万元（流动资产 1 000 万元，流动负债 800 万元），虽然两个公司的营运资金相同，但它们的偿债能力显然不同。因此，在实务中很少直接使用营运资金作为衡量企业偿债能力的指标。

（2）营运资金的合理性。营运资金的合理性是指营运资金的数量多少是合适的。短期债权人希望营运资金越多越好，这样就可以减少贷款风险。营运资金过少，企业就会为了维持正常的经营和信用，在不合适的时机，按不利的利率进行不利的筹资，从而影响企业的支付能力。但是，营运资金过多也不是好事。因为，流动资产过多不利于企业提高营利能力，而流动负债过少，说明企业利用无息负债扩大经营规模的能力较差（除

了短期借款、带息票据以外的流动负债通常不需要支付利息）。

衡量营运资金持有量是否合理没有统一的标准，不同行业的营运资金规模有很大差别。营运资金与经营规模有联系，所以同一行业不同企业之间的营运资金也缺乏可比性。

（二）流动比率

1. 流动比率指标的计算

流动比率是指企业流动资产与流动负债的比率，表明企业每 1 元流动负债有多少流动资产作为偿还的保证，反映企业用可在短期内转变为现金的流动资产偿还到期的流动负债的能力，其计算公式为

$$流动比率 = \frac{流动资产}{流动负债} \times 100\%$$

流动比率是衡量短期偿债能力的最常用的指标。一般情况下，流动比率越高，反映企业短期偿债能力越强，企业所面临的短期流动性风险越小，债权人的权益越有保证。按照西方企业的长期经验，一般认为 200% 的比率比较适宜。它表明企业财务状况稳定可靠，除了满足日常生产经营的流动资金需要外，还有足够的财力偿付到期短期债务。如果比率过低，则表示企业可能捉襟见肘，难以如期偿还到期债务。但是，流动比率也不可能过高，过高表明企业流动资产占用较多，有较多的资金滞留在流动资产上未加以更好地运用，如出现存货超储积压、存在大量应收账款、拥有过分充裕的现金等，会影响资金的使用效率和企业筹资成本进而影响获利能力。保持多高水平的比率，主要视企业对待风险与收益的态度而定。

【例 6-2】 根据港源制造的财务报表数据，计算如下：

$$2012年流动比率 = \frac{484\ 934\ 486.20}{475\ 742\ 096.67} \times 100\% = 102\%$$

$$2013年流动比率 = \frac{683\ 695\ 648.52}{358\ 175\ 584.22} \times 100\% = 191\%$$

$$2014年流动比率 = \frac{707\ 584\ 308.94}{289\ 688\ 274.28} \times 100\% = 244.26\%$$

根据计算结果来看，港源制造 2012 年每 1 元流动负债有 1.02 元流动资产作保障，2013 年每 1 元流动负债有 1.91 元流动资产作保障，2014 年每 1 元流动负债有 2.44 元流动资产作保障，虽然 2012 年、2013 年流动比率没有达到标准水平，但连续三年流动比率指标持续增长，表明短期偿债能力有所增强。那么 102% 和 191% 的流动比率是否就说明短期债务没有保障？是否就意味着债权人不应该借款给这个企业？流动比率为 200% 或高于 200% 债权会更有保障，但坚持一个非常高的流动比率标准，债务人可能找不到放款的对象，也就失去了赚钱的机会。

2. 流动比率指标分析应注意的问题

流动比率是一个相对数，排除了企业规模影响，比营运资金指标更适合同行业的企业间以及同一企业不同历史时期的比较。流动比率计算简单、便于理解，所以被广泛应用，但流动比率指标本身也具有一定的局限性，所以在应用的时候要注意以下几点。

（1）流动比率指标没有考虑流动资产的结构。虽然流动比率越高，企业偿还短期

债务的流动资产保证程度越强，但这并不等于企业有足够的现金或存款用来偿债。流动比率高也可能是存货积压、应收账款增多且收账期延长，以及待摊费用和待处理财产损失增加所致，而真正可以用来偿债的现金和存款却严重短缺。所以，应在分析流动比率的基础上，进一步对现金流量加以考察。

（2）不同利益相关方对指标的评价标准不同。从短期债权人的角度看，自然希望流动比率越高越好。但从企业经营角度看，过高的流动比率通常意味着企业闲置现金的持有量过多，这必然造成企业机会成本的增加和获利能力的降低。因此，企业应尽可能将流动比率维持在不使货币资金闲置的水平。

（3）对企业短期偿债能力的判断必须结合其他有关因素。即使在同一行业内，一些流动比率较低的企业，也不一定表示其偿债能力较低，债权人的利益因此不能得到保障。如果企业有大量充裕的现金、随时能变现的有价证券或具有相当强的融资能力等，企业实际的偿债能力要比流动比率指标所表示的偿债能力强得多，同时债权人的利益也有相当的保障；反之，一个企业的流动比率超过 200%的标准，但流动资产中存货占相当大比例，也不能说明其偿债能力很强。所以，分析时一定要结合各种因素，最终对企业的短期偿债能力做出综合评价。

（4）在分析时应当注意人为因素对流动比率指标的影响。由于债权人注重以流动比率衡量企业的短期偿债能力，所以有的企业为了筹借资金，有意在会计期末采用推迟购货，抓紧收回应收账款，尽可能在偿还债务后再筹借等方法，粉饰其流动资产和流动负债状况，提高流动比率。因此，作为债权人在进行财务报表分析时，除了观察流动比率和现金流量的变化之外，还应该对不同会计期间流动资产和流动负债状况的变化进行分析。

（三）速动比率

1. 速动比率指标的计算

速动比率又称酸性试验比率，是指企业速动资产与流动负债的比率，是对流动比率的补充，其计算公式为

$$速动比率 = \frac{速动资产}{流动负债} \times 100\%$$

构成流动资产的各项目，流动性差别很大。其中，货币资金、交易性金融资产和各种应收款项等，可以在较短时间内变现，称为速动资产；另外，流动资产，包括存货、预付账款、一年内到期的非流动资产及其他流动资产等，称为非速动资产，即

速动资产=货币资金+交易性金融资产+应收账款+应收票据

　　　　=流动资产-存货-预付账款--年内到期的非流动资产-其他流动资产

说明：财务报表中如有应收利息、应收股利和其他应收款项目，可视情况归入速动资产项目。

速动比率是流动比率的一个重要辅助指标，用于评价企业流动资产变现能力的强弱。一般情况下，速动比率越高，说明企业偿还流动负债的能力越强，反之其短期偿债能力越弱。西方企业传统经验认为，速动比率为 100%时是安全标准，说明 1 元流动负债有 1 元的速动资产作为保证。如果速动比率小于100%，企业会面临很大的偿债风险，

将会依赖出售存货或举借新债偿还到期债务，这就造成急需售出存货带来的削价损失或举借新债形成的利息支出；如果速动比率大于 100%，说明企业有足够的能力偿还短期债务，债务偿还的安全性很高，但同时说明企业拥有过多的不能获利的现款和应收账款，大大增加了企业的机会成本。

【例 6-3】根据港源制造的财务报表数据，计算如下：

$$2012年速动比率 = \frac{(89\,789\,306.20 + 22\,036\,840.70 + 181\,824\,571.06 + 4\,765\,229.95)}{475\,742\,096.67} \times 100\%$$

$$= 62.72\%$$

$$2013年速动比率 = \frac{(91\,546\,419.27 + 29\,706\,308.61 + 351\,787\,571.84 + 5\,517\,294.51)}{358\,175\,584.22} \times 100\%$$

$$= 133.61\%$$

$$2014年速动比率 = \frac{(119\,707\,691.14 + 46\,983\,847.74 + 329\,310\,771.29 + 4\,785\,074.65)}{289\,688\,274.28} \times 100\%$$

$$= 172.87\%$$

根据计算结果来看，港源制造 2012 年的速动比率低于安全标准，说明短期偿债能力较弱，2013 年和 2014 年连续两年的速动比率均高于安全标准，说明短期偿债能力较强。从趋势上来看连续三年速动比率持续提高，说明每 1 元流动负债提供的速动资产保障增加了，短期偿债能力逐渐增强，但是还需结合行业平均水平对比分析。

2. 速动比率指标分析应注意的问题

（1）速动比率没有统一的标准。一般认为，每 1 元的流动负债要有 1 元的速动资产来支付，同时说明企业有较好的债务偿还能力和较为合理的流动资产结构。但速动比率与流动比率一样，没有统一的标准，各行业的速动比率差别很大，需要参考行业的平均水平或先进水平以及企业的历史情况综合判断一个企业速动比率的高低。例如，采用现金销售的商店，几乎没有应收账款，速动比率低于 1 是很正常的。相反，一些应收账款较多的企业，速动比率可能要大于 1 才会被认为是合理的。

（2）影响速动比率可信性的重要因素是应收账款的变现能力。账面上的应收账款不一定都能变现，实际发生的坏账可能要比计提的坏账多，如果应收账款的金额过大或质量较差，也会高估速动比率。所以在评价速动比率指标时，应结合应收账款周转率指标分析应收账款的质量。

（3）速动比率是静态指标。速动比率与流动比率一样，反映的是会计期末的情况，并不代表企业长期的财务状况。另外，由于季节性的变化，财务报表上的应收账款反应的不是平均水平，这也影响速动比率指标的真实性。

（4）在分析时应当注意人为因素对速动比率指标的影响。速动比率和流动比率一样，容易受人为控制。

（四）现金比率

1. 现金比率指标的计算

现金比率是指企业现金类资产与流动负债的比率，反映企业的立即可变现能力。这里所说的现金类资产，是指货币资金和交易性金融资产等，与其他速动资产不同，它们本身就是可以直接作为偿债的资产，而其他速动资产需要等待不确定的时间，才能转换为不确定金额的现金。这项比率可显示企业立即偿还到期债务的能力，其计算公式为

$$现金比率 = \frac{(货币资金 + 交易性金融资产)}{流动负债} \times 100\%$$

现金比率可以准确地反映企业的直接偿付能力，当企业面临支付工资日或大宗进货日等需要大量现金时，这一指标更能显示出其重要作用。

【例 6-4】根据港源制造的财务报表数据，计算如下：

$$2012年现金比率 = \frac{89\ 789\ 306.20}{475\ 742\ 096.67} \times 100\% = 18.87\%$$

$$2013年现金比率 = \frac{91\ 546\ 419.27}{358\ 175\ 584.22} \times 100\% = 25.56\%$$

$$2014年现金比率 = \frac{119\ 707\ 691.14}{289\ 688\ 274.28} \times 100\% = 41.32\%$$

现金比率假设现金资产是可偿债资产，表明 1 元流动负债有多少现金资产作为偿债保障。根据计算结果来看，港源制造连续三年现金比率逐步提高，说明企业为流动负债提供的现金资产保障增加了。

2. 现金比率指标分析应注意的问题

（1）现金比率不宜过高。一般而言，现金比率越高，企业短期偿债能力越强；现金比率越低，企业短期偿债能力越弱。但是，现金比率过高，表明企业通过负债方式所筹集的流动资金没有得到充分利用，资产营运效率较低，可能失去较多投资获利的机会。所以，对该指标的界定，应以充分了解企业的情况为前提。

（2）特殊情况下，现金比率分析更具现实意义。对于财务发生困难的企业，特别是在企业的应收账款和存货的变现能力存在问题的情况下，计算现金比率更具有实际意义。它能更真实、更准确地反映企业的短期偿债能力。另外，经营活动具有高度的投机性和风险性、存货和应收账款停留的时间比较长的行业，对其进行现金比率分析非常重要。

（五）现金流量比率

现金流量比率是指企业一定时期的经营现金净流量与流动负债的比率，它可以从现金流量角度来反映企业当期偿付短期债务的能力，其计算公式为

$$现金流量比率 = \frac{经营现金净流量}{流动负债} \times 100\%$$

公式中经营现金净流量是指一定时期内，由企业经营活动所产生的现金及其等价物的流入量与流出量的差额。该指标中的流动负债一般采用期末数而非平均数，因为实际需要偿还的是期末金额，而非平均金额。

该指标是从现金流入和流出的动态角度对企业实际偿债能力进行的考察。由于有利润的年份不一定有足够的现金偿还债务，所以利用以收付实现制为基础的现金流动比率指标，能充分体现企业经营活动产生的现金净流量可以在多大程度上保证当期流动负债的偿还，直观地反映了企业偿还流动负债的实际能力，用该指标评价企业偿债能力更为

谨慎。该指标越大，表明企业经营活动产生的现金净流量较多，能够保障企业按时偿还到期债务。但也不是越大越好，太大则表示企业流动资金利用不充分，收益能力不强。

【例6-5】根据港源制造的财务报表数据，计算如下：

$$2012年现金流量比率 = \frac{65\,242\,775.64}{475\,742\,096.67} \times 100\% = 13.71\%$$

$$2013年现金流量比率 = \frac{83\,952\,467.55}{358\,175\,584.22} \times 100\% = 23.44\%$$

$$2014年现金流量比率 = \frac{107\,042\,196.14}{289\,688\,274.28} \times 100\% = 36.95\%$$

根据计算结果来看，港源制造连续三年的现金流量比率逐步提高，说明企业的短期偿债能力变强。该指标上升的主要原因是港源制造连续三年流动负债逐渐减少而经营活动产生的现金净流量增长，说明该公司经营活动产生的现金对流动负债的保障程度增强。

分析该指标时，还应该结合行业数据来进行对比。一般而言，现金流量比率越高，说明企业短期偿债能力越好。但不同行业由于其经营性质的不同（生产型、服务型），经营活动产生的现金净流量的差别较大，因此行业性质不同的企业，现金流量比率的变化较大。

二、短期偿债能力的影响因素分析

上文介绍的短期偿债能力比率指标，都是根据财务报表数据计算得到的，只是进行企业短期偿债能力分析的一部分。除了使用这些比率指标对短期偿债能力进行直观的分析以外，还要注意影响短期偿债能力的因素，这是企业短期偿债能力分析的基础。这些因素包括财务报表内因素和财务报表外因素。

（一）流动资产规模与结构

在企业的资产结构中，如果流动资产所占比重较大，则企业短期偿债能力相对较强，因为流动负债一般要通过流动资产的变现来实现偿还。但是，如果流动资产所占比重较大，而其内部结构不合理，企业实际的偿债能力就会受到影响。在流动资产中，如果存货资产所占的比重较大，而存货资产的变现速度通常又低于其他类别的流动资产，其偿债能力是要打折扣的。同样的道理，流动资产中如果应收账款所占比重较大，而应收账款的变现是不确定的，企业的偿债能力也会受到影响。所以，流动资产中存货、应收账款等资产的周转速度的快慢也是反映企业偿债能力强弱的辅助性指标。因此，在进行企业短期偿债能力分析时，考虑流动资产的规模和结构是非常必要的。

（二）流动负债规模与结构

企业流动负债的偿还方式是不一样的，有些流动负债必须以现金偿还，如短期借款、应缴款项等；有些流动负债是以商品和劳务偿还的，如预收货款等。需要用现金偿付的流动负债对资产的流动性要求最高，企业只有拥有足够的现金才能保证其偿债能力。如果在流动负债中预收货款的比重较大，则企业只要拥有充足的高质量存货就可以保证其偿还能力。此外，流动负债中各项负债的偿还期限是否集中，也会对企业的短期偿债能力产生影响。流动负债偿还期限不集中，企业可以较从容的安排资金进行债务的偿还；但如果企业流动负债的偿还期限比较集中，企业在偿还债务过程中可能会面临资金紧缺的局面。作为分析人员，在进行短期偿债能力分析时，不仅要看各种反映偿债能力指标的数据，还要根据各项影响因素考虑其实际的偿债能力。通常，短期负债是所有企业在生产经营过程中必然要发生的一种债务。所以，对短期偿债能力分析是财务报表分析中非常重要的内容。

（三）企业经营现金流量

企业负债的偿还无论是以企业本身所拥有的资产偿还，还是以新的收益和负债偿还，最终都是要以企业的资产去偿还。无论如何，现金流量都是决定企业偿债能力的重要因素。企业的现金流量状况主要受企业的经营状况和融资能力两方面因素影响，所以企业的经营状况也影响企业的短期偿债能力。当企业经营业绩好时，就会有持续稳定的现金收入，这样就从根本上保障了债权人的权益；相反，当企业经营业绩差时，其现金的流入不足以抵补现金的流出，势必造成现金短缺，偿债能力必然下降。

（四）影响短期偿债能力的其他因素

有些财务报表之外的因素也会影响企业的短期偿债能力，甚至有可能影响相当大，因此，财务报表使用者应尽可能了解这方面的信息，以做出正确的判断。

1. 增强企业短期偿债能力的表外因素

（1）可动用的银行贷款指标。银行已同意、企业未办理贷款手续的银行贷款限额，可以随时增加企业的现金，提高支付能力。这一数据不反映在财务报表中，但会在董事会决议中披露。

（2）准备很快变现的非流动资产。企业可能有一些长期资产可以随时出售变现，而不出现在"一年内到期的非流动资产"项目中。例如，储备的土地、未开采的采矿权、目前出租的房产等，在企业发生资金周转困难时，将其出售并不影响企业的持续经营。

（3）偿债能力的声誉。声誉好的企业，在出现短期偿债能力困难时，有能力通过条件较为宽松的新贷款、发行债券或股票等方式筹集资金，从而大大缓解流动性。

2. 降低企业短期偿债能力的表外因素

（1）记录的或有负债。或有负债是有可能发生的债务，按我国《企业会计准则》的相关规定，对这些或有负债并不作为负债登记入账，也不在财务报表中反映。只有已办贴现的商业承兑汇票作为附注列示在资产负债表的下端，其他的或有负债，包括售出产品可能发生的质量赔偿、尚未解决的税额争议可能出现的不利后果、诉讼案件和经济纠纷案可能败诉并需赔偿等，都没有在财务报表中反映。这些或有负债一旦成为事实上的负债，将会加大企业的偿债负担。

（2）担保责任引起的负债。企业有可能以自己的一些流动资产为他人提供担保，如为他人向金融机构借款提供担保，为他人购物担保或为他人履行有关经济责任提供担保等，这些担保有可能成为企业的负债，增加偿债负担。

（3）经营租赁合同中承诺的付款，很可能是需要偿付的义务。

（4）建造合同、长期资产购置合同中的分阶段付款，也是一种承诺，应视同需要偿还的债务。

第三节　长期偿债能力分析

一、衡量企业长期偿债能力的分析指标

企业对一笔债务总是负有两种责任：一是偿还债务本金；二是支付债务利息。分析企业长期偿债能力，主要是为了确定该企业偿还债务本金和支付债务利息的责任。长期偿债能力分析是企业管理者、投资者、债权人和其他与企业有关联的各利益相关方都十分关注的重要问题。

（一）总债务存量比率

长期来看，所有债务都要偿还，企业的偿债能力体现在资产与负债的对比关系上。因此，从总债务存量角度反映企业长期偿债能力的指标是资产、负债和所有者权益之间的比例关系，常用的反映企业长期偿债能力的指标主要有资产负债率、产权比率、有形净值债务率、权益乘数和长期资本负债率。

1. 资产负债率

1）资产负债率指标的计算

资产负债率也称负债比率或举债经营率，是指负债总额对全部资产总额之比，用来衡量企业利用债权人提供资金进行经营活动的能力，反映债权人发放贷款的安全程度。这一比率是衡量企业长期偿债能力的指标之一，其计算公式为

$$资产负债率 = \frac{负债总额}{资产总额} \times 100\%$$

公式中的负债总额既包括长期负债也包括流动负债，资产总额是指企业的全部资产总额，包括流动资产、固定资产、无形资产和递延资产等。

资产负债率是衡量企业负债水平及风险程度的重要标志，资产负债率越低说明以负债取得的资产越少，企业运用外部资金的能力较差；资产负债率越高说明企业通过借债筹资取得的资产越多，风险较大。因此，资产负债率应保持在一定的水平上。

一般认为，资产负债率在40%~60%，有利于风险与收益的平衡。但不同行业、不同地区的企业对债务的态度是不一样的。经营风险低的企业，为增加股东收益通常选择比较高的资产负债率。例如，供电、供水企业的资产负债率都比较高；经营风险比较高的企业，为降低财务风险通常会选择比较低的资产负债率，许多高科技企业资产负债率都比较低。

【例 6-6】根据港源制造的财务报表数据，计算如下：

$$2012年资产负债率 = \frac{566\ 253\ 296.67}{852\ 867\ 034.99} \times 100\% = 66.39\%$$

$$2013年资产负债率 = \frac{450\,848\,464.22}{1\,002\,504\,400.53} \times 100\% = 44.97\%$$

$$2014年资产负债率 = \frac{378\,288\,594.28}{1\,008\,432\,379.35} \times 100\% = 37.51\%$$

根据计算结果可以看出，港源制造 2013 年的资产负债率在合理范围内，说明公司具有一定的偿债能力和负债经营能力，2014 年的资产负债率比 2013 年下降了，说明公司长期偿债能力增强，长期经营的风险降低，但具体还要根据公司所处的环境、经营状况和营利能力等来评价。

2）资产负债率指标对不同信息使用者的意义

要判断资产负债率是否合理，首先要看站在谁的立场。从债权人的立场来看，该指标越低越好。他们最关心的是贷给企业款项的安全程度，也就是能否按期收回本金和利息。如果股东提供的资本与企业资本总额相比，只占较小的比例，则企业的风险主要由债权人负担，这对债权人来讲是不利的。因此，他们希望债务比例越低越好，企业偿债有保证，则贷款给企业不会有太大的风险。

从股东的立场来看，企业通过举债筹措的资金与股东提供的资金在经营中发挥着同样的作用，所以，股东关心的是全部资本利润率是否超过借入款项的利息率，即借入资本的代价。在企业所得的全部资本利润率超过因借款而支付的利息率时，股东所得到的利润就会加大。如果相反，运用全部资本所得的利润率低于借款利息率，则对股东不利，因为借入资本多余的利息要用股东所得的利润份额来弥补。因此，从股东的立场看，在全部资本利润率高于借款利息率时，负债比例越大越好，否则反之。

从经营者的立场来看，如果举债很大，超出债权人心理承受程度，企业就借不到钱。如果企业不举债，或负债比例很小，说明企业畏缩不前，对前途信心不足，利用债权人资本进行经营活动的能力很差。从财务管理的角度来看，企业应当审时度势，全面考虑，在利用资产负债率制定借入资本决策时，必须充分估计预期的利润和增加的风险，在二者之间权衡利害得失，做出正确决策。

3）资产负债率指标分析应注意的问题

首先，计算公式中负债总额既包括长期负债又包括流动负债，这是因为，就一笔流动负债而言，企业要在短期内偿还，但在企业长期的经营活动中，流动负债总是被长期占用的。

其次，资产负债率指标是指确定企业在破产这一最坏情形出现时，从资产总额和负债总额的相互关系来分析企业负债的偿还能力以及对债权人利益的保障程度，即企业破产时，债权人能得到多大程度的保护。当这个指标达到或超过 100% 时，说明企业已资不抵债。但是，财务报表分析是把企业作为一个持续经营的单位，不是建立在破产清算基础上的。一个持续经营的企业是不能靠出售非流动资产还债的。这个指标的主要用途之一就是揭示债权人利益的保护程度。

2. 产权比率

1）产权比率指标的计算

产权比率也称负债对所有者权益的比率，是指企业负债总额与所有者权益总额的比

率。该指标反映投资者对债权人的保障程度，用于衡量企业的风险程度和对债务的偿还能力，其计算公式为

$$产权比率 = \frac{负债总额}{所有者权益总额} \times 100\%$$

公式中的"所有者权益"在股份有限公司是指"股东权益"。

产权比率用来表明债权人提供的资金和投资人提供资金的相对关系，表明每 1 元所有者权益借入的债务额，侧重于揭示企业基本财务结构的稳定程度以及自有资金对偿债风险的承受能力。一般来说，所有者提供的资本大于借入资本为好。这一指标越低，表明企业的长期偿债能力越强，债权人权益的保障程度越高，承担的风险越小。该指标同时也表明债权人的资本受到所有者权益保障的程度，或者说是企业清算时对债权人利益的保障程度。

一般认为，该指标 1∶1 最理想，如果认为资产负债率应当在 40%~60%，则意味着产权比率应当维持在 70%~150%。

【例 6-7】根据港源制造的财务报表数据，计算如下：

$$2012年产权比率 = \frac{566\,253\,296.67}{286\,613\,738.33} \times 100\% = 197.57\%$$

$$2013年产权比率 = \frac{450\,848\,464.22}{551\,655\,936.31} \times 100\% = 81.73\%$$

$$2014年产权比率 = \frac{378\,288\,594.28}{630\,143\,785.07} \times 100\% = 60.03\%$$

根据计算结果可以看出，港源制造 2012 年产权比率较高，已经超出了安全范围，说明 2012 年公司财务风险较高，2013 年、2014 年连续两年的产权比率都不高，2013 年的产权比率在合理范围内，2014 的产权比率比 2013 年下降了，说明企业举债经营程度较低，长期偿债能力增强。

反映企业长期偿债能力的核心指标是资产负债率，产权比率是对资产负债率的必要补充。产权比率主要反映负债总额与所有者权益总额的相对关系，包括以下三个方面。

第一，该项指标反映由债权人提供的资本与股东提供的资本的相对关系，反映企业基本财务结构稳定性。一般来说，股东资本大于借入资本较好，但也不能一概而论。从股东来看，在通货膨胀加剧时期，企业多借债可以把损失和风险转嫁给债权人；在经济繁荣时期，多借债可以获得额外的利润；在经济萎缩时期，少借债可以减少利息负担和财务风险。产权比率高，是高风险、高报酬的财务结构；产权比率低，是低风险、低报酬的财务结构。

第二，该指标同时也表明债权人投入的资本受到股东权益保障的程度，或者说是企业清算时对债权人利益的保障程度，而国家规定债权人的索偿权优先于股东。

第三，该指标在一定程度上反映了经营者运用财务杠杆的程度。产权比率过低，表明企业不能充分发挥负债带来的财务杠杆作用；相反，产权比率过高，表明企业过庹负债，增加了企业风险。

2）产权比率指标分析应注意的问题

第一，运用产权比率指标分析企业长期偿债能力必须与其他企业以及行业平均水平对比才能做出合理的判断，将本企业产权比率与其他企业产权比率对比时，应注意计算口径是否一致。

第二，虽然产权比率与资产负债率都是衡量企业长期偿债能力的指标，但两者各有侧重。产权比率侧重于通过债务资本与权益资本的对比揭示企业财务结构的稳健程度以及自有资金对偿债风险的承受能力，资产负债率侧重于通过债务资本与总资产的对比揭示债务偿付安全性的物质保障程度。

第三，产权比率所反映的偿债能力是以净资产为物质保障的。但是净资产中的一些项目价值具有不确定性，且不易形成支付能力，如无形资产等。因此，在使用产权比率时，应该结合有形净值债务率指标进行分析。

3. 有形净值债务率

有形净值债务率是企业负债总额与有形资产净值的比率，用来反映企业在清算时债权人投入资本受到股东具有所有权的有形资产净值的保护程度，其计算公式为

$$有形净值债务率 = \frac{负债总额}{所有者权益 - 无形资产净值} \times 100\%$$

有形净值是所有者权益减去无形资产后的净值，即所有者具有所有权的有形资产净值。之所以减去无形资产，是因为无形资产的价值具有极大的不确定性，且不易形成支付能力，为了谨慎起见，把无形资产一律视为不能偿还债务的资产而将其从所有者权益中剔除，这样有利于更切实际地衡量企业的偿债能力。

有形净值债务率指标实质上是产权比率指标的延伸，能更为谨慎、保守地反映在企业清算时债权人投入的资本受到股东权益的保障程度。从长期偿债能力来讲，指标越低说明企业风险越小，长期偿债能力越强，但企业有可能不能充分地发挥财务杠杆作用。所以有形净值债务率指标的分析与产权比率分析相同，负债总额与有形资产净值维持1∶1的比例较为合适。

【例 6-8】根据港源制造的财务报表数据，计算如下：

$$2012年有形净值债务率 = \frac{566\,253\,296.67}{286\,613\,738.33 - 23\,334\,936.31} \times 100\% = 215.08\%$$

$$2013年有形净值债务率 = \frac{450\,848\,464.22}{551\,655\,936.31 - 23\,196\,664.95} \times 100\% = 85.31\%$$

$$2014年有形净值债务率 = \frac{378\,288\,594.28}{630\,143\,785.07 - 21\,075\,764.59} \times 100\% = 62.11\%$$

根据计算结果可以看出，港源制造 2012 年有形净值债务率超出了标准水平，说明公司 2012 年风险较大，2013 年、2014 年连续两年的有形净值债务率均低于标准值的下限，保持了较低的有形净值债务率，说明企业通过调整使企业风险降低，具备较强的长期偿债能力，债权人受保障程度较高。2014 年与 2013 年相比有形净值债务率下降了，是企业负债总额减少的同时所有者权益增长所导致的，说明债权人利益受保障的程度提高，公司财务风险下降。

4. 权益乘数

权益乘数又称股本乘数，是指资产总额相当于所有者权益总额的倍数，其计算公式为

$$权益乘数 = \frac{资产总额}{所有者权益总额}$$

权益乘数，代表公司所有可供运用的总资产是所有者权益的几倍。该乘数越大，说明所有者投入的资本在资产中所占比重越小，债权人的权益保护程度越低，同时也说明公司向外融资的财务杠杆倍数越大，公司将承担较大的风险。但是，若公司营运状况刚好处于上升趋势中，较高的权益乘数反而可以创造更高的公司获利，通过提高公司的股东权益报酬率，能对公司的股票价值产生正面激励效果。

权益乘数是资产权益率的倒数，所有者权益除以资产是资产权益率，资产除以所有者权益就称为权益乘数，可以表示为

$$权益乘数 = \frac{1}{1 - 资产负债率}$$

【例 6-9】根据港源制造的财务报表数据，计算如下：

$$2012年权益乘数 = \frac{852\,867\,034.99}{286\,613\,738.33} = 2.98$$

$$2013年权益乘数 = \frac{1\,002\,504\,400.53}{551\,655\,936.31} = 1.82$$

$$2014年权益乘数 = \frac{1\,008\,432\,379.35}{630\,143\,785.07} = 1.60$$

权益乘数和资产负债率两个指标都是衡量企业长期偿债能力的，可以互相补充，因此权益乘数的分析可以参见对资产负债率的分析。但两者之间也存在区别，权益乘数侧重于揭示资产总额与所有者权益的倍数，倍数越大，说明企业资产对负债的依赖程度越高，风险越大。资产负债率侧重于揭示总资本中有多少是靠负债取得的，说明债务偿付安全性的物质保障程度。

5. 长期资本负债率

长期资本负债率是指非流动负债占长期资本的百分比，其计算公式为

$$长期资本负债率 = \frac{非流动负债}{非流动负债 + 所有者权益} \times 100\%$$

长期资本指的是企业的长期筹资来源，由非流动负债和所有者权益构成。

【例 6-10】根据港源制造的财务报表数据，计算如下：

$$2012年长期资本负债率 = \frac{90\,511\,200.00}{(90\,511\,200.00 + 286\,613\,738.33)} \times 100\% = 24.00\%$$

$$2013年长期资本负债率 = \frac{92\,672\,880.00}{(92\,672\,880.00 + 551\,655\,936.31)} \times 100\% = 14.38\%$$

$$2014年长期资本负债率 = \frac{88\,600\,320.00}{(88\,600\,320.00 + 630\,143\,785.07)} \times 100\% = 12.33\%$$

长期资本负债率的实质就是长期资本中非流动负债所占的比例，在资本结构管理中

经常使用该指标。流动负债经常变化，因此，本指标剔除了流动负债。如果企业不存在流动负债的话，该指标与资产负债率是一样的。

（二）总债务流量比率

1. 利息保障倍数

1）利息保障倍数指标的计算

利息保障倍数，又称已获利息倍数（或叫作企业利息支付能力比较容易理解），是指企业生产经营所获得的息税前利润与利息费用的比率（企业息税前利润与利息费用之比），其计算公式为

$$利息保障倍数 = \frac{息税前利润}{利息费用}$$

公式中利息费用包括企业本期发生的全部利息，包括财务费用中的利息和计入固定资产成本的资本化利息。息税前利润是指企业支付利息和缴纳所得税之前的利润，可以用"利润总额加利息费用"来计算。

该指标是衡量企业支付负债利息能力的指标（用以衡量偿付借款利息的能力）。企业生产经营所获得的息税前利润与利息费用相比，倍数越大，说明企业支付利息费用的能力越强。因此，债权人要分析利息保障倍数指标，以此来衡量债权的安全程度。

一般来说，利息保障倍数要大于 1。该指标越大，说明支付债务利息的能力越强。就一个企业某一时期的已获利息倍数来说，应与本行业该项指标的平均水平比较，或与本企业历年该项指标的水平比较，评价企业的指标水平。

【例 6-11】根据港源制造的财务报表数据，计算如下：

$$2013年利息保障倍数 = \frac{(10\,623\,707.74\,+223\,787.15\,+14\,787\,621.86)}{223\,787.15} = 114.55$$

$$2014年利息保障倍数 = \frac{(4\,171\,975.91\,+196\,104.87\,+1\,390\,658.64)}{196\,104.87} = 29.37$$

公司 2012 年利润总额小于零，即处于亏损状态，所以利息保障倍数计算没有意义。根据计算结果可以看出，港源制造连续两年的利息保障倍数均远远超过合理标准，说明该公司生产经营所获得的息税前利润对利息费用的保障支付程度很高。2014 年与 2013 年的指标相比下降了，表明公司用于偿还债务利息的能力减弱了。

2）利息保障倍数指标分析应注意的问题

（1）利息保障倍数是从偿付债务利息资金来源的角度考察债务利息的偿还能力，反映企业息税前利润为所需支付债务利息的多少倍。如果该指标刚好等于 1，表明企业刚好能赚取相当于借款利息的收益，但是由于息税前利润受经营风险影响，支付利息仍然缺乏足够的保障。企业经营风险越大，要求的利息保障倍数越大。息税前利润是利息支出的来源，需要提供所得税和净利润，因此，利息保障倍数为 1 是不够的，必须大于 1。

（2）利息保障倍数究竟是多少才是合理的，对于该指标的衡量，没有绝对的标准，需要与其他企业，特别是本行业平均水平进行比较，分析本企业的指标水平，并且最好

比较本企业连续几年的数据，要选择最低指标年度的数据作为标准。这是因为，企业在经营好的年度和经营差的年度都要偿还大约同量的债务利息，采用指标最低年度的数据，可保证最低的偿债能力。

（3）分析利息保障倍数时，还要特别注意一些非付现费用问题。

2. 现金流量利息保障倍数

现金流量利息保障倍数是指经营现金净流量是利息费用的倍数，其计算公式为

$$现金流量利息保障倍数 = \frac{经营活动现金流量}{利息费用}$$

公式中的"经营活动现金流量"，通常使用现金流量表中的"经营活动产生的现金流量净额"，而"利息费用"可以用财务费用金额作为利息费用，也可以根据财务报表附注确定更准确的利息费用金额。

该指标反映了企业一定时期经营活动所取得的现金是现金利息支出的多少倍，更明确地表明了企业用经营活动所取得的现金偿付债务利息的能力。它比收益基础的利息保障倍数更可靠，因为实际用以支付利息的是现金，而非收益。

【例 6-12】根据港源制造的财务报表数据，计算如下：

$$2012年现金流量利息保障倍数 = \frac{65\,242\,775.64}{1\,203\,401.73} = 54.22$$

$$2013年现金流量利息保障倍数 = \frac{83\,952\,467.55}{223\,787.15} = 375.14$$

$$2014年现金流量利息保障倍数 = \frac{107\,042\,196.14}{196\,104.87} = 545.84$$

现金流量利息保障倍数是现金基础的利息保障倍数，表明每 1 元利息费用有多少倍的经营活动现金流量作保障。根据港源制造的财务报表数据计算的指标来看，连续两年该公司现金流量利息保障倍数都相当高，说明企业经营活动现金流量对利息保障支付的能力很强。

3. 现金流量债务比

现金流量债务比是指经营活动现金流量与债务总额的比率，其计算公式为

$$现金流量债务比 = \frac{经营活动现金流量}{债务总额} \times 100\%$$

公式中的经营活动现金流量，通常使用现金流量表中的"经营活动产生的现金流量净额"，而"债务总额"一般采用期末数而非平均数，因为实际需要偿还的是期末金额，而非平均金额。现金流量债务比表明企业用经营现金流量偿付全部债务的能力。该比率越高，承担债务总额的能力越强。

【例 6-13】根据港源制造的财务报表数据，计算如下：

$$2012年现金流量债务比 = \frac{65\,242\,775.64}{566\,253\,296.67} \times 100\% = 11.52\%$$

$$2013年现金流量债务比 = \frac{83\,952\,467.55}{378\,288\,594.279} \times 100\% = 22.19\%$$

$$2014年现金流量债务比 = \frac{107\,042\,196.14}{450\,848\,464.22} \times 100\% = 23.74\%$$

该指标表明企业在债务期内预计的经营现金流量对全部债务的保障程度，反映企业长期偿债能力。该指标越大，表明企业经营活动产生的现金流量净额越多，能够保障企业按期偿还到期债务，降低企业财务风险。

二、长期偿债能力的影响因素分析

（一）资本结构

资本结构是指企业各种资本的构成及其比例关系。在西方资本结构理论中，由于短期债务资本的易变性，故将其作为营业资本管理。西方的资本结构仅指各种长期资本的构成及其比例关系。在我国从广义上理解资本结构的概念更为恰当，原因有二：一是我国企业的流动负债比例很大，如果单纯从长期资本的角度分析，难以得出正确的结论；二是从广义的角度理解资本结构这一概念，已为我国官方文件所运用，国家进行的"优化资本结构"工作就是如此。

企业筹资的渠道和方式尽管有多种，但企业全部资本归结起来不外乎是权益资本和债务资本两大部分。

权益资本和债务资本的作用不同。权益资本是企业创立和发展最基本的因素，是企业拥有的净资产，它不需要偿还，可以在企业经营中永久使用，同时权益资本也是股东承担民事责任的限度，如果借款不能按时归还，法院可以强制债务人出售财产偿债，因此权益资本就成为借款的基础。权益资本越多，债权人越有保障；权益资本越少，债权人蒙受损失的可能性越大。在资金市场上，能否借入资金以及借入多少资金，在很大程度上取决于企业的权益资本实力。

由于单凭自有资金很难满足企业的需要，实际中很少有企业不利用债务资本进行生产经营活动，负债经营是企业普遍存在的现象。此外，债务资本不仅能从数量上补充企业资金的不足，而且由于国家允许在所得税前扣除企业支付给债权人的收益（如债券的利息），降低了融资资金成本，同时负债的利息是固定的，不管企业是否盈利以及盈利多少，都要按约定的利率支付利息。这样，如果企业经营的好，就有可能获取财务杠杆利益。这些都会使企业维持一定的债务比例。企业的债务资本在全部资本中所占的比重越大，财务杠杆发挥的作用就越明显。一般情况下，负债筹集资金成本较低，弹性较大，是企业灵活调动资金余缺的重要手段。但是，负债是要偿还本金和利息的，无论企业的经营业绩如何，负债都有可能给企业带来财务风险。可见，资本结构对企业长期偿债能力的影响一方面体现在权益资本是承担长期债务的基础，另一方面体现在债务资本的存在可能带给企业财务风险，进而影响企业的偿债能力。

（二）获利能力

企业有充足的现金流入供偿债使用，在很大程度上取决于企业的获利能力。企业对一笔债务总是负有两种责任：一是偿还债务本金的责任；二是支付债务利息的责任。短期债务可以通过流动资产变现来偿付，因为大多数流动资产的取得往往以短期负债为资金来源。而企业的长期负债大多用于长期资产投资，在企业正常生产经营条件下，长期资产投资形成企业的固定资产能力，一般来讲企业不可能靠出售资产作为偿债的资金来源，而只能依靠企业生产经营所得。另外，企业支付给长期债权人的利息支出，也要从所融通资金创造的收益中予以偿付。可见，企业的长期偿债能力是与企业的获利能力密切相关的。一个长期亏损的企业，正常生产经营活动都不能进行，保全其权益资本肯定是困难的事情，保持正常的长期偿债能力也就更无保障了。一般来说，企业的获利能力越强，长期偿债能力越强；反之，则长期偿债能力越弱。如果企业长期亏损，则必须通过变卖资产才能清偿债务，最终要影响投资者和债权人的利益。因此，企业的营利能力是影响长期偿债能力的重要因素。应该特别指出，现金流量状况决定了偿债能力的保证程度。

（三）企业经营现金流量

企业的债务主要用现金清偿，虽然说企业的盈利是偿还债务的根本保证，但是盈利毕竟不等同于现金。企业只有具备充裕的现金，才能保证具有真正的偿债能力。因此，企业现金流量状况决定了企业偿债能力的保证程度。

（四）其他因素

1. 长期租赁

当企业急需某种设备或厂房而又缺乏足够的资金时，可以通过租赁的方式解决。财产租赁的形式包括融资租赁和经营租赁。融资租赁形成的负债大多会反映于资产负债表，而经营租赁则没有反映于资产负债表。当企业的经营租赁量比较大，期限比较长或具有经常性时，就形成了一种长期性筹资，这种长期性筹资，到期时必须支付租金，会对企业的偿债能力产生影响。因此，如果企业经常发生经营租赁业务，应考虑租赁费用对偿债能力的影响。

2. 或有事项

或有事项是指过去的交易或事项形成的一种状态，其结果须通过未来不确定事项的发生或不发生予以证实，分为或有资产和或有负债。或有资产是指过去交易或事项形成的潜在资产，其存在要通过未来不确定事项的发生或不发生予以证实。产生或有资产会提高企业的偿债能力；产生或有负债会降低企业的偿债能力。因此，在分析企业的财务报表时，必须充分注意有关或有项目的财务报表附注披露，以了解未在资产负债表上反映的或有项目，并在评价企业长期偿债能力时，考虑或有项目的潜在影响。同时，应关注是否有资产负债表日后的或有事项。

3. 承诺

承诺是指企业对外发出的将要承担的某种经济责任和义务。企业为了经营的需要，常常要做出某些承诺，这种承诺有时会大量增加该企业的潜在负债或承诺义务，而却没有通过资产负债表反映出来。因此，在进行企业长期偿债能力分析时，财务报表分析者应根据财务报表附注及其他有关资料等，判断承诺变成真实负债的可能性，判断承诺责任带来的潜在长期负债，并做相应处理。

4. 金融工具

金融工具是指引起一方获得金融资产并引起另一方承担金融负债或享有所有者权益的契约，与偿债能力有关的金融工具主要是债券和金融衍生工具。

金融工具对企业偿债能力的影响主要体现在两方面。

（1）金融工具的公允价值与账面价值发生重大差异，但并没有在财务报表中或财务报表附注中揭示。

（2）未能对金融工具的风险程度恰当披露。

财务报表使用者在分析企业的长期偿债能力时，要注意结合具有资产负债表表外风险的金融工具记录，并分析信贷风险集中的信用项目和金融工具项目，综合起来对企业偿债能力做出判断。

本 章 小 结

偿债能力是指企业对到期债务清偿的能力和现金的保证程度，按债务到期时间的长短分为短期偿债能力和长期偿债能力。

短期偿债能力是指一个企业以其流动资产偿还流动负债的现金保障程度。一个企业的短期偿债能力大小，要看流动资产和流动负债的多少和质量高低情况。流动资产的质量是指其"流动性"和"变现能力"。流动性是指流动资产转换为现金所需的时间。短期偿债能力分析可以采用流动负债和流动资产对比的指标分析，以反映企业在短期债务到期时可以变现为现金用于偿还流动负债的能力。通过对反映短期偿债能力的主要指标和辅助指标的分析，可以了解企业短期偿债能力的高低和短期偿债能力的变化情况，说明企业的财务状况和风险程度。衡量企业短期偿债能力的指标主要有营运资金、流动比率、速动比率、现金比率和现金流量比率等。

长期偿债能力是指企业偿还长期债务的现金保障程度。企业对一笔债务总是负有两种责任：一是偿还债务本金的责任；二是支付债务利息的责任。分析一个企业长期偿债能力，主要是为了确定该企业偿还债务本金和支付债务利息的能力。由于长期债务的期限长，企业的长期偿债能力主要取决于企业的资本结构和获利能力，而不是资产的短期流动性。长期偿债能力分析，要结合长期负债的特点，在明确影响长期偿债能力因素的基础上，从企业营利能力和资产规模两个方面对企业偿还长期负债的能力进行分析和评价。通过对反映企业长期偿债能力指标的分析，可以了解企业长期偿债能力的高低及其变动情况，说明企业整体财务状况和债务负担及偿债能力的保障程度，为企业进行正确的负债经营指明方向。企业长期偿债能力分析评价的指标主要有资产负债率、产权比率、有形净值债务率、权益乘数和长期资本负债率等。

复习思考题

1. 简述企业偿债能力分析的意义。

2. 企业短期偿债能力的影响因素有哪些?

3. 企业长期偿债能力的影响因素有哪些?

4. 简述企业短期偿债能力和长期偿债能力的关系。

第七章　企业营运能力分析

学习目标：

通过本章的学习，了解营运能力分析的内涵及意义；熟悉营运能力的影响因素及其分析；掌握流动资产营运能力指标的计算与评价方法、固定资产营运能力指标的计算与评价方法和总资产营运能力指标的计算与评价方法。

关键词：

资产；营运能力；分析评价指标

第一节　企业营运能力分析概述

一、营运能力分析的内涵

营运能力有广义和狭义之分，广义的营运能力是指企业利用各项经济资源，包括人力资源、生产资料资源、财务资源、技术信息资源和管理资源等，基于环境约束与价值增值目标，通过配置组合与相互作用而生成的推动企业运行的物质能量。狭义的营运能力是指企业营运资产的效率与效益。企业营运资产的效率主要指资产的周转率或周转速度。企业营运资产的效益通常是指企业的产出额与资产占用额之间的比率。

营运能力分析就是要通过对反映企业资产营运效率与效益的指标进行计算与分析，评价企业的营运能力，为企业提高经济效益指明方向。企业营运能力分析的内容主要包括流动资产营运能力分析、固定资产营运能力分析和全部资产营运能力分析。

二、营运能力分析的目的

资产是一个企业从事生产经营活动必须具备的物质基础，它们能给企业带来巨大的经济利益。在企业资产不断转化的过程中，转化效率的高低就成为影响企业资产质量高低的关键。营运能力正是表明企业管理当局运用资产的能力，企业资产周转速度越快，表明企业资金利用的效果越好，效率越高，企业经营管理当局的能力越强。

营运能力对企业获利能力的持续增长和偿债能力的不断提高有着决定性的影响。因此，营运能力分析，对管理当局加强企业经营管理，对债权人评价企业的偿债能力，对所有者考察其投入企业资金的运用效率都具有十分重要的作用和意义。

（一）企业管理当局的分析目的

企业经营者资产结构分析的目的是优化资产结构，改善财务状况，加快资金周转。

从这个角度看，管理当局进行营运能力分析的三个目的是彼此联系的。通过资产结构优化来改善企业财务状况，资金周转就能加快，而资金周转加快，资产的经营风险就能降低。

优化资产结构，资产结构即各类资产之间的比例关系。不同资产对企业经营具有不同影响，所以，不同性质、不同经营时期的企业各类资产的组成比例有所不同。通过营运能力分析，可发现和揭示与企业经营性质、经营时期不相适应的结构比例，并及时加以调整，形成合理的资产结构。

改善财务状况，企业在一定时点上的存量资产，是企业取得收益或利润的基础。然而，当企业的长期资产、固定资产占用资金过多或出现有问题资产、资产质量不高时，就会形成资金积压，以致营运资金不足，从而使企业的短期投资人对企业财务状况产生不良的印象。因此，企业必须注重营运能力分析，使资产保持足够的流动性，以赢得外界对企业的信心。

加速资金周转，非流动资产只有伴随着产品的销售才能形成销售收入，在资产总量一定的情况下，非流动资产和非商品资产所占的比重越大，企业所实现的周转价值越小，资金的周转速度也就越低。为此，企业管理当局必须进行营运能力分析，通过分析，合理调整流动资产与其他资产的比例关系，从而加速资金周转速度。

（二）企业所有者的分析目的

企业投资者投资于企业的基本目的是资本保值增值。企业所有者进行营运能力分析的目的是判断企业财务的安全性、资本的保全程度及资产的收益能力。首先，企业的安全性与其资产结构密切相关，如果企业流动性强的资产所占的比重大，企业资产的变现能力强，企业一般不会遇到现金拮据的压力，企业的财务安全性较高。所以所有者通过营运能力分析判断企业财务的安全性。其次，企业所有者通过营运能力分析判断资本的保全程度。要保全所有者或股东的投入资本，除要求在资产的运用过程中，资产的净损失不得冲减资本金外，还要有高质量的资产作为其物质基础，否则资金周转价值不能实现，就无从谈及资本保全。通过资产结构和资产管理效果分析，我们可以很好地判断资本的安全程度。最后，企业的资产结构直接影响着企业的收益。企业存量资产的周转速度越快，实现收益的能力越强；存量资产中商品资产越多，实现的收益额也越大；商品资产中毛利额高的商品所占比重越高，取得的利润率就越高。良好的资产结构和资产管理效果预示着企业未来的收益能力。所以，所有者通过营运能力分析可以判断企业资产的收益能力。

（三）企业债权人的分析目的

营运能力分析有助于债权人判明其债权的物资保证程度及其安全性，可以进行相应的信用决策。短期债权人通过了解企业短期资产的数额，可以判明企业短期债权的物资保证程度，长期债权人通过了解企业长期资产的数额，可以判明企业长期债权的物资保证程度。我们在通过资产结构分析企业债权的物资保证时，应将资产结构与债务结构相联系，进行匹配分析，考察企业的资金周转期限结构与债务期限结构的匹配情况、资产的周转实现日结构与债务的偿还期结构的匹配情况，以进一步掌握企业的各种结构是否相互适应。通过资产管理效果分析，我们可对债务本息的偿还能力有更直接的认识。

对于其他与企业具有密切经济利益关系的部门和单位而言，企业的营运能力分析主体不同，目标也会不一样。政府及有关管理部门进行营运能力分析的目的是判明企业经营是否稳定、财务状况是否良好，这将有利于宏观管理、控制和监管。业务关联企业进行营运能力分析的目的是判明企业是否有足量合格的商品供应或有足够的支付能力，即判明企业的供销能力及其信用状况是否可靠，以确定可否建立长期稳定的业务合作关系或者所能给予的信用政策的松紧度。总之，营运能力分析能够用以评价一个企业的经营业绩、管理水平，乃至预期它的发展前途，十分重要。

三、营运能力分析的内容

资产营运能力分析也称为资产营运状况分析，具体内容包括资产营运效率分析、资产规模分析和资产结构分析三个方面。其中，资产营运效率分析是最重要的，用以解释企业资产经营运作的结果；资产规模分析和资产结构分析用以解释企业资产经营运作效率高低的原因。

（一）资产营运效率分析

一般选择资产周转速度作为资产营运效率的指标，而不是选择资产盈利率。资产盈利率取决于企业的盈利水平和资产周转速度两个因素，其中企业盈利水平更多地受到市场竞争环境、国家税收制度等外部因素的影响，而资产周转速度的快慢则完全取决于企业经营管理当局对资产的管理水平和运作能力的高低。资产周转速度越快，资产的使用效率越高，则营运能力越强，通过分析企业各项资产的周转速度的快慢来判断资产对企业盈利贡献的大小。

（二）资产规模分析

资产规模即资产占用量，可以从期末资产占用与平均资产占用两个角度来考察。期末资产占用分析是资产质量及其变现能力，平均资产占用分析的内容是资产占用规模与结构的合理性，通过资产占用分析可以揭示不同资产给企业带来的收益，以及不同的资产结构对资产流动性或变现能力的影响，从而进一步确定资产规模变化的原因。

（三）资产结构分析

资产结构的分析包括资产结构的变动分析与弹性分析。资产结构变动分析是以总资产构成比例的变动为起点，分析导致企业资产结构变动的内在原因。由于企业财务活动的影响，企业期末资产结构与期初相比在资产的流动性与收益性两个方面发生了变化，通过分析引起这两方面变化的原因就可以真正评价一个企业的资产状况与经营成果水平。此外，企业的资产占用量和结构应随着外部经营环境及企业内部经营条件的变化而变化，这种变化是建立在企业资产具有弹性的基础上的，即企业是否具有相应调整的能力。这时，分析企业资产结构弹性大小就成了企业资产营运状况分析体系的一个重要组成部分。

四、营运能力分析的意义

营运能力不仅反映企业的盈利水平，还反映企业基础管理、经营策略、市场营销等方面的状况。因此，对企业营运能力进行分析十分重要。

（一）评价企业资产利用的效率

企业营运能力强弱的实质就是企业是否能以尽可能少的资产占用、尽可能短的时间周转创造出尽可能多的财富，通过对企业营运能力的分析，能够了解并评价资产利用的效率。

（二）确定合理的资产规模

营运能力分析可以帮助了解企业经营活动对资产的需要情况，以便根据企业生产经营的变化调整资产存量，使资产的增减变动与生产经营规模大小变动相适应，为下一期资产增量提供依据。

（三）促进企业资产的合理配置

企业的各项资产在企业经营过程中的作用是不同的，对企业的财务状况和经营成果的影响程度也不同。在企业资产存量一定的情况下，如果资产配置不合理，营运效率就会降低。通过对企业资产营运能力的分析，可以了解资产配置中存在的问题，不断优化资产配置，改善企业的财务状况。

（四）提高企业资产的使用效率

通过对资产营运能力的分析，能够了解资产利用过程中存在的问题，进一步挖掘资产利用能力，提高企业资产的利用效率，以最少的资产占用获得最大的经济效益。

第二节　流动资产营运能力分析

流动资产是指企业全部资产中流动性最强的资产，企业经营成果的取得主要依靠流动资产的形态转换。流动资产完成从货币再到货币这一循环过程，表明流动资产周转了一次。反映企业流动资产周转速度的主要指标有：流动资产周转速度指标、存货周转速度指标和应收账款周转速度指标。

一、流动资产周转速度指标

流动资产周转速度指标有流动资产周转率（次数）和流动资产周转天数两种表示方法。

（一）流动资产周转速度指标的计算

1. 流动资产周转率（次数）

流动资产周转率（次数）表示企业在一定时期内完成几次从货币到商品再到货币的循环，是企业一定时期内营业收入净额同平均流动资产总额的比率。流动资产周转率（次数）是评价企业资产利用率的一个重要指标，其计算公式为

$$流动资产周转率(次数) = \frac{营业收入净额}{流动资产平均余额}$$

公式中的营业收入净额是指企业当期销售产品、商品、提供劳务等主要经营活动取得的收入减去折扣与折让后的数额，数值取自利润及利润分配表。流动资产平均余额是指企业流动资产总额的年初数与年末数的平均值。数值取自企业资产负债表，可表示为

$$流动资产平均余额 = \frac{期初流动资产余额 + 期末流动资产余额}{2}$$

一般情况下，该指标越高，表明企业流动资产周转速度越快，利用越好。在较快的周转速度下，流动资产会相对节约，其意义相当于流动资产投入的扩大，在某种程度上增强了企业的营利能力。流动资产周转速度慢，为了维持企业正常经营，企业必须不断补充流动资金参加周转，导致资金使用效率低，降低了企业营利能力。

2. 流动资产周转天数

流动资产周转天数表示企业完成一次从流动资产投入营业收入收回的循环所需要的时间，其计算公式为

$$流动资产周转天数 = \frac{360}{流动资产周转率(次数)}$$

流动资产周转率（次数）用周转天数表示，周转一次所需要的天数越少，表明流动资产在经历生产和销售各阶段占用的时间越短，周转越快。生产经营任何一个环节上的工作得到改善，都会反映到周转天数的缩短上来。按天数表示的流动资产周转率（次数）能更直接地反映生产经营状况的改善，便于比较不同时期的流动资产周转率（次数），应用较为普遍。

【例 7-1】港源制造 2012 年、2013 年、2014 年有关资料及流动资产周转速度的计算如表 7-1 所示。

表 7-1   港源制造流动资产周转速度计算表

项目	2014 年	2013 年	2012 年
营业收入净额/元	120 773 747.54	132 732 588.03	87 169 026.01
期初流动资产总额/元	358 175 584.22	475 742 096.67	637 184 276.63
期末流动资产总额/元	289 688 274.28	358 175 584.22	475 742 096.67
平均流动资产总额/元	323 931 929.20	416 958 840.44	556 463 186.65
流动资产周转率（次数）/次	0.37	0.32	0.16
流动资产周转天数/天	972.97	1 125	2 250

根据表 7-1 计算如下：

$$2012年流动资产周转率(次数) = \frac{87\,169\,026.01}{556\,463\,186.65} = 0.16 （次）$$

$$2012年流动资产周转天数 = \frac{360}{0.16} = 2\,250 （天）$$

$$2013年流动资产周转率(次数) = \frac{132\,732\,588.03}{416\,958\,840.44} = 0.32 （次）$$

$$2013年流动资产周转天数 = \frac{360}{0.32} = 1\,125 （天）$$

$$2014年流动资产周转率(次数) = \frac{120\,773\,747.54}{323\,931\,929.20} = 0.37 （次）$$

$$2014年流动资产周转天数 = \frac{360}{0.37} = 972.97 （天）$$

从计算结果可以看出，港源制造连续三年的流动资产周转速度逐年提高，2013 年与 2012 年相比，流动资产周转速度有明显提高，营业收入净额增长了 52.27%，平均流动资产总额下降了 25.07%，反映了企业流动资产的使用效率有所提高。2014 年与 2013 年相比较而言，营业收入净额和流动资产平均余额都有所下降，流动资产平均余额的下降幅度大于营业收入净额的下降幅度，导致 2014 年流动资产周转速度提高。但是，企业流动资产周转率（次数）的评价还应该结合企业的历史资料和行业平均水平判断。港源制造流动资产周转速度的高低还要结合行业平均水平的高低判断才能做出客观评价。

（二）流动资产周转速度指标分析应注意的问题

（1）流动资产周转率（次数）反映了企业流动资产的周转速度，是从企业全部资产中流动性最强的流动资产角度对企业资产的利用效率进行分析，以进一步揭示影响企业资产质量的主要因素。要实现该指标的良性变动，应以营业收入增幅高于流动资产增幅做保证。通过该指标的对比分析，可以促进企业加强内部管理，充分有效地利用流动资产，如降低成本、调动暂时闲置的货币资金用于短期投资创造收益等，还可以促进企业采取措施扩大销售，提高流动资产的综合使用效率。生产经营任何一个环节上的工作得到改善，都会反映到周转速度提高上来。

（2）流动资产周转率（次数）和流动资产周转天数两个指标都是衡量流动资产营运能力的指标，但是流动资产周转率（次数）指标不便于不同时期的比较。周转天数表示的流动资产周转率（次数）能更直接地反映企业生产经营状况的改善，便于比较不同时期的流动资产周转速度，所以在日常的使用中多用周转天数指标。

（3）流动资产的变现能力的大小反映企业短期偿债能力的强弱，企业应该有一个较稳定的流动资产数额，在此基础上提高流动资产使用效率，不能在现有管理水平下，以大幅度降低流动资产为代价去追求高的周转率。

二、存货周转速度指标

在流动资产中，存货所占比重较大，存货的周转速度将直接影响企业流动资产的周转速度。因此，必须特别重视对存货周转速度的分析。存货周转速度分析的目的是从不同的角度和坏节找出存货管理中的问题，使存货管理在保证生产经营连续性的同时，尽可能少地占用营运资金，提高企业资金的使用效率，促进企业管理水平的提高。

存货周转速度分析一般有两个指标，即存货周转率（次数）和存货周转天数。存货周转速度指标是企业营运能力分析的重要指标，在企业管理决策中被广泛地使用。存货周转速度指标不仅可以用来衡量企业生产经营各环节中存货营运效率，还被用来评价企业的经营业绩，反映企业的绩效。

（一）存货周转速度指标的计算

1. 存货周转率（次数）

存货周转率（次数）是指一定时期内企业销售成本与存货平均资金占用额的比率，是衡量和评价企业购入存货、投入生产、销售收回等各环节管理效率的综合性指标，其意义可以理解为一个财务周期内存货周转的次数，其计算公式为

$$存货周转率(次数) = \frac{主营业务成本}{存货平均余额}$$

其中

$$存货平均余额 = \frac{存货余额年初数 + 存货余额年末数}{2}$$

存货余额是指企业存货账面价值与存货跌价准备之和，即

$$存货余额 = 存货账面价值 + 存货跌价准备$$

存货周转率（次数）反映了企业销售效率和存货使用效率。在正常情况下，如果企业经营顺利，存货周转率（次数）越高，说明企业存货周转得越快，企业的销售能力越强，营运资金占用在存货上的金额也会越少。

2. 存货周转天数

存货周转天数是指企业从取得存货开始，至消耗、销售为止所经历的天数，其计算公式为

$$存货周转天数 = \frac{360}{存货周转率(次数)}$$

该指标越小说明存货周转天数越少，说明存货变现的速度越快，存货管理工作的效率越高。一般来讲，存货周转速度越快［即存货周转率（次数）或存货周转次数越大、存货周转天数越短］，存货占用水平越低，流动性越强，存货转化为现金或应收账款的速度就越快，这样会增强企业的短期偿债能力及获利能力。通过存货周转速度分析，有利于找出存货管理中存在的问题，尽可能降低资金占用水平。

【例 7-2】港源制造 2012 年、2013 年、2014 年有关资料及存货周转速度的计算如表 7-2 所示。

表 7-2　港源制造存货周转速度计算

项目	2014 年	2013 年	2012 年
主营业务成本/元	105 722 080.90	115 024 258.60	79 302 035.03
期初存货余额/元	170 723 869.04	181 865 843.26	173 422 222.65
期末存货余额/元	166 038 048.32	170 723 869.04	181 865 843.26
平均存货余额/元	168 380 958.70	176 294 856.15	177 644 032.96

续表

项目	2014 年	2013 年	2012 年
存货周转率（次数）/次	0.63	0.65	0.45
存货周转天数/天	571.43	553.85	800.00

根据表 7-2 计算如下：

$$2012年存货周转率(次数) = \frac{79\,302\,035.03}{177\,644\,032.96} = 0.45（次）$$

$$2012年存货周转天数 = \frac{360}{0.45} = 800.00（天）$$

$$2013年存货周转率(次数) = \frac{115\,024\,258.63}{176\,294\,856.15} = 0.65（次）$$

$$2013年存货周转天数 = \frac{360}{0.65} = 553.85（天）$$

$$2014年存货周转率(次数) = \frac{105\,722\,080.90}{168\,380\,958.70} = 0.63（次）$$

$$2014年存货周转天数 = \frac{360}{0.63} = 571.43（天）$$

从计算结果可以看出，港源制造 2013 年与 2012 年相比，存货周转速度有明显提高，销售成本增长了 44.43%，平均存货余额下降了 6%，反映了存货的使用效率有所提高。2014 年与 2013 年相比较而言，营业成本和平均存货余额都有所下降，平均存货余额的下降幅度小于营业成本的下降幅度，导致 2014 年存货周转速度降低。但是，企业存货周转率（次数）的评价还应该结合企业的历史资料和行业平均水平判断。因此，港源制造存货周转速度的高低还要结合行业平均水平的高低判断才能做出客观评价。

（二）存货周转速度指标分析应注意的问题

（1）计算存货周转率（次数）指标时采用企业的营业成本表示企业的存货周转额，存货计价方法对存货周转率（次数）具有较大的影响，因此，在分析企业不同时期或不同企业的存货周转率（次数）时，应注意存货计价方法是否一致。

（2）在存货水平一定的条件下，存货周转率（次数）越高，表明企业的销货成本数额增多，产品销售的数量增长，企业的销售能力加强。企业要扩大产品销售量，提高销售能力，就必须在原材料购进、生产过程中的投入、产品的销售、现金的收回等方面做到协调和衔接。因此，存货周转率（次数）不仅可以反映企业的销售能力，还能用来衡量企业生产经营中的各有关方面运用和管理存货的工作水平。运用存货周转率（次数）指标时，应综合考虑进货批量、生产销售的季节性变动等因素。

（3）应关注构成存货的产成品、自制半成品、原材料、在产品和低值易耗品之间的比例关系。正常的情况下，各类存货之间存在某种比例关系，如果某一类的比重发生明显的大幅度变化，可能就暗示存在某种问题。例如，产成品大量增加，其他项目减少，很可能销售不畅，放慢了生产节奏，此时，总的存货余额可能并没有显著变化，甚至尚未引起存货周转率（次数）的显著变化。

（4）平均存货余额一般按照期初期末的平均值计算。当期初期末存货变动幅度不大时，可用期末存货余额计算。在计算全年平均存货余额时，为了准确起见，应按 12 个月月初、月末数计算其平均值。

（5）存货周转天数不是越低越好。例如，减少存货量，可以缩短周转天数，但可能会对正常的经营活动带来不利影响。

（三）影响存货周转速度指标的因素

1. 流动资产中存货所占比例

$$存货周转率(次数) = \frac{主营业务成本}{存货平均余额}$$

$$= \frac{流动资产平均余额}{存货平均余额} \times \frac{主营业务成本}{流动资产平均余额}$$

通过公式分解可以看出，存货周转率（次数）与流动资产中存货所占比率成反比，与流动资产的垫支周转率成正比，即存货在流动资产中所占的比例越低，存货的周转速度越快，反之则存货的周转速度越慢。企业的流动资产的垫支周转率越高，企业的存货周转率（次数）也就越快，反之则企业的存货周转率（次数）就越慢。

2. 存货各项目

企业管理者和有条件的外部财务报表使用者除了分析存货批量因素、季节性生产变化等影响因素外，还应对存货结构以及影响存货周转速度的重要项目进行分析。

存货包括各类材料、在产品、半成品、商品、产成品、低值易耗品、包装物等，存货周转速度的快慢直接受这些因素的影响。因此，为了加强存货管理和存货周转，在进行存货周转率（次数）分析时，必须从存货组成各项目的流动性方面进行更深入的分析，以便能查明影响存货周转速度快慢的具体原因。通常情况下，可以计算分析反映材料周转速度、在产品周转速度、产成品周转速度的指标。

1）材料存货周转速度

材料存货的周转是从材料购入验收入库开始到材料投入生产为止的过程。考核企业材料在一定时期所完成的周转次数，要以企业在这一时期内所耗用材料成本的大小作为其周转的额度，材料成本周转速度计算公式为

$$材料存货周转率(次数) = \frac{材料耗用成本}{平均材料存货}$$

$$材料存货周转天数 = \frac{360}{材料存货周转率(次数)}$$

2）在产品存货周转速度

在产品存货的周转是从产品投料生产开始到产品完工入库的过程。考核企业在产品存货一定时间内所完成的周转次数，要以企业在这一时期内所发生的制造成本的大小作为其周转的额度，在产品存货周转速度计算公式为

$$在产品存货周转率(次数) = \frac{制造成本}{平均在产品存货}$$

$$在产品存货周转天数 = \frac{360}{在产品存货周转率(次数)}$$

3）产成品存货周转速度

产成品存货的周转是从产品完工验收入库开始到产品销售出库为止的过程。考核产成品存货在一定时期内的周转速度，要以企业在这一时期内所发生的销售成本作为其周转额，产成品存货周转率（次数）计算公式为

$$产成品存货周转率(次数) = \frac{销货成本}{平均产成品存货}$$

$$产成品存货周转天数 = \frac{360}{产成品存货周转率(次数)}$$

通过分析可以看出，存货周转速度的快慢受其各部分存货周转速度以及部分成本同销售成本比例关系这两个因素变动的影响。要加快存货的周转，首先要加快存货各项目的周转，同时要缩小部分成本与销售成本的比例，即降低材料耗用成本和制造成本。只有把存货管理的措施落实到各个部分，才能全面加强流动资产的流动性，改善企业财务状况。

三、应收账款周转速度指标

应收账款是指企业在正常的经营过程中因销售商品、产品及提供劳务等业务，应向购买单位收取的款项。应收账款表示企业在销售过程中被购买单位所占用的资金，在流动资产中占有举足轻重的地位。及时收回应收账款不仅可以弥补企业在生产经营过程中的各种耗费，保证企业持续经营，而且可以增强企业的短期偿债能力，同时也反映出企业管理应收账款的效率。

（一）应收账款周转速度指标的计算

应收账款周转速度分析一般有两个指标，即应收账款周转率（次数）和应收账款周转天数。应收账款周转速度指标是进行企业营运能力分析的重要指标，在企业管理决策中被广泛使用。

1. 应收账款周转率

应收账款周转率（次数）就是反映公司应收账款周转速度的比率，是指企业一定时期内主营业务收入净额同应收账款平均余额的比率。它说明一定期间内企业应收账款转为现金的平均次数，其计算公式为

$$应收账款周转率(次数) = \frac{主营业务收入净额}{应收账款平均余额}$$

公式中，主营业务收入净额是指企业当期销售产品、提供劳务等主要经营活动所取得的收入减去销售折扣与销售折让后的数额。

$$应收账款余额 = 应收账款账面价值 + 坏账准备$$

$$应收账款平均余额 = \frac{期初应收账款 + 期末应收账款}{2}$$

应收账款平均余额是指企业因销售商品或提供劳务等应向购货单位或接受劳务方收取的款项，以及收到的商业汇票。它是资产负债表中"应收账款""应收票据"的期初、期末余额的平均数。

应收账款周转率（次数）可以用来估计应收账款变现的速度和管理的效率。回收迅速既可以节约资金，又说明企业信用状况好，不易发生坏账损失，一般认为周转率越高越好。

2. 应收账款周转天数

应收账款周转天数是反映应收账款周转速度的另一个指标，也称平均应收账款回收期或平均收现期，表示公司从获得应收账款的权利到收回款项、变成现金所需要的时间，其计算公式为

$$应收账款周转天数 = \frac{360}{应收账款周转率(次数)}$$

应收账款周转天数越少，说明应收账款变现的速度越快，企业资金被其他单位占用的时间越短，管理工作的效率越高。

一般来说，应收账款周转率（次数）越高越好，表明公司收账速度快，平均收账期短，坏账损失少，资产流动快，偿债能力强。与之相对应，应收账款周转天数则是越短越好。如果公司实际收回账款的天数超过了公司规定的应收账款天数，则说明债务人拖欠时间长，资信度低，增大了发生坏账损失的风险；同时也说明公司催收账款不力，使资产形成了呆账甚至坏账，造成流动资产不流动，这对公司正常的生产经营是很不利的。

【例 7-3】港源制造 2012 年、2013 年、2014 年有关资料及应收账款周转速度的计算如表 7-3 所示。

表 7-3　港源制造应收账款周转速度计算

项目	2014 年	2013 年	2012 年
主营业务收入净额/元	119 565 926.80	132 732 588.03	86 430 996.19
期初应收账款余额/元	383 197 756.32	205 509 251.33	269 665 361.40
期末应收账款余额/元	377 908 817.22	383 197 756.32	205 509 251.33
平均应收账款余额/元	380 553 286.77	294 353 503.82	237 587 306.36
应收账款周转率（次数）/次	0.31	0.45	0.36
应收账款周转天数/天	1 161.29	800	1000

其中

$$2012年应收账款周转率(次数) = \frac{86\,430\,996.19}{237\,587\,306.36} = 0.36 （次）$$

$$2012年应收账款周转天数 = \frac{360}{0.36} = 1\,000 （天）$$

$$2013年应收账款周转率（次数）= \frac{132\,732\,588.03}{294\,353\,503.82} = 0.45（次）$$

$$2013年应收账款周转天数 = \frac{360}{0.45} = 800（天）$$

$$2014年应收账款周转率（次数）= \frac{119\,565\,926.80}{380\,553\,286.77} = 0.31（次）$$

$$2014年应收账款周转天数 = \frac{360}{0.31} = 1161.29（天）$$

从计算结果可以看出，港源制造连续三年的应收账款周转速度都不够理想，2013 年与 2012 年相比，存货周转速度有一定程度的提高，反映了应收账款的回收速度有所加快。2014 年与 2013 年相比较而言，主营业务收入减少而应收账款增加导致 2014 年应收账款周转速度降低。但是，企业应收账款周转率（次数）的评价还应该结合企业的历史资料和行业平均水平判断。港源制造应收账款周转速度的高低还要结合行业平均水平的高低进行判断才能做出客观评价。

（二）应收账款周转速度指标分析应注意的问题

（1）主营业务收入净额的选择。应收账款周转率（次数）计算公式中的分子应该是赊销收入净额，不应该包括现销额，因为应收账款都是由赊销引起的。但是在财务报表中很少将赊销和现销加以区分，所以财务分析人员应进一步收集有关资料，以计算赊销收入净额。在实际工作中，不仅财务报表的外部使用者无法取得赊销收入的数据，而且财务报表的内部使用者也未必能获取该数据，因此在计算应收账款周转率（次数）的时候往往用主营业务收入替代赊销收入净额，即把现金销售视为收现期为零的赊销收入。

（2）应收账款周转率（次数）并不是越高越好，如果应收账款周转次数过高，则表明公司奉行较紧的信用政策，付款条件过于苛刻，这样会限制企业销售量的扩大，特别是当这种限制的代价（机会收益）大于赊销成本时，会影响企业的盈利水平。

（3）应收账款周转率（次数）尚无一定标准，很难确定一个理想的比较基础，一般以行业的平均周转率水平作为企业的比较标准。评价企业的应收账款周转率，要结合企业的经营特点，并将计算结果与该企业前期指标、行业平均水平或其他类似企业的指标相比较，得出比较准确的分析结论。

（4）对于季节性经营企业，大量使用分期收款结算方式、大量使用现金结算销售方式和年末销量呈大幅增加或年末销量大幅下降的企业使用该指标计算存在一定的局限性。

（5）对于已贴现的应收票据目已不在外流通者，应从分子中剔除。报告期天数，一年均以 360 天计，一个季度均以 90 天计，一个月均以 30 天计。

第三节　固定资产营运能力分析

固定资产是指企业为生产产品、提供劳务、出租或者经营管理而持有的，使用时间超过 12 个月的，价值达到一定标准的非货币性资产。固定资产是企业赖以生产经营的主要资产。

固定资产营运能力分析主要是判断企业管理固定资产的能力，反映企业固定资产周转速度的指标主要有固定资产周转率（次数）和固定资产周转天数。

一、固定资产周转率（次数）指标的计算

固定资产周转率（次数）也称固定资产利用率，是指一定时期企业实现的主营业务收入净额与固定资产平均余额的比率，其计算公式如下：

$$固定资产周转率(次数)=\frac{主营业务收入净额}{固定资产平均余额}$$

其中

$$固定资产平均余额=\frac{期初固定资产净值+期末固定资产净值}{2}$$

$$固定资产净值=固定资产原值-累计折旧$$

$$固定资产周转天数=\frac{360}{固定资产周转率(次数)}$$

固定资产周转率（次数）表示在一个会计年度内，固定资产周转的次数，或表示每1元固定资产支持的销售收入。

固定资产周转天数表示在一个会计年度内，固定资产转换成现金平均需要的时间，即平均天数。固定资产的周转次数越多，则周转天数越短；周转次数越少，则周转天数越长。

固定资产周转率（次数）主要用于分析对厂房、设备等固定资产的利用效率，比率越高，说明利用率越高、管理水平越好。如果固定资产周转率（次数）与同行业平均水平相比偏低，则说明企业对固定资产的利用率较低，可能会影响企业的获利能力。

【例 7-4】港源制造 2012 年、2013 年、2014 年有关资料及固定资产周转速度的计算，如表 7-4 所示。

表 7-4　港源制造固定资产周转速度计算

项目	2014 年	2013 年	2012 年
主营业务收入净额/元	119 565 926.80	132 732 588.03	86 430 996.19
期初固定资产/元	235 761 538.48	277 369 293.90	334 185 814.42
期末固定资产/元	213 848 087.30	235 761 538.48	277 369 293.90
平均固定资产/元	224 804 812.89	256 565 416.19	305 777 554.16
固定资产周转率（次数）/次	0.53	0.52	0.28
固定资产周转天数/天	679.25	692.31	1 285.71

其中

$$2012年固定资产周转率(次数)=\frac{86\,430\,996.19}{305\,777\,554.16}=0.28(次)$$

$$2012年固定资产周转天数 = \frac{360}{0.28} = 1\,285.71(天)$$

$$2013年固定资产周转率(次数) = \frac{132\,732\,588.03}{256\,565\,416.19} = 0.52(次)$$

$$2013年固定资产周转天数 = \frac{360}{0.52} = 692.31(天)$$

$$2014年固定资产周转率(次数) = \frac{119\,565\,926.80}{224\,804\,812.89} = 0.53(次)$$

$$2014年固定资产周转天数 = \frac{360}{0.53} = 679.25(天)$$

从计算结果可以看出，港源制造连续三年的固定资产周转速度都不够理想，2013 年与 2012 年相比，固定资产周转速度有一定程度的提高，反映了固定资产的利用效率有所提高。2014 年与 2013 年相比较而言，主营业务收入减少和固定资产都减少导致 2014 年固定资产周转速度降低。但是，企业固定资产周转率（次数）的评价还应该结合企业的历史资料和行业平均水平判断。港源制造固定资产周转速度的高低还要结合行业平均水平的高低进行判断才能做出客观评价。

二、固定资产周转率（次数）指标分析应注意的问题

（1）一般情况下，企业固定资产的增加不是渐进的，而是突然上升的，这会导致固定资产周转率（次数）的变化。

（2）固定资产周转率（次数）计算公式的分母是期初和期末固定资产净额的平均，企业固定资产所采用的在折旧方法和折旧年限的不同，会导致不同的固定资产账面净值，所以也会对固定资产周转率（次数）的计算产生重要影响，造成指标的人为差异。

（3）如果存在通货膨胀，则通货膨胀因素就会导致物价上涨，从而虚增销售收入，使固定资产周转率（次数）提高，但企业固定资产的实际效能并未增加。

（4）在进行固定资产周转速度分析时，应以企业前期水平和行业平均水平作为标准进行对比分析，从中找出差距，从而努力提高固定资产周转速度。

第四节　总资产营运能力分析

一、总资产周转速度指标

（一）总资产周转速度指标的计算

1. *总资产周转率（次数）*

总资产周转率（次数）是指企业一定时期主营业务收入净额同总资产平均余额的比率。总资产周转率（次数）是综合评价企业全部资产经营质量和利用效率的重要指标，其计算公式如下：

$$总资产周转率(次数) = \frac{主营业务收入净额}{总资产平均余额}$$

公式中主营业务收入净额是指减去销售折扣及折让等后的净额。总资产平均余额是指企业资产总额年初数与年末数的平均值，数值取自资产负债表，其计算公式如下：

$$总资产平均余额 = \frac{期初总资产余额 + 期末总资产余额}{2}$$

总资产周转率（次数）的直接经济含义是单位总资产能够产出多少主营业务收入净额，是考察企业资产运营效率的一项重要指标，体现了企业经营期间全部资产从投入至产出的流转速度，反映了企业全部资产的管理质量和利用效率。通过对该指标的对比分析，可以反映企业本年度以及以前年度总资产的运营效率和变化，发现企业与同类企业在资产利用上的差距，促进企业挖掘潜力、积极创收、提高产品市场占有率、提高资产利用效率。一般情况下，该数值越高，表明企业总资产周转速度越快。销售能力越强，资产利用效率越高。企业可以通过薄利多销的办法，加速资产的周转，带来利润绝对额的增加。

2. 总资产周转天数

总资产周转天数表示在一个会计年度内，总资产转换成现金平均需要的时间，即平均天数，其计算公式如下：

$$总资产周转天数 = \frac{360}{总资产周转率(次数)}$$

周转天数越低，说明公司利用其资产进行经营的效率越高，反之，则越低。总资产周转天数高不仅会影响公司的获利能力，还会直接影响上市公司的股利分配。

【例 7-5】港源制造 2012 年、2013 年、2014 年有关资料及总资产周转速度的计算如表 7-5 所示。

表 7-5　港源制造总资产周转速度计算

项目	2014 年	2013 年	2012 年
主营业务收入净额/元	119 565 926.80	132 732 588.03	86 430 996.19
期初资产总额/元	1 002 504 400.53	852 867 034.99	988 915 528.90
期末资产总额/元	1 008 432 379.35	1 002 504 400.53	852 867 034.99
平均资产总额/元	1 005 468 389.94	927 685 717.76	920 891 281.95
总资产周转率（次数）/次	0.12	0.14	0.09
总资产周转天数/天	3 000.00	2 571.43	4 000.00

其中

$$2012年总资产周转率(次数) = \frac{86\,430\,996.19}{920\,891\,281.95} = 0.09(次)$$

$$2012年总资产周转天数 = \frac{360}{0.09} = 4\,000.00(天)$$

$$2013年总资产周转率(次数)=\frac{132\ 732\ 588.03}{927\ 685\ 717.76}=0.14(次)$$

$$2013年总资产周转天数=\frac{360}{0.14}=2\ 571.43(天)$$

$$2014年总资产周转率(次数)=\frac{119\ 565\ 926.80}{1\ 005\ 468\ 389.94}=0.12(次)$$

$$2014年总资产周转天数=\frac{360}{0.12}=3\ 000.00(天)$$

从计算结果可以看出，港源制造连续三年的总资产周转速度都不够理想，2013 年与 2012 年相比，总资产周转速度有一定程度的提高，反映了总资产的利用效率有所提高。2014 年与 2013 年相比较而言，主营业务收入减少和平均资产总额增加导致 2014 年总资产周转速度有所下降。但是，企业总资产周转率（次数）的评价还应该结合企业的历史资料和行业平均水平判断。港源制造总资产周转速度的高低还要结合行业平均水平的高低进行判断才能做出客观评价。

（二）总资产周转速度指标分析应注意的问题

（1）一般情况下，总资产周转速度的快慢往往取决于流动资产的周转速度和流动资产占总资产的比重。流动资产的周转速度往往高于其他类资产的周转速度，加速流动资产周转，就会使总资产周转速度加快。流动资产周转速度快于其他类资产的周转速度，所以，企业流动资产所占总资产的比重越大，总资产的周转速度就会越快。

（2）由于年度报告中只包括资产负债表的年初数和年末数，外部财务报表使用者可直接用资产负债表的年初数来代替上年平均数进行比率分析，这一替代方法也适用于其他利用资产负债表数据计算的比率。

（3）如果企业的总资产周转率（次数）突然上升，而企业的销售收入却无多大变化，则可能是企业本期报废了大量固定资产造成的，并不是企业的资产利用效率提高。

（4）如果企业的总资产周转率（次数）较低，且长期处于较低的状态，企业应采取措施提高各项资产的利用效率，处置多余、闲置不用的资产，提高销售收入，从而提高总资产周转率（次数）。

（5）如果企业资金占用的波动性较大，总资产平均余额应采用更详细的资料进行计算，如按照月份计算。

二、不良资产比率

（一）不良资产比率指标的计算

不良资产比率是指企业年末不良资产总额和年末资产总额的比值。不良资产比率是从企业资产管理的角度对企业资产营运状况进行的修正，其计算公式为

$$不良资产比率=\frac{年末不良资产总额}{年末资产总额}\times100\%$$

公式中，年末不良资产总额是指企业资产中存在问题、难以参加正常生产经营运转的部分，主要包括三年以上应收账款、其他应收款及预付账款，积压的存货、闲置

的固定资产和不良投资等的账面余额，待处理流动资产及固定资产净损失，以及潜亏挂账和经营亏损挂账等。年末资产总额是指企业资产总额的年末数，数据取值于"资产负债表"。

（二）不良资产比率指标分析应注意的问题

（1）不良资产比率着重从企业不能正常循环周转以谋取收益的资产分析角度反映企业资产的质量，揭示了企业在资产管理和使用上存在的问题，用以对企业资产的营运状况进行补充修正。

（2）该指标在用于分析评价工作的同时，也有利于企业发现自身不足，改善管理，提高资产利用效率。

（3）一般情况下，该指标越高，表明企业沉积下来、不能正常参加经营运转的资金越多，资金利用率越差。该指标越小越好，零是最优水平。

本 章 小 结

企业的营运资产，主体是指流动资产和固定资产。企业营运资产的利用能力如何从根本上决定了企业的经营状况和经济效益。营运能力是指企业运用所掌握的资源创造财富的能力，集中体现为企业营运资产的使用效率和使用效益两个方面。其中，营运资产的效率通常是指企业资产的周转速度；营运资产的效益是指营运资产的利用效果，即通过资产的投入与产出相比较来体现。

企业营运能力分析是企业财务分析的重要组成部分。企业资产营运效率高、循环快，企业就可以以较少的投入获得较多的收益。企业营运能力分析包括流动资产营运能力分析、固定资产营运能力分析和总资产营运能力分析。

流动资产完成从货币到商品再到货币这一循环过程，表明流动资产周转一次。流动总资产周转速度指标包括流动资产周转率（次数）和流动资产周转天数，这两个指标分别指在一定时期内流动资金周转次数和周转一次所需要的时间。流动资产周转速度分析具体包括流动资产周转速度分析、存货周转速度分析和应收账款周转速度分析。

固定资产营运能力分析主要是判断企业管理固定资产的能力，其通常运用的指标是固定资产周转率（次数）和固定资产周转天数。销售量直接反映了企业资产利用效果，通过营业收入与固定资产对比，可以反映出企业固定资产的利用效率。

总资产营运能力强弱取决于每一项资产周转率（次数）的高低。综合分析总资产的营运能力，主要是分析总资产周转率（次数）和总资产周转天数这两个指标。通过营业收入净额与总资产对比反应总资产周转情况。影响总资产周转速度的主要因素是企业营业收入水平和各项分类资产的利用状况。所以，要提高企业总资产的营运能力，首先，要确定各项资产的合理比例，尤其是流动资产和固定资产的比例关系，防止流动资产或固定资产出现闲置；其次，要提高各项资产的利用效率，尤其是流动资产中的应收账款和存货的周转速度以及固定资产的利用效率。

复习思考题

1. 营运能力的内涵是什么?
2. 简述营运能力分析的意义和内容。
3. 流动资产营运能力分析包括哪些内容?
4. 简述总资产营运能力分析的内容。

第八章　企业营利能力分析

学习目标：

通过本章的学习，了解营利能力分析的内涵及意义；掌握企业营业营利能力、资产营利能力及资本营利能力指标的计算与评价方法；理解营利能力的影响因素及其分析。

关键词：

营利能力；分析评价指标

第一节　企业营利能力分析概述

一、营利能力分析的内涵

营利能力是指企业在一定时期内获取利润的能力。利润是企业内外有关各方都关心的中心问题，是投资者取得投资收益、债权人收取本息的资金来源，是经营者经营业绩和管理效能的集中表现，也是职工集体福利设施不断完善的重要保障。因此，企业营利能力分析十分重要。

二、营利能力分析的目的

营利能力的强弱是一个相对的概念，即利润相对于一定的资源投入、一定的收入而言，利润率越高，营利能力越强；利润率越低，营利能力越差。企业经营业绩的好坏最终可通过企业的营利能力的强弱来反映。无论是企业的经营人员、债权人，还是股东（投资人）都非常关心企业的营利能力，并重视对利润率及其变动趋势的分析与预测。

从企业的角度来看，企业从事经营活动的直接目的是最大限度地赚取利润并维持企业持续稳定的经营和发展。持续稳定的经营和发展是获取利润的基础，而最大限度地获取利润又是企业持续稳定发展的目标和保证。只有在不断地获取利润的基础上，企业才可能发展，并且，营利能力较强的企业比营利能力较弱的企业具有更大的活力和更好的发展前景。因此，营利能力是企业经营人员最重要的业绩衡量标准，也是企业经营人员发现问题、改进企业管理的突破口。对企业经营人员来说，进行企业营利能力分析的目的具体表现在以下两个方面。

（1）利用营利能力的有关指标反映和衡量企业经营业绩。企业经营人员的根本任务就是通过自己的努力使企业赚取更多的利润。各项收益数据反映着企业的营利能力，也表现了经营人员工作业绩。用已达到的营利能力指标与标准、基期、同行业平均水平、其他企业相比较，则可以衡量经营人员工作业绩。

（2）通过营利能力分析发现经营管理中存在的问题。营利能力是企业各环节经营活动的具体表现，企业经营的好坏都会通过营利能力的强弱表现出来。通过对营利能力的深入分析，可以发现经营管理中的重大问题，进而采取措施解决问题，提高企业收益水平。

对于债权人来讲，利润是企业偿债的重要来源，特别是对长期债务而言，营利能力直接影响企业的偿债能力。企业举债时，债权人势必审查企业的偿债能力，而偿债能力最终取决于企业的营利能力。因此，分析企业的营利能力对债权人而言也是非常重要的。

对于股东（投资人）而言，企业的营利能力更是至关重要的。在市场经济下，股东（投资人）往往会认为企业的营利能力比财务状况、营运能力更重要。股东（投资人）的直接目的就是获得更多的利润，因为在信用相同或相近的几个企业中，人们总是将资金投向营利能力强的企业。股东（投资人）之所以关心企业赚取利润的多少并重视对利润率的分析，是因为股息与企业的营利能力是紧密相关的。此外，企业营利能力的增加还会使股票价格上升，从而使股东（投资人）获得资本收益。

三、营利能力分析的内容

营利能力的分析是企业财务分析的重点，财务结构分析、偿债能力分析等，其根本目的是通过分析及时发现问题，改善企业财务结构，提高企业偿债能力、经营能力，最终提高企业的营利能力，促进企业持续稳定的发展。对企业营利能力的分析主要是指对利润率的分析。虽然对利润额的分析可以说明企业财务成果的变动状况及其原因，为改善企业经营管理指明了方向；但是，由于利润额受企业规模或投入总量的影响较大，一方面不同规模的企业之间不便于对比；另一方面不能准确地反映企业的营利能力和盈利水平。因此，仅进行利润额分析一般不能满足各方面对财务信息的要求，还必须对利润率进行分析。

利润率指标从不同角度或从不同的分析目的看，可有多种形式。在不同的所有制企业中，反映企业营利能力的指标形式也不同。对企业营利能力的分析包括以下三方面：①与投资有关的营利能力分析。与投资有关的营利能力分析主要是对总资产报酬率、净资产收益率指标进行分析与评价。②与销售有关的营利能力分析。商品经营营利能力分析即利用损益表资料进行利润率分析，包括收入利润率分析和成本利润率分析两方面内容。为了做好利润率因素分析，有必要对销售利润进行因素分析。③上市公司营利能力分析。上市公司营利能力分析即对每股收益指标、普通股权益报酬率指标、股利发放率指标以及价格与收益比率指标进行分析。

四、营利能力分析的意义

利润是投资者取得投资收益、债权人收取债务本息、国家取得财政税收、企业职工获得劳动收入和福利保障的资金来源，同时，企业的营利能力也是衡量经营者经营业绩的集中体现。企业营利能力分析的意义体现在以下几方面。

（一）有助于保障投资人的所有者权益

投资人的投资动机是获取较高的投资回报。一个不能盈利，甚至赔本经营的项目会对投资人的投资构成严重威胁，特别是在企业所有权与经营权相分离的股份有限公司，企业经营者需要对广大的股东投资承担起管好用好资金、保障他们权益的责任。若企业经营得好，营利能力就强，就能给企业带来较丰厚的利润，从而使权益性股份每股账面价值加大，每股所得利润增多，还能使每股分得较多的股利。而且，这样的业绩往往会引起公司股票市价的升值，给公司及股东带来双重好处。总之，具有较强的营利能力既能为企业进一步增资扩股创造有利条件，又能给更多的投资人带来新的投资机会。

（二）有利于债权人衡量投入资金的安全性

向企业提供中长期贷款的债权人十分关心企业的资本结构和长期偿债能力，以此衡量本息的安全程度。从根本上看，企业具有较强的营利能力以及营利能力的发展趋势乃是保证中长期贷款人利益的基础。一般而言，金融机构向企业提供中长期贷款的目的是增加固定资产投资，扩大经营规模。当新建项目投入使用后，若不能给企业带来收益或只能带来较少的收益，不具备或者基本不具备营利能力，就难以承担贷款利息及本金的偿付重担。若具有较强的营利能力，往往说明企业管理者经营有方、管理得当、企业有发展前途，这实际上也就给信贷资本提供了好的流向和机会。

（三）有利于政府部门行使社会管理职能

政府社会管理职能的行使，要有足够的财政收入做保证。税收是国家财政收入的主要来源，而税收的大部分又来自企业单位。企业营利能力强，就意味着实现的利润多，对政府税收贡献大。各级政府如能集聚较多的财政收入，就能更多地投入基础设施建设、科技教育、环境保护及其他各项公益事业，更好地行使社会管理职能，为国民经济的良性运转提供必要的保障，推动社会向前发展。

（四）有利于保障企业职工的劳动者权益

企业营利能力的强弱、经济效益的好坏，直接关系到企业员工自身利益能否得到保障，实际上也是人们择业的一个主要的衡量标准。企业的竞争说到底是人才的竞争。企业经营得好，具有较强的营利能力，就能为员工提供较稳定的就业位置、较多的深造和发展机会、较丰厚的薪金及物质待遇，为员工工作、生活、健康等各方面创造良好的条件，同时也能吸引住人才，让他们更努力地为企业工作。

总之，营利能力能够用以评价一个企业的经营业绩、管理水平，乃至预期它的发展前途，对企业意义重大。因而，营利能力是企业以及其他相关利益群体极为关注的一个重要方面。

第二节　企业投资营利能力分析

企业投资营利能力分析是指通过对实现利润和占用投入资金比率的分析，来评价企业投入资金的增值能力。企业的资金无论是来自债权人还是来自所有者，资金一旦投入企业，就会形成各种形态的资产，所以进行资产营利能力的分析能够从总体上反映投资效果。另外，由于所有者权益资本在企业发展中具有举足轻重的地位，企业只有提高投资报酬才能吸引现有投资者继续投资及潜在投资者进行投资。综上所述，投资营利能力分析应包括资产营利能力分析和资本营利能力分析，资产营利能力分析侧重于总资产报酬率的分析，资本营利能力分析侧重于净资产收益率的分析。

一、资产营利能力分析

反映资产营利能力的指标是总资产报酬率。

（一）总资产报酬率指标的计算

总资产报酬率又称资产所得率，是指企业一定时期内获得的报酬总额与平均资产总额的比率，表示企业包括净资产和负债在内的全部资产的总体获利能力，用以评价企业运用全部资产的总体获利能力，是评价企业资产运营效益的重要指标。其计算公式如下：

$$总资产报酬率 = \frac{利润总额 + 利息支出}{平均资产总额} \times 100\%$$

利润总额是指企业实现的全部利润，包括企业当年营业利润、投资收益、补贴收入、营业外收支净额等各项内容，如为亏损，则用"−"号表示。利息支出是指企业在生产经营过程中实际支出的借款利息、债权利息等。利润总额与利息支出之和为息税前利润，是指企业当年实现的全部利润与利息支出的合计数。平均资产总额是指企业资产总额年初数与年末数的平均值，其计算公式如下：

$$平均资产总额 = \frac{期初资产总额 + 期末资产总额}{2}$$

总资产报酬率表示企业全部资产获取收益的水平，全面反映了企业的获利能力和投入产出状况。通过对该指标的深入分析，可以增强各方面对企业资产经营的关注，促进企业提高单位资产的收益水平。一般情况下，企业可据此指标与市场资本利率进行比较，如果该指标大于市场利率，则表明企业可以充分利用财务杠杆，进行负债经营，获取尽可能多的收益。该指标越高，表明企业投入产出的水平越好，企业的资产运营越有效。

【例 8-1】港源制造 2012 年、2013 年、2014 年有关资料及总资产报酬率的计算如表 8-1 所示。

表 8-1　港源制造总资产报酬率计算表

项目	2014 年	2013 年	2012 年
利润总额/元	5 562 634.55	25 411 329.59	−28 636 545.92
利息支出/元	196 104.87	223 787.15	1 203 401.73
期初资产总额/元	1 002 504 400.53	852 867 034.99	988 915 528.90
期末资产总额/元	1 008 432 379.35	1 002 504 400.53	852 867 034.99
平均资产总额/元	1 005 468 389.94	927 685 717.76	920 891 281.95
总资产报酬率/%	0.57	2.76	−2.98

其中

$$2012年总资产报酬率 = \frac{(-28\,636\,545.92 + 1\,203\,401.73)}{920\,891\,281.95} \times 100\% = -2.98\%$$

$$2013年总资产报酬率 = \frac{(25\,411\,329.59 + 223\,787.15)}{927\,685\,717.76} \times 100\% = 2.76\%$$

$$2014年总资产报酬率 = \frac{(5\,562\,634.55 + 196\,104.87)}{1\,005\,468\,389.94} \times 100\% = 0.57\%$$

从计算结果可以看出，港源制造连续三年的总资产报酬率变动较大，2012 年企业利润总额为负，所以总资产报酬率小于零。2013 年与 2012 年相比，利润总额有了大幅提升，所以总资产报酬率有明显提高。2014 年利润总额下降而平均资产总额上升导致总资产报酬率下降。但是，对企业总资产报酬率的评价还应该结合企业的历史资料和行业平均水平。因此，港源制造总资产报酬率的高低还要结合行业平均水平的高低才能对其做出客观评价。

（二）提高总资产报酬率的途径

1. 优化资产结构

企业在保证正常生产经营的前提下，减少流动资产的资金占用，对闲置或由于技术进步使用价值变小的固定资产及时进行处置或更新换代，提高资产管理水平，加强对资产的日常管理等。

2. 提高利润总额

采取有效的产品销售策略，努力扩大产品的销售份额，增加营业收入，控制成本费用的支出，不断提高企业营业利润。在此基础上，控制营业外支出，为提高利润总额打好基础。

二、资本营利能力分析

资本营利能力即资本经营营利能力，是指企业的所有者通过投入资本经营取得利润的能力，反映资本经营营利能力的基本指标包括净资产收益率和资本保值增值率。

（一）净资产收益率

1. 净资产收益率指标的计算

净资产收益率又称股东权益报酬率或净值报酬率或权益报酬率，是指净利润与平均股东权益的百分比，是公司税后利润除以平均净资产得到的指标，该指标反映股东权益的收益水平，可以衡量公司运用自有资本的效率。指标值越高，说明投资带来的收益越高，该指标体现了自有资本获得净收益的能力。其计算公式如下：

$$净资产收益率 = \frac{净利润}{平均净资产} \times 100\%$$

$$平均净资产 = \frac{所有者权益年初数 + 所有者权益年末数}{2}$$

净资产收益率是反映企业自有资本及其积累获取报酬水平的最具综合性和代表性的指标。该指标不受行业限制，通用性强，适用范围广。一般来说，净资产收益率越高，资本运营效益越好，投资者和债权人受保障的程度也越高。

【例 8-2】港源制造 2012 年、2013 年、2014 年有关资料及净资产收益率的计算如表 8-2 所示。

表 8-2 港源制造净资产收益率计算表

项目	2014 年	2013 年	2012 年
净利润/元	4 171 975.91	10 623 707.74	-28 636 545.92
期初所有者权益/元	551 655 936.31	286 613 738.33	351 731 252.27
期末所有者权益/元	630 143 785.07	551 655 936.31	286 613 738.33
平均净资产/元	590 899 860.69	419 134 837.32	319 172 495.30
净资产收益率/%	0.71	2.53	-8.97

其中

$$2012年净资产收益率 = \frac{-28\,636\,545.92}{319\,172\,495.30} \times 100\% = -8.97\%$$

$$2013年净资产收益率 = \frac{10\,623\,707.74}{419\,134\,837.32} \times 100\% = 2.53\%$$

$$2014年净资产收益率 = \frac{4\,171\,975.91}{590\,899\,860.69} \times 100\% = 0.71\%$$

从计算结果可以看出，港源制造连续三年的净资产收益率变动较大，2012 年企业净利润为负，所以净资产收益率小于零。2013 年与 2012 年相比，净利润有了大幅提升，所以净资产收益率有明显提高。2014 年净利润下降而平均净资产上升导致净资产收益率下降。

2. 净资产收益率的影响因素

影响净资产收益率的因素主要有总资产报酬率、负债利息率、资本结构和所得税率等。

1）总资产报酬率

净资产是企业全部资产的一部分，因此，净资产收益率必然受企业总资产报酬率的影响。在负债利息率和资本构成等条件不变的情况下，总资产报酬率越高，净资产收益率就越高。

2）负债利息率

负债利息率之所以影响净资产收益率，是因为在资本结构一定的情况下，当负债利息率变动使总资产报酬率高于负债利息率时，将对净资产收益率产生有利影响；反之，在总资产报酬率低于负债利息率时，将对净资产收益率产生不利影响。

3）资本结构或负债与所有者权益之比

当总资产报酬率高于负债利息率时，提高负债与所有者权益之比，将使净资产收益率提高；反之，降低负债与所有者权益之比，将使净资产收益率降低。

4）所得税率

因为净资产收益率的分子是净利润即税后利润，因此，所得税率的变动必然引起净资产收益率的变动。通常，所得税率提高，净资产收益率下降；反之，则净资产收益率上升。

（二）资本保值增值率

1. 资本保值增值率指标的计算

资本保值增值率是指企业本年末所有者权益同年初所有者权益的比率，该指标表示企业当年资本在企业自身努力下的实际增减变动情况，反映了投资者投入企业资本的完整性和保全性，其计算公式如下：

$$资本保值增值率=\frac{期末所有者权益总额}{期初所有者权益总额}\times100\%$$

资本保值增值率是财政部制定的评价企业经济效益的十大指标之一，反映了企业资本的运营效益与安全状况。该指标越高，表明企业的资本保全状况越好，所有者权益增长越快，债权人的债务越有保障，企业发展后劲越强。

该指标主要反映企业资本的完整性和保全性，大于100%表明实现了企业资产增值，等于100%表示保值，小于100%表明企业的资产贬值、资本流失。所有者权益指的是企业的净资产，用净资产而不是总资产来检验企业资产的保值增值，是因为企业总资产的增减，并不能说明企业是否实现了资产的保值增值，企业总资产的增加有可能是企业借债增加的结果。

企业的资本有两个来源，一部分来源于自有资金，另一部分来源于负债。在某一个时间点上，企业资本等于负债和所有者权益的总和。企业的费用相当于企业资产的耗费和占用，企业的收入相当于企业的资金来源，因此得到下面公式：

$$资产+费用=负债+期初所有者权益+收入$$

移项得

$$收入-费用=资产-负债-期初所有者权益=新增资产$$

由上面的公式可知，企业实现的利润在分配之前正好等于企业的新增资产，说明企业资本的保值增值程度，在一定程度上反映了企业的营利能力。当企业利润为零时，企业实现了资本保值；当企业利润为正时，所有者权益中未分配利润增加，企业实现了利润增值；当利润为负时，企业发生亏损，所有者权益减少，企业资本减少。

【例 8-3】港源制造 2012 年、2013 年、2014 年有关资料及资本保值增值率的计算如表 8-3 所示。

表 8-3　港源制造净资本保值增值率计算表

项目	2014 年	2013 年	2012 年	2011 年
利润总额/元	5 562 634.55	25 411 329.59	-28 636 545.92	—
所有者权益/元	630 143 785.07	551 655 936.31	286 613 738.33	351 731 252.27
资本保值增值率/%	1.14	1.92	0.81	—

由表 8-3 可知，该公司 2012 年利润为负数，企业资本减少，2013 年和 2014 年实现的利润总额分别为 25 411 329.59 元、5 562 634.55 元，利润为正，实现了资本增值；2013 年和 2014 年的资本保值增值率都大于 1，说明企业资本在生产经营过程中实现了增值。

2. 资本保值增值率指标分析应注意的问题

应用该指标分析时需要注意，有时资本保值增值率有较大的增长，并不是企业自身生产经营提高经济效益的结果，而是由于投资者注入了新的资本。因此，分析时要区别是投资者的新投资［实收资本（或股本）、资本公积］，还是企业经营所得（盈余公积、未分配利润）。

第三节　企业经营营利能力分析

企业经营营利能力分析是指通过对实现利润和收入或成本的对比分析来评价企业的营利能力。所谓企业经营是在一定时期内，投入一定的人、财、物，实现相应的收入和利润，是供应、生产、销售的不断循环。企业经营营利能力是衡量投资报酬率、资源利用率的基础，也是同一行业中各个企业之间比较工作业绩、考察管理水平的重要依据。企业经营营利能力分析不考虑企业的筹资或投资问题，只研究利润与收入或成本之间的比率关系，主要指标包括各种利润额与收入之间的比率和各种利润额与成本之间的比率。

一、企业收入利润率分析

反映企业收入利润率的指标主要包括营业毛利率、营业净利率等。

（一）营业毛利率

1. 营业毛利率指标的计算

营业毛利率是指企业的营业毛利润与营业收入的对比关系，表示营业收入净额扣除营业成本后，有多少钱可以用于支付各项期间费用及形成盈利，通常称为毛利率。通俗地讲，营业毛利率是用以反映企业每一元营业收入中含有多少毛利额，是净利润的基础，没有足够大的毛利率便不能形成企业的盈利。实际上，衡量企业盈利能力不能单看营业收入，因为营业收入中还包括营业成本。只有扣除了这一成本之后，才能用以补偿企业的各项营业支出，其计算公式如下：

$$营业毛利率 = \frac{营业毛利}{营业收入净额} \times 100\%$$

其中，营业毛利是指企业的营业收入净额与营业成本的差额，它可以在一定程度上反映企业生产环节效率的高低；营业收入净额是指企业主营业务的销售收入和非主营业务的销售收入扣除销售折扣、销售折让及销售退回后的余额，反映了销售实际取得的收入。

【例 8-4】港源制造 2012 年、2013 年、2014 年有关资料及营业毛利率的计算如表 8-4 所示。

表 8-4　港源制造营业毛利率计算表

项目	2014 年	2013 年	2012 年
营业收入/元	120 773 747.54	132 732 588.03	87 169 026.01
营业成本/元	106 116 554.26	115 024 258.63	79 640 487.67
营业毛利/元	14 657 193.28	17 708 329.40	7 528 538.34
营业毛利率/%	12.14	13.34	8.64

其中

$$2012的营业毛利率 = \frac{7\,528\,538.34}{87\,169\,026.01} \times 100\% = 8.64\%$$

$$2013年营业毛利率 = \frac{17\,708\,329.40}{132\,732\,588.03} \times 100\% = 13.34\%$$

$$2014年营业毛利率 = \frac{14\,657\,193.28}{120\,773\,747.54} \times 100\% = 12.14\%$$

从计算结果可以看出，港源制造 2013 年与 2012 年相比，营业毛利率提高幅度较大，提高了 5.7 个百分点，说明企业市场需求及销售情况有所提高，营业获利能力变强。2014 年与 2013 年相比又有所下降，说明营业获利能力变弱。但是，对企业营业毛利率的评价还应该结合行业平均水平，才能做出客观评价。

2. 营业毛利率指标分析应注意的问题

1）营业毛利率具有明显的行业特点

一般而言，营业周期短、固定费用低的行业，营业毛利率比较低，如商业与代理业营业毛利率是 5% 左右；反之，营业周期长、固定费用高的行业具有较高的营业毛利率，以弥补巨大的固定成本，如交通运输业营业毛利率达 50% 左右。营业毛利率随着行业的不同而高低各异，但同一行业的营业毛利率一般差别不大。在分析营业毛利率的时候，必须结合企业以前各年度营业毛利率、同行业的营业毛利率加以对比分析评价。

2）营业毛利率反映了企业经营活动的营利能力

企业只有取得足够高的营业毛利率，才能为形成企业的最终利润打下良好基础。在分析该指标时，应从各成本项目入手，深入分析企业在成本费用控制、产品经营策略等方面的不足与优点。

（二）营业净利率

1. 营业净利率指标的计算

营业净利率是指净利润与营业收入的比率，反映企业营业收入创造净利润的能力，其计算公式如下：

$$营业净利率 = \frac{净利润}{营业收入净额} \times 100\%$$

从公式可以看出，只有当净利润的增长速度快于营业收入的增长速度时，营业净利率才会上升。营业净利率是企业销售的最终获利能力指标，比率越高，说明企业的获利能力越强。但是它受行业特点影响较大，通常来说，越是资本密集型企业，营业净利率就越高；反之，资本密集程度较低的企业，营业净利率也较低，对该比率分析应结合不同行业的具体情况进行。

【例 8-5】根据表 8-2、表 8-4 的相关数据，港源制造 2012 年、2013 年、2014 年营业净利率的计算如下：

$$2012年营业净利率 = \frac{-28\ 636\ 545.92}{87\ 169\ 026.01} \times 100\% = -32.85\%$$

$$2013年营业净利率 = \frac{10\ 623\ 707.74}{132\ 732\ 588.03} \times 100\% = 8.00\%$$

$$2014年营业净利率 = \frac{4\ 171\ 975.91}{120\ 773\ 747.54} \times 100\% = 3.45\%$$

从计算结果可以看出，港源制造 2013 年与 2012 年相比，企业扭亏为盈，所以营业净利率提高幅度较大，说明企业获利能力增强。2014 年与 2013 年相比又有所下降，说明企业获利能力变弱。但是，对企业营业净利率的评价还应该结合行业平均水平，才能做出客观评价。

2. 营业净利率指标分析应注意的问题

分析该比率时应注意，营业收入包含主营业务收入和其他业务收入，利润的形成也并非都由营业收入产生，还受到投资收益、营业外收支等因素的影响。要注意的是，净利润是否受到了大额的非常项目损益或大额的投资收益的影响，在分析报告中需另加说明，金额不大可以忽略不计。当然，利润主要应来自营业收入，才具有可持续性。

对上市公司的分析要注意投资收益、营业外收入等一次性的偶然收入，一次性的收入突升，如利用资产重组、非货币资产置换、股权投资转让、资产评估、非生产性资产与企业建筑物销售所得收入调节盈余，即公司可能用这些手段调节利润。

二、企业成本利润率分析

企业成本利润率即不同的利润形式与不同的费用形式之间的比率，反映成本利润率的指标主要有营业成本毛利润率、营业成本费用利润率、全部成本费用利润率等。

（一）营业成本毛利润率

营业成本毛利润率是营业毛利润与营业成本之间的比率，计算公式如下：

$$营业成本毛利润率 = \frac{营业毛利润}{营业成本} \times 100\%$$

其中，营业毛利润是指企业的营业收入减去营业成本后的余额，是指企业生产经营第一个层次的业绩；营业成本是指企业经营主要业务而发生的实际成本，是指为取得营业收入所付出的代价。

【例 8-6】港源制造 2012 年、2013 年、2014 年营业成本毛利润率的计算如表 8-5 所示。

表 8-5　港源制造营业成本毛利润率计算表

项目	2014 年	2013 年	2012 年
营业收入/元	120 773 747.54	132 732 588.03	87 169 026.01
营业成本/元	106 116 554.26	115 024 258.63	79 640 487.67
营业毛利/元	14 657 193.28	17 708 329.40	7 528 538.34
营业成本毛利润率/%	13.81	15.40	9.45

其中

$$2012年营业成本毛利润率 = \frac{7\,528\,538.34}{79\,640\,487.67} \times 100\% = 9.45\%$$

$$2013年营业成本毛利润率 = \frac{17\,708\,329.40}{115\,024\,258.63} \times 100\% = 15.40\%$$

$$2014年营业成本毛利润率 = \frac{14\,657\,193.28}{106\,116\,554.26} \times 100\% = 13.81\%$$

企业营业成本主要反映资源的耗费情况。对营业成本毛利润率进行分析的时候应注意，为了正确反映每一会计期间的收入、成本和利润情况，根据收入和费用配比原则，企业应在确认收入的同时或同一会计期间结转相关的成本。如果一项交易收入尚未确认，即使商品已经发出，相关的成本也不能结转。

（二）营业成本费用利润率

营业成本费用利润率，是指营业利润与营业成本费用总额的比率，其计算公式如下：

$$营业成本费用利润率 = \frac{营业利润}{营业成本费用总额} \times 100\%$$

其中，营业利润是指企业的营业收入减去营业成本、营业税金及附加、期间费用等项，加上投资净收益后的数额，是企业生产经营第二层次的业绩，其中期间费用包括销售费用、管理费用及财务费用等；营业成本费用总额包括营业成本、营业税金及附加和期间费用。

（三）全部成本费用利润率

1. 全部成本费用利润率指标的计算

全部成本费用利润率即成本费用利润率，是指企业一定期间的利润总额与成本、费用总额的比率，该指标表明每付出 1 元成本费用可获得多少利润，体现了经营耗费所带来的经营成果，其计算公式如下：

$$全部成本费用利润率 = \frac{利润总额}{成本费用总额} \times 100\%$$

其中

$$成本费用总额 = 营业成本 + 营业税金及附加 + 三项期间费用$$

该项指标越高，表明企业生产经营单位成本费用取得的利润越多，成本耗费的效益越高；反之，则表明单位成本费用实现的利润越少，成本耗费的效益越低。这是一个能直接反映企业增收节支效益的指标。

【例 8-7】港源制造 2012 年、2013 年、2014 年成本费用利润率的计算如表 8-6 所示。

表 8-6 港源制造成本费用利润率计算表

项目	2014 年	2013 年	2012 年
利润总额/元	5 562 634.55	25 411 329.59	-28 636 545.92
营业成本/元	106 116 554.26	115 024 258.63	79 640 487.67
营业税金及附加/元	579 770.58	217 231.25	1 116 303.37
期间费用/元	9 361 026.33	3 565 979.31	11 972 953.08
成本费用总额/元	116 057 351.17	118 807 469.18	92 729 744.12
成本费用利润率/%	4.79	21.39	-30.88

其中

$$2012年全部成本费用利润率 = \frac{-28\,636\,545.92}{92\,729\,744.12} \times 100\% = -30.88\%$$

$$2013年全部成本费用利润率 = \frac{25\,411\,329.59}{118\,807\,469.18} \times 100\% = 21.39\%$$

$$2014年全部成本费用利润率 = \frac{5\,562\,634.55}{116\,057\,351.17} \times 100\% = 4.79\%$$

从计算结果可以看出，港源制造只有 2013 年的全部成本费用利润率较高，说明企业单位成本费用取得的利润较多；2012 年企业亏损，全部成本费用利润率小于零，企业获利能力较差。2014 年与 2013 年相比全部成本费用利润率下降幅度较大，说明企业获利能力变弱。

对于企业管理者来讲，全部成本费用利润率是非常有用的指标，可以让管理者发现企业在生产经营的哪些方面存在问题，哪些环节需要改进。因此，全部成本费用利润率既可以评价企业营利能力的强弱，又可以直接评价企业成本费用控制和管理水平的高低。

2. 全部成本费用利润率指标分析应注意的问题

全部成本费用利润率反映的是企业投入与产出的比率关系，应保持公式分子与分母口径一致。对全部成本费用利润率进行分析，应将本期指标与计划或上期指标进行比较，可以说明本期成本管理工作的成效大小。消耗和利润是此消彼长的关系，全部成本费用利润率既可以评价企业营利能力的强弱，也可以评价企业对费用的控制能力和管理水平。

第四节 上市公司营利能力分析

上市公司，是指股份有限公司发行的股票上市交易，又称公司的上市。股份公司通过上市，使其股票具有最强的流通性和变现性，便于投资者以购买股票的方式实现直接对企业的投资，对于企业来说，也能更便捷地在资本市场实现增资和融资。

由于上市公司已经成为大众投资的对象，就需要规范其财务行为，并要求其定期对外报出财务数据，做到信息公开，接受中国证监会和社会公众的监督，以保障广大投资者的利益不被一些不法行为侵犯。我们通过购买股票的方式投资某一企业，除了考虑其行业特点外，最重要的是期望这个企业在未来的一定期间内能给我们带来较好的收益。或者，我们已经购买了某一公司的股票，就需要关注它的经营状况的好坏和营利能力的大小，以确定是否长期持有，在未来分得较多的红利。所有这些，都需要对上市公司的营利能力进行分析。

上市公司营利能力分析的指标主要有每股收益、每股股利、市盈率、每股净资产、市净率等。

一、每股收益

每股收益即每股盈利（EPS，earnings per share），又称每股税后利润、每股盈余，是税后利润与股本总数的比率，是普通股股东每持有一股所能享有的企业净利润或需承担的企业净亏损。每股收益通常被用来反映企业的经营成果，衡量普通股的获利水平及投资风险，是投资者等信息使用者据以评价企业营利能力、预测企业成长潜力，进而做出相关经济决策的重要的财务指标之一，其计算公式如下：

$$每股收益 = \frac{本期净利润}{流通在外的普通股的加权平均数}$$

上式中，分子最好使用扣除非经营性损益后的净利润，分母是其中已发行普通股加权平均数。每股收益是反映上市公司营利能力大小的一个非常重要的指标，反映普通股的获利水平。

【例 8-8】XYZ 股份有限公司（以下简称 XYZ 公司）的 2013 年、2014 年年报资料显示，本期归属于母公司所有者的净利润分别是 246 540 835.36 元和 139 226 977.67 元，公司普通股股数为 962 770 614 股，则

$$2013年每股收益 = \frac{246\,540\,835.36}{962\,770\,614} = 0.256(元/股)$$

$$2014年每股收益 = \frac{139\,226\,977.67}{962\,770\,614} = 0.145(元/股)$$

在计算每股收益时应注意上市公司的股票有普通股和优先股之分。根据财务制度的相关规定，优先股股利在提取任意盈余公积金和支付普通股股利之前支付。因此，应该说普通股股东是公司资产权益真正的拥有者和公司风险的承担者。如果公司发行了优先股，则计算每股收益时，分子应是净利润扣除分配给优先股股东股利后的余额。如果公司在会计年度内发行了新股或分派股票股利，则普通股股数应该是加权平均发行在外的普通股股数，即等于发行在外普通股股数与发行的月份数乘积的和，再除以 12。

在使用每股收益进行企业营利能力分析时应该注意两个问题：①每股收益并不反映企业蕴藏的潜在风险，如企业原先主营业务为低风险，现在转为一个高风险的行业，但

其每股收益可能不变。②每股收益高并不意味着当年企业分红就多，因为这还涉及企业股利分配政策和股利支付率的高低。

二、每股股利

每股股利是公司股利总额与公司流通股数的比值，其计算公式如下：

$$每股股利 = \frac{派发给普通股股东的股利总额}{流通在外的普通股股份总额}$$

该指标反映的是上市公司每一普通股获取股利的大小，是衡量每份股票代表多少现金股利的指标，每股股利越大，则公司股本获利能力就越强；每股股利越小，则公司股本获利能力就越弱。但须注意，上市公司每股股利的发放，除了受上市公司获利能力影响以外，还取决于公司的股利发放政策。如果公司为了增强公司发展的后劲而增加公司的公积金，则当前的每股股利必然会减少；反之，则当前的每股股利会增加。

每股收益是公司每一普通股所能获得的税后净利润，但上市公司实现的净利润往往不会全部用于分派股利。每股股利通常低于每股收益，其中一部分作为留存利润用于公司自我积累和发展。但有些年份，每股股利也有可能高于每股收益。例如，在有些年份，公司经营状况不佳，税后利润不足以支付股利或经营亏损无利润可分。按照规定，为保持投资者对公司及其股票的信心，公司仍可按不超过股票面值的一定比例，用历年积存的盈余公积金支付股利，或在弥补亏损以后支付。这时每股收益为负值，但每股股利却为正值。

【例 8-9】 XYZ 公司的 2013 年、2014 年年报资料显示，分配股利的现金分别为 198 318 122.30 元和 87 225 448.28 元，公司普通股股数为 962 770 614 股，则

$$2013年每股股利 = \frac{198\,318\,122.30}{962\,770\,614} = 0.21(元/股)$$

$$2014年每股股利 = \frac{87\,225\,448.28}{962\,770\,614} = 0.09(元/股)$$

运用该指标进行分析的时候应注意，按照公司价值的股利折现模型，企业的价值取决于未来的股利发放能力。每股股利的高低，一方面取决于企业获利能力的强弱；另一方面还受到企业股利发放政策与利润分配需要的影响。例如，处于朝阳产业的企业为了扩大再生产、增强发展后劲，可能采取保守的股利政策，而处于夕阳产业的企业可能由于缺乏投资机会而派发较多的每股股利。

三、市盈率

（一）市盈率指标的计算

市盈率也称"本益比""股价收益比率"或"市价盈利比率（简称市盈率）"，是指普通股每股市价与每股收益的比值。市盈率是最常用来评估股价水平是否合理的指标之一，也是通过公司股票的市场行情间接评价公司盈利能力强弱的指标，计算公式如下：

$$市盈率 = \frac{普通股每股市价}{普通股每股收益}$$

该指标越大，说明市场对公司的未来越看好，表明公司具有良好的发展前景，投资者预期能获得很好的回报。在每股收益确定的情况下，市盈率越高，风险越大；反之，风险越小。在某种情况下，市盈率越低对投资者可能越具有吸引力。

在全球成熟的资本市场中，股市的市盈率一般为 20 倍。

（二）市盈率指标分析应注意的问题

（1）每股市价一般采用年度平均价格，即全年每天收盘价的简单平均数，从证券市场发布的证券交易资料即可获得。为简单和增加适时性，也可以采用报告日前一日的现实收盘价。

（2）影响市盈率变动的因素之一是股票市价，但股票市价的变动除了公司本身的经营状况外，还受到宏观形势和经济环境等多种因素的影响。因此，要对股票市场作全面的了解和分析，才能对市盈率波动的原因做出正确的评价。

（3）在每股收益很小或亏损时，市价不会降至零，相反，报亏的股票往往因资产重组等现象而使股价大涨，从而产生了很高的市盈率，但已无实际意义。所以单纯使用市盈率指标而不看具体盈利状况的话，可能会错误地估计公司的未来发展。市盈率指标分析要结合其他相关指标共同考虑。

（4）市盈率不能用于不同行业公司之间的比较，一般新兴行业的市盈率普遍较高，而成熟工业的市盈率普遍较低，但并不说明成熟工业的公司就不具备投资价值。

四、每股净资产

每股净资产是上市公司年末股东权益与年末股本总额的比率，其计算公式如下：

$$每股净资产 = \frac{年末股东权益}{年末股本总额}$$

这一指标反映每股股票所拥有的资产现值。每股净资产通常被认为是股价下跌的底线，如果股价低于每股净资产，那么企业的发展前景一般是不理想的。每股净资产越高，股东拥有的资产现值越多，企业内部积累越雄厚；每股净资产越少，股东拥有的资产现值越少，通常每股净资产越高越好。

上市公司的财产物资是采用历史成本计价的，所以账面上的每股净资产会随着时间的推移发生增加或减少，因此，该指标所代表的实质是历史的每股净资产。

五、市净率

市净率指的是每股股价与每股净资产的比率，其计算公式如下：

$$市净率 = \frac{每股市价}{每股净资产}$$

市净率可用于投资分析，一般来说市净率较低的股票，投资价值较高，相反，则投资价值较低。但在判断投资价值时还要考虑当时的市场环境及公司经营情况、营利能力等因素。

市净率可用于投资分析。每股净资产是股票的本身价值，是用成本计量的，而每股市价是这些资产的现在价格，是证券市场上交易的结果。市价高于价值时，企业资产的质量较好，有发展潜力，反之则资产质量差，没有发展前景。优质股票的市价都超出每股净资产许多，一般来说，市净率达到 3，则可以树立较好的公司形象。市价低于每股净资产的股票，就像售价低于成本的商品一样，属于"处理品"。当然，"处理品"也不是没有购买价值，问题在于该公司今后是否有转机，或者购入后经过资产重组能否提高获利能力。

市净率的作用还体现在可以作为确定新发行股票初始价格的参照标准。如果股票按照溢价发行的方法发行的话，要考虑按市场平均投资潜力状况来定溢价幅度，这时股市各种类似股票的平均市盈率便可作为参照标准。

本 章 小 结

盈利是企业全部收入和利得扣除全部成本费用和损失后的盈余，是企业生产经营活动取得的财务成果。营利能力是企业在一定时期内赚取利润的能力，评价企业营利能力水平，一般采用利润率指标进行分析，利润率越高，说明营利能力越强；利润率越低，说明营利能力越差。营利能力分析是通过一定的分析方法，剖析、鉴别、判断企业能够获取利润的能力，也是对企业各环节经营结果的分析。不同的利益相关者对营利能力的分析有着各自不同的要求和目的。

营利能力分析的内容主要包括企业投资营利能力分析、企业投资营利能力分析、企业经营营利能力分析和上市公司营利能力分析。

企业投资营利能力分析围绕资本和资产的保值增值来进行经营管理，从而使企业以一定的资本投入，取得尽可能多的收益，分为资产营利能力分析和资本营利能力分析。资产营利能力是指企业通过生产要素的优化配置和产业结构的动态调整，对企业有形资产和无形资产进行综合有效运营来获取利润的能力。资产营利能力分析主要研究利润与占用和消耗的资产之间的比率关系，反映企业各项资产在营运过程中实现的盈利水平，分析指标主要是总资产报酬率。资本营利能力分析主要研究所有者投入资本创造利润的能力，反映资本营利能力的指标包括净资产收益率和资本保值增值率等。

企业经营营利能力分析是指企业在生产经营过程中获取利润的能力。企业的利润归根结底来源于企业的经营营利能力，企业经营营利能力是决定企业利润的关键，也是其他因素发挥作用的前提。经营营利能力指标是衡量净资产收益率、总资产报酬率的基础，也是同行业企业比较经营业绩、考察管理水平的重要依据。经营营利能力分析的指标主要有营业成本毛利润率、营业成本费用利润率、全部成本费用利润率等。

上市公司营利能力分析主要是针对上市公司进行的营利能力分析。上市公司的股票公开向社会发行，并挂牌交易，这是上市公司区别于其他组织形式的企业的根本点。上市公司的股东持有其股票，就必然非常关心其投资报酬，股东持有公司股票的收益取决于公司营利能力。上市公司营利能力分析的指标主要有每股收益、每股股利、市盈率、每股净资产、市净率等。

复习思考题

1. 企业投资营利能力分析的指标有哪些？分别怎样评价？

2. 每股盈余对投资者有什么意义？

3. 市盈率如何计算？如何利用市盈率评价一个上市公司的业绩？

4. 如果你是一个投资者，你会利用哪些指标作为你的投资依据？

第九章　企业发展能力分析

学习目标：

通过本章的学习，了解发展能力分析的内涵及意义；理解企业发展能力的反映形式；掌握各种增长率指标的内涵以及各种指标的计算和分析；并能够利用增长率指标分析的基本框架对企业的发展能力做出合理的评价。

关键词：

发展能力；分析评价指标

第一节　企业发展能力分析概述

一、企业发展能力分析的内涵

企业发展能力，又称为企业的增长能力或成长能力，是指企业的未来发展趋势与发展速度，包括企业规模的扩大，利润和所有者权益的增加。企业发展能力是随着市场环境变化的，企业资产规模、营利能力、市场占有率持续增长的能力，反映了企业未来的发展前景。根据很多企业因成长过快而破产的事实可知，增长率达到最大化不一定代表企业价值达到最大化，增长并不是一件非要达到最大化不可的事情。在很多企业，保持适度的增长率，在财务上积蓄能量是非常必要的。总之，从财务角度看，企业的发展必须具有可持续性的特征，即在不耗尽财务资源的情况下，企业财务具有增长的最大可能。

企业发展能力分析是一个动态与静态相结合的分析过程。首先，企业价值在很大程度上取决于未来的营利能力，取决于营业收入、收益及股利的未来增长，而不是企业过去或者目前所取得的收益情况。其次，无论是增强企业的营利能力、偿债能力，还是提高资产营运效率，都是为了企业未来的活力需要，都是为了提高企业的发展能力，也就是说发展能力是企业营利能力、营运能力和偿债能力的综合体现。因此，要全面衡量一个企业的价值，就不应该仅仅从静态的角度分析其经营能力，而更应该从动态的角度出发，分析和预测企业的经营发展水平，即发展能力。

二、企业发展能力分析的意义

企业持续发展对股东、潜在投资者、经营者和其他利益相关者至关重要，因此，有必要对企业的发展能力进行深入分析。企业发展的核心是企业价值的增长，但由于企业价值评估较困难，要全面衡量一个企业的价值，就不能仅仅从静态的角度分析其财务状况和经营能力，而是更应该从动态的角度出发分析企业的发展能力。因此，发展能力分析是企业财务分析的一个重要方面。

分析企业的发展能力，可以抑制企业的短期行为。企业的短期行为集中表现为追求眼前的利润，忽视企业资产的保值与增值。为了实现短期利润，有些企业不惜拼耗设备、少计费用和成本。增加了对企业发展能力的考核后，不仅要考核企业目前实现的利润，还要考核企业资产的保值与增值情况，这就可以从一定程度上抑制企业的短期行为，真正增加企业的经济实力，实现企业的可持续发展。当然，企业可持续发展，对股东、债权人、潜在投资者、经营者等各利益相关者都至关重要，因此有必要对企业的发展能力进行深入分析。基于此，企业发展能力分析对各利益相关方的意义主要体现在以下四个方面：①对于股东来说，可以通过发展能力分析衡量企业创造股东价值的程度，从而为下一步战略行动提供依据；②对于潜在投资者来说，通过发展能力分析，可以评价企业的成长及其持续性，从而选择合适的目标企业做出正确的投资决策；③对于经营者来说，通过发展能力分析，可以发现影响企业未来发展的关键因素，为企业正确制定未来经营发展策略和财务策略，从而为实现可持续发展奠定基础；④对于债权人来说，通过企业发展能力分析可以判断企业未来营利能力以及偿债能力，为做出正确的信贷决策提供依据。

三、企业发展能力分析的内容

企业发展的内涵是企业价值的增长，企业价值的增长分析应当是企业发展能力分析的核心。但是鉴于企业价值增长计算比较困难，所以在分析发展能力的时候可以转换一个角度进行分析，即不计算企业价值的增长，而重点关注影响企业价值增长的因素，也就是对发展能力的驱动因素进行分析。从企业发展能力形成角度分析发展能力主要体现在前后期的股东权益、收益、营业收入、资产的对比，从发展能力结果的角度分析发展能力体现在股东经济增加值的增长情况。但是，仅仅利用增长额只能说明企业某一方面的增长额度，无法反映企业在某一方面的增减幅度，既不利于不同规模企业之间的横向对比，又不能准确反映企业的发展能力，因此在实践中，发展能力分析主要包括增长率分析、股东权益增加值分析和竞争能力分析。

（一）增长率分析

企业价值要增长，就要依赖于股东权益、收益、营业收入、资产等方面的不断增长。增长率分析是对股东权益增长率、收益增长率、营业收入增长率、总资产增长率等指标进行的分析。

（二）股东权益增加值分析

其主要通过比较不同时期的股东权益增加值增减变化，分析企业股东价值增减情况及其原因，从而评价企业的成长性。

（三）竞争能力分析

其主要通过比较产品的市场占有率、市场覆盖率、产品竞争力、企业竞争策略等，对参与竞争的企业的实力做出合理的分析和评价。

第二节　企业发展能力财务指标分析

一、增长率分析

增长率分析的财务指标主要有总资产增长率、营业收入增长率、收益增长率和股东权益增长率。

（一）总资产增长率

1. 总资产增长率指标的计算

总资产增长率是企业本年总资产增长额同年初资产总额的比率。总资产增长率可以衡量企业本期资产规模的增长情况，评价企业经营规模总量上的扩张程度，计算公式如下：

$$总资产增长率 = \frac{本年总资产增长额}{年初资产总额} \times 100\%$$

其中，本年总资产增长额是指企业本年末总资产与年初总资产的差额，计算公式如下：

$$本年总资产增长额 = 年末资产总额 - 年初资产总额$$

如本年末资产总额减少，用"–"表示，而年初资产总额是指资产总额的年初数。

总资产增长率是从企业资产总量方面来衡量企业发展能力的强弱，表明企业一个经营周期内资产经营规模扩张速度的快慢。资产增长率为正数，则说明企业本期资产规模增加，资产增长率提高，说明资产规模增幅变大；相反，资产增长率为负数，则说明企业本期资产规模缩减，资产出现负增长。

【例 9-1】 港源制造 2012 年、2013 年、2014 年有关资料及总资产增长率的计算如表 9-1 所示。

表 9-1　港源制造总资产情况表

项目	2014 年	2013 年	2012 年	2011 年
总资产/元	1 008 432 379.35	1 002 504 400.53	852 867 034.99	988 915 528.90

$$2012年总资产增长率 = \frac{(852\,867\,034.99 - 988\,915\,528.90)}{988\,915\,528.90} \times 100\% = -13.76\%$$

$$2013年总资产增长率 = \frac{(1\,002\,504\,400.53 - 852\,867\,034.99)}{852\,867\,034.99} \times 100\% = 17.55\%$$

$$2014年总资产增长率 = \frac{(1\,008\,432\,379.35 - 1\,002\,504\,400.53)}{1\,002\,504\,400.53} \times 100\% = 0.59\%$$

2. 总资产增长率指标分析应注意的问题

1）企业资产增长的评价标准

投资者通常希望总资产增长率越高越好，因为资产规模扩大通常是成长中的企业所为。但是要评价企业的资产规模增长是否适当，必须与营业收入增长快慢、利润增长快慢等情况结合起来分析。只有在企业的营业收入增长、利润增长超过资产规模增长的情况下，这种资产规模增长才属于效益型增长，才是适当的、正常的；相反，如果企业的营业收入增长、利润增长远远低于资产规模增长，并且持续存在，则投资者对此应该提高警惕。因此，企业总资产增长率高并不意味着企业的资产规模增长就一定适当。

2）企业资产增长的来源

企业资产一般来源于负债和所有者权益，因此，企业资产规模变动受负债规模和所有者权益规模两个因素影响。在其他条件不变的情况下，无论是增加负债规模还是增加所有者权益规模，都会提高总资产增长率。负债规模增加，说明企业对外举债了。所有者权益规模增加可能存在多种原因，如企业吸收了新的投资，或者企业实现了盈利。

如果一个企业资产的增长完全依赖于负债的增长，而所有者权益在年度内没有发生变动或者变动不大，则说明企业不具备良好的发展潜力。企业资产的增加应该主要取决于企业盈利的增加，而不是负债的增加。因为一个企业只有通过增加股东权益，才有能力继续对外举债，才能进一步扩大资产规模，进而顺利地实现增长，使企业偿还债务的能力也得到保障。因此，需要正确分析企业资产增长的来源。

（二）营业收入增长率

1. 营业收入增长率指标的计算

市场是企业生存和发展的空间，营业收入是企业增长的源泉。一个企业的营业收入越高，说明其在市场所占的份额越多，企业生存和发展的市场空间也越大，因此可以用营业收入增长率来反映企业在销售方面的发展能力，其计算公式如下：

$$营业收入增长率 = \frac{本期营业收入增加额}{上期营业收入净额} \times 100\%$$

需要说明的是，如果上期营业收入净额为负，则应取其绝对值代入公式进行计算。该公式反映的是企业某期整体销售增长情况。营业收入增长率为正数，则说明企业本期营业收入规模增加，指标越大，说明企业营业收入增长得越快，销售情况越好；营业收入增长率为负数，则说明企业营业收入规模减小，销售出现负增长，销售情况较差。

【例 9-2】港源制造 2012 年、2013 年、2014 年有关资料及营业收入增长率的计算如表 9-2 所示。

表 9-2　港源制造营业收入情况表

项目	2014 年	2013 年	2012 年	2011 年
营业收入/元	120 773 747.54	132 732 588.03	87 169 026.01	104 753 234.57

$$2012年营业收入增长率 = \frac{(87\,169\,026.01 - 104\,753\,234.57)}{104\,753\,234.57} \times 100\% = -16.79\%$$

$$2013年营业收入增长率 = \frac{(132\,732\,588.03 - 87\,169\,026.01)}{87\,169\,026.01} \times 100\% = 52.27\%$$

$$2014年营业收入增长率 = \frac{(120\,773\,747.54 - 132\,732\,588.03)}{132\,732\,588.03} \times 100\% = -0.91\%$$

2. 营业收入增长率指标分析应注意的问题

1）营业收入增长的效益型

如果营业收入的增加主要依赖于资产的相应增加，即营业收入增长率低于总资产增长率，说明这种营业收入增长不具有效益性，同时也反映出未来企业在营业收入方面的成长性并不好，可持续发展能力不强。正常情况下，企业的营业收入增长率应高于总资产增长率，只有这样才说明企业在营业收入方面具有较好的发展性。可见，要判断企业在营业收入方面是否具有良好的发展性，必须分析营业收入增长是否具有效益性。

2）营业收入增长的趋势

在对该指标进行实际分析时，应结合企业较长期的历年营业收入水平、企业市场占有情况、行业未来发展及其他影响企业发展的潜在因素进行前瞻性预测，或结合企业前三年的营业收入增长率来做趋势性分析判断。同时，在分析过程中要确定比较标准，因为单独的一个发展能力指标并不能说明所有的问题，只有在企业之间或本企业各年度之间进行比较才有意义。

3）根据某产品的销售收入增长率指标分析企业的成长性

一种产品的生命周期一般可划分为投放期、成长期、成熟期和衰退期四个阶段。投放期，销售收入增长率较小；成长期，销售收入增长率较大；成熟期，销售收入增长率较上期变动不大；衰退期，销售收入增长率表现为负数。根据这个原理，大致可以分析企业产品所处的生命周期阶段、判断企业发展前景。对于一个具有良好发展前景的企业来说，较为理想的产品结构是"成熟一代、生产一代、储备一代、开发一代"。对于一个所有产品都处于成熟期或衰退期的企业来说，其发展前景不容乐观。

（三）收益增长率

1. 收益增长率指标的计算

一个企业的价值主要取决于其盈利及增长能力，所以企业的收益增长是反映企业发展能力的重要方面。收益在会计上表现为营业利润、利润总额、净利润等多种指标，因此，相应的收益增长率也具有不同的表现形式。实际中通常使用的是净利润增长率、营业利润增长率指标。

1）净利润增长率

净利润是企业经营业绩的结果，净利润的增长是企业成长性的基本表现。净利润增长率是本期净利润增加额与上期净利润之比，其计算公式如下：

$$净利润增长率 = \frac{本期净利润增加额}{上期净利润} \times 100\%$$

需要说明的是，如果上期净利润为负，则应取其绝对值代入公式进行计算。该公式反映的是企业净利润的增长情况。指标为正，说明企业本期净利润增加，指标越大，说明企业净利润增长得越多；指标为负，则说明企业净利润减少，收益降低。

【例 9-3】港源制造 2012 年、2013 年、2014 年有关资料及净利润增长率的计算如

表 9-3 所示。

表 9-3 港源制造净利润情况表

项目	2014 年	2013 年	2012 年	2011 年
净利润/元	4 171 975.91	10 623 707.74	−28 636 545.92	−23 294 429.08

$$2012年净利润增长率 = \frac{(-28\,636\,545.92 + 23\,294\,429.08)}{23\,294\,429.08} \times 100\% = -22.93\%$$

$$2013年净利润增长率 = \frac{(10\,623\,707.74 + 28\,636\,545.92)}{28\,636\,545.92} \times 100\% = 137.10\%$$

$$2014年净利润增长率 = \frac{(4\,171\,975.91 - 10\,623\,707.74)}{10\,623\,707.74} \times 100\% = -60.73\%$$

2）营业利润增长率

如果一个企业营业利润增长，但营业收入并未增长，也就是说其利润的增长并不是来自营业收入，这样的增长也是不能持续的，随着时间的推移终将消失。因此，利用营业利润增长率这一指标也可以较好地考察企业的发展能力。营业利润增长率是本期营业利润增加额与上期营业利润之比，其计算公式如下：

$$营业利润增长率 = \frac{本期营业利润增加额}{上期营业利润} \times 100\%$$

该指标反映企业营业利润的变动水平，是企业发展能力的基本表现。需要说明的是，如果上期营业净利润为负，则应取其绝对值代入公式进行计算。该公式反映的是企业营业利润的增长情况。指标为正，说明企业本期营业利润增加，指标越大，说明企业营业利润增长得越多；指标为负，则说明企业营业利润减少，收益降低。

【例 9-4】港源制造 2012 年、2013 年、2014 年有关资料及营业利润增长率的计算如表 9-4 所示。

表 9-4 港源制造营业利润情况表

项目	2014 年	2013 年	2012 年	2011 年
营业利润/元	5 630 179.91	17 396 881.06	−28 885 152.82	−26 102 866.03

$$2012年营业利润增长率 = \frac{(-28\,885\,152.82 + 26\,102\,866.03)}{26\,102\,866.03} \times 100\% = -10.66\%$$

$$2013年营业利润增长率 = \frac{(17\,396\,881.06 + 28\,885\,152.82)}{28\,885\,152.82} \times 100\% = 160.23\%$$

$$2014年营业利润增长率 = \frac{(5\,630\,179.91 - 17\,396\,881.06)}{17\,396\,881.06} \times 100\% = -67.64\%$$

2. 收益增长率指标分析应注意的问题

在分析企业净利润增长率时，应结合营业收入增长率或营业利润增长率共同分析。如果企业的净利润增长率高于营业收入增长率或营业利润增长率，则表明企业产品营利能力在不断提高，企业正处于高速成长阶段，具有良好的发展能力；相反，如果企业净利润增长率低于营业收入增长率特别是营业利润增长率，表明企业成本费用的上升超过了营业收入的增长，反映出企业增长能力较差。

在分析营业利润增长率时，应结合企业的营业收入增长情况一起分析。如果企业的营业利润增长率高于企业的营业收入增长率，则说明企业的产品正处于成长期，业务不断拓展，企业的营利能力不断提高；反之，如果低于营业收入增长率，则反映出企业营业成本及期间费用等上升超过了营业收入的增长，说明企业业务营利能力不强，发展潜力值得怀疑。

值得注意的是，应将企业连续多年的净利润增长率、营业利润增长率指标进行对比分析，这样可以排除个别时期一些偶然性和特殊性因素的影响，从而全面真实地揭示企业是否具有持续稳定的增长能力。

（四）股东权益增长率

股东权益增加是驱动剩余收益增长的因素之一。股东权益增长率也叫资本积累率，反映了企业所有者权益在当年的变动水平，体现了企业的资本积累情况，是企业发展强盛的标志，是评价企业发展能力的重要指标，计算公式如下：

$$股东权益增长率 = \frac{本期股东权益增加额}{股东权益期初余额} \times 100\%$$

股东权益增长率反映了投资者投入企业资本的保全性和增长性，该指标越高，表明企业资本积累越多；若该指标为负值，则表明企业资本受到侵蚀，所有者权益受到损害。

在实际中还存在三年资本平均增长率，其计算公式如下：

$$三年资本平均增长率 = \left(\sqrt[3]{\frac{年末股东权益}{三年前年末股东权益}} - 1 \right) \times 100\%$$

该指标表示企业连续三期的资本积累增长情况，体现了企业的发展趋势和水平，资本增长是企业发展壮大的标志，也是企业扩大再生产的源泉，在没有新的所有者资本投入的情况下，该指标反映了投资者投入资本的保全和增长情况，指标越高，说明资本的保值增值能力越强，企业可以长期使用的资金越充裕，应对风险和持续发展的能力也越强。

上述指标中总资产增长率、营业收入增长率、收益增长率、股东权益增长率，分别从资产规模、营业收入规模、收益和股东权益等不同方面考察了企业的发展能力。

企业资产是取得营业收入的保障，要实现营业收入的增长，在资产效率一定的条件下就要扩大资产规模。要扩大资产规模，一方面可以通过负债融资来实现；另一方面可以依赖股东权益的增长，即净利润和净投资的增长。

营业收入增长是企业收益增长的主要来源，也是企业价值增长的源泉。一个企业只有不断开拓市场，保持稳定的市场份额，才能不断扩大收益，增加股东权益。同时，为企业进一步扩大市场、开发新产品和进行技术改造提供资金来源，最终促进企业的进一步发展。

收益的增长主要表现为净利润的增长，而对于一个持续发展的企业，净利润的增长应该主要来源于营业利润，而营业利润的增长在营业收入净利润率保持不变的情况下，主要取决于营业收入的增加。

股东权益的增长，一方面来源于净利润，净利润又主要来自于营业利润，营业利润又主要取决于营业收入，并且营业收入的增长在资产使用效率既定的前提下，又依赖于资产投入的增加；另一方面来源于股东的净投资，而净投资取决于本期股东投资资本和本期对股东股利的发放。

可见，这四类增长率之间是相互联系、相互作用的。只有企业的总资产增长率、营业收入增长率、收益增长率和股东权益增长率保持同步增长，且不低于行业平均水平，才可以判定这个企业具有良好的发展能力。

二、股东经济增加值分析

（一）股东经济增加值指标的计算

股东经济增加值是指扣除必要的权益资本成本后的净利润增加值。因此，股东经济增加值反映了股东财富的增加，其增长情况反映了公司的发展能力。一个增长型的公司必然是一个能够不断增加股东经济增加值的公司。

股东投资于公司，其权益的账面价值就是净资产。公司在经营中运用这些净资产从而实现股东财富的增加。但是，净资产价值的增加并不能反映公司的发展能力。因为净资产的增加仅仅扣除了负债资本成本，而忽略了对权益资本成本的补偿。一个企业只有在弥补了所有投入资本成本，包括负债资本成本和权益资本成本之后，剩下的才是真正属于企业所有者所拥有的财富，其计算公式如下：

股东经济增加值=（净资产收益率-权益资本成本率）×净资产

其中，净资产收益率之前有过论述，净资产一般采用期初与期末的平均值。权益资本成本率的计算归纳起来有三种方法，即折现股利法、资本资产定价模型法和债务资本加成法。

（二）股东经济增加值的分析

从上述公式中可以看出，股东经济增加值受净资产收益率、权益资本成本率和净资产三个因素的影响。

1. 净资产收益率

净资产收益率是反映企业营利能力的核心指标，既反映股东权益的增值能力，又影响企业股东价值的增加。在权益资本成本率和净资产因素不变的情况下，净资产收益率越高，股东经济增加值越大。

2. 权益资本成本率

只有扣除了所有成本以后的股东权益账面价值的增加，才真正反映了股东财富的增长，而按照权责发生制计算的净利润只扣除了负债资本成本，没有考虑权益资本成本。因此，只有净资产收益率超过权益资本成本率，才能真正促进股权资本的增加。在净资产收益率和净资产条件不变的前提下，权益资本成本率越低，股东经济增加值越大。

3. 净资产

一个公司可以通过增加权益投资提高其股东经济增加值，但前提是增加的投资必须具有超过权益资本成本率的投资回报率，只有这样才能真正增加公司股东财富。在净资产收益率高于权益资本成本率的前提下，净资产投入越多，公司创造的股东经济增加值越大。

三、竞争能力分析

企业未来的发展能力，主要取决于企业的竞争能力。企业竞争能力综合表现在产品的市场占有情况上。因此，通过分析企业产品市场占有情况，就可以对企业竞争能力做出评价。

（一）市场占有率分析

市场占有率是反映企业市场占有情况的一个基本指标，是指在一定时期、一定市场范围内，企业某种产品的销售量占市场上同种产品的销售量的比重。

一般是将本企业的市场占有率与主要竞争对手进行对比分析。一方面，要通过对比分析看到本企业的差距或优势；另一方面，还要进一步寻找其原因。影响市场占有率的因素有很多，主要有市场需求状况、竞争对手的实力和本企业产品的竞争能力、生产规模等因素。

（二）市场覆盖率分析

市场覆盖率是反映企业市场占有状况的又一重要指标，是指本企业某种产品行销的地区数与同种产品行销地区总数的比率。要想利用该指标说明企业竞争能力，就必须与竞争对手进行对比分析。影响市场覆盖率的主要因素有不同地区的需求结构、经济发展水平、民族风俗习惯、竞争对手的实力、本企业产品的竞争能力及地区经济封锁等因素。通过计算和对比分析市场覆盖率，可以考察企业产品现在行销的地区，研究可能行销的地区，揭示产品行销不广的原因，有利于企业扩大竞争地域范围、开拓产品的新市场、提高企业的竞争能力。

（三）产品竞争能力分析

产品竞争能力分析主要从四个方面进行。

1. 产品质量的竞争能力分析

产品质量的优劣是产品有无竞争能力的首要条件。提高产品质量，是提高企业竞争能力的主要手段。本企业的产品质量不好，不仅会损害消费者的利益，还会直接影响企业的信誉、产品的销路、企业的市场竞争能力，进而影响企业的发展能力。

产品的质量特征，可以概括为性能、寿命、安全性、可靠性、经济性和外观六个方面。分析企业产品质量的竞争能力，就是将本企业产品的有关质量指标与国家标准、竞争对手、用户的要求分别进行对比，从而观察本企业产品质量的水平与差距，对本企业产品质量的竞争能力做出客观评价。

2. 产品品种的竞争能力分析

企业要根据市场变化和新技术的发展，不断调整产品结构，积极改进老产品，主动开发新产品、新品种，才能使企业的产品保持竞争能力。产品品种的竞争能力，应从产品品种占有率和新品种开发两个方面进行分析。

3. 产品成本和价格的竞争能力分析

成本是价格的基础，成本高低决定着产品价格竞争能力的强弱。成本越低，出售产品的价格升降余地越大，竞争能力也就越强。所以，要通过与主要竞争对手或同行业成本最低的企业进行成本水平的对比分析，从而对本企业的价格竞争能力做出正确评价，并指出成本水平差距及原因，提出有效对策，以进一步降低成本，提高企业的价格竞争力。

4. 产品销售服务的竞争能力分析

销售服务是影响企业竞争力的一个重要方面。强化销售服务是密切企业与用户关系、提高企业声誉、扩大销售和占领市场、提高企业竞争能力的重要手段之一。不仅要做好售前服务，而且要做好售后服务。分析内容包括：调查用户对销售服务的要求；分析本企业销售服务的质量；分析研究本企业的销售服务的技术力量满足需要的程度；调查用户对销售服务的满意程度和新要求；对比分析本企业和竞争对手在服务方面的优劣。

（四）企业竞争策略分析

企业的竞争能力是否能得到正常或者最大限度的发挥，关键在于企业竞争策略正确与否。企业的竞争策略是指企业根据市场的发展和竞争对手的情况制定的经营方针。企业竞争策略可以归纳为以下几个方面：以优质取胜、以创新取胜、以价廉取胜、以快速交货取胜、以优质服务取胜、以信誉取胜等。

分析企业的竞争策略，要结合本企业的经济效益，并与主要竞争对手比较，分析研究现在采取的竞争策略存在哪些问题或潜力；根据市场形势及竞争格局的变化，提出本企业的竞争策略将要做出哪些改变。

通过上述竞争能力的分析，对企业的总体竞争能力在本地区、同行业中的位置做出正确评价，从而对企业未来的发展能力做出合理的分析和评价。

本 章 小 结

企业发展能力通常是指企业未来生产经营活动的发展趋势和发展潜能，也称为增长能力、成长能力。企业发展能力的形成主要是通过企业自身生产经营活动不断发展扩大而形成的，发展能力强的企业能够不断为股东创造财富，能够不断增加企业价值。

企业发展能力的大小是一个相对的概念，企业收益、股东权益、资产的利用增长额只能说明企业某一方面的增减额度，不能反映企业在某一方面的增减幅度，不利于不同规模企业之间的横向对比，也不能准确反映企业的发展能力，所以在实践中通常使用增长率来进行企业发展能力的分析。

企业发展能力分析的内容可分为三部分，主要包括增长率分析、股东经济增加值分析和竞争能力分析。

企业的发展体现在企业价值的增长，而企业价值的增长依赖于股东权益、收益、销售收入和资产等方面的不断增长，这就要通过增长率来分析企业各方面的增长情况。通过计算和分析总资产增长率、营业收入增长率、收益增长率和股东权益增长率等指标，分别衡量企业在资产、收益和股东权益等方面所具有的发展能力，并对企业在资产、收益、股东权益等方面所具有的发展趋势做出评估。除了对企业发展能力进行指标分析以外，还需要对股东经济增加值和企业竞争能力进行分析。

复习思考题

1. 对企业发展能力分析的目的是什么？
2. 为什么分析营业利润增长率的同时要结合营业收入的增长情况？
3. 简述企业发展能力分析的思路。
4. 企业提高股东权益增长率可以采取什么措施？

第十章　企业财务综合分析

学习目标:

通过本章的学习,要求了解企业财务综合分析的特点;理解财务综合分析的内涵;掌握财务综合分析的两种方法及沃尔评分法和杜邦分析法,并能够运用两种方法进行企业财务综合分析。

关键词:

综合分析;沃尔评分法;杜邦分析法

第一节　企业财务综合分析概述

一、财务综合分析的含义

财务综合分析,是将企业营运能力、偿债能力、营利能力和发展能力等方面的分析纳入一个有机的分析系统之中,全面地对企业财务状况、经营成果进行解剖和分析,从而对企业经济效益做出较为准确的评价与判断。

单项财务指标分析不足以全面评价企业财务状况和经营成果,只有系统地、综合地分析各种财务指标,才能对企业的财务状况做出全面、合理、正确的评价。财务分析的目的就是要全方位表达和披露企业的经营理财状况,进而对企业经济效益做出正确合理的判断,为企业资金的筹集、投入、运用、分配等一系列财务活动的决策提供有利的指导。因此,必须进行多种指标或比率之间的相关分析或采用适当的标准对企业状况进行综合评价,才能得出整体意义上的对企业财务状况和经营成果的客观评价。

二、财务综合分析的内容

根据财务综合分析评价的含义和目的,综合分析评价至少包括两个方面的内容。

(一)财务目标与财务环节相互关联综合分析评价

企业财务目标是企业价值最大化的体现。企业价值增长的核心在于资本收益能力的提高,而资本收益能力受到企业各方面、各环节财务状况的影响。因此这一部分的分析需要以净资产收益率为核心,并通过对净资产收益率的分解,找出企业经营各环节对其影响的关系与程度,从而综合评价分析企业各环节及各方面的经营业绩。

（二）企业经营业绩综合分析评价

虽然财务目标与财务环节的联系分析可以解决单项指标分析与单方面分析给评价带来的困难，但由于没能采用某种计量手段给相互关联的指标以综合评价，因此往往难以准确得出公司经营业绩改善与否的定量结论。企业经营业绩综合分析评价正是从解决这一问题的角度出发，利用业绩评价的不同方法对企业经营业绩进行量化分析，最后得出企业经营业绩评价的唯一一种结论。

三、财务综合分析的特点

财务报表综合分析是相对于财务报表单项分析而言的，与单项分析相比，财务报表综合分析具有以下特点。

（一）分析目的不同

单项分析的目的是有针对性的，侧重于找出企业财务状况和经营成果某一方面存在的问题，并提出改进措施；综合分析的目的是要全面评价企业的财务状况和经营成果，并提出具有全局性的改进意见。显然，只有综合分析获得的信息才是最系统、最完整的，单项分析仅涉及一个领域或一个方面，往往达不到这样的目的。

（二）分析重点和基准不同

单项分析的重点和比较基准是财务计划、财务理论标准；而综合分析的重点和基准是企业整体发展趋势。因此，单项分析认为每个分析的指标都同等重要，难以考虑各种指标之间的相互关系；而财务综合分析强调各种指标有主辅之分，一定要抓住主要指标，只有抓住主要指标，才能抓住影响企业财务状况的主要矛盾。在主要财务指标分析的基础上再对辅助指标进行分析，才能分析透彻、把握准确且详尽。各主辅指标功能应相互协调匹配，在利用主辅指标时，还应特别注意主辅指标之间的本质联系和层次关系。

（三）分析方法不同

单项分析通常把企业财务活动的总体分解为各个具体部分，认识每一个具体部分的财务现象，可以对财务状况和经营成果的某一方面做出判断和评价；而综合分析则是通过把个别财务现象从财务活动的总体上做出归纳综合，着重从整体上概括财务活动的本质特征。因此，单项分析具有实务性和实证性，是综合分析的基础；综合分析是对单项分析的抽象和概括，具有高度的抽象性和概括性，如果不把具体的问题提高到理性高度来认识，就难以对企业的财务状况和经营业绩做出全面、完整和综合的评价。因此，综合分析要以各单项分析指标及其各种指标要素为基础；要求各单项指标要素及计算的各项指标一定要真实、全面和适当，所设置的评价指标必须能够涵盖企业营利能力、偿债能力及营运能力等各方面总体分析的要求。只有把单项分析和综合分析结合起来，才能提高财务报表分析的质量。

四、财务综合分析的要求

财务综合分析的特点体现在财务指标的要求上。一个健全有效的综合财务指标体系必须具备三个基本素质：一是指标要素齐全适当；二是主辅指标功能协调匹配；三是提供信息的多维性。

指标要素齐全适当，意味着所设置的指标要同时考量企业的营运能力、偿债能力、获利能力和发展能力等所有内容。

主辅指标功能协调匹配，实质上强调两个方面：一方面，在进行企业营运能力、偿债能力和营利能力等财务状况的评价时，整个综合指标中需要有主要指标和辅助指标，以便明确总体结构分析中各项指标的主辅作用；另一方面，不同的综合分析中，企业应该有不同侧重点，对于债权人而言，进行综合分析时的侧重点是偿债能力和支付能力，但是如果是股东，进行综合分析的侧重点则是营运能力和发展能力。

提供信息的多维性，要求评价指标体系必须能够提供多层次、多角度的信息，满足多方需求。例如，企业内部管理当局看了综合指标，能知道自己的问题所在，以便确认下一步的改善方向；外部投资者看了综合指标，能确认自己的投资是不是划算，是否需要追加投资等。

五、财务综合分析的方法

财务综合分析的方法有很多，包括沃尔评分法、杜邦分析法、雷达图法等，其中应用比较广泛的有沃尔评分法和杜邦分析法。

（一）沃尔评分法

沃尔评分法又称评分综合法，是将几种财务比率分别给定其在总评价中所占的分值，总和为 100 分，然后确定标准比率，并与实际进行比较，评出每项指标的实际得分，最后求出总评分，以总评分来评价企业的财务状况。

（二）杜邦分析法

杜邦分析法又称杜邦财务分析体系，是利用各主要财务比率的内在联系，对企业财务状况和经营成果进行综合分析和评价的方法。杜邦财务分析体系以股东权益报酬率为龙头，以总资产利润率为核心，重点揭示企业获利能力及原因，因最初由美国杜邦公司成功运用而得名。

第二节　沃尔评分法

沃尔评分法是指将选定的财务比率用线性关系结合起来，并分别给定各自的分数比重，然后通过与标准比率进行比较，确定各项指标的得分及总体指标的累计分数，从而对企业的信用水平做出评价的方法。

1928 年，亚历山大·沃尔出版的《信用晴雨表研究》和《财务报表比率分析》中提出了信用能力指数的概念，他选择了七个财务比率，即流动比率、产权比率、固定资产比率、存货周转率（次数）、应收账款周转率、固定资产周转率和净资产周转率，分别给定各指标的比重，然后确定标准比率（以行业平均数为基础），将实际比率与标准比率相比，得出相对比率，将此相对比率与各指标比重相乘，得出总评分。它提出了综合比率评价体系，把若干个财务比率用线性关系结合起来，以此来评价企业的财务状况。

一、沃尔评分法基本理论

把若干个财务比率用线性关系结合起来。对选中的财务比率给定其在总评价中的比重（比重总和为 100），然后确定标准比率，并与实际比率相比较，评出每项指标的得分，最后得出总评分。

（一）沃尔评分法的步骤

（1）选定若干财务比率，按重要程度给定一个分值，即重要性权数，其总和为100 分。

（2）确定各个指标的标准值。财务指标的标准值，可以采用行业平均值、企业的历史先进数、国家有关标准或国际公认的基准等。

（3）计算出各指标的实际值，并与所确定的标准值进行比较，计算一个相对比率，将各项指标的相对比率与重要性权数相乘，得出各项比率指标的指数。

（4）将各项比率指标的指数相加，最后得出企业的综合指数，即可判断企业财务状况的优劣。

（二）沃尔评分法简单举例

第一步，先选择评价指标并分配指标权重，具体如表 10-1 所示。

表 10-1　指标及权重

行次	选择的指标	分配的权重
第 1 行	流动比率	18.00
第 2 行	产权比率	12.00
第 3 行	固定资产比率	10.00
第 4 行	存货周转率（次数）	18.00
第 5 行	应收账款周转率	18.00
第 6 行	固定资产周转率	12.00
第 7 行	净资产周转率	12.00
第 8 行	合计	100.00

第二步，确定各个指标的标准值，具体如表 10-2 所示。

表 10-2　指标标准值

行次	选择的指标	指标标准值
第 1 行	流动比率	1.80
第 2 行	产权比率	40.00
第 3 行	固定资产比率	0.60

行次	选择的指标	指标标准值
第4行	存货周转率（次数）	6.00
第5行	应收账款周转率	12.00
第6行	固定资产周转率	4.00
第7行	净资产周转率	2.00

第三步，计算出各指标的实际值，并与所确定的标准值进行比较，计算一个相对比率，将各项指标的相对比率与重要性权数相乘，得出各项比率指标的指数，具体如表 10-3 所示。

表 10-3　沃尔评分法计算过程

行次	选择的指标	①分配的权重	②指标标准值	③指标实际值	④实际得分 ④=①×③÷②
第1行	流动比率	18.00	1.80	1.91	19.10
第2行	产权比率	12.00	40.00	36.66	11.00
第3行	固定资产比率	10.00	0.60	0.58	9.67
第4行	存货周转率（次数）	18.00	6.00	5.45	16.35
第5行	应收账款周转率	18.00	12.00	10.35	15.53
第6行	固定资产周转率	12.00	4.00	4.74	14.22
第7行	净资产周转率	12.00	2.00	1.96	11.76
第8行	合计	100.00			97.63

第四步，计算出本期企业的综合指标，并做出适当评价。

上述四步，就是原始的沃尔评分法的综合分析过程，从举例的结果来看，本期上述企业的综合得分小于 100 分，说明企业的财务状况有待提高。

（三）原始的沃尔评分法的缺陷

从前面的分析我们可以看出，原始的沃尔评分法在一些细节上缺乏权威和说服力，具体表现在以下两个方面。

（1）原始的沃尔评分法未能证明为什么要选择流动比率、产权比率、固定资产比率、存货周转率（次数）等七项指标，而不是选择更多或更少其他指标和别的财务比率，也未能证明每个指标所占比重的合理性。

（2）在使用原始的沃尔评分法过程中，当某一个指标严重异常时，会对总的评分产生不合逻辑的重大影响。

二、现代社会沃尔评分法的应用

现代社会与沃尔的时代相比，已有很大变化。沃尔最初提出的七项指标已难以完全满足当前对企业评价的需要。所以，依据现代不同财务报表使用者对财务信息需求的关注点的不同，沿用沃尔分析法的原理，对所选取的指标进行重新选择，形成了新的沃尔分析体系。现在一般认为，在选择指标时，偿债能力、营运能力、营利能力及发展能力指标均应在权数范围内。

（一）现代社会沃尔评分法指标选取的原则

重要性权数是指一项指标的评分值，故又称"标准评分值"，是由该项指标在沃尔指标体系中所占的重要性决定的，按其重要程度分为三类：最为重要、较为重要和一般重要，三类之间可按 45：35：20 的比重进行分配。

第一类最为重要的是收益性指标，其评分值应占 45 分左右。收益性是指企业的营利能力，是企业经营活动的主要目的，也是企业发展的客观要求和基本素质的标志。收益性指标主要指各种利润率，如销售净利率、总资产净利率、净资产报酬率等。

第二类较为重要的是稳定性指标，其评分值应占 35 分左右。稳定性也称企业的安全性，是指企业的偿债能力和营运能力，是企业生存和发展的基本条件，也是企业必备的素质之一。偿债能力是企业安全程度和财务风险大小的标志。与此类因素相关的指标主要有资产负债率（或产权比率）、流动（或速动）比率等。营运能力是反映企业生产经营活动的强弱、说明资金周转快慢及资金节约或浪费的指标。稳定性指标主要有应收账款周转率、存货周转率（次数）、流动资产周转率（次数）、总资产周转率（次数）等。

第三类一般重要的是增长性指标和其他指标，其评分值应占 20 分左右。增长性是指企业的发展能力，是保持企业活力的物质基础。增长性指标主要有利润增长率、营业收入（或产值、产量）增长率、资产增长率等。

（二）现代社会沃尔评分法举例

【例 10-1】XYZ 公司的各项财务比率指标以及沃尔评分表如表 10-4 所示。

表 10-4　XYZ 公司的各项财务比率指标以及沃尔评分表

指标	标准分值①	上/下限/%②	标准值/%③	实际值/%④	关系比率⑤ ⑤=④÷③	实际得分⑥ ⑥=①×⑤
总资产净利率	20	15/5	12	11	0.92	18.40
销售净利率	15	20/5	17	15	0.88	13.20
净资产报酬率	10	10/1	6	8	1.33	13.30
自有资本比率	10	60/5	40	20	0.50	5.00
流动比率	8	200/100	180	150	0.83	6.64
应收账款周转率	8	800/100	400	500	1.25	10.00
存货周转率（次数）	8	800/100	600	500	0.83	6.64
销售增长率	7	30/7	20	24	1.20	8.40
净利增长率	7	20/5	15	16	1.07	7.47
资产增长率	7	20/5	20	20	1.00	7.00
合计	100					96.05

从表中数据可以看出，该企业得分为 96.05 分，与 100 分存在一点差距，反映出该

企业的财务状况存在一定的问题。进一步观察可发现，该企业的净资产报酬率、应收账款周转率、销售增长率和净利增长率关系比率大于 1，资产增长率等于 1，其余指标关系比率均小于 1，小于 1 的财务比率是企业应该关注的重点。

沃尔评分法是一种比较可行的评价企业财务状况的方法，但该方法的正确性取决于指标的设定、标准值的合理性、标准分值的确定等因素。尽管沃尔评分法在理论上有所缺陷，技术上还有待完善，但它在实践中的有效性还是被公认的。

第三节　杜邦分析法

杜邦分析法是利用各个主要财务比率之间的内在联系，建立财务比率分析的综合模型，系统分析和评价企业财务状况和经营业绩的方法。采用杜邦分析图将有关分析指标按内在联系加以排列，从而直观地反映出企业的财务状况和经营成果的总体面貌。杜邦分析法是由美国杜邦公司创造的，故称杜邦分析法。

杜邦分析法起源于 20 世纪 20 年代，当时是杜邦公司的一批非财务专业的经理人为了避免专业财务报表的烦琐而自行设计的财务报告分析框架。整套分析层层递进，环环相扣，既联系资产负债表与利润表，又将经营分析指标串联了起来，既表现了个体，又体现了关联性，从而满足了通过财务报告分析进行绩效评价的需要，在经营目标发生异动时经营者也能层层分解到末梢，及时查明原因并加以修正。

一、杜邦分析法的含义

杜邦分析法是将净资产收益率分解为三部分进行分析的方式，三部分分别是利润率、总资产周转率（次数）和财务杠杆。杜邦分析法说明净资产收益率受三方面因素影响：营运效率用利润率衡量；资产使用效率用资产周转率衡量；财务杠杆用权益乘数衡量，其分解的方式为

净资产收益率 = 利润率(利润/销售收入)×资产周转率(销售收入/资产)
×权益乘数(资产/权益)

如果净资产收益率表现不佳，杜邦分析法可以找出具体是哪部分表现欠佳。

$$净资产收益率 = \frac{净收益}{总权益} \times \frac{总资产}{总资产}$$

$$= \frac{净收益}{总资产} \times \frac{总资产}{总权益}$$

$$= \frac{净收益}{销售收入} \times \frac{销售收入}{总资产} \times \frac{总资产}{总权益}$$

杜邦分析法最显著的特点是将若干个用以评价企业经营效率和财务状况的比率按其内在联系有机地结合起来，形成一个完整的指标体系，并最终通过权益收益率来综合体现。采用这一方法，可使财务比率分析的层次更清晰、条理更清楚，为财务报表分析者全面仔细地了解企业的经营和盈利状况提供方便。

杜邦分析法有助于企业管理层更加清晰地看到权益基本收益率的决定因素，以及销

售净利润与总资产周转率（次数）、债务比率之间的相互关系，给管理层提供了一张清晰的考察公司资产管理效率和是否最大化股东投资回报的路线图。

二、杜邦分析法的基本思路

净资产收益率也称权益净利率或权益报酬率，是一个综合性最强的财务分析指标，是杜邦分析系统的核心。

资产净利率是影响权益净利率的最重要指标，具有很强的综合性，而资产净利率的大小又取决于销售净利率和总资产周转率（次数）的高低。总资产周转率（次数）反映了总资产的周转速度，对资产周转率进行分析，就需要对影响资金周转的各因素进行分析，以判断影响公司资金周转存在的主要问题。销售净利率反映销售收入的收益水平。扩大销售收入，降低成本费用是提高企业销售利润率的根本途径，而扩大销售，同时也是提高资产周转率的必要条件和途径。

权益乘数表示企业的负债程度，反映了公司利用财务杠杆进行经营活动的程度。资产负债率高，权益乘数就大，这说明公司负债程度高，公司会有较多的杠杆利益，但风险也高；反之，资产负债率低，权益乘数就小，这说明公司负债程度低，公司会有较少的杠杆利益，但所承担的风险也相应得低。

三、杜邦财务分析体系

下面以杜邦财务分析体系图的形式，表示各项财务指标之间的关系，如图 10-1 所示。

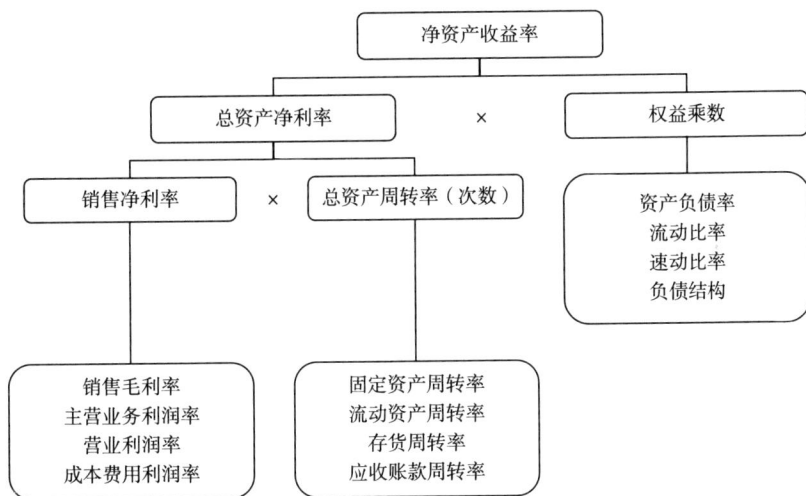

图 10-1　杜邦分析图

由图 10-1 可以看出，在杜邦财务分析体系中四个重要的财务指标分别为：净资产收益率、销售净利率、总资产周转率（次数）和权益乘数。净资产收益率等于销售净利率、总资产周转率（次数）和权益乘数的乘积，也就是说净资产收益率受销售净利率、总资产周转率（次数）和权益乘数的影响，而销售净利率反映企业经营业务的营利能力，总资产周转率（次数）反映企业全部资产的利用效率，权益乘数反映企业的资本结构及偿债能力。因此，权益报酬率综合反映了企业经营业务的营利能力、资产的利用效率和企业的偿债能力。权益报酬率在各项指标中最具有综合性。

（1）净资产收益率是综合性最强的财务比率，也是杜邦财务分析体系的核心。净资产收益率反映了企业所有者投入资本的营利能力，说明了企业筹资、投资和资产营运等各种经营活动的效率，所以，不论是企业所有者还是经营者都十分关心其升降变化及原因。销售净利率、总资产周转率（次数）和权益乘数是影响净资产收益率的主要因素，销售净利率取决于企业的经营管理，总资产周转率（次数）取决于企业的投资管理，权益乘数取决于企业的筹资政策，由此就把净资产收益率这一综合指标升降变化的原因具体化了，这比只用一项综合性指标更能说明问题。

（2）销售净利率反映了企业净利润与销售收入的关系，它的高低取决于销售收入与成本费用的高低。要想提高销售净利率，一是要扩大销售收入，二是要降低成本费用。扩大销售收入具有特殊重要意义，既有利于提高销售净利率，又可提高总资产周转率（次数），这样自然会使总资产报酬率升高。降低成本费用是提高销售净利率的一个重要手段，通过分析成本费用的基本结构，可以找出降低成本费用的途径和加强成本费用控制的办法。如果企业财务费用支出过高，就要进一步分析其负债比率是否过高；如果是管理费用过高，就要进一步分析其总资产周转情况等。提高销售净利率的另一途径是适时适量通过投资取得收益，千方百计降低营业外支出等。

（3）总资产周转率（次数）反映了企业运用资产产生销售收入的能力，影响总资产周转率的一个重要因素是资产总额。它由流动资产与非流动资产组成，它们的结构合理与否将直接影响资产周转速度的快慢。除此之外，还应通过对流动资产周转率（次数）、应收账款周转率、存货周转率（次数）等有关各资产组成部分使用效率的分析，判断影响总资产周转的主要问题出在哪里。一般来说，流动资产直接体现企业的偿债能力和变现能力，而非流动资产则体现该企业的经营规模、发展潜力，两者之间应保持一种合理的比率关系。如果流动资产中货币资金所占的比重过大，就应分析企业是否有现金闲置现象、现金持有量是否合理。如果流动资产中存货或应收账款过多，就应分析企业的存货周转率（次数）与应收账款周转率。

（4）权益乘数反映了企业的筹资情况，即企业资金来源结构如何。权益乘数主要是受资产负债率指标的影响。负债比率越大，权益乘数就越高，说明企业负债程度比较高，给企业带来了较多的杠杆利益，同时，也带来了较大的财务风险；反之，说明企业负债程度较低，意味着企业利用财务杠杆的能力较弱，但债权人的权益却能得到较大的保障。对权益乘数的分析要联系营业收入分析企业的资产使用是否合理，联系权益结构分析企业的偿债能力强弱。在资产总额不变的情况下，开展合理的负债经营，可以减少所有者权益所占的份额，从而达到提高所有者权益净利率的目的。同时，也应分析企业净利润与利息费用之间的关系，如果企业承担利息费用太多，就应当考虑企业的权益乘数或负债比率是否合理。不合理的筹资结构会影响企业所有者的收益。

通过杜邦分析体系自上而下或自下而上的分析，不仅可以了解企业财务状况的全貌及各项财务分析指标间的结构关系，还可以查明各项主要财务指标增减变动的影响因素及存在的问题。

总体来说，从杜邦财务分析体系可以看出企业的营利能力涉及企业经营活动的方方面面，如净资产收益率与资产结构、筹资结构、成本控制、费用支出、税金税率、资产管理等密切相关。这些因素构成一个系统，只有协调好系统内各个因素之间的关系，才能使净资产收益率达到最大，从而实现企业经营的目的。

杜邦财务分析体系提供的财务信息，较好地解释了指标变动的原因和趋势，这为进一步采取具体措施指明了方向，而且还为决策者优化经营结构和理财结构、提高企业偿债能力和经营效益提供了基本思路，即提高净资产收益率的根本途径在于扩大销售、改善经营结构、节约成本费用开支、合理资源配置、加速资金周转、优化资本结构等。

四、杜邦分析法运用

以 XYZ 公司的 2013 年、2014 年年报资料为例，采用杜邦分析法计算该公司相关指标。XYZ 公司 2013 年、2014 年各项财务比率如表 10-5 所示。

表 10-5　XYZ 公司 2013 年、2014 年各项财务比率表

年份	净资产收益率/%	资产负债率/%	权益乘数	总资产净利率/%	销售净利率/%	总资产周转率（次数）
2013	11.43	53.70	2.16	5.29	17.71	0.29
2014	6.07	43.00	1.74	3.49	11.57	0.30

（一）对净资产收益率的分析

净资产收益率指标是衡量企业利用现有净资产获取利润的能力。XYZ 公司 2014 年的净资产收益率比 2013 年出现了较大幅度的下降，从 2013 年的 11.43%下降为 2014 年的 6.07%。

企业的投资者可以根据净资产收益率判断是否对该企业进行投资或是否继续持有该公司的股份，考察企业经营者的经营业绩，预测企业股利分配政策。净资产收益率指标对企业的管理者也至关重要，企业的管理者为改善财务状况和进行财务决策，需要运用该指标进行财务分析，将其逐级逐层进行分解，以找到问题产生的主要原因。

（二）分解分析过程

（1）净资产收益率=总资产净利率×权益乘数

$$2013 年\quad 11.43\%=5.29\% \times 2.16$$
$$2014 年\quad 6.07\%=3.49\% \times 1.74$$

通过分解可以看出：XYZ 公司的净资产收益率由 2013 年度的 11.43%下降为 2014 年度的 6.07%，下降了 46.89%，主要原因是资产利用效率低下、成本费用上升及资本结构的变动（权益乘数下降）。

（2）总资产净利率=销售净利率×总资产周转率（次数）

$$2013 年\quad 5.29\%=17.71\% \times 0.29$$
$$2014 年\quad 3.49\%=11.57\% \times 0.30$$

通过分解可以看出：XYZ 公司的总资产净利率从 2013 年的 5.29%下降为 2014 年的 3.49%，下降了 34.03%。2014 年总资产净利率下降是销售净利率大幅下降造成的。究其原因，或者是营业收入大幅下降，或者是成本费用大幅上升。总资产周转率（次数）略有提高变化不大，说明资产的周转速度及资产利用效率略有提高。

（3）销售净利率=净利润÷营业收入

2013 年　17.71%=24 654÷139 201×100%

2014 年　11.57%=13 923÷120 359×100%

通过分解可以看出，XYZ 公司 2014 年度营业收入和净利润与 2013 年度相比都有不同程度的下降。其中，净利润下降了 43.53%，营业收入下降了 13.54%，但净利润下降幅度比营业收入的下降幅度要大，成本费用从 2013 年的 136 978 万元下降至 2014 年的 119 176 万元，下降幅度为 12.72%，与营业收入的下降幅度不同步，这说明从绝对值来说，2014 年的成本费用比 2013 年有了一定数额的下降，但从相对比例来说，2014 年的成本费用比 2013 年有一定比例的上升。

（4）总资产周转率（次数）=营业收入÷总资产

2013 年　0.29%=139 201÷480 003×100%

2014 年　0.30%=120 359÷401 197×100%

通过分解可以看出，XYZ 公司的 2014 年度总资产周转率（次数）比 2013 年度的要大，但变化不大，主要原因是营业收入下降的幅度比总资产下降的幅度稍小。2014 年公司为降低风险，减小了举债力度。权益乘数较 2013 年有所下降；另外，2014 年的总资产报酬率与 2013 年相比也下降了。两因素共同作用，使该公司净资产收益率下降了 46.89%。

那么，究竟是什么原因导致总资产报酬率下降呢？从对总资产报酬率的分解中不难看出，资产的使用效率两年水平基本一致，2014 年比 2013 年稍有改善。销售净利率的下降是总资产报酬率下降的主要原因。销售净利率下降的原因，主要是营业收入和其他损益及收支减少使净利润总额减少。

五、杜邦分析法的局限性

（一）从企业绩效评价的角度来看

杜邦分析法只包括财务方面的信息，不能全面反映企业的实力，有很大的局限性，在实际运用中需要加以注意，必须结合企业的其他信息加以分析。其局限性主要表现在以下三个方面。

（1）对短期财务结果过分重视，有可能助长公司管理层的短期行为，忽略企业长期的价值创造。

（2）财务指标反映的是企业过去的经营业绩，在衡量工业时代的企业时能够满足要求。但在目前的信息时代，顾客、供应商、雇员、技术创新等因素对企业经营业绩的影响越来越大，而杜邦分析法在这些方面是无能为力的。

（3）在目前的市场环境中，企业的无形知识资产对提高企业长期竞争力至关重要，而杜邦分析法不能解决无形资产的估值问题。

（二）传统财务报告分析体系的局限性

传统财务报告的局限性也会影响杜邦分析法的有效性，传统财务报表分析体系在实际工作中虽然得到广泛应用，但并不能说明它就是完美的，分析者应尽可能考虑其局限性，提高信息分析的科学性。

1. 计算总资产净利率的"总资产"与"净利润"不匹配

从内容构成上看，净利润是经营损益和金融损益的共同结果；从资产求偿权角度看，净利润是专属于股东的收益，而分母总资产是由无息债权人、有息债权人、股东共同投入的资本形成的，无息债权人的求偿权体现为收回债权本金，有息债权人的求偿权体现为收回本金和利息，股东的求偿权体现为对净利润享有分配的权利。由于总资产净利率分子分母的投入产出口径不匹配，该指标仅仅表达了一个不合逻辑的粗糙回报率。

因此，计算股东和有息负债债权人投入的资本，并且计量这些资本产生的收益，两者相除才是合乎逻辑的资产报酬率，才能准确反映企业的基本营利能力。

2. 没有区分经营活动损益和金融活动损益

对于多数企业来说，金融活动是指从金融市场上进行净筹资，而不是投资，即"净筹资=筹集进来的资本及衍生的利息收益-还本付息和手续费等"。筹资活动没有产生净利润，而是支出净费用，我们称之为金融损益。从财务管理角度看，企业的金融资产是投资活动的剩余，是尚未投入实际经营活动的资产，应将其从经营资产中剔除。与此相对应，金融损益也应从经营损益中剔除，才能使经营资产和经营损益，以及金融资产和金融损益匹配。

金融损益是净利息费用，即利息收支的所得税税后净额。利息支出包括所有有息负债的利息，由于操作难度，利息支出不包括会计上已经资本化的利息。利息收入包括银行存款利息收入和债权投资利息收入。如果没有债权投资利息收入，则可以用"财务费用"作为税前"利息费用"的估计值。

3. 没有区分有息负债与无息负债

传统财务报表没有区分有息负债和无息负债。由于无息负债没有固定成本，就没有杠杆作用，将其计入财务杠杆，会歪曲杠杆的实际作用。实质上，只有区分有息负债与无息负债，利息与有息负债相除，才是实际的平均利息率。有息负债与股东权益相除，可以得到更符合实际的财务杠杆。

本 章 小 结

财务分析的最终目的在于全方位地了解企业经营理财状况，并借此对企业经济效益的优劣做出系统、合理的评价。单独分析任何一项财务指标，都难以全面评价企业的财务状况和经营成果，要想对企业财务状况和经营成果有"把握全局"的评价，就必须进行财务指标相互关联的分析，采用适当的标准进行综合性的评价。本章主要介绍了两种财务综合分析的方法，即沃尔评分法和杜邦分析法。

沃尔评分法是由财务综合评价领域的著名先驱者之一亚历山大·沃尔创立的，他把若干个财务比率用线性关系结合起来，以此评价企业的信用水平。沃尔比重评分法是选定七项财务比率，即流动比率、产权比率、固定资产比率、存货周转率（次数）、应收账款周转率、固定资产周转率和净资产周转率，将指标的行业先进水平作为标准值，并将指标用线性关系结合起来，分别给定各自的分数比重，通过实际值与标准比率（行业平均比率）的比较，确定各项指标的得分及总体指标的累积分数，从而得出企业财务状况的综合评价，继而确定其信用等级。

杜邦分析法的基本原理是将财务指标作为一个系统，将财务分析与评价作为一个系统工程，全面评价企业的偿债能力、营运能力、营利能力及其相互之间的关系，在全面财务分析的基础上进行全面评价，使评价者对公司的财务状况有深入而相互联系的认识，从而有效地进行决策。其基本特点是以净值报酬率为龙头，以资产净利润率为核心，将偿债能力、资产营运能力、营利能力有机结合起来，层层分解，逐步深入，构成一个完整的分析系统，全面、系统、直观地反映企业的财务状况。

复习思考题

1. 财务综合分析的特点是什么？
2. 应用沃尔评分法进行综合分析评价的步骤有哪些？
3. 简述杜邦分析法的框架。
4. 杜邦分析法存在什么局限性？

参 考 文 献

彼得森 P P，法伯兹 F J. 2010. 财务报表分析[M]. 第二版. 姜英兵，汪要文译. 大连：东北大学出版社.

财政部会计司编写组. 2006. 企业会计准则讲解[M]. 北京：人民出版社.

陈若晴. 2010. 财务报表分析方法及其改进[J]. 财会月刊，（28）：10-11.

陈少华. 2011. 财务报表分析方法[M]. 厦门：厦门大学出版社.

杜晓光. 2008. 会计报表分析[M]. 北京：高等教育出版社.

冯龙飞. 2014. 财务报表分析的起源与发展[J]. 财会研究，（8）：47-50.

弗里德森 M，阿尔瓦雷斯 F. 2010. 财务报表分析[M]. 第三版. 朱丽译. 北京：中国人民大学出版社.

高宇. 2011. 我国财务报表分析方法及其局限性刍议[J]. 时代金融，（7）：19.

何红见，屈晓静. 2012. 浅析财务报表分析的局限性及其完善[J]. 商场现代化，（20）：147.

何韧. 2015. 财务报表分析[M]. 第三版. 上海：上海财经大学出版社.

黄世忠. 2007. 财务报表分析框架、方法与案例[M]. 北京：中国财政经济出版社.

吉布森 C H. 2011. 财务报表分析（国际版）[M]. 第十二版. 胡玉明译注. 大连：东北财经大学出版社.

姜国华. 2008. 财务报表分析与证券投资[M]. 北京：北京大学出版社.

李岚. 2009. 财务报表分析方法探索[J]. 经济师，（11）：156-157.

李心合，赵华. 2004. 会计报表分析[M]. 北京：中国人民大学出版社.

李昕，孙艳萍. 2014. 财务报表分析[M]. 第三版. 大连：东北财经大学出版社.

李杏菊. 2006. 财务报表分析的作用及局限性[D]. 对外经济贸易大学硕士学位论文.

龙云刚. 2007. 新会计准则对财务报表分析的影响[J]. 审计月刊，（6）：42-43.

卢海. 2007. 基于企业价值视角的财务报表分析研究[D]. 南京师范大学硕士学位论文.

穆林娟. 2007. 财务报表分析[M]. 上海：复旦大学出版社.

彭颖. 2007. 上市公司财务报表分析与案例[D]. 西南交通大学硕士学位论文.

齐静. 2013. 财务报表分析[D]. 财政部财政科学研究所硕士学位论文.

钱丽丽. 2007. 财务报表分析系统的规划与设计[D]. 中国石油大学硕士学位论文.

单喆敏. 2015. 上市公司财务报表分析[M]. 上海：复旦大学出版社.

上海国家会计学院. 2012. 财务报表分析 [M]. 北京：经济科学出版社.

邵希娟，田洪红. 2007. 试析杜邦分析法的改进与应用[J]. 财会月刊，（36）：48-50.

苏布拉马尼亚姆 K R. 2015. 财务报表分析[M]. 第十一版. 宋小明，谢盛纹译. 北京：中国人民大学出版社.

苏布拉马尼亚姆 K R，怀尔德 J J. 2009. 财务报表分析[M]. 第十版. 宋小明，谢盛纹译. 北京：中国人民大学出版社.

汤谷良，朱蕾. 2002. 自由现金流量与财务运行体系[J]. 会计研究，（4）：32-37.

田海峰. 2015. 企业财务报表分析的现状及其发展研究[J]. 财经界：学术版，（27）：251.

王化成. 2014. 财务报表分析[M]. 第七版. 北京：中国人民大学出版社.

王军红. 2012. 基于战略的财务报表分析[D]. 南京理工大学硕士学位论文.

吴革，张亚东. 2011. 企业财务报表的三层次分析框架[J]. 财务与会计：理财版，（7）：18-19.

夏雪花. 2010. 案例教学法在"财务报表分析"课程教学中的应用[J]. 岳阳职业技术学院学报，25（6）：

52-55.

颜良云. 2015. 如何运用财务报表关键指标分析煤矿的经营状况的思考[J]. 财经界：学术版，（12）：194-195.

杨春晖. 2011. 论高职财会类专业"财务报表分析"课程建设的不足及对策[J]. 教育与职业，（26）：132-133.

杨兆平. 2012. 基于哈佛框架下中石油财务报表分析[D]. 吉林大学硕士学位论文.

银莉. 2007. 财务报表分析课程的体验式教学[J]. 天津市经理学院学报，（3）：55-56.

张立达，刘卫东. 2013. 财务报表分析[M]. 上海：立信会计出版社.

张新民，钱爱民. 2014. 财务报表分析[M]. 第三版. 北京：中国人民大学出版社.

张远录. 2008. 会计报表分析[M]. 第二版. 北京：机械工业出版社.

赵团结. 2010. 浅谈 EPC 企业的财务报表分析[J]. 财会通讯，（14）：116-117.

中华人民共和国财政部. 2006. 企业会计准则[M]. 北京：经济科学出版社.

周利. 2012. 浅谈如何提高企业财务报表分析的准确性[J]. 财经界：学术版，（10）：161.

周昀. 2011. 浅淡现行财务报表分析体系存在的问题及对策[J]. 经营管理者，（10）：194.

祝建军. 2012. 财务报表分析[M]. 北京：经济科学出版社.

资云峰. 2014. A 建工集团的财务报表分析[D]. 云南大学硕士学位论文.

附录　三大财务报表

附表1　资产负债表

2012年12月31日

编制单位：港源制造　　　　　　　　　　　　　　　　　　　　　　　　　　单位：元

资产	行次	年初数	年末数	负债及所有者权益	行次	年初数	年末数
流动资产：				流动负债：			
货币资金	1	98 227 148.04	89 789 306.20	短期借款	32	337 050 000.00	307 284 750.00
交易性金融资产	2			应付票据	33		
应收票据	3	26 297 033.03	22 036 840.70	应付账款	34	201 733 321.13	121 612 339.20
应收账款	4	243 368 328.37	183 472 410.64	预收货款	35	1 941 699.80	78 793.48
减：坏账准备	5	1 599 612.79	1 647 839.57	应付职工薪酬	36	35 555 527.67	10 682 767.64
预付货款	6	7 453 697.00	11 807 897.90	其中：应付工资	37	7 020 000.00	5 602 798.80
应收利息	7			应付福利费	38		
其他应收款	8	18 944 451.91	4 765 229.95	应交税费	39	4 361 058.23	6 558 384.52
存货	9	173 422 222.65	181 865 843.26	其中：应交税金	40	4 104 073.38	6 092 822.89
减：存货跌价准备	10	7 448 275.21	7 155 202.86	应付利息	41		
一年内到期的非流动资产	11			其他应付款	42	22 517 809.80	29 525 061.83
其他流动资产	12	26 100 000.00		一年内到期的非流动负债	43	34 024 860.00	
流动资产合计	13	584 764 993.01	484 934 486.20	流动负债合计	44	637 184 276.63	475 742 096.67
非流动资产：				非流动负债：	45		
持有至到期投资	14			长期借款	46		90 511 200.00
长期应收款	15			应付债券	47		
长期股权投资	16	11 250 000.00		长期应付款	48		
投资性房地产	17			专项应付款	49		

续表

资产	行次	年初数	年末数
固定资产原价	18	767 603 299.54	809 361 990.43
减：累计折旧	19	433 417 485.11	531 992 696.54
固定资产净值	20	334 185 814.42	277 369 293.90
在建工程	21	32 680 809.60	29 377 396.37
工程物资	22		
固定资产清理	23		
生产性生物资产	24		
无形资产	25	26 033 911.87	23 334 936.31
长期待摊费用	26		
递延所得税资产	27		37 850 922.22
其他非流动资产	28		
其中：特准储备物资	29		
非流动资产合计	30	404 150 535.89	367 932 548.79
资产总计	31	988 915 528.90	852 867 034.99

负债及所有者权益	行次	年初数	年末数
预计负债	50		
递延所得税负债	51		
其他非流动负债	52		
其中：特准储备基金	53		
非流动负债合计	54		90 511 200.00
所有者权益：			
实收资本	55	267 870 177.95	267 870 177.95
其中：			
中方投资	56		
外方投资	57	267 870 177.95	267 870 177.95
减：已归还投资	58		
资本公积	59	9 838 240.37	9 838 240.37
盈余公积	60	18 831 026.70	18 831 026.70
其中：法定公积金	61		
任意公积金	62		
利润归还投资	63		
本年利润	64		
未分配利润	65	55 191 807.25	-9 925 706.69
所有者权益合计	66	351 731 252.27	286 613 738.33
负债及所有者权益总计	67	988 915 528.90	852 867 034.99

附表2 利润表

编制单位：港源制造　　2012年12月31日　　单位：元

项目	行次	本期数	本年累计数	上年同期数	上年同期累计数
一、营业总收入	1	87 169 026.01	1 147 711 017.62	104 753 234.57	1 193 983 497.74
其中：主营业务收入-内销	2	79 340 089.78	1 049 660 270.78	96 533 887.01	1 110 599 687.28
主营业务收入-出口	3	7 090 906.41	88 444 313.41	7 249 383.62	77 240 201.53
其他业务收入	4	738 029.82	9 606 433.44	969 963.93	6 143 608.94
减：营业成本	5	79 640 487.67	1 053 451 524.11	96 508 967.93	1 082 814 726.43
其中：主营业务成本-内销	6	74 120 847.73	981 535 733.87	90 556 003.04	1 018 115 731.31
主营业务成本-出口	7	5 181 187.30	65 768 797.69	5 694 992.78	62 520 096.61
其他业务成本	8	338 452.63	6 146 992.56	257 972.11	2 178 898.51
营业税金及附加	9	1 116 303.37	5 186 602.05	497 294.55	5 753 666.57
销售费用	10	5 544 526.90	45 755 979.73	11 931 651.24	50 816 988.59
管理费用	11	5 416 560.62	69 291 021.25	7 128 717.48	59 011 132.96
财务费用	12	1 011 865.56	16 795 710.21	1 571 756.54	15 957 673.37
其中：利息净支出（减利息收入）	13	1 203 401.73	17 029 490.18	1 706 865.65	17 224 166.48
汇兑净损失（净收益以"-"号填列）	14	-254 443.81	-556 367.39	-153 588.65	-1 440 890.16
资产减值损失	15	23 617 743.86	24 327 061.54	-1 332 950.45	2 182 541.27
加：投资收益（损失以"-"号填列）	16	293 309.15	1 582 652.40	-14 550 663.30	-14 194 300.80
二、营业利润（亏损以"-"号填列）	17	-28 885 152.82	-65 514 228.88	-26 102 866.03	-36 747 532.23
加：营业外收入	18	-739 170.64	1 581 495.57	1 886 729.27	3 034 915.39
其中：非流动资产处置利得	19	-739 170.64	1 393 343.84	1 886 729.27	2 854 915.39
减：营业外支出	20	-987 777.53	1 184 780.64	-921 707.69	-148 769.93
其中：非流动资产处置损失	21	-987 777.53	1 068 420.39	-930 707.69	-157 769.93
三、利润总额（亏损总额以"-"号填列）	22	-28 636 545.92	-65 117 513.94	-23 294 429.08	-33 563 846.92
减：所得税费用	23	0.00	0.00	0.00	0.00
四、净利润（净亏损以"-"号填列）	24	-28 636 545.92	-65 117 513.94	-23 294 429.08	-33 563 846.92

附表3　资产负债表

2013年12月31日

编制单位：港源制造　　　　　　　　　　　　　　　　　　　　　单位：元

资产	行次	年初数	年末数	负债及所有者权益	行次	年初数	年末数
流动资产：				流动负债：			
货币资金	1	89 789 306.20	91 546 419.27	短期借款	32	307 284 750.00	74 376 165.00
交易性金融资产	2			应付票据	33		
应收票据	3	22 036 840.70	29 706 308.61	应付账款	34	121 612 339.20	247 610 209.01
应收账款	4	183 472 410.64	353 491 447.70	预收货款	35	78 793.48	127 442.01
减：坏账准备	5	1 647 839.57	1 703 875.86	应付职工薪酬	36	10 682 767.64	8 210 670.91
预付货款	6	11 807 897.90	11 323 190.36	其中：应付工资	37	5 602 798.80	8 049 616.31
应收利息	7			应付福利费	38		
其他应收款	8	4 765 229.95	5 517 294.51	应交税费	39	6 558 384.52	4 627 138.33
存货	9	181 865 843.26	170 723 869.04	其中：应交税金	40	6 092 822.89	4 532 040.97
减：存货跌价准备	10	7 155 202.86	5 409 005.11	应付利息	41		
一年内到期的非流动资产	11			其他应付款	42	29 525 061.83	23 223 958.96
其他流动资产	12		28 500 000.00	一年内到期的非流动负债	43		
流动资产合计	13	484 934 486.20	683 695 648.52	流动负债合计	44	475 742 096.67	358 175 584.22
非流动资产：				非流动负债：	45		
持有至到期投资	14		0.00	长期借款	46	90 511 200.00	92 672 880.00
长期应收款	15		0.00	应付债券	47		
长期股权投资	16		1 235 000.00	长期应付款	48		
投资性房地产	17		0.00	专项应付款	49		

续表

资产	行次	年初数	年末数
固定资产原价	18	809 361 990.43	882 580 269.72
减：累计折旧	19	531 992 696.54	646 818 731.24
固定资产净值	20	277 369 293.90	235 761 538.48
在建工程	21	29 377 396.37	22 619 716.75
工程物资	22		
固定资产清理	23		
生产性生物资产	24		
无形资产	25	23 334 936.31	23 196 664.95
长期待摊费用	26		
递延所得税资产	27	37 850 922.22	35 995 831.84
其他非流动资产	28		
其中：特准储备物资	29		
非流动资产合计	30	367 932 548.79	318 808 752.01
资产总计	31	852 867 034.99	1 002 504 400.53

负债及所有者权益	行次	年初数	年末数
预计负债	50		
递延所得税负债	51		
其他非流动负债	52		
其中：特准储备基金	53		
非流动负债合计	54	90 511 200.00	92 672 880.00
所有者权益：			
实收资本	55	267 870 177.95	515 687 817.00
其中：	56		
中方投资			
外方投资	57	267 870 177.95	515 687 817.00
减：已归还投资	58		
资本公积	59	9 838 240.37	9 838 240.37
盈余公积	60	18 831 026.70	18 831 026.70
其中：法定公积金	61		
任意公积金	62		
利润归还投资	63		
本年利润	64		
未分配利润	65	-9 925 706.69	7 298 852.25
所有者权益合计	66	286 613 738.33	551 655 936.31
负债及所有者权益总计	67	852 867 034.99	1 002 504 400.53

编制单位：港源制造

附表4 利润表

2013年12月31日

单位：元

项目	行次	本期数	本年累计数	上年同期数	上年同期累计数
一、营业总收入	1	132 732 588.03	1 320 847 421.84	87 169 026.01	1 147 711 017.62
其中：主营业务收入-内销	2	126 957 698.11	1 242 231 963.76	79 340 089.78	1 049 660 270.78
主营业务收入-出口	3	5 774 889.92	71 267 665.42	7 090 906.41	88 444 313.41
其他业务收入	4	0.00	7 347 792.66	738 029.82	9 606 433.44
减：营业成本	5	115 024 258.63	1 178 398 981.40	79 640 487.67	1 053 451 524.11
其中：主营业务成本-内销	6	110 448 748.33	1 118 903 870.72	74 120 847.7	981 535 733.87
主营业务成本-出口	7	4 575 510.30	55 581 254.73	5 181 187.30	65 768 797.69
其他业务成本	8	0.00	3 913 855.95	338 452.63	6 146 992.56
营业税金及附加	9	217 231.25	7 381 723.37	1 116 303.37	5 186 602.05
销售费用	10	3 681 164.31	48 577 305.54	5 544 526.90	45 755 979.73
管理费用	11	409 900.27	58 932 242.32	5 416 560.62	69 291 021.25
财务费用	12	-525 085.27	7 098 690.59	1 011 865.56	16 795 710.21
其中：利息净支出（减利息收入）	13	223 787.15	7 176 713.97	1 203 401.73	17 029 490.18
汇兑净损失（净收益以"-"号填列）	14	-777 916.08	-402 839.23	-254 443.81	-556 367.39
资产减值损失	15	-3 382 622.21	-3 941 856.17	23 617 743.86	24 327 061.54
加：投资收益（损失以"-"号填列）	16	89 140.00	579 851.60	293 309.15	1 582 652.40
二、营业利润（亏损以"-"号填列）	17	17 396 881.06	24 980 186.40	-28 885 152.82	-65 514 228.88
加：营业外收入	18	8 649 663.10	9 121 352.02	-739 170.64	1 581 495.57
其中：非流动资产处置利得	19	0.00	377 355.29	-739 170.64	1 393 343.84
减：营业外支出	20	635 214.56	2 089 357.63	-987 777.53	1 184 780.64
其中：非流动资产处置损失	21	635 214.56	2 089 357.63	-987 777.53	1 068 420.39
三、利润总额（亏损总额以"-"号填列）	22	25 411 329.59	32 012 180.79	-28 636 545.92	-65 117 513.94
减：所得税费用	23	14 787 621.86	14 787 621.86	0.00	0.00
四、净利润（净亏损以"-"号填列）	24	10 623 707.74	17 224 558.94	-28 636 545.92	-65 117 513.94

附表5　资产负债表

2014年12月31日

编制单位：港源制造　　　　　　　　　　　　　　　　　　　　　　单位：元

资产	行次	年末数	年初数	负债及所有者权益	行次	年末数	年初数
流动资产：				流动负债：			
货币资金	1	119 707 691.14	91 546 419.27	短期借款	32	45 000 000.00	74 376 165.00
交易性金融资产	2			应付票据	33		
应收票据	3	46 983 847.74	29 706 308.61	应付账款	34	202 419 415.62	247 610 209.01
应收账款	4	330 924 969.47	353 491 447.70	预收货款	35	9 205.03	127 442.01
减：坏账准备	5	1 614 198.19	1 703 875.86	应付职工薪酬	36	9 632 998.22	8 210 670.91
预付货款	6	17 196 844.36	11 323 190.36	其中：应付工资	37	9 468 846.20	8 049 616.31
应收利息	7			应付福利费	38		
其他应收款	8	4 785 074.65	5 517 294.51	应交税费	39	8 136 582.75	4 627 138.33
存货	9	166 038 048.32	170 723 869.04	其中：应交税金	40	8 136 582.75	4 532 040.97
减：存货跌价准备	10	4 937 968.55	5 409 005.11	应付利息	41	580 471.14	
一年内到期的非流动资产	11			其他应付款	42	23 909 601.52	23 223 958.96
其他流动资产	12	28 500 000.00	28 500 000.00	一年内到期的非流动负债	43		
流动资产合计	13	707 584 308.94	683 695 648.52	流动负债合计	44	289 688 274.28	358 175 584.22
非流动资产：				非流动负债：	45		
持有至到期投资	14		0.00	长期借款	46	88 600 320.00	92 672 880.00
长期应收款	15		0.00	应付债券	47		
长期股权投资	16	1 235 000.00	1 235 000.00	长期应付款	48		
投资性房地产	17		0.00	专项应付款	49		

续表

资产	行次	年初数	年末数
固定资产原价	18	882 580 269.72	960 836 155.51
减：累计折旧	19	646 818 731.24	746 988 068.21
固定资产净值	20	235 761 538.48	213 848 087.30
在建工程	21	22 619 716.75	30 587 904.14
工程物资	22		
固定资产清理	23		
生产性生物资产	24		
无形资产	25	23 196 664.95	21 075 764.59
长期待摊费用	26		
递延所得税资产	27	35 995 831.84	34 101 314.38
其他非流动资产	28		
其中：特准储备物资	29		
非流动资产合计	30	318 808 752.01	300 848 070.41
资产总计	31	1 002 504 400.53	1 008 432 379.35

负债及所有者权益	行次	年初数	年末数
预计负债	50		
递延所得税负债	51		
其他非流动负债	52		
其中：特准储备基金	53		
非流动负债合计	54	92 672 880.00	88 600 320.00
所有者权益：			
实收资本	55	515 687 817.00	464 119 035.30
其中：中方投资	56		
外方投资	57	515 687 817.00	515 687 817.00
减：已归还投资	58		
资本公积	59	9 838 240.37	9 838 240.37
盈余公积	60	18 831 026.70	18 831 026.70
其中：法定公积金	61		
任意公积金	62		
利润归还投资	63		
本年利润	64		
未分配利润	65	7 298 852.25	85 786 701.01
所有者权益合计	66	551 655 936.31	630 143 785.07
负债及所有者权益总计	67	1 002 504 400.53	1 008 432 379.35

附表6　利润表

编制单位：港源制造　　　2014年12月31日　　　单位：元

项目	行次	本期数	本年累计数	上年同期数	上年同期累计数
一、营业总收入	1	120 773 747.54	2 983 758 389.76	132 732 588.03	1 320 847 421.84
其中：主营业务收入—内销	2	112 952 346.81	2 768 843 452.08	126 957 698.11	1 242 231 963.76
主营业务收入—出口	3	6 613 579.97	174 912 355.04	5 774 889.92	71 267 665.42
其他业务收入	4	1 207 820.75	40 002 582.64	0.00	7 347 792.66
减：营业成本	5	106 116 554.26	2 600 795 653.60	115 024 258.63	1 178 398 981.40
其中：主营业务成本—内销	6	99 858 339.32	2 420 651 506.20	110 448 748.33	1 118 903 870.72
主营业务成本—出口	7	5 863 741.61	149 506 183.32	4 575 510.30	55 581 254.73
其他业务成本	8	394 473.34	30 637 964.08	0.00	3 913 855.95
营业税金及附加	9	579 770.58	16 009 017.88	217 231.25	7 381 723.37
销售费用	10	3 719 326.14	105 350 445.16	3 681 164.31	48 577 305.54
管理费用	11	5 573 894.50	143 118 063.72	409 900.27	58 932 242.32
财务费用	12	67 805.69	11 757 583.88	-525 085.27	7 098 690.59
其中：利息净支出（减利息收入）	13	196 104.87	5 909 291.52	223 787.15	7 176 713.97
汇兑净损失（净收益以"-"号填列）	14	-142 072.25	5 479 757.28	-777 916.08	-402 839.23
资产减值损失	15	-789 133.55	-828 231.48	-3 382 622.21	-3 941 856.17
加：投资收益（损失以"-"号填列）	16	124 650.00	3 330 711.20	89 140.00	579 851.60
二、营业利润（亏损以"-"号填列）	17	5 630 179.91	110 886 568.20	17 396 881.06	24 980 186.40
加：营业外收入	18	0.00	490 241.56	8 649 663.10	9 121 352.02
其中：非流动资产处置利得	19	0.00	490 241.56	0.00	377 355.29
减：营业外支出	20	67 545.36	6 421 282.84	635 214.56	2 089 357.63
其中：非流动资产处置损失	21	0.00	5 963 407.08	635 214.56	2 089 357.63
三、利润总额（亏损总额以"-"号填列）	22	5 562 634.55	104 955 526.92	25 411 329.59	32 012 180.79
减：所得税费用	23	1 390 658.64	26 467 678.16	14 787 621.86	14 787 621.86
四、净利润（净亏损以"-"号填列）	24	4 171 975.91	78 487 848.76	10 623 707.74	17 224 558.94

附表 7　现金流量表

编制单位：港源制造　　　　　　　　　　　　　　　　　　　　　　　　　　　　单位：元

项目	序号	2014 年	2013 年	2012 年
一、经营活动产生的现金流量：	1			
销售商品、提供劳务收到的现金	2	1 552 452 576.85	1 347 485 972.21	1 393 943 790.47
收到的税费返还	3			
收到其他与经营活动有关的现金	4	4 533 539.28	4 661 396.05	1 066 223.51
经营活动现金流入小计	5	1 556 986 116.13	1 352 147 368.26	1 395 010 013.99
购买商品、接受劳务支付的现金	6	1 196 126 636.62	1 004 071 131.23	1 078 194 668.46
支付给职工以及为职工支付的现金	7	159 583 872.38	164 448 112.16	175 252 528.18
支付的各项税费	8	59 212 071.19	67 545 354.87	35 975 398.92
支付其他与经营活动有关的现金	9	35 021 339.81	32 130 302.45	40 344 642.78
经营活动现金流出小计	10	1 449 943 920.00	1 268 194 900.71	1 329 767 238.35
经营活动产生的现金流量净额	11	107 042 196.14	83 952 467.55	65 242 775.64
二、投资活动产生的现金流量：	12			
收回投资收到的现金	13		21 000 000.00	20 000 000.00
取得投资收益收到的现金	14		579 851.60	1 524 411.25
处置固定资产、无形资产和其他长期资产收回的现金净额	15	4 557 890.21	4 657 307.00	6 627 670.63
处置子公司及其他营业单位收到的现金净额	16			
收到其他与投资活动有关的现金	17			
投资活动现金流入小计	18	4 557 890.21	26 237 158.60	28 152 081.88
购建固定资产、无形资产和其他长期资产支付的现金	19	58 765 450.35	34 747 731.60	55 906 890.59
投资支付的现金	20		20 000 000.00	22 000 000.00
取得子公司及其他营业单位支付的现金净额	21			
支付其他与投资活动有关的现金	22			
投资活动现金流出小计	23	58 765 450.35	54 747 731.60	77 906 890.59
投资活动产生的现金流量净额	24	（54 207 560.14）	（28 510 573.00）	（49 754 808.70）
三、筹资活动产生的现金流量：	25			
吸收投资收到的现金	26		247 817 639.05	
取得借款收到的现金	27	95 000 000.00	311 399 000.00	828 246 700.00
收到其他与筹资活动有关的现金	28			
筹资活动现金流入小计	29	95 000 000.00	559 216 639.05	828 246 700.00
偿还债务支付的现金	30	120 000 000.00	601 664 800.00	832 806 100.00
分配股利、利润或偿付利息支付的现金	31		10 606 678.75	19 263 658.19
支付其他与筹资活动有关的现金	32			

续表

项目	序号	2014 年	2013 年	2012 年
筹资活动现金流出小计	33	120 000 000.00	612 271 478.75	852 069 758.19
筹资活动产生的现金流量净额	34	（25 000 000.00）	（53 054 839.70）	（23 823 058.19）
四、汇率变动对现金及现金等价物的影响	35	326 635.88	（629 941.78）	（102 750.58）
五、现金及现金等价物净增加额	36	28 161 271.88	1 757 113.06	（8 437 841.84）
加：期初现金及现金等价物余额	37	91 546 419.27	89 789 306.20	98 227 148.04
六、期末现金及现金等价物余额	38	119 707 691.14	91 546 419.27	89 789 306.20